南宁统计年鉴

NANNING STATISTICAL YEARBOOK

2014

南宁市统计局　编

中国统计出版社
China Statistics Press

图书在版编目 (CIP) 数据

南宁统计年鉴 . 2014 / 南宁市统计局编 .
-- 北京 : 中国统计出版社 , 2014.11
ISBN 978-7-5037-7212-2

Ⅰ . ①南…
Ⅱ . ①南…
Ⅲ . ①统计资料 - 南宁市 - 2014 - 年鉴
Ⅳ . ① C832.671-54

中国版本图书馆 CIP 数据核字 (2014) 第 186582 号

南宁统计年鉴 -2014

作　　者 / 南宁市统计局
责任编辑 / 陈越月
执行编辑 / 李鸿宽　林　洁　钟毓海　廖雅欣　张　佺
出版发行 / 中国统计出版社
地　　址 / 北京市丰台区西三环南路甲 6 号 邮政编码 /100073
电　　话 / 邮购（010）63376909 书店（010）68783171
网　　址 / http://csp.stats.gov.cn
印　　刷 / 广西汇工印业有限公司
经　　销 / 新华书店
开　　本 / 890mm × 1240mm 1/16
字　　数 / 1200 千字
印　　张 / 28
版　　别 / 2014 年 11 月第 1 版
版　　次 / 2014 年 11 月第 1 次印刷
定　　价 / 300 元

本书附同版本 CD-ROM 一张，光盘内容以书面文字为准。
如有印装差错，由本社发行部调换。

《南宁统计年鉴——2014》编辑委员会及编辑人员

GDP总量（亿元）

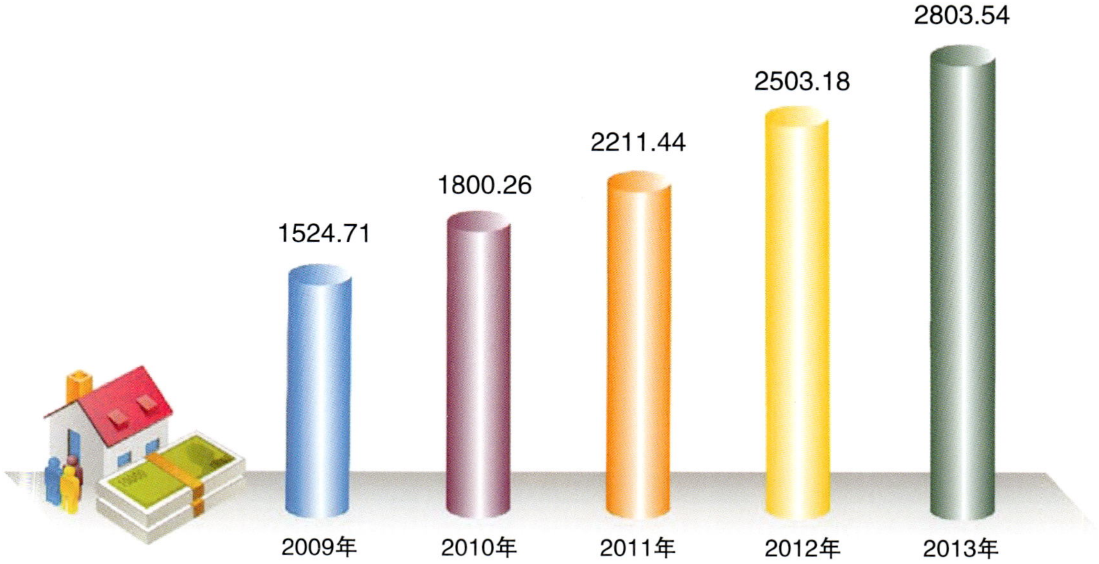

GDP指数（%）

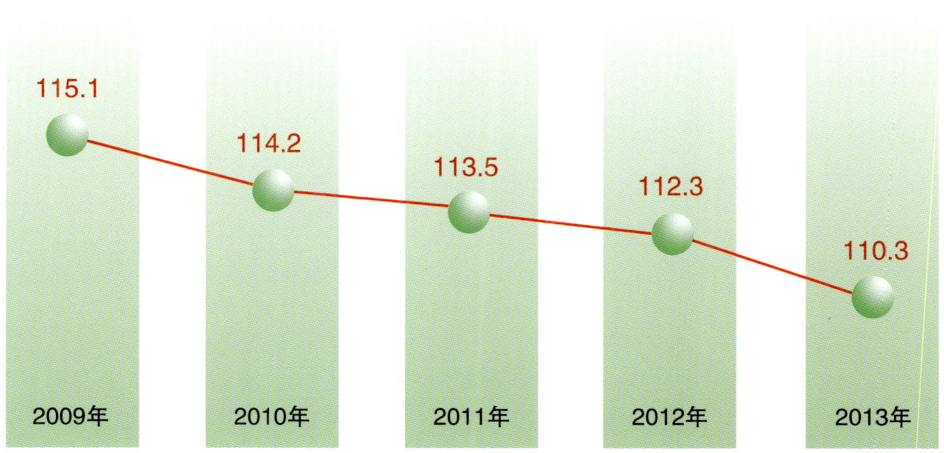

三次产业增速（%）

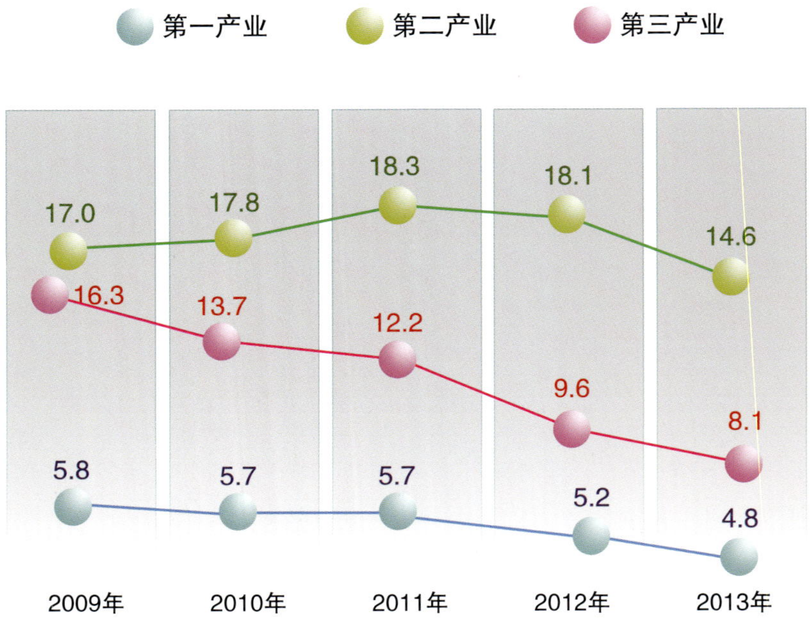

三次产业结构（%）

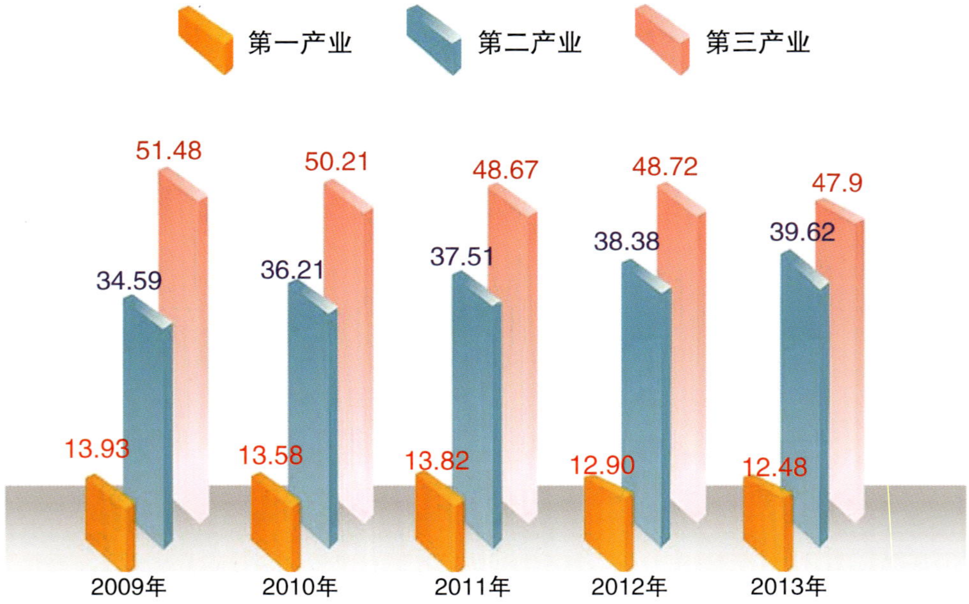

财政收入（亿元）

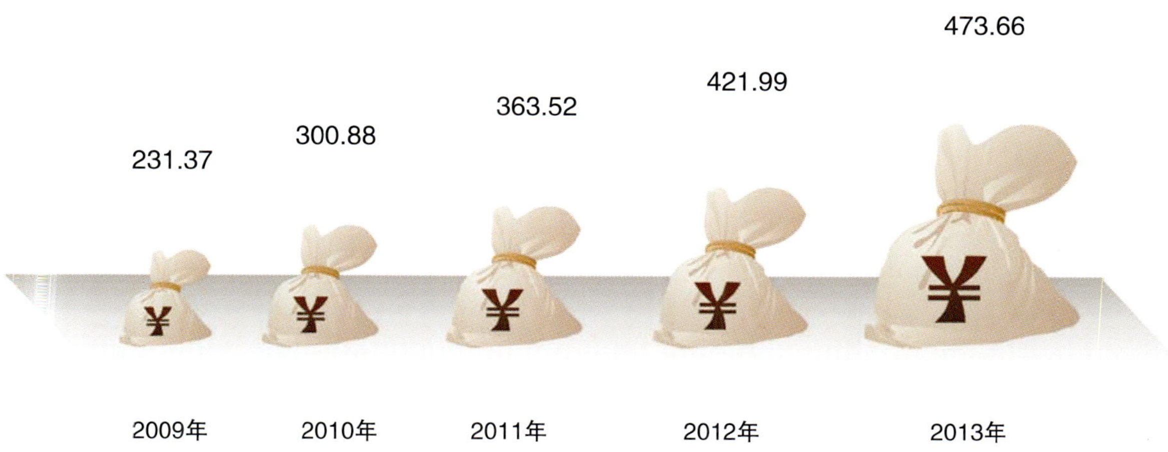

金融机构贷款余额（亿元）

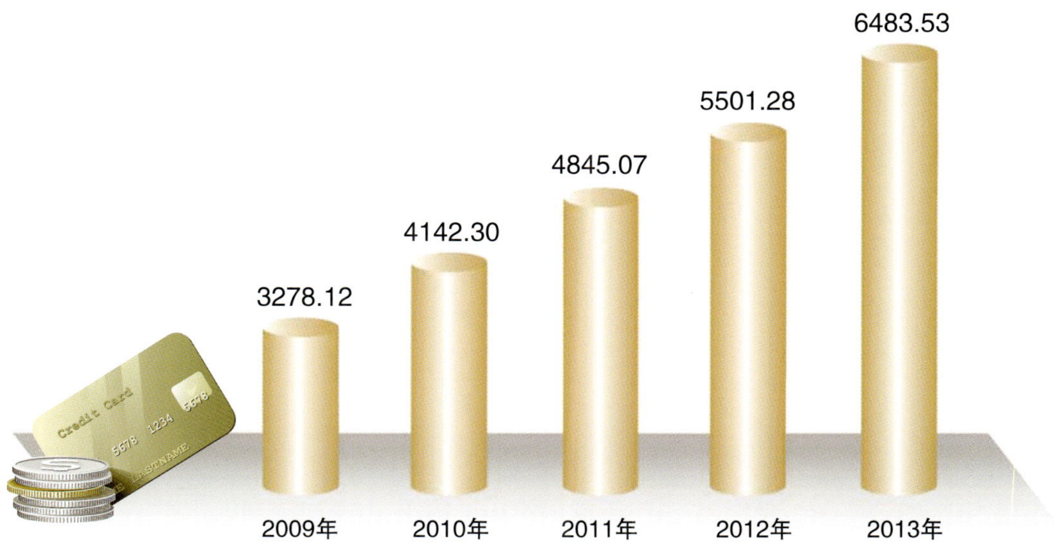

城乡居民储蓄存款余额（亿元）

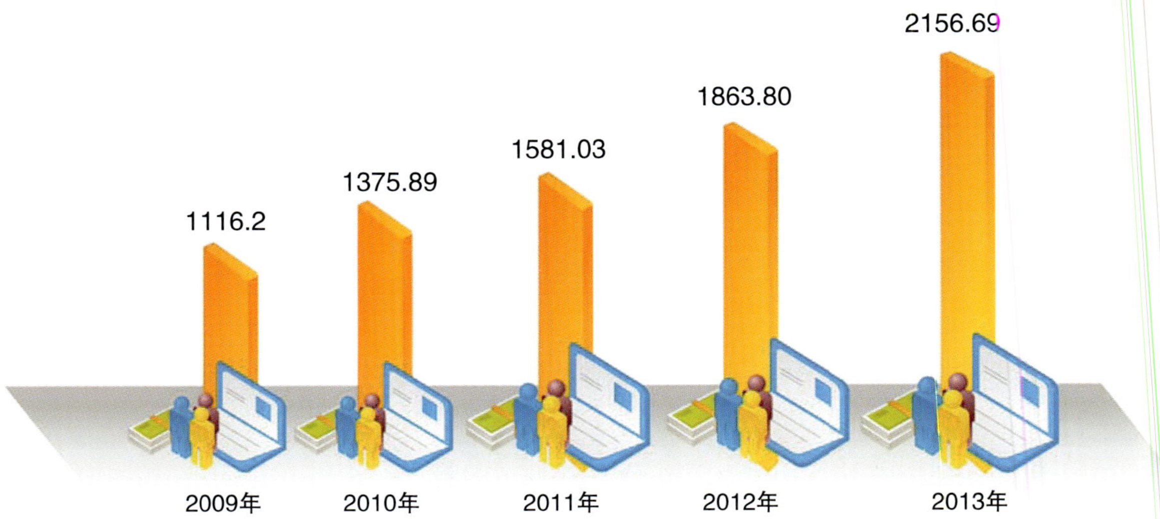

农林牧渔业总产值（亿元）

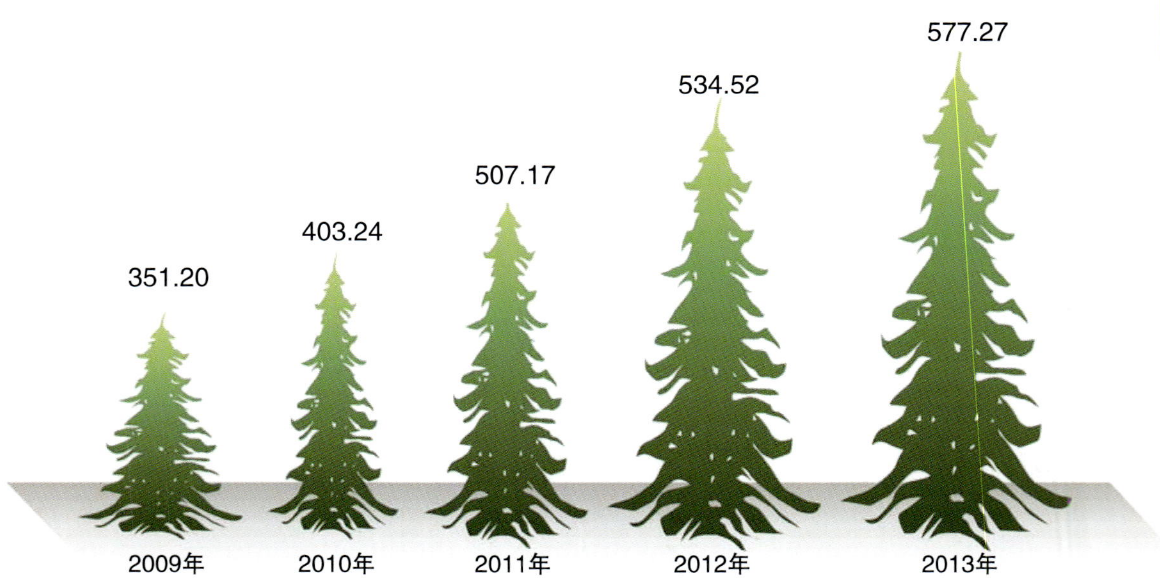

农林牧渔业总产值构成（%）

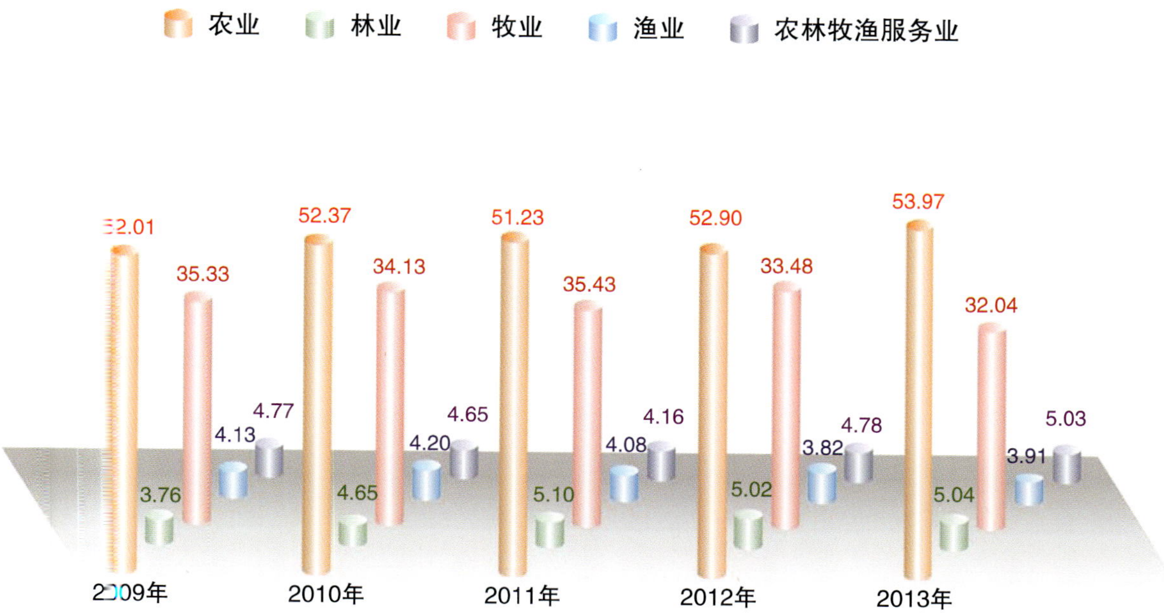

全部工业增加值（亿元）

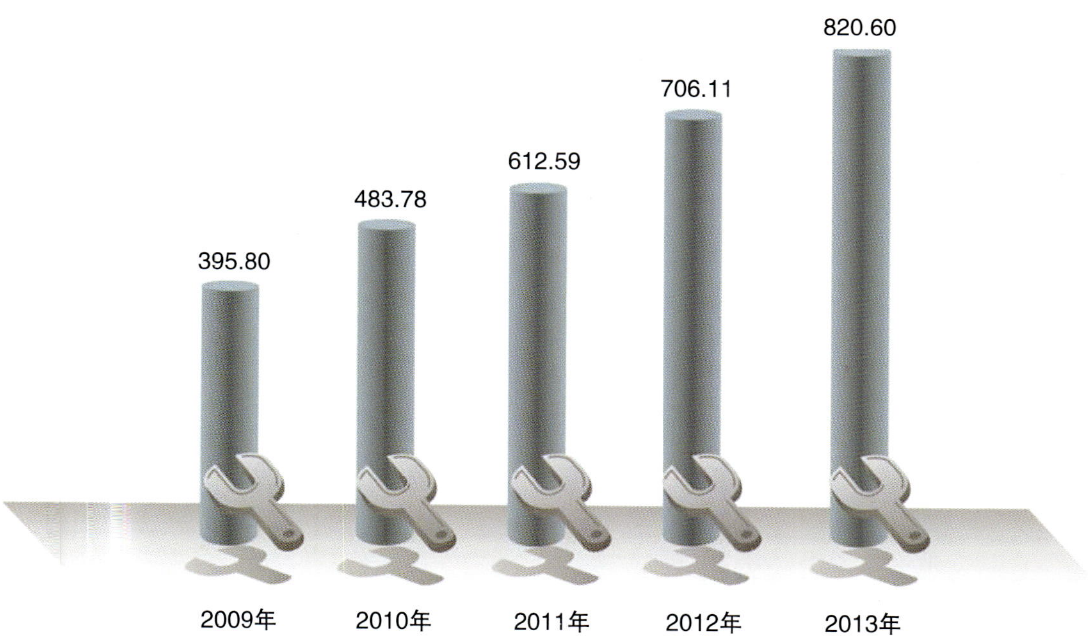

全部工业增加值指数（%）

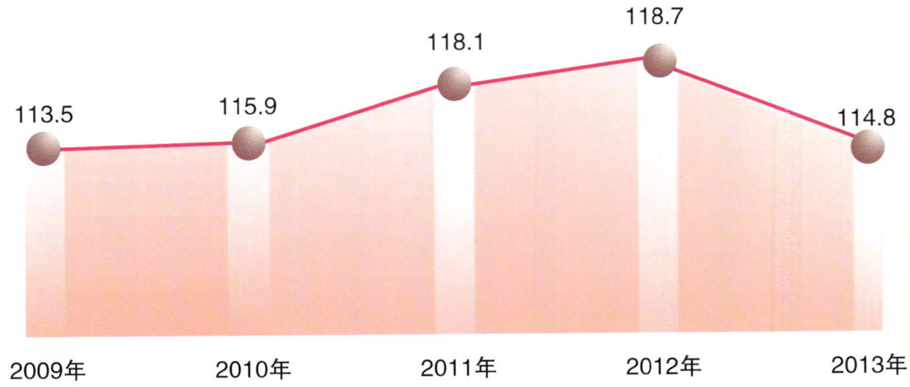

全社会固定资产投资总额（亿元）

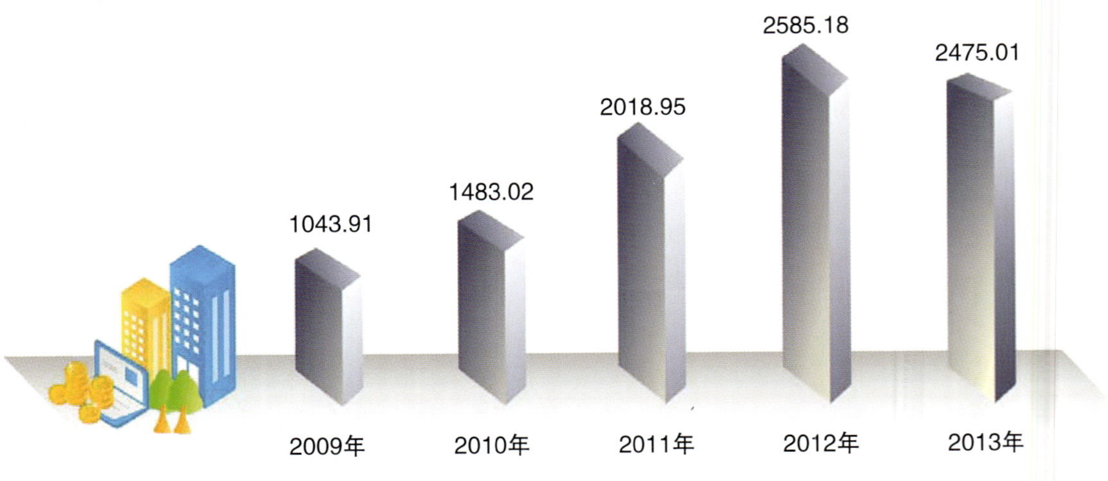

全社会固定资产投资增速（%）

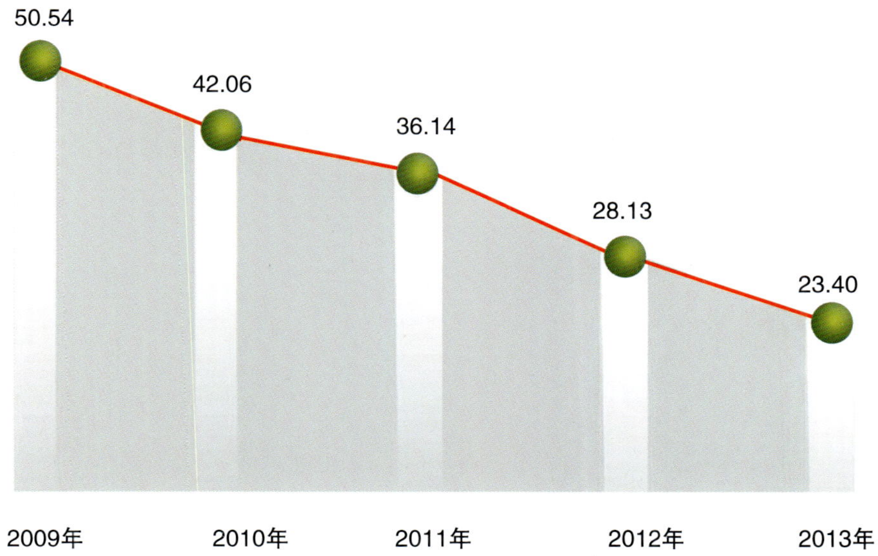

社会消费品零售总额（亿元）

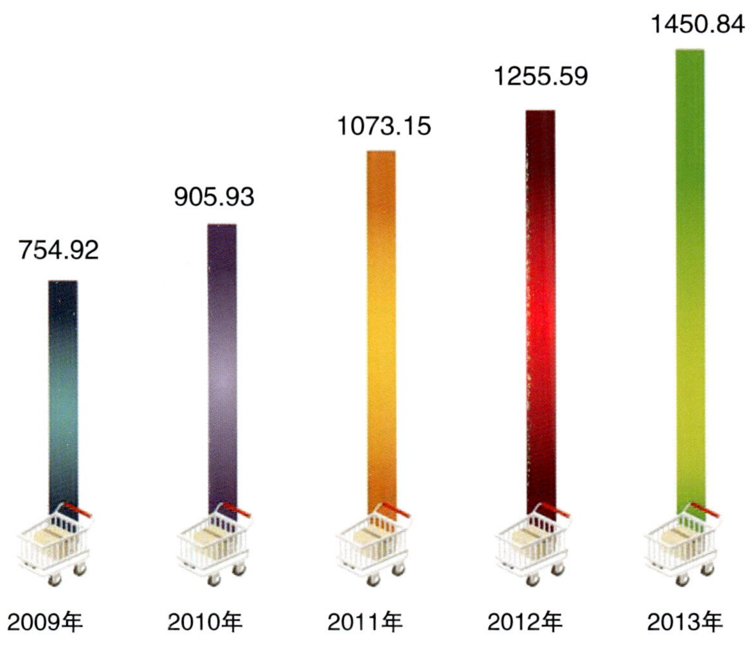

进出口总值（万美元）

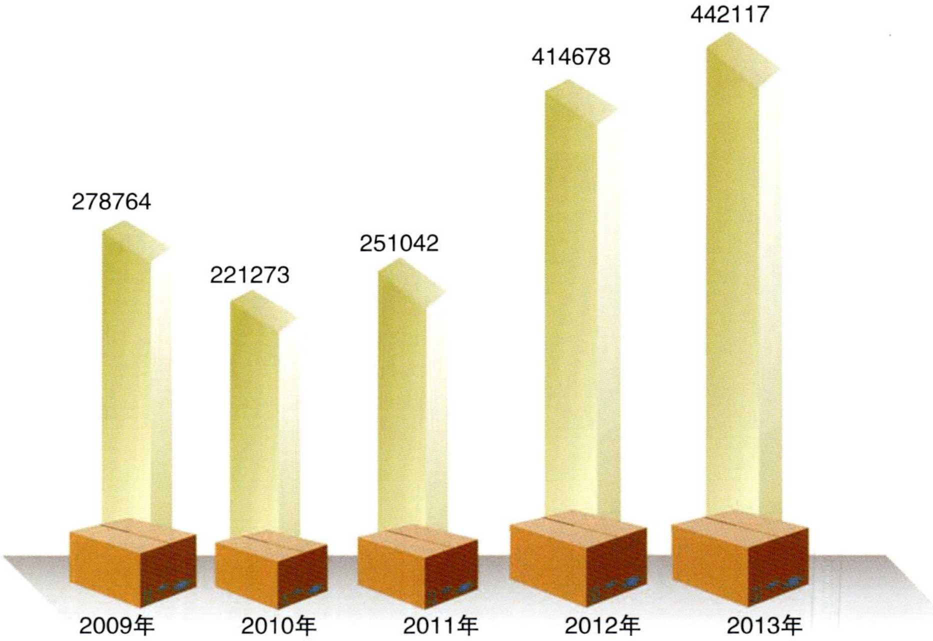

外商直接投资(万美元)

旅游人数（万人次）

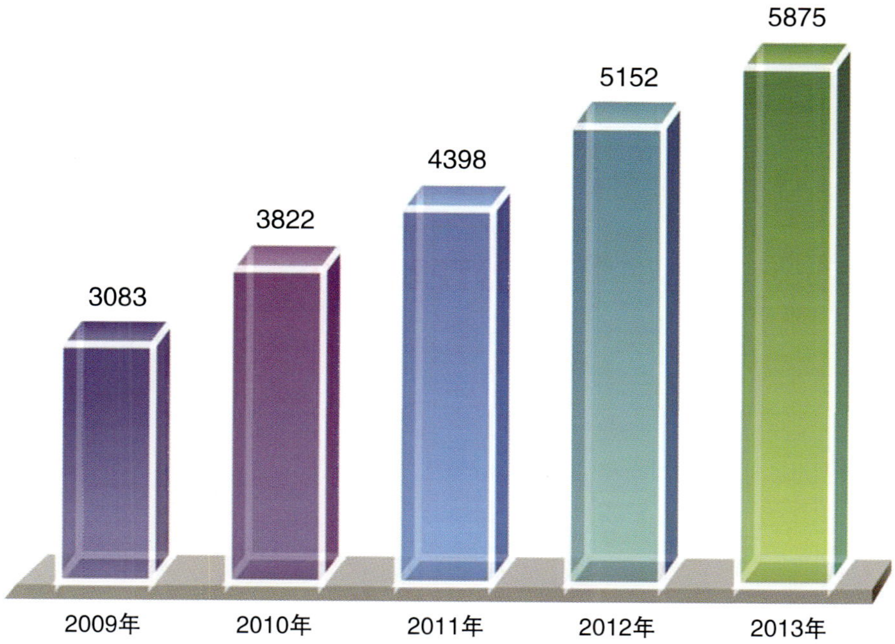

入境旅游人数（万人次）

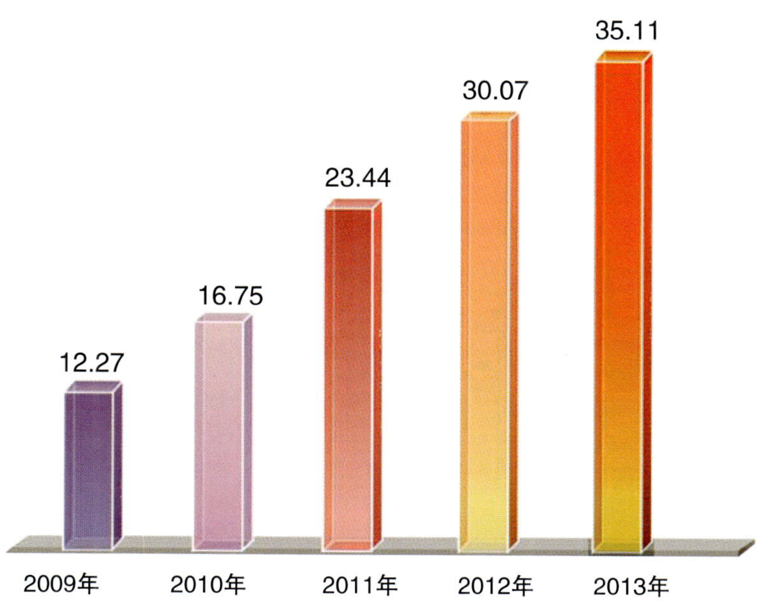

旅游收入（万元）

国际旅游收入（万元）

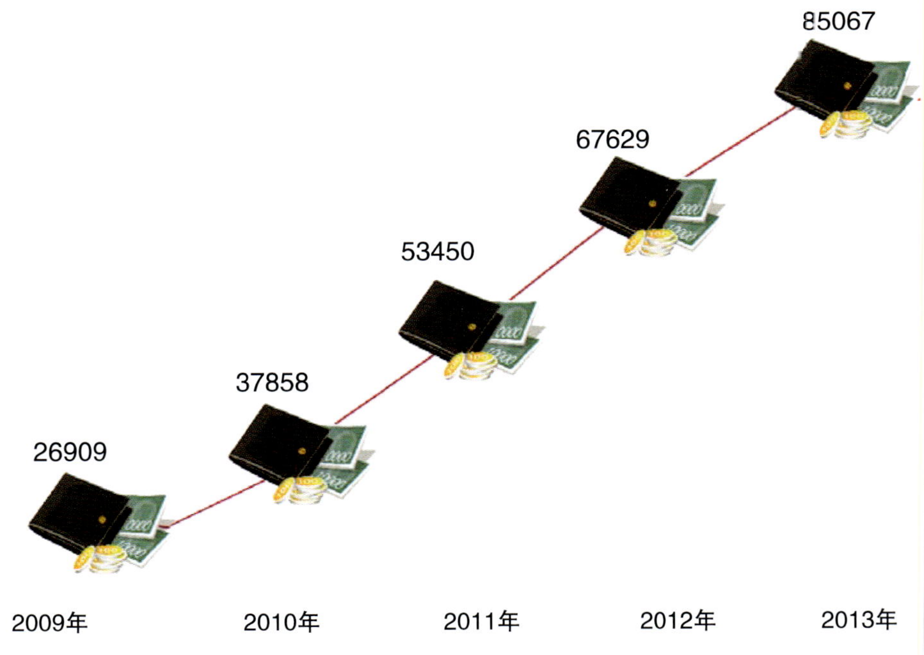

年末户籍人口(万人)

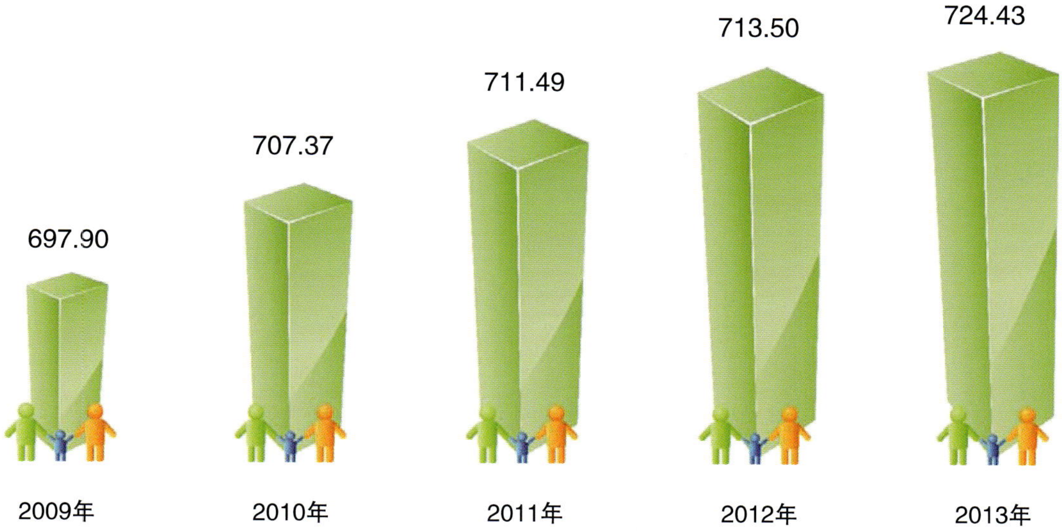

居民消费价格总指数(%)

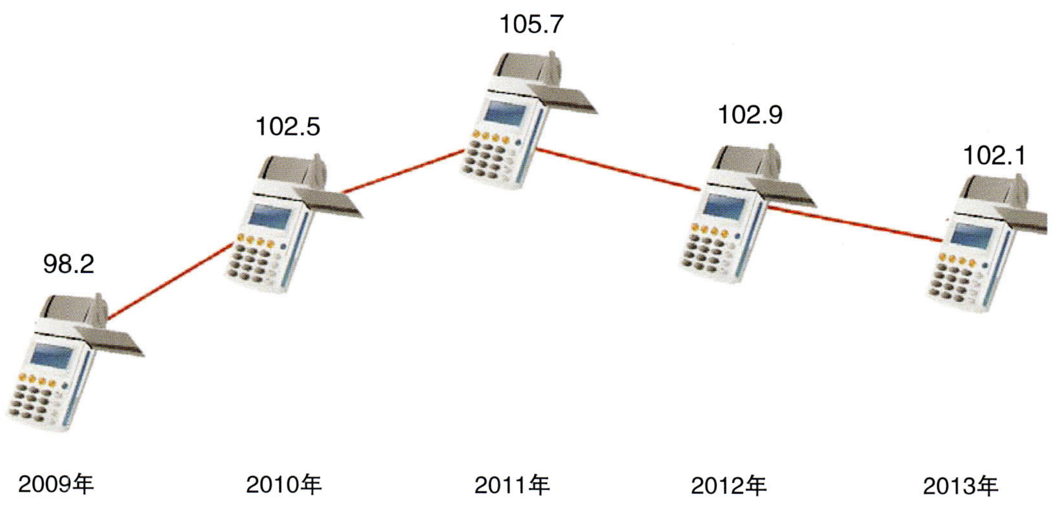

粮食总产量（万吨）

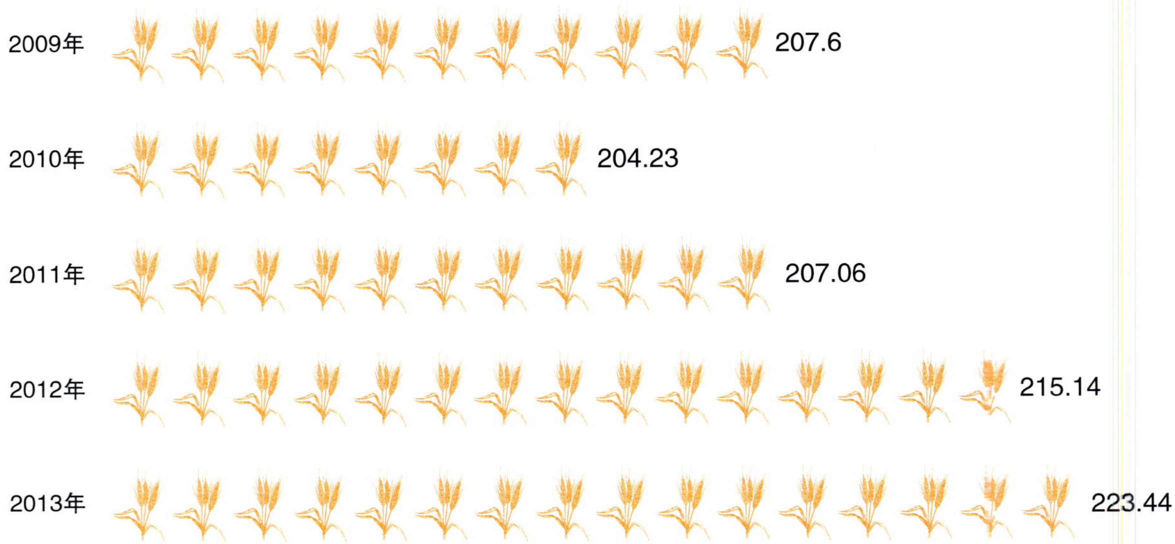

甘蔗产量（万吨）

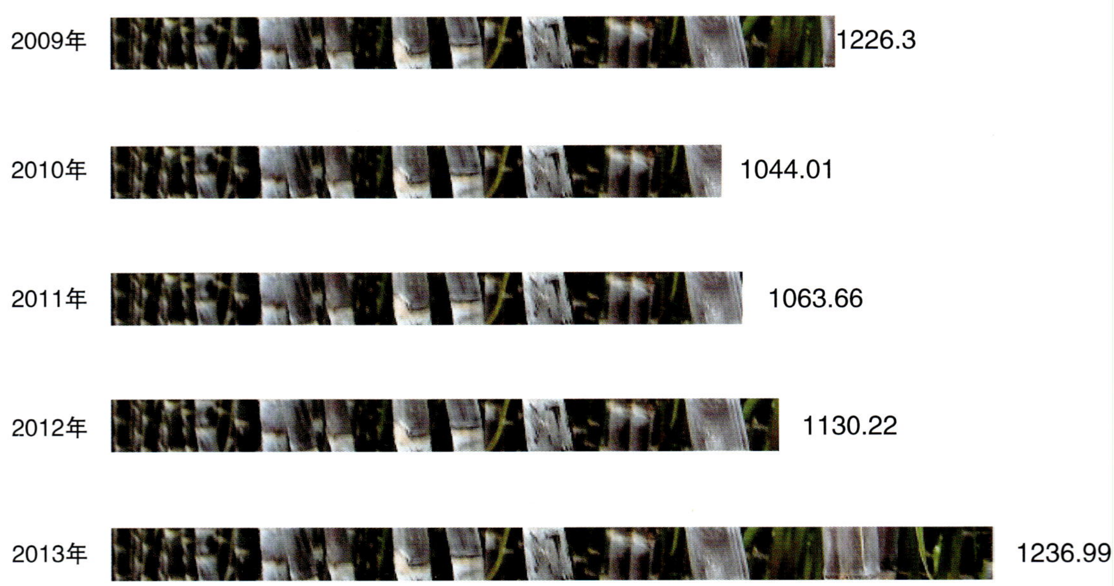

水果产量（万吨）

蔬菜产量（万吨）

肉类总产量（万吨）

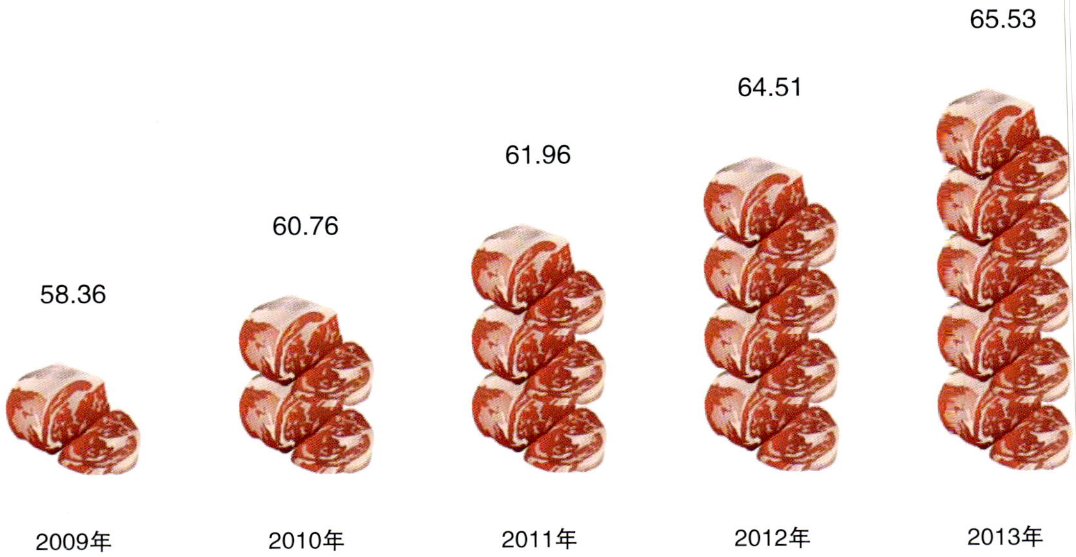

水产品产量（万吨）

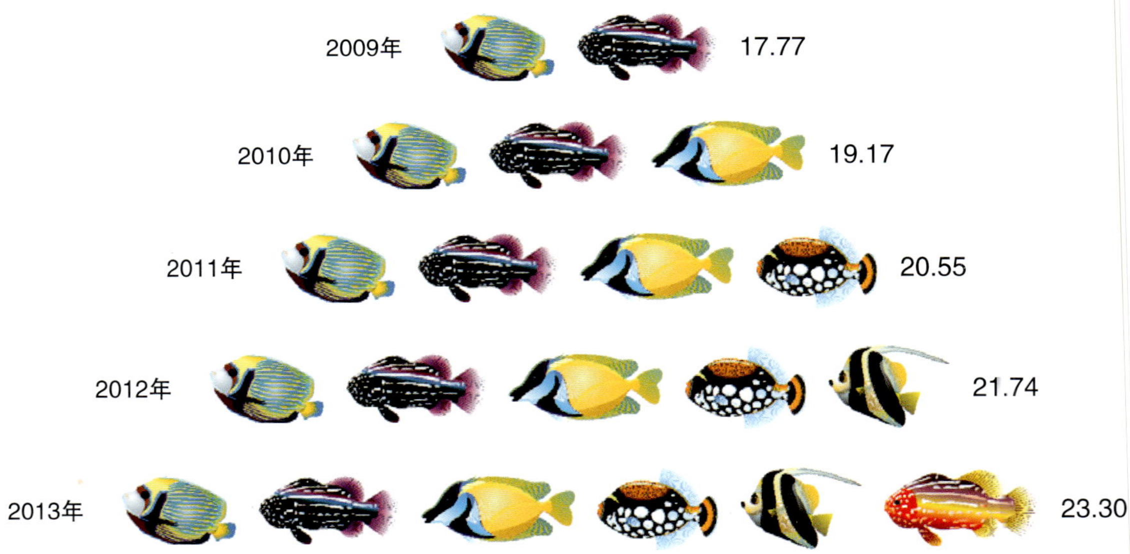

发电量（万千瓦时）

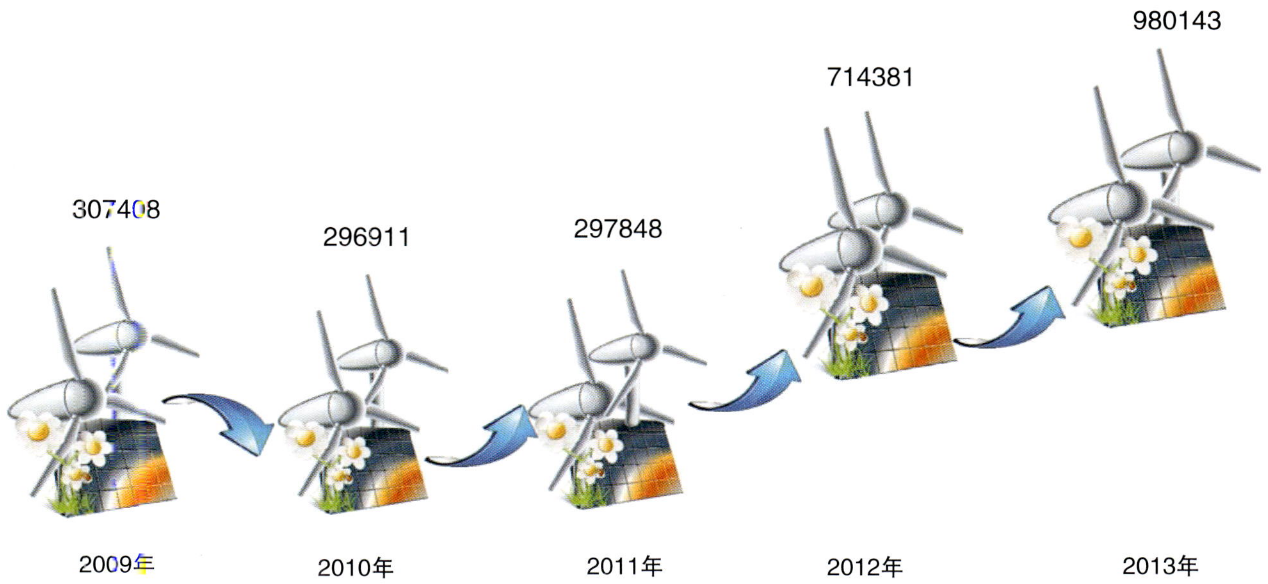

成品糖（万吨）

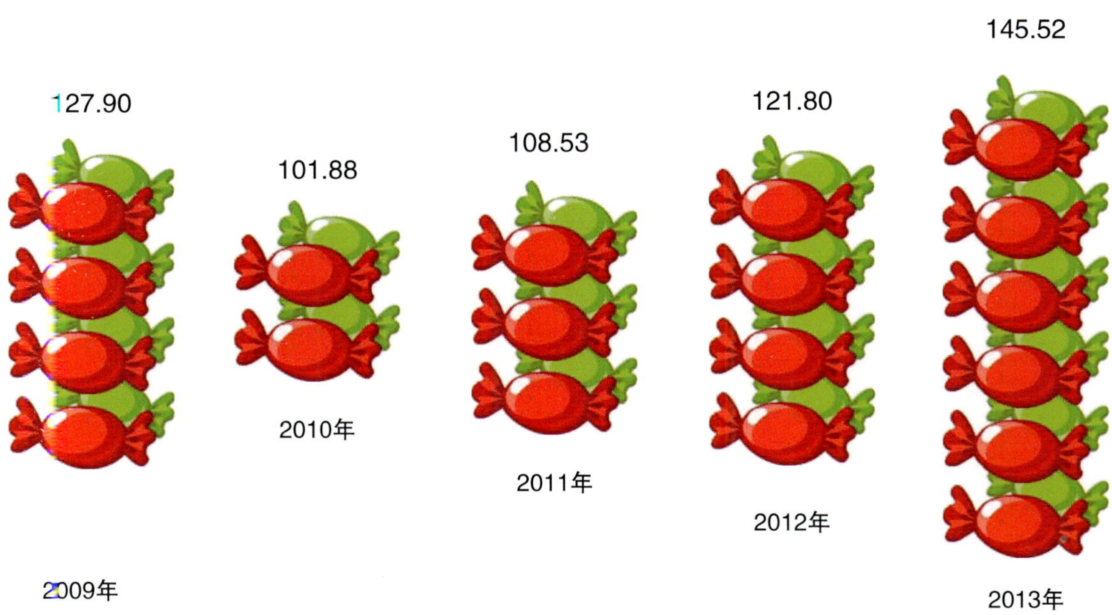

人均GDP（元）

人均GDP指数（%）

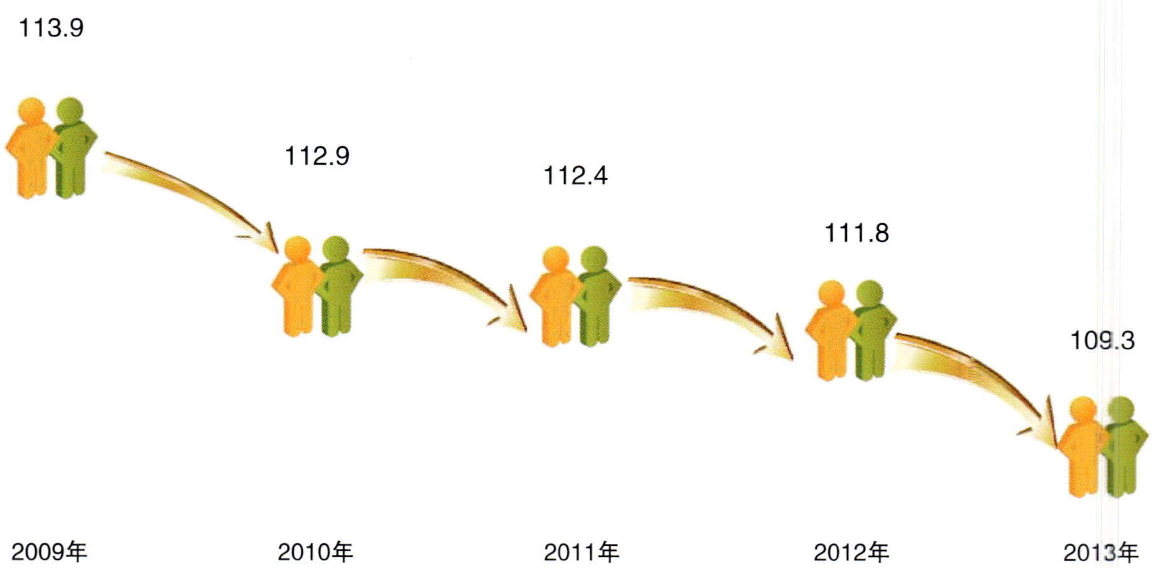

人均财政收入（元）

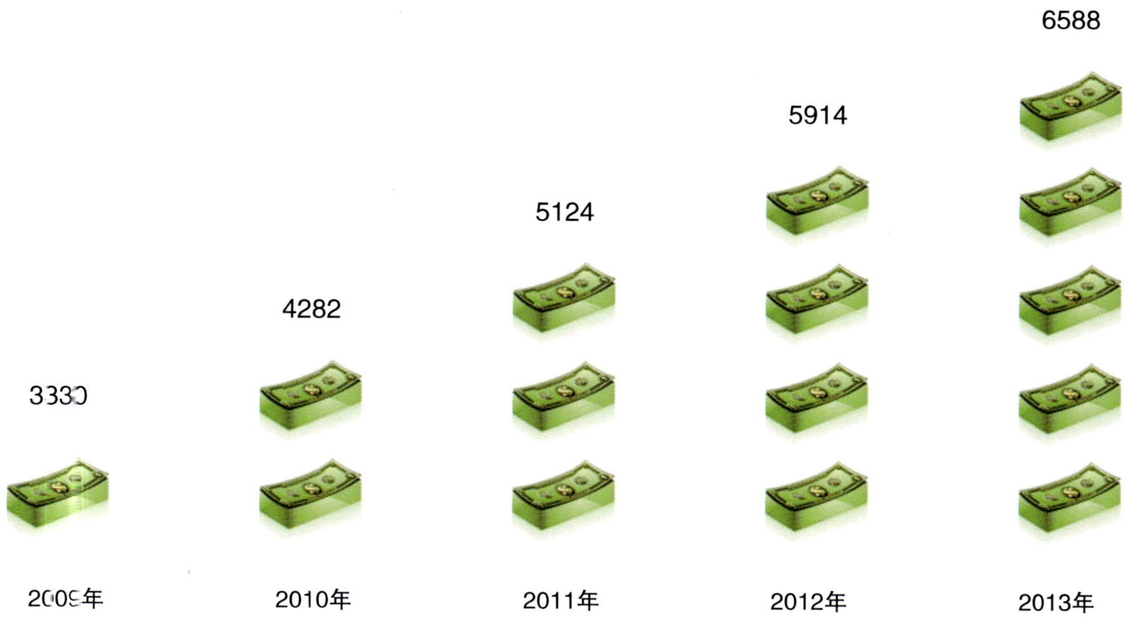

在岗职工年平均工资(元)

城镇居民人均可支配收入(元)

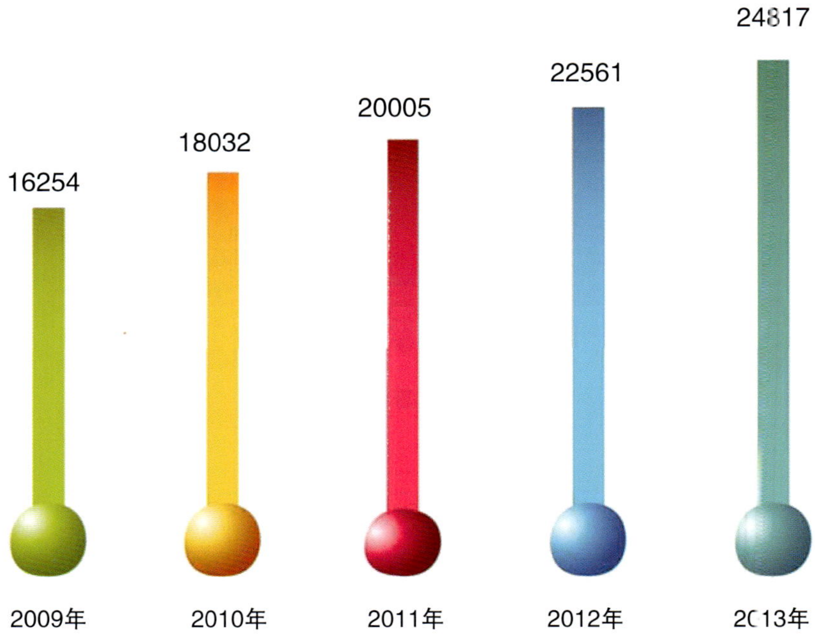

农民人均纯收入(元)

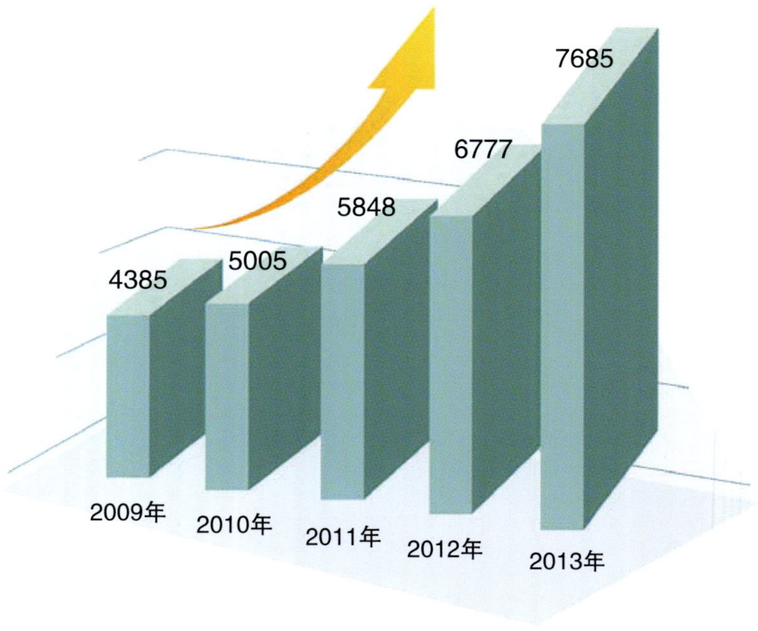

编 者 说 明

一、《南宁统计年鉴－2014》是一本经济信息资料性年刊。本书全面系统地汇集了2013年南宁经济数据，以及历史重要年份的主要统计数据，是党政领导和各部门了解市情，进行定性定量分析、预警预测、宏观规划、宏观调控、科学决策的重要依据；是研究机构和各企业事业单位了解社会经济基本情况、进行微观策划的重要依据；也是社会各界了解南宁经济状况的指南。

二、本年鉴内容分两大部分。（一）特辑：包括政府工作报告、统计公报；（二）统计资料：内容分为11个篇目，1. 综合；2. 国民经济核算；3. 人口、劳动力和职工工资；4. 农业；5. 工业；6. 运输、邮电；7. 固定资产投资；8. 能源购进、消费与库存；9. 商业、旅游、物价；10. 财政、金融、保险；11. 广西及省会城市主要统计指标。为方便读者使用资料，附有主要统计指标解释。因政府工作报告、统计公报为年初发布，故使用的是初步统计的快报数，如有冲突，以第二部分统计资料的数据为准。

三、本年鉴所采用的广西及各省会城市数据均为年快报数。

四、本年鉴历年全市口径数据中，2000年以后均为现行行政区划的数据，其余年份数据统计口径请注意各页的注脚。

五、本年鉴中符号使用说明：表内“空格”表示该项指标无数据；“…”表示该数据极小，不足计量单位；“#”表示其中的主要项。

六、本年鉴中由于小数位四舍五入，某些指标分项合计数与总计数尾数略有出入。

七、《南宁统计年鉴》公开出版以来，得到广大读者的关心和支持，对此我们深表谢意。限于我们的水平，年鉴中的错误和不足之处，恳请广大读者给予批评指正，同时竭诚欢迎对本年鉴的结构、指标体系提出宝贵意见。

目　录
Contents

第一部分　特　辑
Part I Special Issue

第二部分　统计资料
Part II Statistical Data

一、综　合
Chapter 1 General Survey

二、国民经济核算

Chapter 2 National Accounts

三、人口、劳动力和职工工资
Chapter 3 Population, Labor Force And Worker's Salary

四、农 业
Chapter 4 Agriculture

五、工 业
Chapter 5 Industry

六、运输、邮电
Chapter 6 Transport, Postal And Telecommunication

七、固定资产投资
Chapter 7 Investment In Fixed Assets

八、能源购进、消费与库存
Chapter 8 Purchase, Consumption And Stock Of Energy

九、商业、旅游、物价
Chapter 9 Business, Travel, Price

十、财政、金融、保险
Chapter 10 Government Finance, Banking And Insurance

十一、广西及省会城市主要统计指标
Chapter 11 Main Indicators of Guangxi And Provincial Capital Cities

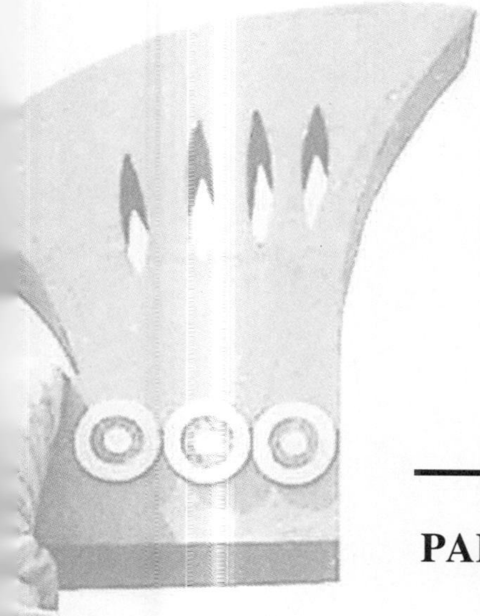

第一部分　特辑

PART Ⅰ　SPECIAL ISSUE

政府工作报告

——2014年2月12日在南宁市第十三届
人民代表大会第五次会议上

市长 周红波

各位代表：

现在，我代表市人民政府向大会作工作报告，请予审议，并请各位政协委员和列席会议的同志提出意见。

一、2013年工作回顾

2013年，面对严峻复杂的经济形势和持续下行的经济压力，在自治区党委、政府和市委的坚强领导下，全市各级政府和各族人民坚持稳中求进的工作总基调，以提高经济增长质量和效益为中心，团结奋斗，攻坚克难，全力以赴稳增长、调结构、促发展、惠民生，实现了经济社会平稳较快发展，主要经济指标增速均高于全国、全区平均水平。全年地区生产总值2803.54亿元，增长10.3%；财政收入473.66亿元，增长12.24%；规模以上工业增加值777.52亿元，增长16.6%；全社会固定资产投资2475.01亿元，增长23.4%；社会消费品零售总额1450.84亿元，增长14.01%。实际到位区外境内资金729.23亿元，增长10.28%；直接利用外资（自治区全口径）5.8亿美元，增长15.45%；外贸进出口总额44.2亿美元，增长6.6%。居民消费价格总指数上涨2.1%。被评为"国家节水型城市"、"2013中国最佳休闲城市"，实现社会管理综合治理"长安杯"三连冠、"全国科技进步先进市"七连冠，全国城市文明程度指数测评在省会/副省级城市排第8位，位次较2012年提升了9位。

一年来，我们主要做了以下工作：

（一）调结构促转型，经济质量效益取得新提高。

以创新驱动推动产业升级。全市科技财政投入6.21亿元，增长20.43%，高于当年全市经常性财政收入增幅15.58个百分点。专利申请量、专利授权量及发明专利拥有量连续四年位居全区第一，每万人发明专利拥有量增长48.67%。高新技术企业163家，总产值突破860亿元。南宁市科技企业孵化基地被国家科技部认定为国家级科技企业孵化器；世界上直径最大的铝合金圆锭在南南铝试产成功；广发重工集团"中广轨道1号盾构机"正式下线，高端装备制造业实现零的突破。大力实施"工业强市"战略。二次产业比重比上年提高1.24个百分点，电子信息等六大重点产业完成规模以上工业总产值1553.01亿元，增长23.13%，占全市的60.79%，其中，电子信息、铝精深加工规模以上工业总产值增速分别达47.5%、35.4%。工业投资完成728.13亿元，增长19.22%，南南铝等35个投资亿元以上重大项目投产或部分投产，中恒、研祥等82个重大项目开工建设。新增10亿元企业9家、规模以上工业企业28家。全市亿元企业达548家，增加55家，拉动规模以上工业总产值增长22.23个百分点，富士康南宁公司产值157.2亿元，实现百亿元工业企业零的突破。创新开发区管理体制机制，建立奖惩分明、与发展业绩考评挂钩的待遇分配机制，做大做强园区工业，广西—东盟经开区成功升格为国家级开发区，三大国家级开发区规模以上工业总产值占全市比重达47.90%，工业产值超百亿园区6个。淘汰一批小淀粉、小酒精、小造纸等落后产能，万元地区生产总值能耗下降3.5%，降幅达5.22个百分点。大力发展现代服务业。服务业增加值增长8.1%。新增限额以上企业154家，限额以上企业消费品零售总额664.3亿元，增长17.73%。金融业增加值241.11亿元，增长12.4%，占第三产业增加值的17.96%。实现旅游总收入478.15亿元，增长18.39%。举办香港时尚购物展、南宁名品推广周等各类专业会展105场。房地产开发投资416.37亿元，占全区25.79%；商品房销售面积702.6万平方米，增长11.7%。大力支持非公经济发展。民间投资1486.87亿元，增长30.98%，对全市投资增长的贡献率达75.56%。个体工商户24.84万户、私营企业9.23万家，非公企业上缴税收198.2亿元，增长14.43%。

（二）强保障促增收，"两个倍增"计划取得新成效。

深入实施农民收入倍增计划。全市农业财政投入37.32亿元，增长15.44%，高于当年全市经常性财政收入增幅10.59个百分点。发放农资综合补贴4.5亿元、种粮农民直接补贴2760万元。农林牧渔业总产值578.15亿元，增长4.91%；粮食总产量223.44万吨，再创历史新高，香蕉、茉莉花、木薯、甜玉米产量保持全国第一；

新增土地承包经营权流转面积 16.2 万亩，总量超过 100 万亩，占全区 18.8%。新增市级以上农业龙头企业 16 家、农民专业合作社 200 家。建成 30 个标准化生态养殖基地，新增蔬菜基地 7030 亩、林下经济 7 万亩。实施行政村通畅工程，建成通村路 384.34 公里。完成小（2）型病险水库除险加固 138 座、农村饮水安全工程 495 个，解决 33 万人农村饮水安全问题。完善"三位一体"扶贫大格局，各级财政投入资金 2.63 亿元，扶持发展特色农产品种植 10 万亩，修建屯级道路 410 条 487.74 公里、桥梁 14 座，解决 29 万名群众行路难问题。新增农村劳动力转移就业 9.9 万人。农村居民人均纯收入 7685 元，增长 13.4%。深入实施城镇居民收入倍增计划。企业退休人员基本养老金实现"九连涨"，人均达 1621.23 元 / 月；最低工资标准提高至 1200 元 / 月，增幅 20%。加强就业援助，累计发放小额担保贷款 3.38 亿元。城镇新增就业 8.6 万人，城镇登记失业率 3.01%。城镇居民人均可支配收入 24817 元，增长 10%。

（三）重招商优服务，以投资促增长取得新佳绩。

紧盯世界 500 强、全国知名民营企业，市四家班子领导率团赴粤、港、澳、台等地区开展招商活动，抓住全国工商联执委会在邕举办的机遇，全力以赴招大商引强企，成功引进绿地集团等 6 家世界 500 强企业，宝能、万科、研祥、海王等国内 20 多家金融、地产、电子、医药等行业龙头企业落户南宁。加强投资软硬环境建设，南宁投资环境满意度排名全区首位。建立市领导联系服务重大项目和重点企业新机制，重点领域、重大项目建设取得新进展，完成基本建设投资 1109.74 亿元、增长 29.16%，更新改造投资 728.33 亿元、增长 23.08%；自治区、市层面统筹推进重大项目 559 项，完成投资 743.48 亿元；城建项目 477 项，完成投资 220.9 亿元，增长 16.44%。

（四）抓改革促开放，发展动力取得新增强。

深化重点领域改革。积极推进统筹城乡改革。出台《南宁市农村住宅建设管理及推荐户型奖励办法》，重点推进坛板坡等 12 个综合示范村建设。首次将政府性基金、社保基金纳入全口径预算，首次将社保基金预算、国有资本经营预算纳入同级人大审议。将 28 家国有独资及国有控股企业，按行业、资源整合重组为九大集团（公司）。深化行政审批制度改革，授予三大国家级开发区管委会 105 项行政许可项目、127 项非行政许可审批项目；将 8 大类 89 项行政审批、行政处罚等管理事项委托或授权五象新区管委会，市政务服务中心进驻五象新区，实现五象新区项目审批"不过江"目标；强化行政审批职能、事项、人员"三集中"，全市 279 项行政审批事项再次提速，承诺提速率平均达 50% 以上。积极推进事业单位分类改革。全面启动六县县级公立医院综合改革；基层医疗卫生机构综合改革基本完成，88.44% 的政府投资建设村卫生室纳入新农合定点医疗机构范围。提升对外开放水平。成功服务第十届中国—东盟博览会和商务与投资峰会、中国—东南亚民间高端对话会议、第二届中越青年大联欢活动等。进一步推进内地与香港、澳门更紧密经贸关系安排（CEPA）示范城市建设。鼓励企业"走出去"，全市申报境外投资企业 18 家，投资总额 4.32 亿美元，增长 58%。

（五）抓建设优环境，城市宜居水平取得新提升。

突出五象新区开发建设。新区管委会挂牌成立，全面推行"一线决策、一线审批、一线协调"工作法，项目开工不断创造新的"五象速度"。统筹做好市政基础设施、公共与配套设施等专项规划，重点片区规划进一步完善。积极探索区域连片土地统征统储和集中安置方式，开工建设 12 个安置点，妥善解决 1.3 万人安置问题。落实新增建设用地指标、"招拍挂"出让土地面积、征地完成量分别占市本级的 44%、40%、50%。实施项目 130 项，完成投资 153.62 亿元。广州恒大等 30 多家国际、国内知名企业落户五象新区，兴业银行、太平保险等 9 家金融、保险机构集聚金融街，总部基地 95% 以上的土地已落实项目，投资达 500 多亿元。加快重大交通基础设施建设。轨道交通 1 号线完成投资 32.58 亿元，2 号线顺利开工，轨道交通第二轮规划（含 3、4、5 号线）已报国家发改委审批。南桂、南柳及南宁至钦北防高铁相继开通，市辖区内高铁里程 306.27 公里，南宁迈入高铁时代。南宁吴圩国际机场新航站楼主体完工，火车东站及周边路网建设全面推进。城市道路"白改黑"工程完成 224 条。良庆大桥开工建设，白沙大道三座立交桥、金湖广场下穿隧道等工程如期建成通车。经强力攻坚，历经 9 年建设的民主铁路立交桥、凌铁大桥建成通车，历经 8 年建设的长堽路打通至快环。扎实推进旧城改造。完成投资约 51.7 亿元，水街片区旧城区改造、老南宁 • 三街两巷旧城改造项目顺利推进，完成新阳路 292 号等 20 个土地熟化项目。重拳整治"两违"，拆除违法建设面积 381.4 万平方米、清理违法占地面积 506.5 万平方米。抓好"中国水城"建设。完成投资 50.05 亿元，增长 81.1%。邕江两岸综合整治示范段（3.4 公里）、良庆河综合整治工程三期如期建成，邕宁水利枢纽、江北引水干渠开工建设，老口水利枢纽完成投资13.4亿元，民歌湖、相思湖、明月湖等环城水系进一步提升。提升“中国绿城”水平。完成投资19.5亿元，增长34.96%。完成新造林24.49万亩，村屯绿化130个。成功举办第三届广西园林园艺博览会，五象湖公园成为新亮点。民族大道、五象大道、竹溪大道等城市精品线路的园林景观进一步提升，城市绿化、美化、彩化三年行动计划成效凸显。全市建成区绿地率、绿化覆盖率和人均公园绿地面积分别提高0.3、0.23个百分点和0.21平方米。环境空气质量（AQI指数）优良率达75%，在省会城市（直辖市）中名列第6。

（六）办实事惠民生，社会事业发展取得新进步。

全市财政涉及民生支出292.74亿元，比上年增支33.58亿元，占全市财政支出的69.87%。完善社会保障体系。全市社会保险参保608.28万总人次（不含新农合）。投入3.4亿元提高城乡最低生活保障标准和五保户、孤儿供养标准，覆盖城乡居民248.48万人次。安排社区惠民资金3520万元，解决一批社区居民最关心的民生问题。开工建设各类保障房19900套、基本建成17856套，新增发放廉租住房租赁补贴2568户、分配入住保障性住房6295套。全面发展教育事业。教育支出70.32亿元，增长6.43%，高于当年全市经常性财政收入增幅1.58个百分点。农村义务教育学生营养改善计划安排2.33亿元，受益学生40万人，率先在全区实现市辖县所有义务教育阶段学生全覆盖。完成幼儿园建设项目386个，创建自治区级示范幼儿园6所、市级示范幼儿园37所，超额完成学前教育三年行动计划。建成12所城市中小学校，接收进城务工人员随迁子女义务教育学生12.6万人，占全区33.18%。学前三年毛入园率、九年义务教育巩固率、高中阶段毛入学率分别提高4.31、0.56、0.62个百分点。加快发展卫生事业。新型农村合作医疗参合率达99.38%；726万人次参合农民获医疗费用补偿，补偿基金19亿元，基金使用率111%。人均基本公共卫生服务经费标准提高5元。全力实施防治艾滋病攻坚工程、母婴健康“一免二补”幸福工程、地中海贫血防治计划、中医药民族医药重点工程和壮瑶医药振兴计划，全市社区卫生服务中心、乡镇卫生院实现中医科全覆盖。全市人口自然增长率8.37‰，出生人口性别比同比下降2.75个比值。大力提升文化软实力。市财政投入4500万元完成129个村级公共服务中心建设。成功打造“一声所爱·大地飞歌”2013新民歌音乐季，汪小敏等3位选手成功入选央视春晚。《天琴传说》获全国曲艺优秀节目展演优秀剧目奖，实现南宁曲艺全国夺奖零的突破。南宁电视台与6家境外媒体成功举办跨国春晚《春天的旋律》，节目信号覆盖泰国等东南亚10国及北美、欧洲、大洋洲等地区。安排5000万元专项扶持文化产业发展，中国—东盟创意乐园（锦园）项目落地，天天演项目《锦·宴》对外公演。村村通广播电视乡镇无线覆盖新增25万人。保护和弘扬壮族文化遗产，武鸣县获“中国歌圩文化之乡”称号。推进体育事业发展。全市经常参加体育锻炼人口达49%。成功举办2013南宁国际半程马拉松比赛、南宁国际龙舟赛等5项国际体育赛事。高标准做好第四十五届世界体操锦标赛筹备工作。全力稳定物价。建立社会救助和保障标准与物价上涨联动挂钩机制，开通菜篮子工程平价直销车20辆、设立农副产品平价商店26家，实行“一元菜”供应。实施为民办实事工程。投入58.12亿元，自治区10项、南宁市20项为民办实事工程104个子项完成100项，4个子项正在收尾，解决了一大批群众关心的热点难点问题。

（七）抓规范严管理，社会和谐稳定取得新成效。

推进“平安南宁”建设，新增3000个网络高清监控摄像头，严厉打击“两抢一盗”，案件发案数和刑事案件发案数分别下降15.98%、23.05%。狠抓安全生产工作，年内无重大以上安全生产事故，年度考核综合排名全区第一。开展乳制品等重点食品、餐厨废弃物及废弃油脂等十大专项整治行动，市、县（区）、乡镇（街道）食品药品监管体系改革工作走在全区前列。“智慧南宁”建设成为国家试点。全国民族团结进步示范市试点、全国少数民族流动人口服务管理试点工作扎实推进。平里静脉产业园开工建设，餐厨废弃物资源化利用和无害化处理厂基本竣工，城市污水截污及管网建设实现新突破，市本级生活污水集中处理率、生活垃圾无害化处理率分别达85%和100%，邕江地表水集中式饮用水源水质达标率100%。强力推进“美丽南宁·清洁乡村”活动，打造示范点138个，乡村脏乱差现象得到明显改善。大力开展“美丽南宁·整洁畅通有序大行动”，营造了整洁畅通、文明有序的城市环境，实现了“100天新变化、200天新提升”的工作目标，得到了全市人民的高度评价。

（八）改作风提效能，政府自身建设取得新加强。

加强政府立法，完善交通、食品安全、信用体系、违法建设查处等重点领域的制度建设。推进依法行政，严格按程序起草、审议、发布文件，提请市人大常委会审议地方性法规草案5件，出台政府规章4件、废止3件。主动公开政府信息11.7万多条，信息公开量继续保持全区首位。推进“一服务两公开”向基层延伸，98.4%的乡镇（街道）和43.9%的行政村（社区）建成政务服务中心，超额完成自治区下达的任务。认真贯彻落实中央“八项规定”精神，全市会议召开数量同比下降31.63%；处级干部因公出国（境）人数下降35.01%，科级干部因公出国（境）人数下降52%；公务接待费用下降24.95%，公务用车运行经费下降7.2%，节庆、论坛活动经费下降61.9%；腾退办公用房1380间、40887平方米，清理、停止楼堂馆所建设项目21个。积极开展信访工作，接听“市长公开电话”来电4.03万个、受理“人民网市长信箱”留言618条，妥善处理群众来信3234件、来访2378批9030人次。强化对政府投资项目、重大政策执行等审计监督，廉政建设进一步加强。认真执行市人大及其常委会的决议、决定，依法接受市人大及其常委会监督，自觉接受人民政协的民主监督和社会舆论监督，共办理自治区和市级人大代表议案建议261件、政协委员提案338件，办结率100%。认真听取各民主党派、工商联、无党派、人民团体和社会各界人士的意见。

一年来，我市外事、侨务、司法、统计、人防、保密、口岸、水库移民、地震、供销、农机、机关事务管理、地方志、档案、宗教、新闻出版、消防、海关、海事、检验检疫、税务、工商、质监、国家统计南宁调查队、通信、邮政、供电、测绘、气象、水文、参事、哲学和社会科学等工作取得新进展，妇女儿童等事业取得新进步。国防教育和后备力量建设深入开展，双拥共建工作取得新的成绩，少数民族聚居区繁荣发展。

各位代表，过去的一年，在困难和压力多年来少有的情况下，我们顶住了压力，经受住了考验，取得了来之不易的成绩。这是自治区党委、政府坚强领导的结果，是市委总揽全局、科学决策的结果，是市人大及其常委会依法监督和人民政协民主监督的结果，也是全市各族人民共同奋斗的结果。在此，我代表市人民政府，向辛勤工作在各条战线的工人、农民、知识分子、干部和社会各界人士，向驻邕人民解放军、武警部队官兵，向各民主党派、工商联、无党派人士、人民团体，向关心支持南宁发展建设的港澳台同胞、海外侨胞及海内外朋友们，表示崇高的敬意和衷心的感谢！

同时，我们也清醒地看到，我市构建现代产业体系，做大经济总量的任务十分繁重；科技带动能力较弱，创新驱动发展亟待加强；影响科学发展的体制机制瓶颈依然不少，改革攻坚面临重重挑战；城乡发展不平衡仍然突出，新型城镇化建设任重道远；社会和谐稳定压力依然存在，社会治理仍需进一步加强；政府自身建设、干部作风有待进一步加强和改进等。对这些困难和问题，我们不掩饰、不回避，必须高度重视，切实加以解决，决不辜负全市各族人民的期望！

二、2014年工作安排

2014年，是深入贯彻落实党的十八届三中全会精神、全面深化改革的第一年，是完成“十二五”规划的关键一年。自治区党委十届四次全会明确提出了“两个建成”的奋斗目标。市委十一届十一次全会作出了全面深化改革奋力提升南宁首位度的决定，提出力争两年打基础、三年大跨越，用五年左右的时间抓改革、促发展、惠民生，实现南宁首位度大提升的目标。

各位代表，错综复杂的国内外形势提醒我们，扎实做好2014年经济社会发展工作，决不能把发展简化为生产总值，只盯住眼前的增长速度，而是要统筹全局，稳中求进，用改革的精神、思路、办法，激发市场活力，释放发展的强大动力。我们坚信，在市委的正确领导下，经过全市各族人民的共同努力，市委确定的奋斗目标一定能够实现，首府南宁在全区经济社会发展中的首位度一定会得到大提升！

2014年政府工作的总体要求是：全面贯彻落实党的十八大、十八届二中和三中全会、中央经济工作会议、中央城镇化工作会议、中央农村工作会议以及自治区党委十届四次全会、市委十一届十一次全会精神，以抓改革、促发展、惠民生为主基调，始终保持高于全区平均水平的发展速度，突出全面深化改革、产业转型升级、新型城镇化建设、保障和改善民生，进一步扩大开放合作，举全市之力办好第四十五届世界体操锦标赛，奋力提升首府南宁在广西经济社会发展中的首位度，加快建设中国面向东盟开放合作的区域性国际城市、宜居的壮乡首府和具有亚热带风情的生态园林城市。

按照上述总体要求，2014年经济社会发展的主要预期目标为：地区生产总值增长10%；财政收入增长10%；全社会固定资产投资增长18%；规模以上工业增加值增长16%；社会消费品零售总额增长14%；外贸进出口总额增长 8%；城镇居民人均可支配收入增长 10%，农村居民人均纯收入增长 12%；居民消费价格总指数涨幅控制在 4% 左右；万元生产总值能耗、化学需氧量排放量、二氧化硫排放量、氨氮排放量、氮氧化物排放量按自治区下达的目标完成；城镇化率 59.2%；每万人有效发明专利拥有量 2.5 件；学前三年毛入园率 91%，九年义务教育巩固率 93%，高中阶段毛入学率 92%；城镇新增就业人数 7.5 万人，城镇登记失业率控制在 4.5% 以内。

各位代表，实现上述目标，有机遇、有条件、有潜力，但也有挑战、有难度、有压力，我们必须坚定信心，攻坚克难，努力工作，争取更好更快的发展。

（一）以改革创新为统领，推动发展活力新增强。

深化行政审批制度改革。做好行政审批事项“接、放、管”，市本级的行政审批事项，能减就减，能放就放，能取消就取消，坚决控制新增行政审批事项，对保留事项依法管好。创新和完善重大项目联合审批、预约审批、缺项审批、分段审批等审批方式，探索建立“一门受理、抄告相关、同步审批、限时完成”审批模式，推行“网上受理、网上流转、网上审批、政务中心出件”审批流程，解决部门和政务中心两头受理问题。加快建立网上政务服务大厅，实现所有审批项目的实时公示。深化政府机构改革，推进事业单位分类改革。打造公平、开放、便捷的发展环境。

深化财政体制改革。构建和完善覆盖政府所有收支的全口径预算体系。继续加强预算绩效管理，扩大绩效目标管理和绩效考核覆盖面。实施规范、公开、透明的预算制度，稳步推进财政预决算公开和“三公”经费公开。探索编制全市各级政府性债务收支计划，加强政府债务管理。完善市区事权和支出责任划分，创新市本级与城区财政利益共享机制。整合各类产业发展资金，建立健全财政促进产业发展机制。建立健全政府购买服务的长效机制。让预算更加透明，支出更加规范，公共财政更好地为民服务。

深化土地管理制度改革。完善城乡建设用地增减挂钩制度，试点推进农村集体经营性建设用地使用权流转、城市低效土地开发利用等改革。加快农村集体土地和宅基地确权登记发证工作，在符合土地利用总体规划和土地用途管制前提下，允许农村集体经营性建设用地通过出让、租赁、入股等方式依法进行流转，建立完善土地租赁、转让、抵押二级市场，逐步将农村集体经营性建设用地使用权、林地经营权和林木所有权、土地承包经营权等纳入城乡统一的土地交易市场。完善被征地农民合理、规范、多元的保障机制。确保土地利用更加集约高效，土地收益分配更加公平。

深化城镇化发展体制机制改革。改革户籍管理制度，有序推进农业转移人口市民化。创建多元可持续的城镇建设资金保障机制，争取发行市政建设债券，更多地吸引社会资本参与城市公用设施投资、建设、运营。健全城市基础设施服务合理收费机制。完善城市规划制定、实施、监督的地方性法规，强化规划指导和约束。制定出台促进房地产市场持续健康发展政策。破除城镇化发展体制机制障碍，让广大农民平等参与城镇化进程，共享现代化成果。

深化国有企业改革。完善以管资本为主的国有资产管理体制，重点加大九大集团（公司）改革力度，竞争类的国企加快推向市场，将国资重点集中在基础设施和民生保障等关键领域。深化国有企业公司制、股份制改革，大力发展混合所有制经济，支持和鼓励各种非公资本参与国企股权多元化改革。探索建立国有企业分类监管制度，健全国有企业领导人员管理体制。释放国有企业发展的活力、创造力和竞争力。

大力发展非公经济。坚决废除对非公经济各种形式的不合理规定，进一步清除市场准入障碍，消除各种隐性壁垒，出台非公企业进入特许经营领域具体办法。完善财税支持、产业扶持、政府服务等配套措施，市财政每年统筹安排不低于 5000 万元支持非公经济发展，重点培育 100 家以上非公强优企业。引导非公企业兴办文化、医疗、养老等社会事业。让南宁成为非公企业投资、创业的沃土。

（二）以“工业强市”战略为牵引，推动现代工业大发展。

以科技创新引领工业发展。大力支持富士康南宁科技园研发检测认证中心建设和研祥、燎旺车灯等一批骨干企业创建国家级技术中心、实验室。扶持培育高新技术企业 15 家、创新型试点企业 10 家。重点培育 20 个广西名牌产品和广西著名商标，认定工业新产品 100 个以上。重点推进智能制造、网络制造、工业大数据集成为重点的“两化”融合项目建设，力争完成制糖、铝精深加工、机械装备、食品药品“两化”融合方案。投资 10 亿元，完成技术创新及“两化”融合项目 300 项。

以重点产业发展优化工业结构。新增建设用地指标

40% 以上用于工业项目及工业园区基础设施建设，专项安排 16.5 亿元现代工业发展资金，集中支持生物医药、铝精深加工、电子信息、机械装备制造、轻工食品、清洁能源六大重点产业发展，力争实现工业总产值 1850 亿元、税金 115 亿元以上。以生物医药产业园为平台，重点推进中恒、海王等项目建设。以南南铝为龙头，重点加强与中国南车等集团合作，全面发展铝精深加工。加快与知名汽车企业对接，努力在汽车整车制造项目上取得新突破。加快建设南宁电子信息产业园，力争富士康南宁公司实现产值 200 亿元。重点支持南宁双汇食品、百威啤酒年产 30 万吨啤酒生产线等项目建设，将广西—东盟经开区打造成为全区重要的轻工食品生产基地。大力发展生物质能源，努力将武鸣县建设成为全国生物燃气重点县。坚持“壮大关小”，坚决淘汰小造纸、小淀粉、小酒精等落后产能。

以做大园区聚合工业优势。在各工业园区实施“体制机制创新”、“企业培育”、“产业提升”、“零增地技术改造”、“科技创新”、“金融创新”、“人才引进”、“基础设施建设攻坚”、“项目引进建设攻坚”九大行动计划，重点推进 150 万平方米工业标准厂房建设，不断完善园区基础设施，提高承载大项目能力。将国家级开发区改革创新发展政策逐步延伸到县区工业园区（集中区）。高标准规划建设南宁吴圩空港经济区，加快新兴产业园、现代工业园规划建设及招商。继续支持三大国家级开发区管理体制机制创新和产业发展，确保规模以上工业总产值占全市的比重提高 5 个百分点以上。

以优质服务做强工业企业。继续实施领导联系服务重大项目和重点企业工作机制，协调解决企业在融资、用工、用地等方面的问题和困难。发挥“两台一会”作用，帮助中小企业实现融资 30 亿元以上。鼓励和支持企业股权融资，引导具备条件的企业进行股份制改造。积极争取自治区支持，成立北部湾经济区（南宁）产业发展基金，争取实现融资 100 亿元。继续实施“抓大壮小扶微”工程，加快推进广发重工重组及改造、凤凰纸业和华劲纸业异地搬迁等重大项目，支持中烟南宁卷烟厂产值突破 100 亿元，实现全市百亿元企业新增 1 家、10 亿元以上企业新增 3 家、亿元以上企业新增 50 家、规模以上企业新增 25 家的目标。

（三）以金融业为核心，推动现代服务业发展。

加快金融业发展。抓住滇桂沿边金融综合改革试验区建设机遇，积极发挥金融发展决策咨询委员会和金融工作联席会议制度作用，制定更加优惠的政策，营造更好的金融生态环境，利用好 5000 万元金融产业发展资金，吸引国内外各类金融机构及会计、审计、财务等金融中介机构进驻南宁，争取正在筹建的亚洲基础设施投资银行、中国—东盟股权交易中心和互联互通投融资平台落户南宁，大力推进五象新区金融街等项目建设，加快南宁区域性金融中心建设。完善扶持企业上市相关规定，推动南城百货等 4 家企业上市。力争金融业增加值增长 15% 以上。

推动旅游业发展。坚持政府主导，突出市场主体，打造“壮乡歌海、中国绿城、东盟风情、养生之都”四大品牌，把旅游产业培育成战略性支柱产业。加大旅游宣传和市场营销，加强旅游基础设施建设和旅游产品开发，打造旅游精品线路。大力推进上林县特色旅游名县创建和双桥镇、布泉乡等 10 个南宁特色旅游名镇（乡）建设；重点建设东盟国际旅游风情小镇等 28 个重大旅游项目。加快青秀山风景区植物专类园建设和大明山旅游景区建设。力争创建国家 5A 级旅游景区 1 家、4A 级旅游景区 3 家，旅游总收入突破 550 亿元。

发展现代商贸物流业。加快完善商贸流通规划，合理布局城市商业综合体、特色商业街、专业市场、社区商业中心、乡镇商贸中心等商业流通设施及业态，改造朝阳商圈，完善琅东—凤岭商圈，规划建设五象商圈。重点推进万达、宝能等城市综合体建设，力争新增限额以上企业 100 家。优化物流园区布局，大力支持集智能仓储、现代物流、金融服务于一体的一站式第三方大宗商品供应链服务平台建设，大力发展综合物流中心、专业物流中心和配送中心，推进中国—东盟商品交易中心、中国—东盟国际物流基地等重大项目建设，加快建成南宁综合保税区。

发展楼宇经济。编制楼宇经济发展规划，研究出台扶持政策，创新政府服务模式，大力发展资金、技术、服务、税收密集的楼宇经济，重点培育一批特色街区楼宇、现代服务型楼宇、文化创意型楼宇、总部型楼宇等高附加值楼宇，为进一步推动我市产业升级、经济发展注入新的动力。

发展电子商务。以建设面向东盟区域性电商总部和集散中心为目标，推进国家电子商务示范城市建设。强化政策支持，鼓励美丽传说、蓝火翼网络科技等有条件的电子商务企业探索智能物流、跨境电子商务等新型业务，争取阿里巴巴等国内电商龙头企业落户南宁。加快高新区国家电子商务示范基地建设。

（四）以农业现代化为主导，推动“三农”持续发展。

推进农业结构优化升级。贯彻落实中央一号文件精神，实施“粮安”工程，划定基本农田，确保粮食总产量220万吨，农产品质量安全监测总体合格率96%以上。强化农业科技支撑，加强标准化农田和规模养殖场建设，推进农业标准化生产，加快发展优势特色种植业，积极推广禽畜生态循环养殖，大力发展林下经济，提高农产品深加工能力。建设优势特色产业示范基地30个、“菜篮子”基地4000亩。

完善农业发展新机制。积极发展农村社区股份合作社、土地股份合作社，继续推广“朝南模式”、“金穗模式”，帮助农民在“家门口”增产增收。重点扶持桂合丝业、百洋集团等龙头企业发展，新增10家市级以上农业产业化龙头企业。大力培育专业大户、家庭农场、联营农户等新型农业经营主体，扶持发展30个以上“一村一品”、“一镇一业”特色产业，促进农民收入倍增计划实施。

推进农业社会化服务。支持新型农业经营组织围绕产前、产中、产后各环节为农户提供全程服务。加大农业政策性保险支持力度，完善基层农技推广体系，深化公益性服务能力建设，加快发展以农作物病虫害统防统治、农机社会化服务等为重点的农业经营性服务。加强农产品网络展销平台建设，扶持农超、农校、农企对接。

加强农村基础设施建设。继续抓好人饮工程，解决30万人饮水安全问题。继续实施小型病险水库除险加固120座，推进小型农田水利重点县建设，改善和新增灌溉面积7.5万亩，着力解决农田灌溉“最后一公里”问题。新建200条非贫困村通屯道路。继续实施行政村通畅工程，实现97%以上的行政村通水泥路。加强防灾减灾体系建设，确保农业可持续发展。

（五）以五象新区建设为重点，推动投资消费平稳较快增长。

全力推进投资和项目建设。创新模式，探索通过存量资产、土地使用权作价注资、项目资产、财政专项资金注入各投融资平台公司，不断增强融资能力。优化投资结构，鼓励引导资金投向先进制造业、战略性新兴产业、现代服务业、生态环保等领域。落实自治区、市级统筹推进重大项目556项、投资740亿元；推进城建计划360项、投资340亿元。高档次高品质推进五象新区建设。支持新区解放思想、大胆创新、先行先试。集中精力突破核心区域，确保年内总部基地的项目全面开工，抓好五象湖周边及沿江区域189个重点项目建设，力争完成投资275亿元以上。加快跨江桥梁及蟠龙、玉洞、龙岗、保税物流等重点片区基础设施建设。加大管廊规划和建设力度，完善给排水、电力电讯、燃气、环卫等市政配套设施，全面启动新区学校、医院、邻里中心等城市配套建设。大力推进征地拆迁和安置房建设，全面破解被征地拆迁农民安置工作滞后问题。力争3–5年，把五象新区建设成财富聚集、功能多元、生态宜居、辐射强劲的高品位魅力新城以及我市城市建设和产业发展先行先试的试验区。大力推进重大交通基础设施建设。实施项目47项、投资225亿元以上。建成南宁吴圩国际机场新航站楼及机场高速公路连接线、火车东站及周边路网。加快轨道交通1、2号线建设，力争3号线开工，完成投资50亿元以上。加速云桂、南广等高铁项目建设，加快外环高速、南北高速改扩建及来宾至马山、马山至平果等高速公路建设，推进新江至扶绥、大王滩一级路等高等级公路建设。加快推进南宁港一期工程建设，开工建设南宁港永凯码头、鹤笋作业区一期、横县国铭码头工程等。

着力扩大消费需求。继续开展“南宁欢乐消费季”等多种形式的促销活动，加快推进传统零售业转型升级，促进线上线下深度融合，扩大汽车、家电、通讯器材等传统消费。以建设国家信息消费试点城市为契机，培育信息、文化、健康、养老等新型消费热点，推动消费结构升级。加快发展大众化、特色化餐饮消费，促进中低端消费成为餐饮消费增长的主动力。加快推进社区商业中心、乡镇商贸中心等仍具有较大潜力和发展空间的业态发展。

（六）以精细化管理为手段，推动生态宜居城市建设。

提升“美丽南宁”建设水平。持续推进“美丽南宁·清洁乡村”活动，深入发动群众，继续实施“三清洁”综合整治等五大行动，启动“美丽南宁·生态乡村”活动，推进村屯绿化、饮水净化、道路硬化，改善农村人居环境。调整优化村庄布局，大力推广并落实农村住宅建设及推荐户型奖励办法，形成美丽村庄新格局。在12个县区各建成一个综合示范村，创建3个生态乡镇、100个生态村。深入开展“美丽南宁·整洁畅通有序大行动”，加快在城管、建设、国土、住房、环保和文化等部门推进相对集中行政处罚权改革，在市政养护、环卫作业、小广告清理和绿化养护等领域开展市场化社会化改革试点，加强城市户外广告规划管理；继续实施严管重罚，坚决查处城市“五乱”行为；实施“公交优先”战略，加快调度中心、公交场站、公交专用道等城市公交基础设施建设，提升公交管理科学化水平；大力推进“城市网格化管理决策服务平台”建设，实现网格化管理智能化及城市管理实时监测和快速反应，提高交通组织管理科学化水平，治理城市交通拥堵和停车难问题，实现“500天新形象”工作目标。

推进城市绿化美化彩化。按照生态自然化、森林化、多彩化、多样化、苗木本土化、管理低成本化原则，全面提升城市绿化美化彩化水平。提升“绿城”，重点推进城市精品线路园林景观提升、城市立交景观提升等八大工程；改造提升市政主干道、景观节点30条（处），重点推进五象大道、白沙大道等17条城市主干道绿化提升，加快实施白沙—星光立交桥等6座立交桥和13座人行天桥园林景观改造；建设和提升江南公园、花卉公园等公园。重点推进青秀山风景区绿道、快速环道绿道（竹溪立交—壮锦大道段）及景观提升工程，新建绿道45公里，建成区新增绿地面积400公顷，改造提升绿地200公顷。建设“水城”，继续推进江北引水干渠主体工程；加快南湖等“五湖”环湖水系景观提升和相思湖、明月湖水系修复；续建老口水利枢纽和邕宁水利枢纽。加快推进污水管网建设三年行动计划，建设污水管网250公里。加快大王滩第二水源建设，继续推进天雹水库、龙潭水库等应急水源建设，支持宾阳县清平水库补水工程、马山县兴科供水工程建设，提升城镇安全供水保障能力。加快仙葫半岛堤、龟山堤、隆安县和横县县城防洪堤建设。推动全国水生态文明城市试点工作。打造“花城”，全面推行盆花下地培土种植，适度缩减草花栽植面积，选用多年生、花期长、花色艳、易维护的花卉，千方百计降低养护成本，精心营造四季花城的景观效果，确保一年显成效、两年大提升。

加快“三旧”改造。以创建“国家历史文化名城”为抓手，坚持“政府主导、城区主体、整体规划、连片开发”的原则，继续抓好水街片区旧城区改建、老南宁·三街两巷旧城改造项目。将城中村改造、危旧住宅片区项目纳入棚户区改造计划，确保陈东村、南糖片区、四塘煤矿片区等10个项目取得新突破。

（七）以新型城镇化为引擎，推动城乡一体化发展。

加快新型城镇化建设。坚持“以人为本、优化提质、产城一体、统筹发展、改革创新”的原则，加快城乡一体化发展。突出大县城战略，把发展中小城市、小城镇作为主攻方向，编制南宁市空间发展战略规划，加快六县县城和重点乡镇规划修编，构建大中小城市和小城镇合理分布、功能互补、协同发展的城镇体系，努力将南宁建设成为北部湾城市群的核心城市。按照县级中等城市的要求，加快推进武鸣县、横县、宾阳县规划建设，力争到2015年，三县城镇化率40%以上。按照小城市的要求，加快上林县、马山县、隆安县规划建设，力争到2015年，三县城镇化率30%以上。加快双桥、六景、黎塘等20个经济强镇、特色城镇建设。坚持产城融合发展，把产业发展摆在新型城镇化建设的首位，以产业集聚带动人口集聚，以产业发展带动城镇转型升级。

加快发展县（区）域经济。落实《南宁市主体功能区规划》，引导县（区）结合各自发展潜力和优势，做强特色产业。力争横县、武鸣县、宾阳县规模以上工业总产值分别突破340亿元、240亿元、140亿元，六县地区生产总值和规模以上工业总产值对全市增长的贡献率均达27%以上；兴宁区、青秀区、西乡塘区、江南区社会消费品零售总额分别突破370亿元、345亿元、300亿元、150亿元，六城区地区生产总值和社会消费品零售总额对全市增长的贡献率达71%和75%以上。

加大扶贫攻坚力度。重点抓好智力扶贫，着力提升贫困群众受教育水平，提高贫困群众从事种植业、养殖业、加工业和服务业的能力，帮助农民尽快发家致富。继续抓好产业扶贫，发动5万户以上参与扶贫产业开发，发展种植类扶贫产业10万亩。修建贫困村屯级硬化路200公里以上。抓好劳动力转移就业，开辟新的增收门路，力争“十二五”期末，我市扶贫工作走在全区前列。

（八）以中国—东盟合作新的‘钻石十年”为依托，推动对外开放合作水平新提升。

优化开放合作平台。积极谋划参与21世纪海上丝绸之路、泛北部湾合作和南新经济走廊建设。进一步发挥“南宁渠道”作用，创新服务面向中国和东盟合作通道建设。继续推进与国际友好城市的交流合作。密切与港澳台的开放合作。积极融入广西打造我国中南西南地区开放发展新的战略支点、珠江—西江经济带建设。主动参与南宁—崇左—凭祥对外开放经济带建设。加快实施南北钦防玉崇百区域一体化规划。

促进投资贸易便利化。落实出口奖励措施，扶持和组织企业参加境内外展会，鼓励企业开拓国际市场。以组织做好CEPA示范城市工作为契机，以东盟国家为主战场，鼓励企业“走出去”，参与资源开发和工程承包、劳务合作，带动商品、劳务、技术和装备出口。

注重招大商引强企。以港澳台、珠三角、长三角为重点，着力引进主业突出、核心竞争力强的大公司，重点落实全国工商联执委会议期间签约、洽谈的重大项目，加快对接修正药业等行业领军企业。优化招商引资环境，创新服务方式，为重大招商引资项目提供“绿色通道”。力争实际到位内资784亿元，增长8%；外商直接投资（广西全口径）5.27亿美元，增长8%。

继续服务好第十一届中国—东盟博览会和商务与投资峰会。完善南宁会展商务区规划，按照“扩大规模、拓展功能、丰富内容、高效便捷”的要求，加快南宁国际会展中心场馆设施和配套服务设施建设，使博览会和峰会成为建设中国—东盟自贸区升级版和21世纪海上丝绸之路的重要平台。

举全市之力办好第四十五届世界体操锦标赛。把办好体操世锦赛作为深化南宁对外交流与合作、扩大城市知名度、展现文明宜居城市形象的新载体。广泛动员，节俭高效、高标准、高水平做好体操世锦赛筹办和保障服务工作，并以此为契机，着力提升城市建设管理水平，提高市民文明素质，推动文化、体育、旅游、交通、环保等相关产业和城市建设有一个新的发展。

（九）以保障和改善民生为目的，推动社会事业全面发展。

全面振兴教育。牢固树立“不建楼堂建学堂”的理念，进一步加大财政投入，新建小学7所、初中4所、普通高中1所、改扩建普通高中4所，新建乡镇中心幼儿园6所、县城（城区）幼儿园2所，保障进城务工人员随迁子女入学。充分利用教育信息化，不断扩大优质教育资源覆盖面，促进义务教育均衡发展。深入实施新时期职业教育攻坚五年计划，加强校企一体化合作办学，为产业发展提供高素质技能人才。健全学生资助体系，继续在六县全面实施农村义务教育营养改善计划，对全部中职学生免学费。

推进就业创业工作。健全就业援助制度，深入开展“就业援助月”、“春风行动”、“高校毕业生就业服务月”和“创建充分就业县区”等系列活动。全面落实鼓励自主创业的扶持政策，推进创业孵化基地和创业服务专家队伍建设，促进自主创业。完善基层就业服务平台，扩大和完善失业监测预警，促进城镇居民收入倍增计划深入实施。

完善社会保障体系。扩大社会保障覆盖面，确保养老、失业、工伤、医疗、生育等保险完成自治区下达的任务，确保全市三项基本医疗保险参保（合）率稳定在97%以上。启动城乡居民大病保险工作，完善职工生育保险办法。合并新型农村社会养老保险和城镇居民社会养老保险，建立统一的城乡居民基本养老保险制度，全面实行医疗保险付费总额控制。提高企业退休人员基本养老金等社会保障待遇，做好被征地农民的社会保障工作。新开工各类保障性住房16460套，基本建成18980套，分配入住8760套，新增廉租住房租赁补贴1000户。整治改造20个无人管理的低收入群体较集中的老旧居住区。多渠道兴办养老机构，大力发展养老产业，满足不同层次的养老服务需求。加强城乡低保、五保供养、优抚安置、残疾康复、抗灾救灾等工作，完善社会救助体系。

着力推进文化建设。培育和践行社会主义核心价值观，努力形成良好社会风尚。加快公共文化服务体系建设，推进公共文化设施免费开放。加强非物质文化遗产保护工作。创新举办南宁国际民歌艺术节，多渠道搭建我市优秀剧（节）目对话世界的桥梁。组织开展丰富多彩的群众文化活动，扶持100支村屯社区文艺队。加快南宁市文化产业公共服务平台建设，实施动漫精品培育工程，发展南宁演艺市场产业。

提高人民群众健康水平。建立健全重大疾病医疗应急救助制度。巩固完善基本药物制度和基层运行新机制，行政村卫生室全部实施基本药物制度。深入推进县级公立医院综合改革。加强以社区、村卫生室和乡村医生为重点的队伍建设，完善基层医疗卫生计生服务体系，搬迁和新建江南区人民医院等4家医院。加强艾滋病等传染病防治，做好免疫规划工作。加强医院安全防范体系建设。加快中医药壮瑶医药发展。制定区域卫生规划和医疗机构设置规划，落实非公立医疗机构准入。推进市体育运动学校建设，增设一批便捷、实用公共健身设施，在人民公园等7个公园兴建7条健康步道，建设健康城市。

继续实施为民办实事工程。根据市人大代表、政协委员的建议，经市委常委会研究确定，将原市级20项为民办实事工程调减为10项为民办实事工程，共实施32个子项，调整后的项目更突出群众关注度高、民生关联度大、受益面广的特点。实施好自治区10项共52个子项为民办实事项目，切实办好群众期待的一批实事好事。

三、努力建设法治政府、服务型政府

加快政府职能转变，创新行政管理方式，增强政府公信力和执行力，建设法治政府和服务型政府。

坚持依法行政。贯彻落实《国务院关于加强法治政府建设的意见》，坚持科学决策、民主决策、依法决策，强化重大决策跟踪反馈和责任追究，提高决策质量和执行能力。加强政府立法工作，研究建立科学的法治建设指标体系和考核标准。加强政务公开，推进政社分开、政事分开和行政权力透明运行。健全行政复议案件审理机制，纠正违法或不当行政行为。依法接受市人大及其常委会监督，自觉接受人民政协的民主监督，认真听取各民主党派、工商联、无党派人士、人民团体和社会各界人士意见。充分发挥监察、审计等专门监督作用，高度重视人民群众监督和新闻舆论监督。

加强社会治理。改进社会治理方式，加强社区管理服务创新，激发社会组织活力。建立和完善社会稳定风险评估机制、突发事件应急处置机制。继续推进“平安南宁”建设，建立健全高效联动的立体化防控网络，依法严密防范和打击各类违法犯罪活动。启动新一轮禁毒人民战争。认真开展矛盾纠纷排查调处工作，畅通群众信访渠道，实行网上受理信访制度，健全就地解决群众合理诉求机制。深入开展安全生产隐患大检查、大整治，坚决遏制各类重特大事故发生。继续依法严厉打击“两违”。依法开展村民（社区）委员会换届选举工作。完成各级食品药品监管机构改革，深入开展专项整治行动，全力保障人民群众食品用药安全。落实国家关于调整完善计划生育的法律法规，提升全市人口长期均衡发展水平和出生人口素质。加强政府诚信、商务诚信、社会诚信和司法公信建设，构筑诚实守信的经济社会环境。

加强环境保护。大力发展节能环保、新能源等新兴产业，重点推进工业、建筑、交通等领域节能减排。完善环境保护考核指标体系和生态补偿机制，改革对限制开发区域和生态脆弱的国家扶贫开发工作重点县的考核机制。完成大气污染防治规划编制，加强基层环保监测执法体系建设，开展油烟、噪声、雾霾治理等专项行动，抓好城市扬尘污染、机动车排气污染、工业大气污染联防联控，环境空气质量（AQI指数）优良率保持75%以上。开展水源地综合整治，邕江地表水集中式饮用水源地水质达标率100%。

促进作风转变。深入开展党的群众路线教育实践活动，力戒“四风”；严格落实中央“八项规定”精神，严格遵守“约法三章”；严格控制行政经费增长，降低“三公”经费支出；树立新的政绩观，完善考评奖惩机制和激励办法；加强政风行风建设，纠正损害群众利益的不正之风；深入推进惩治和预防腐败体系建设，严肃查处违纪违法案件，做到干部清正、政府清廉、政治清明。

全面推进全国民族团结进步示范市建设，巩固和发展平等团结互助和谐社会主义民族关系。加强国防动员和后备建设力量，支持国防和军队建设，广泛开展双拥共建活动，推动军民融合深度发展。依法保障公民特别是妇女、未成年人和残疾人的合法权益。充分发挥工会、共青团、妇联等群团组织的作用。继续做好外事、侨务、宗教、统计、人防、气象、地震、水文、供销、参事、档案等工作。

各位代表，新的一年，任务艰巨、使命光荣、责任重大。让我们紧密团结在以习近平同志为总书记的党中央周围，在自治区党委、政府和市委的正确领导下，齐心协力，开拓创新，勤勉工作，奋力提升首府南宁在广西经济社会发展中的首位度，为加快建设中国面向东盟开放合作的区域性国际城市、宜居的壮乡首府和具有亚热带风情的生态园林城市而努力奋斗！

2013年南宁市国民经济发展统计公报

南宁市统计局

2014年5月9日

2013年，面对复杂的国内外环境，全市各族人民在市委、市政府的正确领导下，以更大的力度推进现代产业、现代生态文明城市、重大基础设施和民生保障“四大建设”，做好“绿、水、新、旧、通”五篇文章，建设美丽南宁，全市经济发展稳中向好。

一、综合

经济增长：初步核算，全年地区生产总值2803.54亿元，按可比价格计算，比上年增长10.3%。按户籍人口计算，全市人均地区生产总值38994元，按平均汇率折算达到6396美元。三次产业中，第一产业增加值349.93亿元，增长4.8%；第二产业增加值1110.89亿元，增长11.6%；第三产业增加值1342.73亿元，增长8.1%。

图1 2010年-2013年全市地区生产总值及增长速度

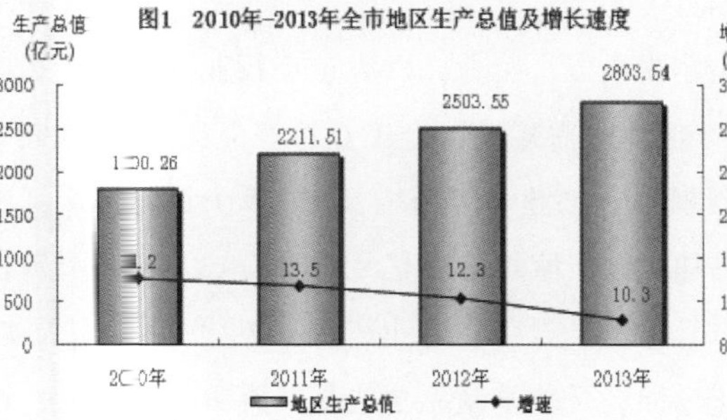

三次产业的比重为12.48 ∶ 39.62 ∶ 47.90。与2012年比较，第一产业比重回落0.42个百分点，第二产业比重上升1.24个百分点，第三产业比重回落0.82个百分点。

图2 三次产业比重变化情况

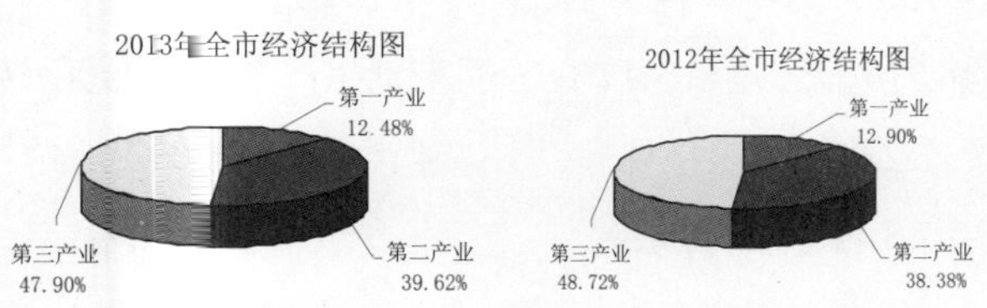

价格：全年居民消费价格指数为102.1，比上年上涨2.1%，分类别看，八大类消费价格指数呈“五升三降”。(见表1)

表1 居民消费价格指数

指　标	2013年	比上年涨跌（%）
居民消费价格总指数	102.1	2.1
食品	103.9	3.9
烟酒及用品	98.9	-1.1
衣着	104.7	4.7
家庭设备用品及维修服务	101.3	1.3
医疗保健和个人用品	99.7	-0.3
交通和通信	98.7	-1.3
娱乐教育文化用品及服务	100.5	0.5
居住	102.3	2.3

图3 2010年-2013年居民消费价格涨跌幅度

二、农业

产值：全年全市实现农林牧渔业总产值577.27亿元，比上年增长4.7%。其中，农业产值311.57亿元，增长5.72%；林业产值29.08亿元，增长0.27%；畜牧业产值184.95亿元，增长2.48%；渔业产值22.60亿元，增长7.35%；农业服务业产值29.06亿元，增长11.43%。占农林牧渔业的比重分别为：农业53.97%，比上年上升1.07个百分点；林业5.04%，上升0.02个百分点；畜牧业32.04%，下降1.44个百分点；渔业3.91%，上升0.1个百分点；农业服务业5.03%，上升0.24个百分点。

图4 2012年-2013年农林牧渔业总产值构成（%）

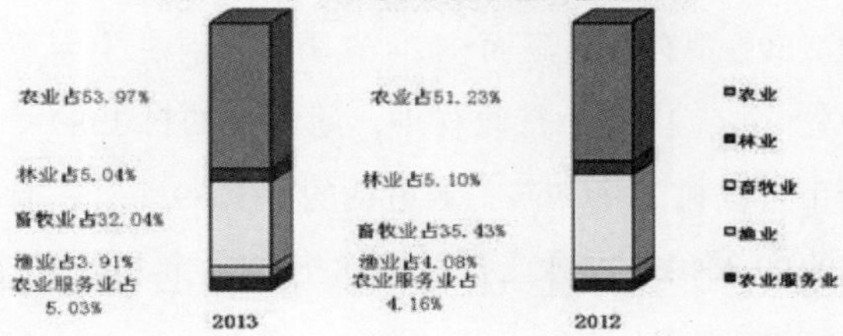

农作物种植面积：全年农作物播种面积94.85万公顷，增长0.47%。其中粮食种植面积44.29万公顷，增长0.18%；经济作物种植面积27.46万公顷，下降0.28%。其中，甘蔗种植面积16.89万公顷，增长0.18%，油料种植面积4.68万公顷，增长2.60%；其他农作物种植面积23.11万公顷，增长1.95%。其中蔬菜种植面积17.79万公顷，增长1.83%；各类经济作物（含其他农作物）种植面积占农作物总播种面积比重的53.31%，全年粮食作物和经济作物的种植面积比例为1 ∶ 1.14 。

农作物产品产量：全年粮食总产量223.44万吨，比上年增产3.86%；蔬菜产量387.37万吨，增产3.05%；水果产量170.51万吨，增产7.97%；甘蔗产量1236.99万吨，增产9.45%；花生产量13.10万吨，增产5.40%；木薯产量54.52万吨，下降2.76%。

图5 2010年-2013年全市粮食总产量及增长速度

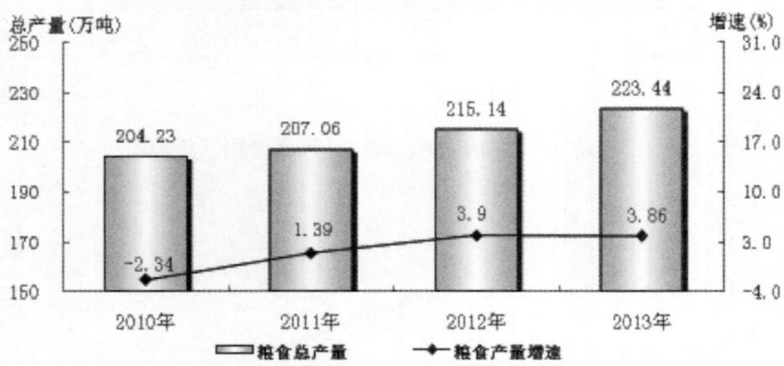

养殖业产品产量：全年肉类产量65.56万吨，比上年增长1.62%，其中，猪肉产量38.52万吨，增长2.89%；全年生猪出栏523.31万头，增长2.63%；生猪存栏429.40万头，增长7.91%；禽蛋产量3.12万吨，增长5.87%；牛奶产量4.94万吨，增长4.90%；水产品产量23.30万吨，增长7.14%。

林业生产：全年木材产量279.04万立方米，比上年下降2.72%。全年共造林8042公顷，其中，用材林6982公顷，下降30.78%；经济林151公顷，增长51%。当年幼林抚育作业面积2.49万公顷，下降41.14%。育苗面积1066公顷，增长516.18%。全市森林覆盖率47.36%。

农村基础设施：全年农村用电量8.72亿千瓦时，比上年增长4.11%。化肥使用量（折纯）45.50万吨，增长2.59%。有效灌溉面积24.67万公顷，比上年下降3.92%。全市1391个行政村中，通汽车的村1389个，占全市行政村的99.86%；通电话的村1389个，占行政村数的99.86%；自来水受益村1298个，比上年增加10个，占行政村数的93.31%。

三、工业和建筑业

工业：全年全部工业总产值2661.97亿元，比上年增长19.92%。规模以上工业总产值2554.75亿元，增长20.63%；其中国有企业增长27.07%，集体企业增长21.99%，股份制企业增长18.68%。外商及港澳台投资企业增长31.05%。全年全部工业增加值820.60亿元，增长14.8%。工业对经济增长的贡献率为42.40%，拉动经济增长4.37个百分点。

图6 2010年-2013年全市规模以上工业总产值及增长速度

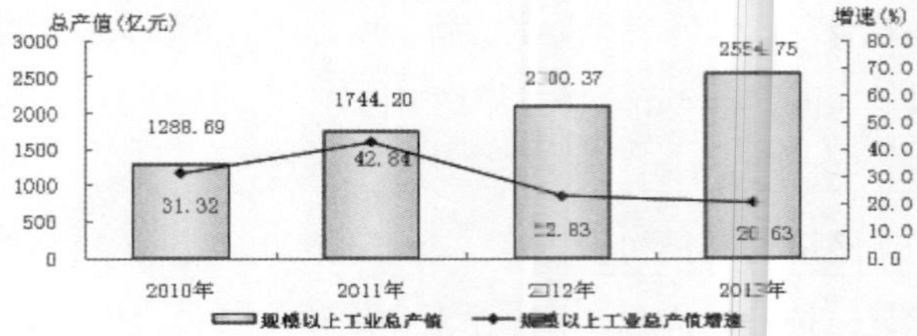

分轻重工业看，全市规模以上轻、重工业总产值分别为1155.49亿元和1399.26亿元，分别增长14.66%和26.06%，重工业增速快于轻工业11.4个百分点。轻重工业产值比例为45.23 ∶ 54.77，重工业产值比例高于轻工业9.54个百分点。

全年规模以上工业，六大重点行业共完成工业产值1340.78亿元，占规模以上工业总产值比重达52.48%，拉动规模以上工业总产值增长12.15个百分点。其中农副食品加工业产值414.21亿元，增长13.46%；计算机、通信和其他电子设备制造业产值237.2亿元，增长47.48%；化学原料及化学制品制造业产值201.23亿元，增长20.01%；非金属矿制品业产值174.05亿元，增长28.47%；造纸及纸制品业产值166.8亿元，增长18.14%；电气机械及器材制造业产值147.29亿元，增长30.05%。

全市规模以上工业企业主营业务收入2386.25亿元，比上年增长20.13%；利税总额281.26亿元，增长11.81%，其中，税金135.05亿元，增长16.08%，利润146.21亿元，增长8.12%；全员劳动生产率315408元/人，增长2.65%。全年规模以上工业产销率95.70%，比上年提高0.49个百分点。

年末全市拥有规模以上工业企业968家，比上年增加28家。工业产值超亿元的企业548家，增加55家。

主要产品产量（见表2）。

表2　全市规模以上工业企业主要产品产量

产品名称	单位	产量	比上年增长%
配混合饲料	万吨	477.83	18.87
成品糖	万吨	145.52	19.47
乳制品	万吨	16.23	65.26
啤酒	千升	230888	–2.40
卷烟	亿支	384.25	2.07
机制纸及纸板	万吨	127.33	15.72
纸浆	万吨	109.43	26.49
烧碱（折100%）	万吨	6.96	–41.09
盐酸（31%）	万吨	6.38	–35.62
中成药	万吨	4.01	–3.91
塑料制品	万吨	63.30	4.31
人造板	万立方米	585.71	18.46
水泥	万吨	1569.51	17.84
商品混凝土	万立方米	1758.84	7.04
平板玻璃	万重量箱	638.14	5.02
铝材	万吨	11.98	49.17
小型拖拉机	万台	15.45	–9.10
发电设备	万千瓦	0.76	–91.50
发电量	亿千瓦小时	98.01	33.67

建筑业。年末，全市具有资质等级的建筑企业540个，比上年增长0.56%。全年实现建筑业增加值290.29亿元，增长14.1%。全市建筑施工企业（资质企业）完成施工产值835.57亿元，增长16.18%；实现利润总额13亿元，增长45.25%；利税总额37.25亿元，增长27.92%。

四、固定资产投资

全年完成全社会固定资产投资2475.01亿元，比上年增长23.40%。其中，固定资产投资(不含私人建房)2432.69亿元，增长23.66%。固定资产投资中，基本建设投资1109.74亿元，增长29.16%；更新改造投资728.33亿元，增长23.08%；房地产开发投资416.37亿元，增长14.79%。分投资主体看，国有经济投资794.04亿元，增长20.94%，占全社会固定资产投资比重的32.08%；集体经济投资49.34亿元，增长11.04%，比重为1.99%；私营个体投资822.52亿元，增长24.88%，比重为33.23%；其他经济投资809.11亿元，增长25.23%，比重为32.69%。

图7　2010年-2013年全社会固定资产投资及增长速度

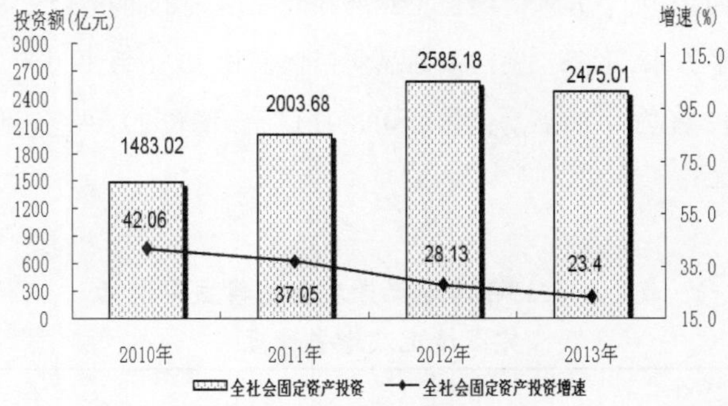

在全社会固定资产投资中，第一产业投资70.53亿元，增长66.09%；第二产业投资755.16亿元，增长21.16%，其中工业投资728.13亿元，增长19.22%；第三产业投资1649.31亿元，增长23.09%。全市固定资产投资主要集中在制造业、房地产业、信息传输、计算机服务和软件业、水利环境和公共设施管理等行业。（详见表3）

表3　2013年分行业全社会固定资产投资及增长速度

行业名称	投资额（亿元）	比上年增长(%)
全社会固定资产投资	2475.01	23.4
农、林、牧、渔业	70.53	66.08
采矿业	33.07	9.29
制造业	630.43	21.03
电力、燃气及水的生产和供应业	64.63	8.45
建筑业	27.03	114.99
交通运输、仓储和邮政业	131.45	53.27
信息传输、计算机服务和软件业	281.83	16.03
批发和零售业	55.31	–5.32
住宿和餐饮业	36.01	–9.97
金融业	23.58	613.27
房地产业	599.17	17.14
租赁和商务服务业	64.73	129.67
科学研究、技术服务和地质勘查业	25.01	107.72
水利、环境和公共设施管理业	246.17	18.58
居民服务和其他服务业	18.88	106.96
教育	66.26	34.3
卫生、社会保障和社会福利业	29.72	24.24
文化、体育和娱乐业	40.50	8.07
公共管理和社会组织	30.69	0.88

全年房地产开发投资416.37亿元，比上年增长14.79%。其中，商品住宅投资302.38亿元，增长

19.06%；办公楼投资17.12亿元，增长54.78%；商业营业用房投资39.36亿元，增长29.59%。商品房施工面积3812.35万平方米，增长1.74%；商品房竣工面积325.58万平方米，下降51.01%；商品房销售面积702.6万平方米，增长11.7%；商品房销售额488.97亿元，增长29.5%。（见表4）

表4　2013年房地产开发和销售主要指标完成情况及增长速度

指　标	单位	绝对数	比上年增长%
房地产开发投资	亿元	416.37	14.79
其中：住宅	亿元	302.38	19.06
商品房施工面积	万平方米	3812.35	1.74
其中：住宅	万平方米	2767.5	1.19
本年新开工面积	万平方米	721.05	4.02
其中：住宅	万平方米	544.78	12.37
商品房竣工面积	万平方米	325.58	-51.01
其中：住宅	万平方米	234.47	-55.01
商品房销售面积	万平方米	702.6	11.7
其中：住宅	万平方米	633.14	10.01
商品房销售额	亿元	488.97	29.5
其中：住宅	亿元	389.67	20.5
本年资金来源合计	亿元	687.01	2.76
其中：国内贷款	亿元	126.58	29.9
自筹资金	亿元	179.21	-17.27
定金及预付款	亿元	203.81	15.36

五、交通和邮电通信业

交通运输：全年货物运输总量33594.75万吨，比上年增长12.8%。旅客运输总量12737.48万人，增长5.83%。其中，铁路货物运输量500.12万吨，下降18.82%；铁路旅客运输量1073.98万人，增长2.0%；公路货物运输量29851万吨，增长14.02%；公路旅客运输量11240万人，增长5.86%；水路货物运输量32.39万吨，增长8.57%；民航旅客发送量423.5万人，增长16.06%；航空货邮发送量4.9万吨，增长16.67%。

邮电通信：全年邮电业务总量100.92亿元，比上年增长7.00%，其中电信业务总量96.05亿元，增长6.99%；邮政业务总量4.87亿元，增长7.08%。

六、国内贸易

全年全市社会消费品零售总额1450.84亿元，比上年增长14.01%。分地域看，城镇消费品零售额1365.45亿元，增长13.92%；乡村消费品零售额85.39亿元，增长15.39%。

图8　2010年-2013年社会消费品零售总额及增长速度

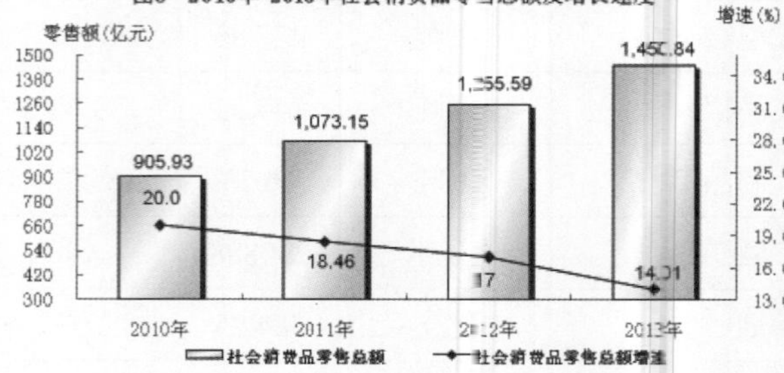

在限额以上企业商品零售额中，汽车类零售额比上年增长18.06%，家用电器和音像器材类增长14.68%，通讯器材类增长2.32%，体育娱乐用品类增长12.08%，文化办公用品类增长9.64%，家具类增长29.79%，建筑及装潢材料类下降29.22%，日用品类增长7.69%，粮油、食品、饮料、烟酒类增长32.53%，服装、鞋帽、针纺织品类增长4.41%，化妆品类增长26.53%，金银珠宝类增长54.52%，中西药品类增长70.54%。

全年商品销售总额3734.49亿元，比上年增长19.58%。全市拥有全年成交额超过亿元市场的34个，商品成交额483.04亿元。

七、对外开放和旅游业

对外贸易：全年外贸进出口总值44.21亿美元，比上年增长6.60%。其中，出口总值23.53亿美元，下降6.54%；进口总值20.68亿美元，增长26.91%。

图9　2010年-2013年全市进出口总值及增长速度

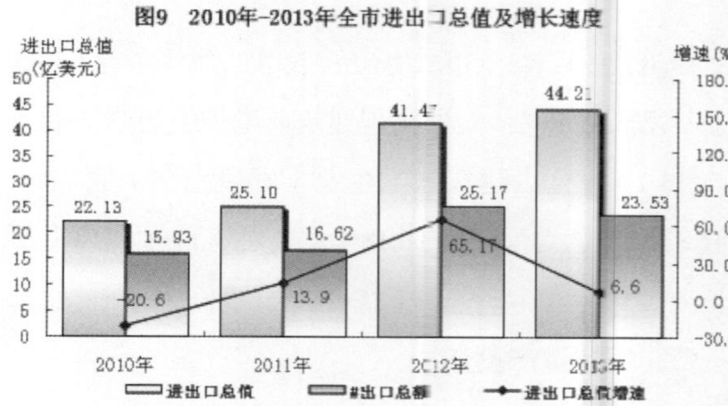

招商引资：全年区外境内实际到位内资729.23亿元，增长4.74%。全年外商直接投资5.8亿美元，增长15.45%；对外借款3312万美元，下降9.41%。年末全市实有三资企业890家，其中建成投产三资企业550家。

开发区：年末全市共有开发区、工业集中区16个。其中南宁高新技术产业开发区、南宁经济技术开发区和南宁－东盟经济开发区年末累计入园企业10031家，比上年末增加762家；财政收入66.5亿元，比上年增长33.4%，占全市财政收入的14.04%；实现规模以上工业总产值1223.84亿元，增长24.58%；完成全社会固定资产投资500.06亿元，增长26.05%。

旅游：全年共接待国内旅游者5840.26万人次，比上年增长14.07%；接待境外旅游者35.11万人次，增长16.76%。其中，外国游客23.31万人次，增长11.06%；港、澳、台同胞11.80万人次，增长29.96%。国内旅游收入469.64亿元，增长19.45%。国际旅游收入1.37亿美元，增长28.31%。年末全市实有星级宾馆62家。拥有4A级旅游景区15个。拥有旅行社68家，其中出境旅行社21家。

八、财政、金融和保险

财政收入：全年财政收入473.66亿元，比上年增长12.24%，占全市生产总值的16.90%，比重比上年提高0.04个百分点。其中公共财政预算收入256.25亿元，增长11.55%。公共财政预算收入中，税收收入181.77亿元，增长15.03%。全年公共财政预算支出418.40亿元，增长15.26%。财政支出中，投向节能环保、科技、交通运输及社会保障的资金增长较快。其中，节能环保支出7.63亿元，增长38.89%；科学技术支出6.21亿元，增长22.24%；交通运输支出13.47亿元，增长22.51%；社会保障和就业支出42.78亿元，增长21.33%。

金融：年末全市共有金融机构30家，营业网点1080个。年末全市金融机构各项存款余额6483.53亿元，增长15.22%。其中，单位存款余额3879.17亿元，增长13.58%；个人储蓄存款余额2321.16亿元，增长20.97%。金融机构贷款余额6115.88亿元，增长11.17%。

图10 2010年-2013年城乡居民储蓄存款余额及增长速度

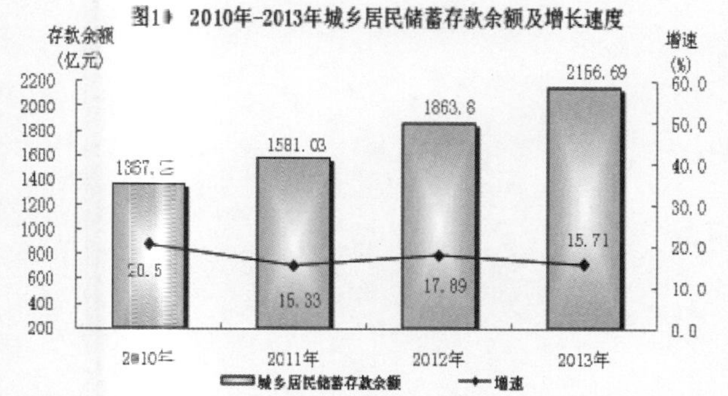

保险：年末全市共有各类保险公司34家，比上年增加1家，其中，财险公司20家，寿险公司14家。全年保费收入100.85亿元，比上年增长30.47%。其中，财产险保费收入55.21亿元，增长55.39%；寿险保费收入45.64亿元，增长9.27%。全年各项保险赔款及给付32.67亿元，其中财产险业务赔款及给付25.93亿元；寿险、健康险和意外伤害险赔款及给付6.74亿元。

九、人口、人民生活和社会保障

人口：年末全市户籍人口724.43万人，比上年增加10.93万人，增长1.53%，其中市区人口279.73万人，增加5.18万人，增长1.89%。全市人口出生率为13.81‰，比上年增加0.75个千分点；人口死亡率5.44‰，比上年增加0.45个千分点；人口自然增长率8.37‰，比上年下降0.3个千分点。

城乡居民生活：全年城镇居民人均可支配收入24817元，比上年增收2256元，增长10%。全年农民人均纯收入7685元，比上年增收908元，增长13.4%。

图11 2010年-2013年城镇居民人均可支配收入及增长速度

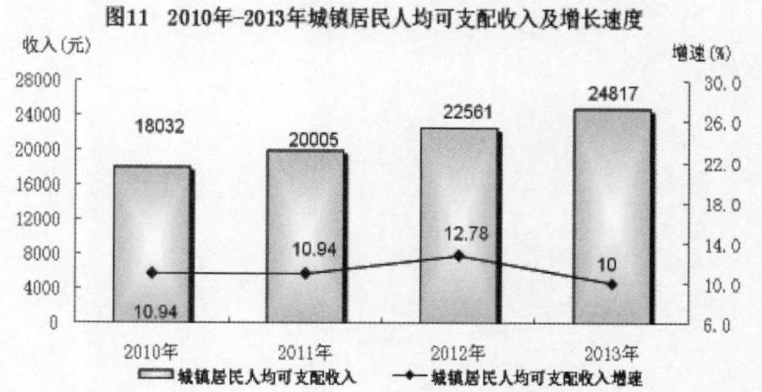

图12 2010年-2013年农民人均纯收入及增长速度

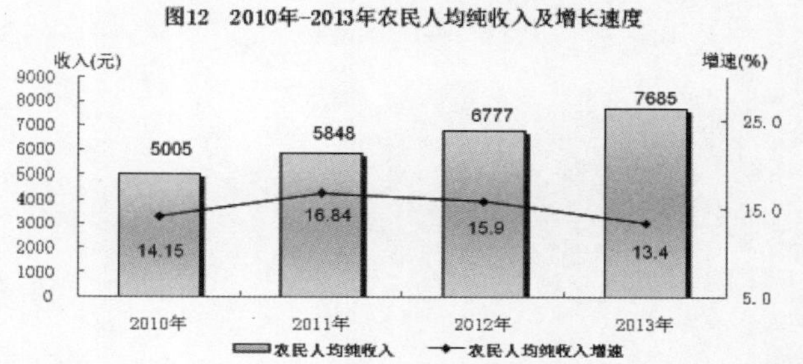

注：

1. 本公报中数据均为初步统计数。

2. 地区生产总值、三次产业增加值、工业增加值、农业产值绝对数按现行价格计算，增长速度按可比价格计算。

3. 规模以上工业企业是指年主营业务收入2000万元及以上的全部法人工业企业；限额以上批发零售企业是指年主营业务收入2000万元及以上批发企业和年主营业务收入500万元及以上零售企业。

4. 邮电业务总量按2010年不变价格计算。

5. 部分数据因四舍五入的原因，存在着总项与分项合计不等的情况。

第二部分 统计资料

PART Ⅱ STATISTICAL DATA

一 综合

CHAPTER 1 GENERAL SURVEY

1-1 行政区划

Administrative Divisions

(2013 年)

单位：个 (unit)

县(区) County(District)	乡镇、街道办事处 Township、Town and Urban Sub-district Office	乡 Township	镇 Town	办事处 Urban Subdistrict Office	村民、居民委员会 Village and Neighbourhood Committees	村委会 Village Committees	社区居委会 Neighbourhood Committees
全市 Nanning	**127**	**16**	**86**	**25**	**1753**	**1382**	**371**
市区 Urban District	49	1	23	25	586	350	236
兴宁区 Xingning District	6		3	3	71	37	34
青秀区 Qingxiu District	9		4	5	108	46	62
江南区 Jiangnan District	9		4	5	101	68	33
西乡塘区 Xixiangtang District	13		3	10	160	77	83
良庆区 Liangqing District	7		5	2	72	57	15
邕宁区 Yongning District	5	1	4		74	65	9
武鸣县 Wuming County	13		13		219	198	21
隆安县 Long'an County	10	4	6		131	118	13
马山县 Mashan County	11	4	7		151	133	18
上林县 Shanglin County	11	4	7		131	115	16
宾阳县 Binyang County	16		16		233	192	41
横　县 Hengxian County	17	3	14		302	276	26

注：江南区含经济技术开发区，西乡塘区含高新技术开发区，武鸣县含广西－东盟经济开发区。

1-2 乡（镇）、街道办事处一览表

List Of Counties (Towns) And Subdistrict Offices

（2013 年）

县（区） County(District)	乡（镇）、街道办事处	Township(Town)、Urban Subdistrict Office
武鸣县 Wuming County	城厢镇、锣圩镇、陆斡镇、双桥镇、宁武镇、太平镇、罗波镇、灵马镇、仙湖镇、府城镇、两江镇、马头镇、甘圩镇	Chengxiang、Luoxu、Luwo、Shuangqiao、Ningwu、taiping、Luobo、Lingma、Xianhu、Fucheng、Liangjiang、Matou、Ganxu
隆安县 Long'an County	城厢镇、南圩镇、乔建镇、那桐镇、丁当镇、雁江镇、都结乡、布泉乡、屏山乡、古潭乡	Chengxiang、Nanxu、Qiaojian、Natong、Dingdang、Yanjiang、Dujie、Buquan、Pingshan、Gutan
马山县 Mashan County	白山镇、百龙滩镇、古零镇、金钗镇、永州镇、林圩镇、周鹿镇、乔利乡、加方乡、古寨瑶族乡、里当瑶族乡	Baishan、Bailongtan、Guling、Jinchai、Yongzhou、Linxu、Zhoulu、Qiaoli、Jiafang、Guzhaiyaozu、Lidangyaozu
上林县 Shanglin County	大丰镇、明亮镇、巷贤镇、白圩镇、三里镇、乔贤镇、西燕镇、澄泰乡、木山乡、塘红乡、镇圩瑶族乡	Dafeng、Mingliang、Xiangxian、Baixu、Sanli、Qiaoxian、Xiyan、Chengtai、Mushan、Tanghong、Zhenxuyaozu
宾阳县 Binyang County	思陇镇、新桥镇、宾州镇、新圩镇、大桥镇、邹圩镇、王灵镇、黎塘镇、和吉镇、洋桥镇、武陵镇、中华镇、古辣镇、露圩镇、甘棠镇、陈平镇	Silong、Xinqiao、binzhou、Xinxu、Daqiao、Zouxu、Wangling、Litang、Heji、Yangqiao、Wuling、Zhonghua、Gula、Luxu、Gantang、Chenping
横　县 Hengxian County	横州镇、百合镇、那阳镇、南乡镇、新福镇、莲塘镇、平马镇、峦城镇、六景镇、石塘镇、陶圩镇、校椅镇、云表镇、马岭镇、马山乡、平朗乡、镇龙乡	Hengzhou、Baihe、Nayang、Nanxiang、Xinfu、Liantang、Pingma、Luancheng、Liujing、Shitang、Taoxu、Xiaoyi、Yunbiao、Maling、Mashan、Pinglang、Zhenlong
兴宁区 Xingning District	三塘镇、五塘镇、昆仑镇、朝阳街道办事处、民生街道办事处、兴东街道办事处	Santang、Wutang、Kunlun、Chaoyang、Minsheng、Xingdong
青秀区 Qingxiu District	新竹街道办事处、中山街道办事处、建政街道办事处、南湖街道办事处、津头街道办事处、刘圩镇、伶俐镇、南阳镇、长塘镇	Xinzhu、Zhongshan、Jianzheng、Nanhu、Jintou、Liuxu、Lingli、Nanyang、Changtang
江南区 Jiangnan District	福建园街道办事处、江南街道办事处、沙井街道办事处、那洪街道办事处、苏圩镇、延安镇、江西镇、吴圩镇、金凯街道办事处	Fujianyuan、Jiangnan、Shajing、nahong、Suxu、Yan'an、Jiangxi、wuxu、jinkai
西乡塘区 Xixiangtang District	衡阳街道办事处、北湖街道办事处、西乡塘街道办事处、安吉街道办事处、华强街道办事处、新阳街道办事处、上尧街道办事处、石埠街道办事处、安宁街道办事处、心圩街道办事处、金陵镇、双定镇、坛洛镇	Hengyang、Beihu、Xixiangtang、Anji、Huaqiang、Xinyang、Shangrao、Shibu、Anning、Xinxu、Jinling、Shuangding、Tanluo
良庆区 Liangqing District	大沙田街道办事处、玉洞街道办事处、良庆镇、那马镇、大塘镇、那陈镇、南晓镇	Dashatian、yudong、Liangqing、Nama、Datang、Nachen、Nanxiao
邕宁区 Yongning District	蒲庙镇、那楼镇、新江镇、百济镇、中和乡	Pumiao、Nalou、Xinjiang、Baiji、Zhonghe

注：江南区含经济技术区的那洪街道办事处、金凯街道办事处、吴圩镇；西乡塘区含高新技术开发区的安宁街道办、心圩街道办事处。

1–3 南宁市国民经济主要指标占全区比重

Main Indicators Of Nanning's National Economy As Percentage In Guangxi

（2013 年）

指标名称 Item	单位 Unit	南宁市 Nanning	广西 Guangxi	南宁市占广西的比重（%） Nanning As Percentage In Guangxi
年末总人口 Population at Year-end	万人 (10000 persons)	724.43	5282	13.72
生产总值 Gross Domestic Product	亿元 (100 million yuan)	2803.54	14378.00	19.50
第一产业 Primary Industry	亿元 (100 million yuan)	349.93	2343.57	14.93
第二产业 Secondary Industry	亿元 (100 million yuan)	1110.89	6863.04	16.19
# 工业 Industry	亿元 (100 million yuan)	820.60	5749.65	14.27
第三产业 Tertiary Industry	亿元 (100 million yuan)	1342.73	5171.39	25.96
全社会固定资产投资总额 Total Investment in Fixed Assets	亿元 (100 million yuan)	2475.01	11907.67	20.78
# 固定资产投资 Investment in Fixed Assets	亿元 (100 million yuan)	2432.69	11383.93	21.37
# 基本建设投资 Basic Investment	亿元 (100 million yuan)	1109.74	4501.24	24.65
更新改造投资 Innovation	亿元 (100 million yuan)	728.33	4319.06	16.86
房地产开发投资 Real Estate Development	亿元 (100 million yuan)	416.37	1614.63	25.79
社会消费品零售总额 Total Retail Sales of Consumer Goods	亿元 (100 million yuan)	1450.84	5083.08	28.54
# 城镇零售额 Urban Area	亿元 (100 million yuan)	1365.45	4481.03	30.47
海关进出口总额 Total Value of Exports and Imports	亿美元 (USD 100 million)	44.21	328.37	13.46
# 出口总额 Exports	亿美元 (USD 100 million)	23.53	186.95	12.59
外商直接投资 Foreign direct investment	亿美元 (USD 100 million)	5.80	7.00	82.86
财政收入 Financial Revenue	亿元 (100 million yuan)	473.66	2000.51	23.68
城乡居民储蓄存款 Urban & Rural Savings Deposits	亿元 (100 million yuan)	2156.69	9532.48	22.62
年末在岗职工人数 Number of Staff & Workers onthe Job at Year-end	万人 (10000 persons)	68.65	330.23	20.79
年末职工工资总额 Total Wages Bill of Staff & Workers on the Job	亿元 (100 million yuan)	333.70	1634.20	20.42

1-4 全市国民经济和社会发展结构指标

Structural Indicators Of National Economy And Social Development

单位：%

指标名称 Item	2007 年	2008 年	2009 年	2010 年	2011 年	2012 年	2013 年
人口 Population							
性别结构 Sexual Composition							
男性 Male	52.26	52.26	52.27	52.28	52.27	52.29	52.36
女性 Female	47.74	47.74	47.73	47.72	47.73	47.71	47.64
国民经济核算 National Accounting							
生产总值结构 INdustrial Composition of GDP							
第一产业 Primary Industry	16.34	15.44	13.93	13.58	13.82	12.90	12.48
第二产业 Secondary Industry	34.19	34.65	34.59	36.21	37.51	38.38	39.62
第三产业 Tertiary Industry	49.47	49.91	51.48	50.21	48.67	48.72	47.90
农业 Agriculture							
农业牧渔业总产值结构 Composition of Gross Output Value of Agriculture							
农业 Farming	52.14	50.33	52.01	52.37	51.23	52.90	53.97
林业 Forestry	3.69	3.41	3.76	4.65	5.10	5.02	5.04
牧业 Animal Husbandry	35.90	37.76	35.33	34.13	35.43	33.48	32.04
渔业 Fishery	4.04	4.22	4.13	4.20	4.08	3.82	3.91
农林牧渔服务业 Services in support of Agriculture	4.23	4.28	4.77	4.65	4.16	4.78	5.03
工业 Industry							
工业经济类型结构 Composition of Industry							
国有经济 State-owned Economy	16.85	14.80	14.28	11.63	9.80	11.16	11.91
集体经济 Collective-owned Economy	1.84	1.17	1.05	0.86	0.72	0.61	0.53
其他经济 Other Economy	81.31	84.03	84.67	87.50	89.47	88.23	87.56
# 私营 个体经济 Private、Individual Economy	40.27	43.69	48.30	40.93	50.36	45.39	42.13
"三资"经济 Enterprises with Funds From Hong Kong,Macao and Taiwan,Foreign	10.46	11.51	11.80	12.20	13.15	16.01	17.29

1-4 续表 1

单位：%

指标名称 Item	2007 年	2008 年	2009 年	2010 年	2011 年	2012 年	2013 年
轻重工业结构 Composition of Light & Heavy Industries							
轻工业 Light Industry	51.72	48.34	49.30	49.57	50.57	49.18	45.39
重工业 Heavy Industry	48.28	51.66	50.70	50.43	49.43	50.82	54.61
企业规模结构 Composition of Size of Industrial Enterprises							
大型企业 Large Enterprises	6.23	5.22	4.27	6.33	14.93	17.92	19.40
中型企业 Medium-sized Enterprises	28.85	30.20	33.90	29.83	25.11	27.60	29.87
小型企业 Small Enterprises	64.92	64.58	61.82	63.84	59.96	54.47	50.73
固定资产投资 Investment in Fixed Assets							
投资经济类型结构 Composition of Economy							
国有单位 State-owned Enterprises	38.75	37.48	36.47	39.81	33.96	26.57	27.12
集体单位 Collective-owned Enterprises	2.39	1.69	2.05	1.67	2.20	2.97	1.97
私营及个体投资 Private & Individual Economy	31.84	28.85	28.78	26.61	24.60	34.16	32.07
其他经济 Other Enterprises	27.02	31.98	32.70	31.91	39.30	36.33	38.85
投资种类结构 Administrative Channels of Total Investment							
# 基本建设 Capital Construction	37.97	40.13	43.24	43.55	45.01	40.85	45.62
更新改造 Innovation	18.48	20.54	25.44	24.76	26.10	27.37	29.94
其他投资 Other Investment	2.53	3.92	3.02	10.28	8.58	12.38	7.33
房地产 Real Estmate Development	33.46	28.74	21.72	21.41	19.96	14.41	17.12

1-4 续表 2

单位：%

指标名称 Item	2007 年	2008 年	2009 年	2010 年	2011 年	2012 年	2013 年
交通运输 Transport							
货运量结构 Composition of Freight Traffic							
铁路 Railways	6.31	6.09	4.09	3.08	2.51	2.07	1.49
公路 Highways	77.52	80.92	85.67	86.54	87.82	87.90	88.86
水路 Waterways	16.14	12.96	10.22	10.36	9.66	10.02	9.64
民航 Civil Aviation	0.03	0.03	0.02	0.02	0.02	0.01	0.01
客运量结构 Composition of Passenger Traffic							
铁路 Railways	6.96	7.23	10.43	9.92	9.74	8.75	8.43
公路 Highways	90.64	90.69	87.00	87.22	87.27	88.22	88.24
水路 Waterways	1.01	0.63					
民航 Civil Aviation	1.40	1.45	2.57	2.86	2.99	3.03	3.33
国内贸易 Domestic Trade							
社会消费品零售总额城乡结构 Total Retail Sales Of Consumer Goods In Urban And Rural Structure							
城镇零售额 Urban Retail Sales	95.22	95.18	95.13	95.03	94.24	93.64	94.11
乡村零售额 Rural Retail Sales	4.78	4.82	4.87	4.97	5.76	6.36	5.89
商品销售总额结构 Total Sales Of Commodities Structure							
批发业商品销售额 Wholesale Trade Of Goods Sales	53.94	59.45	58.06	57.53	59.49	59.60	61.38
零售业商品销售额 Retail Sales Of Goods	46.06	40.55	41.94	42.47	40.51	40.40	38.62

1-4 续表 3

单位：%

指标名称 Item	2007 年	2008 年	2009 年	2010 年	2011 年	2012 年	2013 年
财政 Government Finance							
地方财政收入结构 Composition of Local Government Revenue							
# 增值税 Value-added Tax	8.70	8.22	6.58	6.10	5.76	5.20	5.85
营业税 Business Taxes	24.21	21.43	22.14	21.43	20.22	17.66	18.68
个人所得税 Individual Income Tax	4.69	3.71	3.49	3.47	3.36	2.52	2.55
企业所得税 Enterprises Income Tax	10.71	10.01	6.53	8.32	10.24	9.30	9.52
财政支出结构 Composition of Local Government Expenditure							
# 一般公共服务 General Public Service	19.74	15.90	13.53	11.67	12.43	11.98	11.93
科学技术 Science & Technology Promotion	1.45	1.47	1.19	1.09	1.26	1.37	1.48
农林水事务 Agricultural Expenditure	8.80	7.91	8.97	7.26	8.98	8.59	9.09
文化、教育、卫生支出 Expenditure for Culture、Education & Public Health	24.71	27.34	24.45	26.00	28.51	28.45	26.72
社会保障和就业 Social Security And Employment	13.76	11.85	12.58	15.32	10.65	9.66	10.32

1-4 续表 4 单位：%

指标名称 Item	2007 年	2008 年	2009 年	2010 年	2011 年	2012 年	2013 年
人民生活 People's Living Conditions							
城镇居民人均生活消费结构 Composition of Per Capita Annual living Expenditure of Urban Households							
# 食品类 Food	42.52	41.52	39.40	37.79	40.19	39.20	39.03
衣着类 Clothing	6.65	8.21	7.88	7.91	7.64	7.27	7.06
居住 Residence	9.12	8.12	8.06	8.16	8.51	8.45	8.31
交通通讯 Transport & Communication	14.08	15.47	16.62	17.00	18.41	17.09	16.72
医疗保健 Medicine & Medical Service	6.35	5.58	5.60	4.99	5.01	5.64	6.01
农村居民人均生活消费结构 Composition of Per Capita Annual living Expenditure of Rural Households							
# 食品类 Food	43.09	58.49	51.90	49.06	48.72	46.75	45.92
衣着类 Clothing	2.59	2.38	2.70	2.67	3.01	3.04	3.12
居住 Residence	17.48	14.42	16.25	18.41	19.25	16.73	17.59
交通通讯 Transport & Communication	9.14	7.36	8.95	10.01	9.35	10.87	10.77
医疗保健费 Medicine & Medical Service	4.13	4.22	5.36	5.25	6.49	8.05	7.98

1-5 全市各时期主要经济指标平均增长率

Average Growth Rate Of Main Economic Indicators In Each Period

单位：%

时期 Period	生产总值 Gross Domestic Product	第一产业 Primary Industry	第二产业 Secondary Industry	第三产业 Tertiary Industry	全社会固定资产投资 Total Investment in Fixed Assets	地方财政收入 Local Government Revenue	地方财政支出 Local Government Expenditure	社会消费品零售总额 Total Retail Sales of Consumer Goods
"一五"时期（1953-1957） "First Five-Year Plan" Period	9.5	4.4	29.5	16.5	42.18	24.83	14.87	12.49
"二五"时期（1958-1962） "Second Five-Year Plan" Period	5.3	-1.3	8.8	10.0	5.36	-2.23	2.53	7.05
调整时期 (1963-1965)1963-1965 Period of Adjustment	10.8	11.4	22.7	4.7	28.05	7.46	11.20	3.91
"三五"时期（1966-1970） "Third Five-Year Plan" Period	6.9	7.6	13.1	3.1	-7.55	9.59	4.17	2.81
"四五"时期（1971-1975） "Fourth Five-Year Plan" Period	9.0	9.2	11.2	5.9	13.58	14.60	9.03	8.35
"五五"时期（1976-1980） "Fifth Five-Year Plan" Period	8.0	3.2	13.9	8.2	12.85	7.25	13.15	11.85
"六五"时期（1981-1985） "Sixth Five-Year Plan" Period	8.6	6.9	9.1	11.5	20.30	8.97	18.17	16.81
"七五"时期（1986-1990） "Seventh Five-Year Plan" Period	9.4	3.5	10.4	15.9	11.62	14.28	20.21	16.33
"八五"时期（1991-1995） "Eighth Five-Year Plan" Period	14.6	8.5	16.6	18.0	51.74	8.29	16.05	25.02
"九五"时期（1996-2000） "Ninth Five-Year Plan" Period	10.5	7.2	8.4	14.4	9.74	12.94	15.07	14.31
"十五"时期 (2001-2005) "Tenth Five-Year Plan" Period	11.5	5.5	14.2	12.3	26.24	23.68	20.40	12.22
"十一五"时期 (2006-2010) The First Three Years of "Eleventh Five-Year Plan" Period	15.6	6.5	19.2	15.9	32.52	24.59	28.86	18.96
"十二五"时期 (2011-2013) The First Year of "Twelve Five-Year Plan" Period	12.0	5.2	17.0	10.0	29.53	19.14	19.90	17.00

1-6 全市历年主要指标

Main Indicators Of Nanning City Over The Years

年份 Year	年末总人口(万人) Population at Year-end (10000 persons)	生产总值(万元) Gross Domestic Product (10000 yuan)	第一产业 Primary Industry	第二产业 Secondary Industry	第三产业 Tertiary Industry	生产总值指数(%) Indices of Gross Domestic Product(%)	第一产业 Primary Industry	第二产业 Secondary Industry	第三产业 Tertiary Industry
1950	228.55	14272	10376	587	3309	100	100	100	100
1951	233.89	16885	12045	844	3996	113.2	110.1	147.6	119.0
1952	239.35	19369	13449	1228	4692	112.7	109.2	146.4	116.0
1953	245.81	22355	14565	2283	5507	115.3	108.1	199.9	117.8
1954	251.68	23675	14713	2557	6405	108.4	103.7	112.6	119.7
1955	254.93	25529	15113	3053	7363	108.3	102.9	118.6	118.0
1956	261.44	28189	15404	4048	8737	109.9	102.3	129.6	118.5
1957	266.89	30015	16262	4163	9590	105.6	104.9	105.2	109.0
1958	279.89	34627	15512	7887	11228	112.4	96.3	158.0	114.4
1959	286.78	43541	16522	12986	14033	127.9	106.3	170.1	128.1
1960	290.98	46193	14144	15527	16522	109.7	89.2	123.6	117.8
1961	292.75	36679	13623	8305	14751	79.9	94.2	52.7	95.3
1962	298.48	37274	14913	7279	15082	102.5	109.0	87.1	104.3
1963	309.93	39195	15925	7771	15499	104.3	106.5	102.9	103.0
1964	318.88	44568	17948	10157	16463	111.6	112.7	136.0	101.5
1965	329.84	53362	21483	13309	18570	116.8	115.2	132.0	109.6
1966	338.72	59518	23441	16911	19166	113.2	109.0	125.2	111.1
1967	345.70	59634	25458	15366	18810	101.2	108.0	92.8	102.4
1968	352.82	55120	25297	11956	17867	93.0	99.2	79.0	94.7
1969	361.74	67743	29168	20006	18569	118.4	109.7	172.4	103.6
1970	368.74	75982	33585	23099	19298	110.7	112.9	117.1	104.3
1971	380.39	82528	37749	25116	19663	107.1	108.7	107.7	104.3
1972	390.19	92412	43136	27863	21413	112.1	113.0	115.0	108.0
1973	401.91	103457	48440	31523	23494	111.5	113.9	113.6	104.8
1974	413.16	109354	49650	34988	24716	106.4	103.2	109.8	107.6
1975	423.38	117937	52955	38654	26328	107.9	107.6	110.3	104.8
1976	432.37	121775	51557	42621	27597	103.2	97.0	109.7	107.0
1977	440.08	130702	54687	46009	30006	107.9	103.5	112.7	109.8
1978	451.77	147407	61866	52192	33349	111.5	110.3	112.1	112.6
1979	460.86	166868	66443	64096	36329	112.4	100.3	127.9	110.2

注：本表数据均为2003年行政区划调整后大南宁范围口径的数据。

1–6 续表 1

年份 Year	年末总人口(万人) Population at Year–end (10000 persons)	生产总值(万元) Gross Domestic Product (10000 yuan)	第一产业 Primary Industry	第二产业 Secondary Industry	第三产业 Tertiary Industry	生产总值指数(%) Indices of Gross Domestic Product(%)	第一产业 Primary Industry	第二产业 Secondary Industry	第三产业 Tertiary Industry
1980	470.05	180111	70093	70017	40001	105.5	105.3	108.0	101.7
1981	480.27	194836	75578	72684	46574	109.0	107.0	107.5	117.4
1982	490.35	225795	96967	79171	49657	114.9	125.3	110.1	106.2
1983	497.86	241907	100133	84744	57030	106.9	103.6	108.0	113.3
1984	509.27	247810	98513	84852	64445	100.2	97.2	99.2	107.9
1985	519.06	309278	118263	108351	82664	112.7	103.4	122.1	113.1
1986	529.34	351522	126421	127214	97887	107.9	101.4	111.7	114.1
1987	538.79	420513	146358	156696	117459	112.6	105.2	117.6	114.2
1988	540.52	537786	178831	191331	167624	109.7	92.8	109.0	129.6
1989	547.50	620446	191616	219227	209603	107.4	107.7	102.8	114.9
1990	558.20	708788	231018	248354	229416	109.6	111.1	111.6	107.8
1991	563.74	793241	239063	274634	279544	106.3	100.6	106.9	111.6
1992	571.55	918098	277741	304726	335631	112.7	115.1	109.3	114.3
1993	579.54	1346171	344360	499312	502499	123.5	106.9	134.4	128.3
1994	587.86	1872259	491029	675122	706108	116.5	107.7	119.6	120.7
1995	594.92	2358085	615225	807943	934917	114.5	112.6	114.9	115.7
1996	601.95	2671991	690541	845891	1135559	111.4	105.9	110.4	116.5
1997	607.19	3044914	785856	922155	1336903	112.5	113.9	108.8	115.2
1998	612.20	3395532	834421	997314	1563797	111.5	108.4	110.3	114.8
1999	615.11	3569886	852645	1019933	1697308	109.4	107.4	108.1	111.7
2000	625.27	3779364	876615	1053679	1849070	107.7	100.7	104.6	113.9
2001	629.75	4181684	907401	1131645	2142638	108.8	102.2	106.4	113.2
2002	634.68	4631795	943479	1255606	2432710	110.9	107.7	112.2	111.6
2003	641.67	5217793	997023	1523485	2697285	110.9	103.7	119.3	109.4
2004	648.85	6191189	1076785	1933768	3180636	113.2	105.9	118.2	113.1
2005	659.54	7279032	1242538	2312059	3724435	113.4	108.2	115.6	114.0
2006	671.89	8801064	1443354	2973069	4384641	116.8	108.4	125.3	114.4
2007	683.51	10890730	1780002	3722713	5388015	117.4	107.3	121.1	117.9
2008	691.69	13204348	2031087	4579360	6593901	114.7	105.3	114.8	117.4
2009	697.90	15247144	2123780	5274575	7848789	115.1	105.8	117.0	116.3
2010	707.37	18002613	2444349	6518841	9039423	114.2	105.7	117.8	113.7
2011	711.49	22114358	3055458	8296138	10762762	113.5	105.7	118.3	112.2
2012	713.50	25031812	3229563	9607494	12194755	112.3	105.2	118.1	109.6
2013	724.43	28035444	3499263	11108853	13427329	110.3	104.8	114.6	108.1

1-6 续表 2

单位：万元 (10000 yuan)

年份 Year	全社会固定资产投资 Total Investment in Fixed Assets	财政收入 Financial Revenue	# 地方财政收入 General Bugetary Revenue of Local Government Revenue	财政支出 Local Government Expenditure	农业总产值 Gross Output Value of Farming,Forestry,Animal,Husbandry & Fishery	工业总产值 Gross Industrial Output Value	社会消费品零售总额 Total Retail Sales of Consumer Goods
1950	388	781	774	317	14674	1223	5834
1951	458	1648	1624	545	17009	1932	7482
1952	547	1898	1850	1084	19131	2967	9021
1953	2287	2733	2680	1184	20602	4941	11127
1954	1682	3464	3454	1298	20769	5981	13165
1955	1697	3468	3416	1322	21545	7290	13434
1956	3621	4659	4617	1939	22043	9151	16912
1957	3178	5676	5618	2168	23144	9678	16248
1958	6860	5744	5645	4037	22060	18666	18312
1959	14569	7654	7604	4446	23646	30235	23701
1960	16761	6725	6616	5933	20471	36901	25139
1961	6162	4613	4561	3442	19772	19501	20949
1962	4126	5058	5006	2456	21665	17648	22843
1963	4649	5205	5140	2648	23266	18857	22905
1964	7710	5339	5263	3548	26084	23917	22851
1965	8662	6293	6212	3377	31782	32618	25626
1966	7217	7402	7286	3538	34898	44529	27943
1967	3709	6435	6310	3493	37765	40518	26755
1968	2725	5081	4839	3196	37156	31260	22728
1969	4764	7946	7858	4223	43077	53287	29638
1970	5851	9930	9819	4142	50570	63861	29429
1971	6615	12178	12023	4692	56731	65930	29591
1972	8515	14032	13628	8047	64208	75342	32041
1973	8848	16591	16175	5748	70500	86364	36544
1974	9725	19180	18711	6645	71747	96037	39891
1975	11062	19813	19405	6381	75695	106363	43954
1976	12086	19461	19270	6581	73039	117477	45133
1977	11396	21537	21273	7579	76148	127749	49347
1978	20349	23188	23184	10879	81632	136758	54365
1979	28550	24008	23992	9962	91527	144489	62380

1-6 续表 3

单位：万元（10000 yuan）

年份 Year	全社会固定资产投资 Total Investment in Fixed Assets	财政收入 Financial Revenue	# 地方财政收入 General Bugetary Revenue of Local Government Revenue	财政支出 Local Government Expenditure	农业总产值 Gross Output Value of Farming,Forestry,Animal,Husbandry & Fishery	工业总产值 Gross Industrial Output Value	社会消费品零售总额 Total Retail Sales of Consumer Goods
1980	20248	27538	27538	11833	97019	157057	76941
1981	18437	28864	28864	12399	106454	168984	83388
1982	22813	31563	31563	13174	126695	182935	92740
1983	24934	32792	32757	13577	136535	198420	104626
1984	28394	33915	33813	16635	143894	211645	123936
1985	51008	42633	42321	27267	172481	260770	167304
1986	67233	47723	47376	39718	184142	305786	186098
1987	78940	55007	54675	45438	215076	376240	224707
1988	108827	64246	64246	60931	272515	490246	294082
1989	84519	74593	74593	60261	286725	607592	339300
1990	88386	82478	82478	68441	361702	671708	356467
1991	103255	89637	89637	71913	379696	766803	410693
1992	147118	94542	94542	75287	444538	938925	493513
1993	288531	141425	141425	107415	563494	1337414	669925
1994	447150	193018	107076	128398	791925	1774347	828756
1995	711065	219576	122823	144050	995180	1984448	1088523
1996	825818	240141	138598	155555	1116908	2044709	1293125
1997	969255	273637	159742	178987	1242108	2159248	1464026
1998	1049861	308392	178092	202323	1317691	2332161	1618304
1999	1111761	339803	201008	245770	1342494	2311969	1724235
2000	1131659	375390	225728	290667	1377932	2417251	2124265
2001	1214061	452926	291860	348556	1407186	2608100	2313462
2002	1455615	525341	312805	452120	1455675	2911858	2567758
2003	1903567	610594	362435	524981	1519259	3341979	2884483
2004	2627634	746328	432526	621191	1798585	4040693	3320502
2005	3628975	1002186	451954	735508	2045862	4909198	3780023
2006	4472211	1203603	566191	930781	2384753	5392812	4355090
2007	5602200	1508393	701510	1180007	2944579	8302142	5156225
2008	6934353	1911682	928812	1660830	3380719	10598632	6431973
2009	10439120	2313664	1204628	2035519	3511968	11757647	7570122
2010	14830158	3008756	1560958	2612785	4032427	15011824	9059318
2011	20189453	3635192	1862928	3018491	5071561	20002301	10731541
2012	25851818	4219938	2297183	3765096	5345172	22827319	12555902
2013	24750080	4736625	2562467	4172858	5772670	26591777	14508367

注：1、社会消费品零售总额 2000 年以后不含制造业零售和农业生产零售，2005 年—2008 年数根据二经普结果相应调整；

2、2013 年起，固定资产投资起报点从计划总投资 50 万起报调整为计划总投资 500 万元起报。

1-7 全市历年人均主要指标

Per Capita Main Indicators Of Nanning City Over The Years

单位：元 (yuan)

年份 Year	生产总值 Gross Domestic Product	财政收入 Financial Revenue	全社会固定资产投资 Total Investment in Fixed Assets	社会消费品零售总额 Total Retail Sales of Consumer Goods	城乡居民储蓄存款余额 Savings Deposit of Urban and Rural Househoulds	在岗职工年平均工资 Average Annual Wage of Staff and Workers	农民人均纯收入 Per Capita Annual Net Income of Rural Residents
1950	62	3	2	26	…	338	54
1951	73	7	2	32	…	356	56
1952	82	8	2	38	1	427	63
1953	92	11	9	46	1	458	61
1954	95	14	7	53	2	461	62
1955	101	14	7	53	2	488	60
1956	109	18	14	66	2	527	67
1957	114	21	12	62	2	551	68
1958	127	21	25	67	4	510	62
1959	154	27	51	84	6	448	56
1960	160	23	58	87	5	435	49
1961	126	16	21	72	3	457	56
1962	126	17	14	77	2	502	58
1963	129	17	15	75	3	535	51
1964	142	17	25	73	4	549	64
1965	165	19	27	79	4	539	66
1966	178	22	22	84	5	507	68
1967	174	19	11	78	5	537	70
1968	158	15	8	65	6	518	72
1969	190	22	13	83	5	490	70
1970	208	27	16	81	6	516	68
1971	220	33	18	79	6	482	74
1972	240	36	22	83	7	499	82
1973	261	42	22	92	8	528	87
1974	268	47	24	98	9	540	80
1975	282	47	26	105	10	549	81
1976	285	45	28	105	10	519	74
1977	300	49	26	113	11	528	76
1978	331	52	46	122	13	565	88
1979	366	53	63	137	16	612	105

注：本表中人均城乡居民储蓄存款余额、在岗职年平均工资、农民人均纯收入 1950–1999 年为原南宁口径的数据，2000 年以后为行政区划调整后的数据。

1-7 续表

单位：元 (yuan)

年份 Year	生产总值 Gross Domestic Product	财政收入 Financial Revenue	全社会固定资产投资 Total Investment in Fixed Assets	社会消费品零售总额 Total Retail Sales of Consumer Goods	城乡居民储蓄存款余额 Savings Deposit of Urban and Rural Househoulds	在岗职工年平均工资 Average Annual Wage of Staff and Workers	农民人均纯收入 Per Capita Annual Net Income of Rural Residents
1980	387	59	44	165	22	730	107
1981	410	61	39	175	28	746	135
1982	465	65	47	191	34	791	158
1983	490	66	50	212	43	818	239
1984	492	67	56	246	62	963	316
1985	602	83	99	325	84	1051	367
1986	671	91	128	355	116	1292	404
1987	787	103	148	421	153	1428	461
1988	997	119	202	545	185	1685	521
1989	1141	137	155	624	253	1784	574
1990	1282	149	160	645	354	2111	624
1991	1414	160	184	732	459	2331	683
1992	1617	167	259	869	598	2720	778
1993	2339	246	501	1164	890	3786	912
1994	3208	331	766	1420	1365	4976	1093
1995	3987	371	1202	1841	1889	5668	1326
1996	4465	401	1380	2161	2392	6009	1553
1997	5036	453	1603	2422	2665	6508	1788
1998	5569	506	1722	2654	3269	7315	1942
1999	5817	554	1812	2810	3562	8077	2079
2000	6086	605	1825	3425	4700	8185	1791
2001	6656	722	1935	3687	5287	9572	1954
2002	7327	831	2302	4062	6170	11363	2111
2003	8176	957	2983	4520	7036	13172	2231
2004	9595	1157	4072	5146	7949	15447	2467
2005	11127	1532	5547	5778	9070	17520	2680
2006	13220	1808	6718	6542	10142	20650	3033
2007	16070	2226	8266	7608	10458	24789	3462
2008	19204	2780	10085	9354	12924	29377	4001
2009	21945	3330	15025	10896	16065	32596	4385
2010	25622	4282	21107	12865	19459	37042	5005
2011	33017	5124	28459	15127	22286	40120	5848
2012	35133	5914	36233	17598	26122	43847	6777
2013	38994	6588	34425	20180	29997	48188	7685

1-8 全市社会经济主要指标

Main Social Economic Indicators Of Nanning City

指标名称 Item	单位 Unit	2013 年	2012 年	2013 年为 2012 年% Rate of Development (%)
人口、土地面积 Population, Land Area				
年末总人口 Population at Year-end	人 (person)	7244309	7134979	101.53
#男性人口 Male	人 (person)	3792969	3731114	101.66
女性人口 Female	人 (person)	3451340	3403865	101.39
年平均人口 Annual Average Population	人 (person)	7189644	7124929	100.91
自然增长率 Natural Growth Rate of Population	‰	7.05	4.61	2.44 ▲
土地面积 Land Area	平方公里 (sq.km)	22099	22099	100.00
#建成区面积 Urban Area	平方公里 (sq.km)	283	242	116.94
生产总值(当年价) Gross Domestic Product	**万元 (10000 yuan)**	**28035444**	**25031812**	**110.3**
第一产业 Primary Industry	万元 (10000 yuan)	3499263	3229563	104.8
第二产业 Secondary Industry	万元 (10000 yuan)	11108853	9607494	114.6
工业 Industry	万元 (10000 yuan)	8205984	7061092	114.8
建筑业 Construction	万元 (10000 yuan)	2902869	2546402	114.1
第三产业 Tertiary Industry	万元 (10000 yuan)	13427329	12194755	108.1
人均生产总值(当年价) Per Capita Gross Domestic Product(current prices)	元 (yuan)	38994	35133	109.3
生产总值构成 Composition of Gross Domestic Product	%	**100**	**100**	
第一产业 Primary Industry	%	12.48	12.90	-0.42*
第二产业 Secondary Industry	%	39.62	38.38	1.24*
工业 Industry	%	29.27	28.21	1.06*
建筑业 Construction	%	10.35	10.17	0.18*
第三产业 Tertiary Industry	%	47.90	48.72	-0.82*

注：1. 生产总值发展速度按可比价计算。2. “▲”为增减千分点，“*”为增减百分点。

1-8 续表 1

指标名称 Item	单位 Unit	2013 年	2012 年	2013 年为 2012 年% Rate of Development (%)
农业 Agriculture				
农林牧渔业总产值(当年价) Gross Output Value of Agriculture, Forestry, Animal Husbandry and Fishery	万元 (10000 yuan)	5772670	5345172	104.70
农业 Farming	万元 (10000 yuan)	3115745	2827673	105.72
林业 Forestry	万元 (10000 yuan)	290811	268263	100.27
牧业 Animal Husbandry	万元 (10000 yuan)	1849520	1789465	102.48
渔业 Fishery	万元 (10000 yuan)	225971	204323	107.35
服务业 Services in support of Agriculture	万元 (10000 yuan)	290621	255449	111.43
乡(镇)村从业人员 Number of Rural(Town Governments) Laborers	万人 (10000 persons)	313.67	308.58	101.65
粮食总产量 Output of Grain	吨 (ton)	2234391	2151398	103.86
油料产量 Output of Oil-bearing Grops	吨 (ton)	131726	124878	105.48
蔬菜产量 Output of Vegetables	吨 (ton)	3873736	3759018	103.05
甘蔗产量 Output of Sugarcane	吨 (ton)	12369908	11302193	109.45
水果产量 Output of Fruits	吨 (ton)	1705101	1579305	107.97
肉类产量 Output of Meat	吨 (ton)	655301	645080	101.58
水产品产量 Output of Aquatic Products	吨 (ton)	232972	217438	107.14
农业机械总动力 Total Agricultural Machinery Power	万千瓦 (10000 kw)	459.25	427.92	107.32
农村用电量 Electricity Consumed in Rural Areas	万千瓦时 (10000 kwh)	87226	83783	104.11
农用化肥施用量(折纯量) Consumption of Chemical Fertilizers	吨 (ton)	454969	443474	102.59

1-8 续表 2

指标名称 Item	单位 Unit	2013 年	2012 年	2013 年为 2012 年% Rate of Development (%)
工业 Industry				
全部工业总产值(当年价) ALL Included Gross IndustrialOutput Value(current prices)	万元 (10000 yuan)	26591777	22827319	116.49
#规模以上工业总产值 Above Designated Size	万元 (10000 yuan)	25571348	21093267	121.23
规模以上工业企业主要指标 Main Indicators of IndustrialEnterprises above Designated Size				
企业单位数 Number of Enterprises	个 (unit)	969	940	103.09
#亏损企业 Loss-making Enterprises	个 (unit)	109	74	147.30
工业总产值(现价) Gross Industrial Output Value (current prices)	万元 (10000 yuan)	25571348	21093267	121.23
内资企业 Domestic Funded	万元 (10000 yuan)	20656350	17446102	118.40
国有企业 State-owned Enterprises	万元 (10000 yuan)	1942979	2512372	77.34
集体企业 Collective-owned Enterprises	万元 (10000 yuan)	137903	112116	123.00
股份合作企业 Cooperative Enterprises	万元 (10000 yuan)		45645	
有限责任公司 Limited Liability Companies	万元 (10000 yuan)	6716619	4331802	155.05
股份有限公司 Share-holding Enterprises	万元 (10000 yuan)	1777668	1462341	121.56
私营企业 Private Enterprises	万元 (10000 yuan)	10066489	8885817	113.29
其他企业 Other Enterprises	万元 (10000 yuan)	14692	96009	15.30
外商及港澳台商投资企业 Enterprises with Funds from Foreign, Hong Kong,Macao and Taiwan	万元 (10000 yuan)	4914997	3647165	134.76
按轻重工业分 Grouped by Light & Heavy Industries				
轻工业 Light Industry	万元 (10000 yuan)	11605628	10070168	115.25
重工业 Heavy Industry	万元 (10000 yuan)	13965720	11023099	126.70
按企业规模分 Grouped by Size of Enterprises				
大型企业 Large Enterprises	万元 (10000 yuan)	6012418	4091620	146.94
中型企业 Medium-sized Enterprises	万元 (10000 yuan)	7371067	6301424	116.97
小型企业 Small Enterprises	万元 (10000 yuan)	12187863	10700223	113.90
主营业务收入 Revenue from Principal Business	万元 (10000 yuan)	24400540	20235748	120.58
#主营业务税金及附加 Taxes and Other Charges on Principal Business	万元 (10000 yuan)	593488	504673	117.60
利税总额 Total Profits & Taxes	万元 (10000 yuan)	3073146	2991795	102.72
#利润总额 Total Profits	万元 (10000 yuan)	1668465	1760177	94.79
亏损企业亏损额 Total Losses of Loss-making Enterprise	万元 (10000 yuan)	91077	96293	94.58

1-8 续表 3

指标名称 Item	单位 Unit	2013 年	2012 年	2013 年为 2012 年% Rate of Development (%)
交通、邮电、电力 Transport,Postal and Telecommunication Services				
货运总量 Freight Traffic	万吨 (10000 tons)	33595	29783	112.80
客运总量 Passenger Traffic	万人 (10000 persons)	12737	12036	105.83
内河港口货物吞吐量 Volume of Freight Handled in Major Ports of Inland Rivers	万吨 (10000 tons)	1292	1070.24	120.71
年末邮电局（所）数 Number of Postal Offices at Year-end	处 (unit)	193	189	102.12
邮电业务总量 (2010 年价) Business Volume of Postal and Telecommunication Services (2010 constant prices)	万元 (10000 yuan)	1009173	945554	106.73
年末电话用户数 Number of Telephone Subscribers at Year-end	户 (subscribers)	8526254	8247169	103.38
# 移动电话用户数 Number of Mobile Telephone Subscribers at Year-end	户 (subscribers)	7666727	7293814	105.11
年末互联网用户 Number of Internet Users	户 (subscribers)	1618044	1385372	116.79
全年用电量 Electricity Consumption	万千瓦时 (10000 kwh)	1472739	1376118	107.02
# 工业用电量 Industry	万千瓦时 (10000 kwh)	649658	609875	106.52
城乡居民生活用电量 Residentrial Consumption	万千瓦时 (10000 kwh)	390462	369638	105.62
固定资产投资 Investment in Fixed Assets				
全社会固定资产投资总额 Total Investment in Fixed Assets	万元 (10000 yuan)	24750080	20057351	123.40
# 固定资产投资额 Investment in Urban Fixed Assets	万元 (10000 yuan)	24326855	19672530	123.66
# 基本建设投资 Basic Investment	万元 (10000 yuan)	11097410	8592279	129.16
更新改造投资 Innovation	万元 (10000 yuan)	7283304	5917730	123.08
房地产开发投资 Real Estate Development	万元 (10000 yuan)	4163709	3627301	114.79
其他投资 Other Investment	万元 (10000 yuan)	1119156	1107461	101.06
国有经济 State-owned	万元 (10000 yuan)	7940389	6565575	120.94
私营个体 Private & Self-employed	万元 (10000 yuan)	8225216	6586407	124.88
新增固定资产 Newly Increased Fixed Assets	万元 (10000 yuan)	15048368	14000502	107.48
房屋施工面积（含商品房） Floor Space under Construction of Buildings	万平方米 (10000 sq.m)	11922.30	7240.17	164.67
# 住宅 Residential Buildings	万平方米 (10000 sq.m)	3013.54	3019.23	99.81
房屋竣工面积（含商品房） Floor Space Completed of Buildings	万平方米 (10000 sq.m)	997.13	1175.37	84.84
# 住宅 Residential Buildings	万平方米 (10000 sq.m)	321.24	559.13	57.45

注：1. 年末互联网用户为宽度用户数。2.2013 年起，固定资产投资起报点从计划总投资 50 万起报调整为计划总投资 500 万元起报，发展速度按可比口径计算。3. 房屋施工、竣工面积不含私人建房。

1-8 续表 4

指标名称 Item	单位 Unit	2013 年	2012 年	2013 年为 2012 年% Rate of Development (%)
商业、外贸、旅游 Domestic Trade				
社会消费品零售总额 Total Retail Sales of Consumer Goods	万元 (10000 yuan)	14508367	12725903	114.01
# 城镇零售额 Retail Sales of Consumer Goods in Urban District	万元 (10001 yuan)	13654519	11985955	113.92
乡村零售额 Retail Sales of Consumer Goods in Rural District	万元 (10002 yuan)	853848	739947	115.39
批发零售贸易业商品销售总额 Sale Values of Enterprises of Wholesale and Retail rades	万元 (10000 yuan)	37344861	31228848	119.58
外贸进出口总值（海关数） Total Exports & Imports	万美元 (10000 USD)	442117	414678	106.62
进口总值 Exports	万美元 (10000 USD)	206847	162944	126.94
出口总值 Imports	万美元 (10000 USD)	235170	251734	93.42
实际利用外资金额 Total Amount of Foreign Investment Actually Utilized	万美元 (10000 USD)	61333	53911	113.77
旅游者人数 Number of Tourists	万人次 (10000 person-times)	5875	5152	114.04
# 国际旅游人数 International Tourists	万人次 (10000 person-times)	35.11	30.07	116.75
旅游收入 Earnings from Tourism	万元 (10000 yuan)	4781470	4038931	118.38
# 国际旅游收入 International Tourism	万元 (10000 yuan)	85067	67629	125.78
财政、金融 Finance,Banking&Insurance				
全部财政收入 Financial Revenue	万元 (10000 yuan)	4736625	4219938	112.24
# 公共财政预算收入 Public finance budget income	万元 (10000 yuan)	2562467	2297183	111.55
地方财政支出 Local Government Expenditure	万元 (10000 yuan)	4172858	3765096	110.83
金融机构各项存款余额 Total Deposits of Financial Institutions	万元 (10000 yuan)	64835258	56271788	115.22
# 城乡居民储蓄存款余额 Urban & Rural Savings Deposits	万元 (10000 yuan)	21566911	18638024	115.71
金融机构各项贷款余额 Total Loans of Financial Institutions	万元 (10000 yuan)	61158787	55012783	111.17

1-8 续表 5

指标名称 Item	单位 Unit	2013 年	2012 年	2013 年为 2012 年% Rate of Development (%)
劳动工资 **Employment and Wages**				
年末在岗职工人数 Number of Staff & Workers on the Job at Year-end	人 (person)	686534	674362	101.80
国有单位 State-owned Units	人 (person)	363632	379053	95.93
城镇集体单位 Urban Collective Owned Units	人 (person)	9771	10569	92.45
其他经济类型单位 Units of Other Types of Ownership	人 (person)	313131	284740	109.97
在岗职工工资总额 Total Wages Bill of Staff & Workers on the Job	万元 (10000 yuan)	3337032	2940889	113.47
国有单位 State-owned Units	万元 (10000 yuan)	1834375	1905537	96.27
城镇集体单位 Urban Collective Owned Units	万元 (10000 yuan)	34209	37477	91.28
其他经济类型单位 Units of Other Types of Ownership	万元 (10000 yuan)	1468449	997875	147.16
在岗职工年平均工资 Average Wage of Staff & Workers on the Job	元 / 人 (yuan/person)	48188	43847	109.90
国有单位 State-owned Units	元 / 人 (yuan/person)	50193	48930	102.58
城镇集体单位 Urban Collective Owned Units	元 / 人 (yuan/person)	38077	35002	108.79
其他经济类型单位 Units of Other Types of Ownership	元 / 人 (yuan/person)	46622	35193	132.48
居民消费价格指数 Consumer Price index	%	102.1	102.9	102.10

1-9 全市人均主要社会经济指标

Per Capita Main Indicators Of Social Economy

指标名称 Item	单位 Unit	2013 年	2012 年
生产总值 Gross Domestic Product	元 (yuan)	38994	35133
工业总产值 Gross Industrial Output Value	元 (yuan)	36986	32192
农业总产值 Gross Output Value of Farming,Forestry, Animal,Husbandry & Fishery	元 (yuan)	8029	7492
固定资产投资额 Total Investment in Fixed Assets	元 (yuan)	33836	36233
财政收入 Financial Revenue	元 (yuan)	6588	5914
城乡居民储蓄存款余额 Savings Depososi of Urban and Rural Households	元 (yuan)	29997	26122
社会消费品零售总额 Total Retail Sales of Consumer Goods	元 (yuan)	20180	17598
在岗职工年平均工资 Average Annual Wages of Staff & Workers on the Job	元 (yuan)	48188	43847
城镇居民年人均可支配收入 Per Capita Annual Disposable Income of Urban Households	元 (yuan)	24817	22561
城镇居民年人均消费性支出 Per Capita Annual Consumption Expenditure Of Urban Households	元 (yuan)	17127	15292
城镇居民年人均住房建筑面积 Per Capita Net Floor Space of Urban Residents	平方米 (sq.m)	35.66	31.60
农民年人均纯收入 Per Capita Net Income of Rural Residents	元 (yuan)	7685	6777
农村居民年人均居住面积 Per Capita Net Floor Space of Rural Residents	平方米 (sq.m)	38.15	39.00
粮食产量 Output of Grain	公斤 (kg)	310.78	301.53
油料产量 Output of Oil-bearing Grops	公斤 (kg)	18.32	17.50
甘蔗产量 Output of Sugarcane	公斤 (kg)	1720.52	1584.05
蔬菜产量 Output of Vegetables	公斤 (kg)	538.79	526.84
水果产量 Output of Fruits	公斤 (kg)	237.16	221.35
肉类产量 Output of Meat	公斤 (kg)	91.15	90.41
水产品产量 Output of Aquatic Products	公斤 (kg)	32.40	30.47
电话机 Telephone	部 / 万人 (sets/10000 persons)	11859	11559

注：电话机数含移动电话。

1-10 市区社会经济主要指标

Main Social Economic Indicators Of Urban Districts

指标名称	单位 Unit	2013 年	2012 年	2013 年为 2012 年% Rate of Development (%)
人口、土地面积 Population,Land Area				
年末总人口 Population at Year-end	人 (person)	2797307	2745458	101.89
# 男性人口 Male	人 (person)	1442216	1415263	101.90
女性人口 Female	人 (person)	1355091	1330195	101.87
年平均人口 Average Annual Population	人 (person)	2771383	2736820	101.26
自然增长率 Natural Growth Rate of Population	‰	7.05	4.8	2.25 ▲
土地面积 Land Area	平方公里 (sq.km)	6447	6447	100.00
# 建成区面积 Urban Area	平方公里 (sq.km)	283	242	116.94
生产总值(当年价) Gross Domestic Product	**万元 (10000 yuan)**	**20173877**	**17871704**	**110.5**
第一产业 Primary Industry	万元 (10000 yuan)	1283381	1178177	104.5
第二产业 Secondary Industry	万元 (10000 yuan)	7644491	6421833	115.2
工业 Industry	万元 (10000 yuan)	5427334	4462992	115.9
建筑业 Construction	万元 (10000 yuan)	2217157	1958841	113.3
第三产业 Tertiary Industry	万元 (10000 yuan)	11246005	10271694	108.1
人均生产总值(当年价) Per Capita Gross Domestic Product(current prices)	元 (yuan)	72794	65301	108.9
生产总值构成 Composition of Gross Domestic Product	%	100	100	
第一产业 Primary Industry	%	6.36	6.59	-0.23*
第二产业 Secondary Industry	%	37.89	35.93	1.96*
工业 Industry	%	26.90	24.97	1.93*
建筑业 Construction	%	10.99	10.96	0.03*
第三产业 Tertiary Industry	%	55.75	57.48	-1.73*

注:1. 生产总值、农业总产值发展速度按可比价计算。2. "▲" 为增减千分点,"*" 为增减百分点。

1-10 续表

指标名称	单位 Unit	2013 年	2012 年	2013 年为 2012 年% Rate of Development (%)
农业 Agriculture				
农林牧渔业总产值(当年价) Gross Output Value of Agriculture, Forestry,Animal Husbandry and Fishery	万元 (10000 yuan)	2141766	1967585	104.57
农业 Farming	万元 (10000 yuan)	1133747	1019767	104.64
林业 Forestry	万元 (10000 yuan)	121537	113758	98.06
牧业 Animal Husbandry	万元 (10000 yuan)	598085	580478	102.89
渔业 Fishery	万元 (10000 yuan)	66564	60559	106.45
服务业 Services in support of Agriculture	万元 (10000 yuan)	221832	193023	112.56
工业 Industry				
规模以上工业总产值(当年价) Above Designated Size(current prices)	万元 (10000 yuan)	17252205	14072368	122.60
规模以上工业企业主要指标 Main Indicators of Industrial Enterprises above Designated Size				
企业单位数 Number of Enterprises	个 (unit)	534	528	101.14
# 亏损企业 Loss-making Enterprises	个 (unit)	61	51	119.61
主营业务收入 Revenue from Principal Business	万元 (10000 yuan)	16605080	13639825	121.74
# 主营业务税金及附加 Taxes and Other Charges on Principal Business	万元 (10000 yuan)	535685	452338	118.43
利税总额 Total Profits & Taxes	万元 (10000 yuan)	2131686	1952148	109.20
# 利润总额 Total Profits	万元 (10000 yuan)	1033815	1002032	103.17
亏损企业亏损额 Total Losses of Loss-making Enterprise	万元 (10000 yuan)	73060	86914	84.06

1-10 续表 2

指标名称 Item	单位 Unit	2013 年	2012 年	2013 年为 2012 年% Rate of Development (%)
固定资产投资 **Investment in Fixed Assets**				
全社会固定资产投资总额 Total Investment in Fixed Assets	万元 (10000 yuan)	17434636	14088760	123.75
# 固定资产投资额 Investment in Urban Fixed Assets	万元 (10000 yuan)	17315783	13984180	123.82
# 基本建设投资 Basic Investment"	万元 (10000 yuan)	8394004	6456494	130.01
更新改造投资 Innovation"	万元 (10000 yuan)	4239040	3367969	125.86
房地产开发投资 Real Estate Development"	万元 (10000 yuan)	3642124	3097296	117.59
其他投资 Other Investment"	万元 (10000 yuan)	939930	1001627	93.84
商业 **Domestic**				
社会消费品零售总额 Total Retail Sales of Consumer Goods	万元 (10000 yuan)	12103366	10613026	114.04
# 城镇零售额 Retail Sales of Consumer Goods in Urban District	万元 (10000 yuan)	11734160	10310542	113.81
乡村零售额 Retail Sales of Consumer Goods in Rural District	万元 (10000 yuan)	369206	302485	122.06
财政、金融 **Finance,Banking&Insurance**				
全部财政收入 Financial Revenue	万元 (10000 yuan)	4168125	3711492	112.30
# 公共财政预算收入 Public finance budget income	万元 (10000 yuan)	2180531	1953440	111.63
地方财政支出 Local Government Expenditure	万元 (10000 yuan)	2782873	2511690	110.80
金融机构各项存款余额 Total Deposits of Financial Institutions	万元 (10000 yuan)	58313237	50707099	115.00
# 城乡居民储蓄存款余额 Urban & Rural Savings Deposits	万元 (10000 yuan)	16786781	14613189	114.87
金融机构各项贷款余额 Total Loans of Financial Institutions	万元 (10000 yuan)	57584575	51932096	110.88
劳动工资 **Employment and Wages**				
年末在岗职工人数 Number of Staff & Workers on the Job at Year-end	人 (person)	548402	511488	107.22
国有单位 State-owned Units	人 (person)	270612	286735	94.38
城镇集体单位 Urban Collective Owned Units	人 (person)	5453	6730	80.43
其他经济类型单位 Units of Other Types of Ownership	人 (person)	272337	217973	124.94
在岗职工年平均工资工资 Average Wage of Staff & Workers on the Job	元 / 人 (yuan/person)	50201	46717	107.46
国有单位 State-owned Units	元 / 人 (yuan/person)	53338	53068	100.51
城镇集体单位 Urban Collective Owned Units	元 / 人 (yuan/person)	42147	36693	114.86
其他经济类型单位 Units of Other Types of Ownership	元 / 人 (yuan/person)	48004	37365	128.47

注：1. 其他投资含城镇工矿区私人建房。2.2013 年起，固定资产投资起报点从计划总投资 50 万起报调整为计划总投资 500 万元起报，发展速度按可比口径计算。

1-11 市区人均主要社会经济指标

Per Capita Main Indicators Of Social Economy Of Urban Districts

指标名称 Item	单位 Unit	2013 年	2012 年
生产总值 Gross Domestic Product	元 (yuan)	72794	65301
农业总产值 Gross Output Value of Farming,Forestry, Animal,Husbandry & Fishery	元 (yuan)	7728	7084
规模以上工业总产值 Above Designated Size	元 (yuan)	62251	53894
固定资产投资额 Investment in Fixed Assets	元 (yuan)	62481	64580
财政收入 Financial Revenue	元 (yuan)	15040	13519
城乡居民储蓄存款余额 Savings Depososit of Urban and Rural Households	元 (yuan)	60572	53227
社会消费品零售总额 Total Retail Sales of Consumer Goods	元 (yuan)	43673	38037
在岗职工年平均工资 Average Annual Wages of Staff & Workers on the Job	元 (yuan)	50201	46717
电话机 Telephone	部 / 万人 (sets/10000 persons)	20872	20391

注：电话机数含移动电话。

1-12 各县区社会经济主要指标

Main Social Economic Indicators By County

指标名称 Item	单位 Unit	武鸣县			隆安县		
		2013 年	2012 年	2013 年为 2012 年% Rate of Development (%)	2013 年	2012 年	2013 年为 2012 年% Rate of Development (%)
人口、土地面积 Population,Land Area							
年末总人口 Population at Year-end	人 (person)	698839	691560	101.05	413406	405349	101.99
男性人口 Male	人 (person)	364371	360116	101.18	218484	213960	102.11
女性人口 Female	人 (person)	334468	331444	100.91	194922	191389	101.85
年平均人口 Average Annual Population	人 (person)	695200	689829	100.78	409378	405029	101.07
土地面积 Land Area	平方公里 (sq.km)	3389	3378	100.31	2306	2277	101.24
生产总值（当年价） Gross Domestic Product	**万元 (10000 yuan)**	**2437627**	**2240840**	**110.5**	**546655**	**500311**	**107.3**
第一产业 Primary Industry	万元 (10000 yuan)	657280	603583	105.2	218972	199881	105.1
第二产业 Secondary Industry	万元 (10000 yuan)	1291450	1194474	113.9	178856	162922	109.2
工业 Industry	万元 (10000 yuan)	1138677	1063576	113.5	120661	113629	106.2
建筑业 Construction	万元 (10000 yuan)	152773	130897	116.8	58195	49293	118.2
第三产业 Tertiary Industry	万元 (10000 yuan)	488898	442783	108.4	148826	137508	107.3
人均生产总值（当年价） Per Capita Gross Domestic Product(current prices)	元 (yuan)	35064	32317	110.0	13353	12257	106.6
生产总值构成 Composition of Gross Domestic Product	%	100	100		100	100	
第一产业 Primary Industry	%	26.96	26.94	0.03*	40.06	39.95	0.11*
第二产业 Secondary Industry	%	52.98	53.30	-0.32*	32.72	32.56	0.15*
工业 Industry	%	46.71	47.46	-0.75*	22.07	22.71	-0.64*
建筑业 Construction	%	6.27	5.84	0.43*	10.65	9.85	0.79*
第三产业 Tertiary Industry	%	20.06	19.76	0.3*	27.22	27.48	-0.26*

注：1. 生产总值发展速度按可比价计算。2. “▲”为增减千分点，“*”为增减百分点。

1-12 续表二

指标名称 Item	单位 Unit	武鸣县 2013 年	武鸣县 2012 年	武鸣县 2013 年为 2012 年% Rate of Development (%)	隆安县 2013 年	隆安县 2012 年	隆安县 2013 年为 2012 年% Rate of Development (%)
农业 **Agriculture**							
农林牧渔业总产值（当年价） Gross Output Value of Agriculture, Forestry Animal Husbandry and Fishery	万元 (10000 yuan)	1089440	1055563	105.67	351716	341620	104.45
农业 Farming	万元 (10000 yuan)	604723	575031	107.23	208985	200379	108.44
林业 Forestry	万元 (10000 yuan)	50074	46162	116.18	15449	13951	71.88
牧业 Animal Husbandry	万元 (10000 yuan)	369129	370144	101.95	103803	104622	102.65
渔业 Fishery	万元 (10000 yuan)	39987	39224	106.48	14222	13601	108.56
农林牧渔服务业 Services in support of Agriculture	万元 (10000 yuan)	25527	25002	108.60	9257	9066	107.69
工业 **Industry**							
规模以上工业企业主要指标 Main Indicators of Industrial Enterprises above Designated Size							
企业单位数 Number of Enterprises	个 (unit)	196	188	104.26	38	35	108.57
# 亿元工业企业 Above 100 million yuan	个 (unit)	110	90	122.22	14	16	87.50
# 亏损企业 Loss-making Enterprises	个 (unit)	25	8	312.50	6	7	85.71
规模以上工业总产值 Above Designated Size	万元 (10000 yuan)	3516947	2887970	121.78	524936	470483	111.57
工业增加值 Value-added of Industry	万元 (10000 yuan)	1025460	891361	115.04	102405	103899	98.56
主营业务收入 Revenue from Principal Business	万元 (10000 yuan)	3234751	2673600	120.99	499900	459756	108.73
利税总额 Total Profits & Taxes	万元 (10000 yuan)	368160	493233	74.64	36442	57834	63.01
# 利润总额 Total Profits	万元 (10000 yuan)	246859	351307	70.27	20700	40810	50.72
亏损企业亏损额 Total Losses of Loss-making Enterprise	万元 (10000 yuan)	6592	6945	94.91	2091	1096	190.78

1-12 续表 2

指标名称 Item	单位 Unit	武鸣县			隆安县		
		2013 年	2012 年	2013 年为 2012 年 % Rate of Development (%)	2013 年	2012 年	2013 年为 2012 年 % Rate of Development (%)
固定资产投资 **Investment in Fixed Assets**							
全社会固定资产投资总额 Total Investment in Fixed Assets	万元 (10000 yuan)	2326584	1859935	125.09	558866	457194	122.24
# 固定资产投资额 Investment in Fixed Assets	万元 (10000 yuan)	2294397	1831036	125.31	537495	436144	123.24
# 基本建设投资 Basic Investment	万元 (10000 yuan)	547142	579999	94.33	238508	192235	124.07
更新改造投资 Innovation	万元 (10000 yuan)	1395661	967459	144.26	215163	152555	141.04
房地产开发投资 Real Estate Development	万元 (10000 yuan)	189865	157943	120.21	18305	39173	46.73
其他投资 Other Investment	万元 (10000 yuan)	13534	18888	71.65	25700	8151	315.30
商业 **Domestic**							
社会消费品零售总额 Total Retail Sales of Consumer Goods	万元 (10000 yuan)	565506	495710	114.08	140162	125545	111.64
# 城镇零售额 Retail Sales of Consumer Goods in Urban District	万元 (10000 yuan)	462097	407692	113.34	104720	91036	115.03
乡村零售额 Retail Sales of Consumer Goods in Rural District	万元 (10000 yuan)	103408	88018	117.49	35442	34509	102.70
财政、金融 **Finance,Banking&Insurance**							
财政收入 Financial Revenue	万元 (10000 yuan)	161425	137037	117.80	46371	42229	109.81
# 公共财政预算收入 Public finance budget income	万元 (10000 yuan)	102576	89315	114.85	29203	26395	110.64
地方财政支出 Local Government Expenditure	万元 (10000 yuan)	270376	235393	114.86	147991	143797	102.92
金融机构各项存款余额 Total Deposits of Financial Institutions	万元 (10000 yuan)	1441407	1278234	112.77	640505	531795	120.44
# 城乡居民储蓄存款余额 Urban & Rural Savings Deposits	万元 (10000 yuan)	1041717	874682	119.10	468013	378986	123.49
金融机构各项贷款余额 Total Loans of Financial Institutions	万元 (10000 yuan)	975602	837833	116.44	331559	292881	113.21
城乡居民收入 **The income of urban and rural residents**							
城镇居民年人均可支配收入 Disposable income of urban residents	元 / 人 (yuan/person)	23568	21504	109.60	19332	17768	108.80
农民年人均纯收入 Per Capita Net Income of Rural Residents	元 / 人 (yuan/person)	9042	7981	113.29	6008	5340	112.51

1-12 续表 3

指标名称 Unit	单位 Unit	马山县 2013 年	马山县 2012 年	马山县 2013 年为 2012 年% Rate of Development (%)	上林县 2013 年	上林县 2012 年	上林县 2013 年为 2012 年% Rate of Development (%)
人口、土地面积 Population, Land Area							
年末总人口 Population at Year-end	人 (person)	559092	552608	101.17	490021	489093	100.19
男性人口 Male	人 (person)	293881	289999	101.34	256918	255059	100.73
女性人口 Female	人 (person)	265211	262609	100.99	233103	234034	99.60
年平均人口 Average Annual Population	人 (person)	555850	550586	100.96	489557	490825	99.74
土地面积 Land Area	平方公里 (sq.km)	2341	2345	99.82	1871	1870	100.07
生产总值（当年价） Gross Domestic Product	**万元 (10000 yuan)**	**434516**	**407988**	**107.2**	**440772**	**407375**	**108.7**
第一产业 Primary Industry	万元 (10000 yuan)	147197	135964	105.0	177700	166752	104.9
第二产业 Secondary Industry	万元 (10000 yuan)	119732	121846	106.4	104177	97553	112.9
工业 Industry	万元 (10000 yuan)	67841	79049	99.5	67928	70302	106.4
建筑业 Construction	万元 (10000 yuan)	51891	42797	121.4	36249	27251	133.2
第三产业 Tertiary Industry	万元 (10000 yuan)	167587	150178	109.8	158895	143070	109.3
人均生产总值（当年价） Per Capita Gross Domestic Product (current prices)	元	7817	7336	106.9	9003	8212	109.7
生产总值构成 Composition of Gross Domestic Product	%	**100**	**100**		**100**	**100**	
第一产业 Primary Industry	%	33.88	33.33	0.55*	40.32	40.93	–0.62*
第二产业 Secondary Industry	%	27.56	29.87	–2.31*	23.64	23.95	–0.31*
工业 Industry	%	15.61	19.38	–3.76*	15.41	17.26	–1.85*
建筑业 Construction	%	11.94	10.49	1.45*	8.22	6.69	1.53*
第三产业 Tertiary Industry	%	38.57	36.81	1.76*	36.05	35.12	0.93*

1-12 续表 4

指标名称 Item	单位 Unit	马山县			上林县		
		2013 年	2012 年	2013 年为 2012 年% Rate of Development (%)	2013 年	2012 年	2013 年为 2012 年% Rate of Development (%)
农业 Agriculture							
农林牧渔业总产值(当年价) Gross Output Value of Agriculture, Forestry,Animal Husbandry and Fishery	万元 (10000 yuan)	242862	236275	104.09	299252	294674	104.20
农业 Farming	万元 (10000 yuan)	110260	105898	107.88	120325	119302	107.47
林业 Forestry	万元 (10000 yuan)	19155	18109	92.79	19790	13835	91.63
牧业 Animal Husbandry	万元 (10000 yuan)	102285	101348	102.21	140209	138127	102.94
渔业 Fishery	万元 (10000 yuan)	10462	10235	107.65	17994	17496	108.11
农林牧渔服务业 Services in support of Agriculture	万元 (10000 yuan)	699	685	106.99	934	914	107.46
工业 Industry							
规模以上工业企业主要指标 Main Indicators of Industrial Enterprises above Designated Size							
企业单位数 Number of Enterprises	个 (unit)	18	20	90.00	14	14	100.00
#亿元工业企业 Above 100 million yuan	个 (unit)	8	7	114.29	11	9	122.22
#亏损企业 Loss-making Enterprises	个 (unit)	3	2	150.00		1	
规模以上工业总产值 Above Designated Size	万元 (10000 yuan)	163194	170069	95.96	237786	210181	113.13
工业增加值 Value-added of Industry	万元 (10000 yuan)	55651	60659	91.74	47875	56410	84.87
主营业务收入 Revenue from Principal Business	万元 (10000 yuan)	148478	160980	92.23	202270	201475	100.39
#主营业务税金及附加 Taxes and Other Charges on Principal Business	万元 (10000 yuan)	2468	3231	76.39	634	733	86.43
利税总额 Total Profits & Taxes	万元 (10000 yuan)	20300	21775	93.22	10603	32469	32.65
#利润总额 Total Profits	万元 (10000 yuan)	12105	21775	55.59	4960	32469	15.28
亏损企业亏损额 Total Losses of Loss-making Enterprise	万元 (10000 yuan)	1492	788	189.28		201	

1-12 续表 5

指标名称 Item	单位 Unit	马山县 2013 年	马山县 2012 年	马山县 2013 年为 2012 年% Rate of Development (%)	上林县 2013 年	上林县 2012 年	上林县 2013 年为 2012 年% Rate of Development (%)
固定资产投资 Investment in Fixed Assets							
全社会固定资产投资总额 Total Investment in Fixed Assets	万元 (10000 yuan)	449400	366368	122.66	441602	360737	122.42
#固定资产投资额 Investment in Fixed Assets	万元 (10000 yuan)	414972	334243	124.15	418982	338711	123.70
#基本建设投资 Basic Investment	万元 (10000 yuan)	199466	176953	112.72	209916	150065	139.88
更新改造投资 Innovation	万元 (10000 yuan)	82364	106986	76.99	152946	114471	133.61
房地产开发投资 Real Estate Development	万元 (10000 yuan)	20529	18577	110.51	26321	23611	111.48
其他投资 Other Investment	万元 (10000 yuan)	1189	17625	6.75	29799	16476	180.86
商业 Domestic							
社会消费品零售总额 Total Retail Sales of Consumer Goods	万元 (10000 yuan)	165020	144399	114.28	144807	129292	112.00
#城镇零售额 Retail Sales of Consumer Goods in Urban District	万元 (10000 yuan)	127659	106239	120.16	79775	76465	104.33
乡村零售额 Retail Sales of Consumer Goods in Rural District	万元 (10000 yuan)	37360	38160	97.90	65031	52827	123.10
财政、金融 Finance,Banking&Insurance							
财政收入 Financial Revenue	万元 (10000 yuan)	32649	32477	100.53	36640	33662	108.85
#公共财政预算收入 Public finance budget income	万元 (10000 yuan)	22459	24524	91.58	25949	23830	108.89
地方财政支出 Local Government Expenditure	万元 (10000 yuan)	178880	167546	106.76	179065	162770	110.01
金融机构各项存款余额 Total Deposits of Financial Institutions	万元 (10000 yuan)	576517	487995	118.14	685100	571269	119.93
#城乡居民储蓄存款余额 Urban & Rural Savings Deposits	万元 (10000 yuan)	384381	319825	120.18	464999	387639	119.96
金融机构各项贷款余额 Total Loans of Financial Institutions	万元 (10000 yuan)	216642	194629	111.31	265189	185462	142.99
城乡居民收入 The income of urban and rural residents							
城镇居民年人均可支配收入 Disposable income of urban residents	元/人 (yuan/person)	19274	17683	109.00	18714	17137	109.20
农民年人均纯收入 Per Capita Net Income of Rural Residents	元/人 (yuan/person)	5497	4865	112.98	5748	5082	113.11

1-12 续表 6

指标名称 Unit	单位 Unit	宾阳县			横 县		
		2013 年	2012 年	2013 年为 2012 年% Rate of Development (%)	2013 年	2012 年	2013 年为 2012 年% Rate of Development (%)
人口、土地面积 Population,Land Area							
年末总人口 Population at Year-end	人 (person)	1043419	1039206	100.41	1242225	1211705	102.52
男性人口 Male	人 (person)	555752	552003	100.68	661347	644714	102.58
女性人口 Female	人 (person)	487667	487203	100.10	580878	566991	102.45
年平均人口 Average Annual Population	人 (person)	1041313	1040644	100.06	1226965	1211198	101.30
土地面积 Land Area	平方公里 (sq.km)	2298	2308	99.57	3448	3456	99.76
生产总值(当年价) Gross Domestic Product	**万元 (10000 yuan)**	**1529483**	**1423243**	**109.3**	**2472515**	**2239900**	**110.7**
第一产业 Primary Industry	万元 (10000 yuan)	406284	375979	105.1	608449	569227	104.9
第二产业 Secondary Industry	万元 (10000 yuan)	557479	529109	113.2	1212669	1079757	115.3
工业 Industry	万元 (10000 yuan)	396088	394205	111.5	987456	877337	116.3
建筑业 Construction	万元 (10000 yuan)	161391	134904	119.8	225213	202420	111.4
第三产业 Tertiary Industry	万元 (10000 yuan)	565719	518155	107.2	651397	590916	108.3
人均生产总值(当年价) Per Capita Gross Domestic Product (current prices)	元 (yuan)	14688	13465	110.5	20151	18379	109.7
生产总值构成 Composition of Gross Domestic Product	%	**100**	**100**		**100**	**100**	
第一产业 Primary Industry	%	26.56	26.42	0.15*	24.61	25.41	-0.8*
第二产业 Secondary Industry	%	36.45	37.18	-0.73*	49.05	48.21	0.84*
工业 Industry	%	25.90	27.70	-1.8*	39.94	39.17	0.77*
建筑业 Construction	%	10.55	9.48	1.07*	9.11	9.04	0.07*
第三产业 Tertiary Industry	%	36.99	36.41	0.58*	26.35	26.38	-0.04*

1-12 续表

指标名称 Unit	单位 Unit	宾阳县			横 县		
		2013 年	2012 年	2013 年为 2012 年% Rate of Development (%)	2013 年	2012 年	2013 年为 2012 年% Rate of Development (%)
农业 Agriculture							
农林牧渔业总产值(当年价) Gross Output Value of Agriculture, Forestry,Animal Husbandry and Fishery	万元 (10000 yuan)	656760	638850	104.22	990874	971732	104.62
农业 Farming	万元 (10000 yuan)	357225	349222	104.76	580480	572579	105.19
林业 Forestry	万元 (10000 yuan)	27222	24944	105.19	37584	35422	112.18
牧业 Animal Husbandry	万元 (10000 yuan)	227607	221515	102.33	308402	300886	102.28
渔业 Fishery	万元 (10000 yuan)	36190	34828	110.06	40552	39480	106.53
农林牧渔服务业 Services in support of Agriculture	万元 (10000 yuan)	8516	8341	107.25	23856	23366	107.59
工业 Industry							
规模以上工业企业主要指标 Main Indicators of Industrial Enterprises above Designated Size							
企业单位数 Number of Enterprises	个 (unit)	75	68	110.29	94	87	108.05
#亿元工业企业 Above 100 million yuan	个 (unit)	32	27	118.52	56	54	103.70
#亏损企业 Loss-making Enterprises	个 (unit)	7	5	140.00	7		
规模以上工业总产值 Above Designated Size	万元 (10000 yuan)	1183734	954056	124.07	2820437	2328140	121.15
工业增加值 Value-added of Industry	万元 (10000 yuan)	301820	235628	128.09	877764	751002	116.88
主营业务收入 Revenue from Principal Business	万元 (10000 yuan)	1095626	869987	125.94	2752473	2317160	118.79
利税总额 Total Profits & Taxes	万元 (10000 yuan)	120914	102479	117.99	399132	360367	110.76
#利润总额 Total Profits	万元 (10000 yuan)	81495	102479	79.52	274398	263991	103.94
亏损企业亏损额 Total Losses of Loss-making Enterprise	万元 (10000 yuan)	2114	1474	143.44	5729		

1–12 续表 8

指标名称 Item	单位 Unit	宾阳县 2013 年	宾阳县 2012 年	宾阳县 2013 年为 2012 年% Rate of Development (%)	横县 2013 年	横县 2012 年	横县 2013 年为 2012 年% Rate of Development (%)
固定资产投资 **Investment in Fixed Assets**							
全社会固定资产投资总额 Total Investment in Fixed Assets	万元 (10000 yuan)	1630777	1311414	124.35	1936215	1612943	120.04
# 固定资产投资额 Investment in Fixed Assets	万元 (10000 yuan)	1539348	1228309	125.32	1833878	1519907	120.66
# 基本建设投资 Basic Investment	万元 (10000 yuan)	663227	410821	161.44	845147	625712	135.07
更新改造投资 Innovation	万元 (10000 yuan)	556586	536246	103.79	669544	672044	99.63
房地产开发投资 Real Estate Development	万元 (10000 yuan)	121368	132907	91.32	145197	157794	92.02
其他投资 Other Investment	万元 (10000 yuan)	56807	32530	174.63	52197	12164	429.11
商业 **Domestic**							
社会消费品零售总额 Total Retail Sales of Consumer Goods	万元 (10000 yuan)	727419	637304	114.14	662089	580627	114.03
# 城镇零售额 Retail Sales of Consumer Goods in Urban District	万元 (10000 yuan)	607535	509198	119.31	538572	484784	111.10
乡村零售额 Retail Sales of Consumer Goods in Rural District	万元 (10000 yuan)	119884	128106	93.58	123517	95842	128.87
财政、金融 **Finance,Banking&Insurance**							
财政收入 Financial Revenue	万元 (10000 yuan)	140572	126665	110.98	150843	136376	110.61
# 公共财政预算收入 Public finance budget income	万元 (10000 yuan)	95973	90351	106.22	105776	89328	118.41
地方财政支出 Local Government Expenditure	万元 (10000 yuan)	289512	275363	105.14	324161	268537	120.71
金融机构各项存款余额 Total Deposits of Financial Institutions	万元 (10000 yuan)	1395293	1210433	115.27	1783198	1434963	120.08
# 城乡居民储蓄存款余额 Urban & Rural Savings Deposits	万元 (10000 yuan)	1074750	922702	116.48	1346271	1141001	117.99
金融机构各项贷款余额 Total Loans of Financial Institutions	万元 (10000 yuan)	688983	588385	117.10	1096236	981497	111.69
城乡居民收入 **The income of urban and rural residents**							
城镇居民年人均可支配收入 Disposable income of urban residents	元 / 人 (yuan/person)	22333	20321	109.90	23118	21016	110.00
农民年人均纯收入 Per Capita Net Income of Rural Residents	元 / 人 (yuan/person)	8136	7187	113.20	7981	7038	113.39

指标名称 Item	单位 Unit	兴宁区			青秀区		
		2013 年	2012 年	2013 年为 2012 年% Rate of Development (%)	2013 年	2012 年	2013 年为 2012 年% Rate of Development (%)
人口、土地面积 **Population Land Area**							
年末总人口 Population at Year-end	人 (person)	303293	299425	101.29	652326	634697	102.78
男性人口 Male	人 (person)	156036	154143	101.23	327988	319539	102.64
女性人口 Female	人 (person)	147257	145282	101.36	324338	315158	102.91
年平均人口 Average Annual Population	人 (person)	301359	298688	100.89	643512	628831	102.33
土地面积 Land Area	平方公里 (sq.km)	723	751	96.23	865	872	99.23
生产总值（当年价） **Gross Domestic Product**	**万元** **(10000 yuan)**	**2884833**	**2618065**	**109.5**	**6101186**	**5580914**	**107.7**
第一产业 Primary Industry	万元 (10000 yuan)	139137	129360	104.5	192359	173808	105.2
第二产业 Secondary Industry	万元 (10000 yuan)	609036	558413	112.9	858806	798149	108.8
工业 Industry	万元 (10000 yuan)	119754	133527	106.7	160223	157980	106.4
建筑业 Construction	万元 (10000 yuan)	489282	424886	115.3	698583	640169	109.2
第三产业 Tertiary Industry	万元 (10000 yuan)	2136659	1930292	108.7	5050021	4608957	107.6
人均生产总值（当年价） Per Capita Gross Domestic Product (current prices)	元 (yuan)	95727	83885	112.1	94811	85310	108.7
生产总值构成 **Composition of Gross Domestic Product**	%	**100**	**100**		**100**	**100**	
第一产业 Primary Industry	%	4.82	4.94	–0.12*	3.15	3.11	0.04*
第二产业 Secondary Industry	%	21.11	21.33	–0.22*	14.08	14.30	–0.23*
工业 Industry	%	4.15	5.10	–0.95*	2.63	2.83	–0.2*
建筑业 Construction	%	16.96	16.23	0.73*	11.45	11.47	–0.02*
第三产业 Tertiary Industry	%	74.07	73.73	0.34*	82.77	82.58	0.19*

1-12 续表 10

指标名称 Item	单位 Unit	兴宁区			青秀区		
		2013 年	2012 年	2013 年为 2012 年% Rate of Development (%)	2013 年	2012 年	2013 年为 2012 年% Rate of Development (%)
农业 Agriculture							
农林牧渔业总产值(当年价) Gross Output Value of Agriculture, Forestry,Animal Husbandry and Fishery	万元 (10000 yuan)	148098	144523	5.82	289194	276555	4.89
农业 Farming	万元 (10000 yuan)	80702	77691	8.04	118472	111442	6.83
林业 Forestry	万元 (10000 yuan)	13509	12753	4.31	23671	20031	10.71
牧业 Animal Husbandry	万元 (10000 yuan)	44880	45256	1.86	99873	99324	0.65
渔业 Fishery	万元 (10000 yuan)	6698	6562	2.12	7291	6690	8.06
农林牧渔服务业 Services in support of Agriculture	万元 (10000 yuan)	2309	2261	8.83	39888	39068	7.40
工业 Industry							
规模以上工业企业主要指标 Main Indicators of Industrial Enterprises above Designated Size							
企业单位数 Number of Enterprises	个 (unit)	28	31	90.32	28	27	103.70
#亿元工业企业 Above 100 million yuan	个 (unit)	9	7	128.57	7	7	100.00
#亏损企业 Loss-making Enterprises	个 (unit)	6	4	150.00	1	1	100.00
规模以上工业总产值 Above Designated Size	万元 (10000 yuan)	335041	307806	108.85	463777	405348	114.41
工业增加值 Value-added of Industry	万元 (10000 yuan)	88998	80629	110.38	140613	123800	113.58
主营业务收入 Revenue from Principal Business	万元 (10000 yuan)	314494	288531	109.00	451698	407433	110.86
利税总额 Total Profits & Taxes	万元 (10000 yuan)	13762	21406	64.29	80881	97313	83.11
#利润总额 Total Profits	万元 (10000 yuan)	4738	13778	34.39	71964	88927	80.92
亏损企业亏损额 Total Losses of Loss-making Enterprise	万元 (10000 yuan)	6043	940	642.85	106	287	37

1-12 续表 1

指标名称 Item	单位 Unit	兴宁区			青秀区		
		2013 年	2012 年	2013 年为 2012 年% Rate of Development (%)	2013 年	2012 年	2013 年为 2012 年% Rate of Development (%)
固定资产投资 Investment in Fixed Assets							
全社会固定资产投资总额 Total Investment in Fixed Assets	万元 (10000 yuan)	1792880	1438017	124.68	5242958	4333379	120.99
# 固定资产投资额 Investment in Fixed Assets	万元 (10000 yuan)	1778422	1424874	124.81	5226594	4318544	121.03
# 基本建设投资 Basic Investment	万元 (10000 yuan)	643084	505569	127.20	2915512	2262103	128.89
更新改造投资 Innovation	万元 (10000 yuan)	369209	341963	107.97	418734	328625	127.42
房地产开发投资 Real Estate Development	万元 (10000 yuan)	623413	500812	124.48	1467371	1411602	103.95
其他投资 Other Investment	万元 (10000 yuan)	142716	76530	186.48	424977	312509	135.99
商业 Domestic							
社会消费品零售总额 Total Retail Sales of Consumer Goods	万元 (10000 yuan)	3285373	2880895	114.04	3053047	2677877	114.01
# 城镇零售额 Retail Sales of Consumer Goods in Urban District	万元 (10000 yuan)	3196776	2804008	114.01	3025401	2652008	114.08
乡村零售额 Retail Sales of Consumer Goods in Rural District	万元 (10000 yuan)	88597	76887	115.23	27646	25869	106.87
财政 Finance							
财政收入 Financial Revenue	万元 (10000 yuan)	283367	238797	118.66	939650	783513	119.93
# 公共财政预算收入 Public finance budget income	万元 (10000 yuan)	64323	57447	111.97	202548	169254	119.67
地方财政支出 Local Government Expenditure	万元 (10000 yuan)	101433	100198	101.23	216946	178168	121.76
城乡居民收入 The income of urban and rural residents							
城镇居民人均可支配收入 Disposable income of urban residents	元 / 人 (yuan/erson)	27417	24857	110.30	31492	28577	110.20
农民年人均纯收入 Per Capita Net Income of Rural Residents	元 / 人 (yuan/erson)	8906	7812	114.00	9004	7912	113.80

1-12 续表 12

指标名称 Item	单位 Unit	江南区			西乡塘区		
		2013 年	2012 年	2013 年为 2012 年% Rate of Development (%)	2013 年	2012 年	2013 年为 2012 年% Rate of Development (%)
人口、土地面积 Population,Land Area							
年末总人口 Population at Year-end	人 (person)	475547	460744	103.21	761110	757022	100.54
男性人口 Male	人 (person)	248374	241045	103.04	385508	393339	98.01
女性人口 Female	人 (person)	227173	219699	103.40	375602	373683	100.51
年平均人口 Average Annual Population	人 (person)	468146	458574	102.09	759066	760825	99.77
土地面积 Land Area	平方公里 (sq.km)	1183	1183	100.02	1076	1298	82.90
生产总值(当年价) Gross Domestic Product	**万元 (10000 yuan)**	**3173849**	**2689594**	**112.7**	**6379078**	**5540148**	**112.3**
第一产业 Primary Industry	万元 (10000 yuan)	269803	244707	103.6	264442	245178	101.9
第二产业 Secondary Industry	万元 (10000 yuan)	1945949	1582188	115.4	3503982	2863705	118.5
工业 Industry	万元 (10000 yuan)	1729558	1383121	116.2	2936622	2372882	119.1
建筑业 Construction	万元 (10000 yuan)	216391	199067	108.8	567360	430824	115.7
第三产业 Tertiary Industry	万元 (10000 yuan)	958097	862700	109.1	2610654	2431264	105.5
人均生产总值(当年价) Per Capita Gross Domestic Product (current prices)	元 (yuan)	67796	56095	112.0	84039	70688	114.9
生产总值构成 Composition of Gross Domestic Product	**%**	**100**	**100**		**100**	**100**	
第一产业 Primary Industry	%	8.50	9.10	-0.6*	4.15	4.43	-0.28*
第二产业 Secondary Industry	%	61.31	58.83	2.49*	54.93	51.69	3.24*
工业 Industry	%	54.49	51.42	3.07*	46.04	42.83	3.2*
建筑业 Construction	%	6.82	7.40	-0.58*	8.89	8.86	0.03*
第三产业 Tertiary Industry	%	30.19	32.08	-1.89*	40.93	43.88	-2.96*

1-12 续表 13

指标名称 Item	单位 Unit	江南区			西乡塘区		
		2013 年	2012 年	2013 年为 2012 年% Rate of Development (%)	2013 年	2012 年	2013 年为 2012 年% Rate of Development (%)
农业 Agriculture							
农林牧渔业总产值(当年价) Gross Output Value of Agriculture, Forestry, Animal Husbandry and Fishery	万元 (10000 yuan)	385496	363647	103.55	346737	329609	101.47
农业 Farming	万元 (10000 yuan)	276311	256478	103.55	225191	208052	101.47
林业 Forestry	万元 (10000 yuan)	6609	6339	103.55	3014	2886	101.47
牧业 Animal Husbandry	万元 (10000 yuan)	76005	74848	103.55	93990	94726	101.47
渔业 Fishery	万元 (10000 yuan)	12815	12509	103.55	12603	12252	101.47
农林牧渔服务业 Services in support of Agriculture	万元 (10000 yuan)	13757	13473	103.55	11938	11693	101.47
工业 Industry							
规模以上工业企业主要指标 Main Indicators of Industrial Enterprises above Designated Size							
企业单位数 Number of Enterprises	个 (unit)	167	159	105.03	241	241	100.00
# 亿元工业企业 Above 100 million yuan	个 (unit)	96	91	105.49	161	151	106.62
# 亏损企业 Loss-making Enterprises	个 (unit)	31	27	114.81	14	9	155.56
规模以上工业总产值 Above Designated Size	万元 (10000 yuan)	6387365	5240706	121.88	8375089	6759973	123.89
工业增加值 Value-added of Industry	万元 (10000 yuan)	1732007	1391271	124.49	2804579	2252731	124.50
主营业务收入 Revenue from Principal Business	万元 (10000 yuan)	6040034	5157916	117.10	8320620	6627501	125.55
利税总额 Total Profits & Taxes	万元 (10000 yuan)	425365	645929	65.85	1479216	1027756	143.93
# 利润总额 Total Profits	万元 (10000 yuan)	220366	236974	92.99	644010	563375	114.31
亏损企业亏损额 Total Losses of Loss-making Enterprise	万元 (10000 yuan)	50449	77672	64.95	12025	3830	313.96

1-12 续表 14

指标名称 Item	单位 Unit	江南区			西乡塘区		
		2013 年	2012 年	2013 年为 2012 年% Rate of Development (%)	2013 年	2012 年	2013 年为 2012 年% Rate of Development (%)
固定资产投资 Investment in Fixed Assets							
全社会固定资产投资总额 Total Investment in Fixed Assets	万元 (10000 yuan)	2704078	2170391	124.59	4624005	3675176	125.82
# 固定资产投资额 Investment in Fixed Assets	万元 (10000 yuan)	2671089	2142044	124.70	4615228	3667204	125.85
# 基本建设投资 Basic Investment	万元 (10000 yuan)	1110609	822708	134.99	1775121	1443360	122.99
更新改造投资 Innovation	万元 (10000 yuan)	1039231	887247	117.13	1681482	1045464	160.84
房地产开发投资 Real Estate Development	万元 (10000 yuan)	473112	327572	144.43	782007	624076	125.31
其他投资 Other Investment	万元 (10000 yuan)	32027	89698	35.71	317993	550631	57.75
商业 Domestic							
社会消费品零售总额 Total Retail Sales of Consumer Goods	万元 (10000 yuan)	2071996	1816050	114.09	3290340	2885568	114.03
# 城镇零售额 Retail Sales of Consumer Goods in Urban District	万元 (10000 yuan)	2055398	1807462	113.72	3077469	2713145	113.43
乡村零售额 Retail Sales of Consumer Goods in Rural District	万元 (10000 yuan)	16599	8588	193.29	212871	172423	123.46
财政 Finance							
财政收入 Financial Revenue	万元 (10000 yuan)	183883	157548	116.72	333209	284115	117.28
# 公共财政预算收入 Public finance budget income	万元 (10000 yuan)	58069	48046	120.86	92625	76500	121.08
地方财政支出 Local Government Expenditure	万元 (10000 yuan)	111356	98179	113.42	180004	141931	126.83
城乡居民收入 The income of urban and rural residents							
城镇居民年人均可支配收入 Disposable income of urban residents	元 / 人 (yuan/erson)	22987	20746	110.80	22299	20180	110.50
农民年人均纯收入 Per Capita Net Income of Rural Residents	元 / 人 (yuan/erson)	8842	7777	113.69	8203	7227	113.50

指标名称 Item	单位 Unit	良庆区			邕宁区		
		2013 年	2012 年	2013 年为 2012 年% Rate of Development (%)	2013 年	2012 年	2013 年为 2012 年% Rate of Development (%)
人口、土地面积 Population, Land Area							
年末总人口 Population at Year-end	人 (person)	256900	247256	103.90	348131	346314	100.52
男性人口 Male	人 (person)	137393	132761	103.49	186917	184436	101.35
女性人口 Female	人 (person)	119507	114495	104.38	161214	161878	99.59
年平均人口 Average Annual Population	人 (person)	252078	246364	102.32	347223	343539	101.07
土地面积 Land Area	平方公里 (sq.km)	1369	1379	99.27	1231	1255	98.07
生产总值（当年价） Gross Domestic Product	**万元 (10000 yuan)**	**1081598**	**956607**	**111.0**	**543844**	**496501**	**108.2**
第一产业 Primary Industry	万元 (10000 yuan)	195495	182929	102.6	221873	208660	104.0
第二产业 Secondary Industry	万元 (10000 yuan)	619548	541323	112.9	126028	108116	114.8
工业 Industry	万元 (10000 yuan)	443033	392291	110.7	57590	53253	109.4
建筑业 Construction	万元 (10000 yuan)	176515	149032	118.6	68438	54863	124.9
第三产业 Tertiary Industry	万元 (10000 yuan)	266555	232356	112.6	195943	179725	107.0
人均生产总值（当年价） Per Capita Gross Domestic Product (current prices)	元 (yuan)	42907	38685	108.6	15663	14322	107.6
生产总值构成 Composition of Gross Domestic Product	%	**100**	**100**		**100**	**100**	
第一产业 Primary Industry	%	18.07	19.12	-1.05*	40.80	42.03	-1.23*
第二产业 Secondary Industry	%	57.28	56.59	0.69*	23.17	21.78	1.4*
工业 Industry	%	40.96	41.01	-0.05*	10.59	10.73	-0.14*
建筑业 Construction	%	16.32	15.58	0.74*	12.58	11.05	1.53*
第三产业 Tertiary Industry	%	24.64	24.29	0.36*	36.03	36.20	-0.17*

1-12 续表 16

指标名称 Item	单位 Unit	良庆区			邕宁区		
		2013 年	2012 年	2013 年为 2012 年% Rate of Development (%)	2013 年	2012 年	2013 年为 2012 年% Rate of Development (%)
农业 Agriculture							
农林牧渔业总产值(当年价) Gross Output Value of Agriculture, Forestry,Animal Husbandry and Fishery	万元 (10000 yuan)	312398	299587	102.23	374393	35[illegible]304	103.14
农业 Farming	万元 (10000 yuan)	185998	177031	102.81	200992	190006	104.84
林业 Forestry	万元 (10000 yuan)	28650	26146	100.44	9704	8463	82.67
牧业 Animal Husbandry	万元 (10000 yuan)	82928	82017	100.59	148902	146366	102.00
渔业 Fishery	万元 (10000 yuan)	11770	11403	109.33	10851	10608	108.50
农林牧渔服务业 Services in support of Agriculture	万元 (10000 yuan)	3052	2989	105.22	3943	3862	106.22
工业 Industry							
规模以上工业企业主要指标 Main Indicators of Industrial Enterprises above Designated Size							
企业单位数 Number of Enterprises	个 (unit)	60	60	100.00	10	10	100.00
#亿元工业企业 Above 100 million yuan	个 (unit)	35	32	109.38	4	4	100.00
#亏损企业 Loss-making Enterprises	个 (unit)	7	5	140.00	2	5	40.00
规模以上工业总产值 Above Designated Size	万元 (10000 yuan)	1375380	1196209	114.98	187662	162326	115.61
工业增加值 Value-added of Industry	万元 (10000 yuan)	435171	370396	117.49	47175	36763	128.32
主营业务收入 Revenue from Principal Business	万元 (10000 yuan)	1155581	913675	126.48	184615	157734	117.04
利税总额 Total Profits & Taxes	万元 (10000 yuan)	103128	109592	94.10	15200	21642	70.23
#利润总额 Total Profits	万元 (10000 yuan)	81631	91542	89.17	5237	2918	179.48
亏损企业亏损额 Total Losses of Loss-making Enterprise	万元 (10000 yuan)	1916	711	269.41	2522	2349	107.36

1-12 续表 17

指标名称 Item	单位 Unit	良庆区			邕宁区		
		2013 年	2012 年	2013 年为 2012 年% Rate of Development (%)	2013 年	2012 年	2013 年为 2012 年% Rate of Development (%)
固定资产投资 Investment in Fixed Assets							
全社会固定资产投资总额 Total Investment in Fixed Assets	万元 (10000 yuan)	1235520	932455	132.50	676863	477954	141.62
# 固定资产投资额 Investment in Fixed Assets	万元 (10000 yuan)	1201852	901847	133.27	664266	468276	141.85
# 基本建设投资 Basic Investment	万元 (10000 yuan)	594115	527255	112.68	434735	346694	125.39
更新改造投资 Innovation	万元 (10000 yuan)	362740	184853	196.23	157797	60238	261.96
房地产开发投资 Real Estate Development	万元 (10000 yuan)	241587	174707	138.28	54634	58527	93.35
其他投资 Other Investment	万元 (10000 yuan)		1873		17100	2817	607.03
商业 Domestic							
社会消费品零售总额 Total Retail Sales of Consumer Goods	万元 (10000 yuan)	254002	222360	114.23	148607	130277	114.07
# 城镇零售额 Retail Sales of Consumer Goods in Urban District	万元 (10000 yuan)	241242	212118	113.73	137873	121801	113.20
乡村零售额 Retail Sales of Consumer Goods in Rural District	万元 (10000 yuan)	12760	10243	124.57	10734	8477	126.63
财政 Finance							
财政收入 Financial Revenue	万元 (10000 yuan)	102205	83198	122.85	58778	54421	108.01
# 公共财政预算收入 Public finance budget income	万元 (10000 yuan)	27843	23869	116.65	22766	24532	92.80
地方财政支出 Local Government Expenditure	万元 (10000 yuan)	98219	85948	114.28	111171	94177	118.04
城乡居民收入 The income of urban and rural residents							
城镇居民年人均可支配收入 Disposable income of urban residents	元 / 人 (yuan/erson)	21266	19315	110.10	21721	19764	109.90
农民年人均纯收入 Per Capita Net Income of Rural Residents	元 / 人 (yuan/erson)	8384	7439	112.70	7958	7055	112.80

二 国民经济核算

CHAPTER 2 NATIONAL ACCOUNTS

2-1 全市主要年份生产总值

（按当年价格计算）　　单位：万元

年份	生产总值	第一产业	第二产业			第三产业
				工业	建筑业	
1950	14272	10376	587	485	102	3309
1965	53362	21483	13309	11307	2002	18570
1978	147407	61866	52192	47482	4710	33349
1980	180111	70093	70017	64475	5542	40001
1985	309278	118263	108351	95852	12499	82664
1990	708788	231018	248354	228325	20029	229416
1991	793241	239063	274634	252011	22623	279544
1992	918098	277741	304726	275905	28821	335631
1993	1346171	344360	499312	436528	62784	502499
1994	1872259	491029	675122	578013	97109	706108
1995	2358085	615225	807943	652156	155787	934917
1996	2671991	690541	845891	666448	179443	1135559
1997	3044914	785856	922155	709756	212399	1336903
1998	3395532	834421	997314	767099	230215	1563797
1999	3569886	852645	1019933	772336	247597	1697308
2000	3779364	876615	1053679	790913	262766	1849070
2001	4181684	907401	1131645	852455	279190	2142638
2002	4631795	943479	1255606	933896	321710	2432710
2003	5217793	997023	1523485	1096218	427267	2697285
2004	6191189	1076785	1933768	1378322	555446	3180636
2005	7279032	1242538	2312059	1651780	660279	3724435
2006	8801064	1443354	2973069	2212890	760179	4384641
2007	10890730	1780002	3722713	2840933	881780	5388015
2008	13204348	2031087	4579360	3522664	1056696	6593901
2009	15247144	2123780	5274575	3957991	1316584	7848789
2010	18002613	2444349	6518841	4837803	1681038	9039423
2011	22114358	3055458	8296138	6125938	2170200	10762762
2012	25031812	3229563	9607494	7061092	2546402	12194755
2013	28035444	3499263	11108853	8205984	2902869	13427329

注：1. 全市国民经济核算指标均为行政区划调整后大南宁口径；2. 全市 2005 年至 2007 年生产总值及其他各项国民经济核算指标均为与第二次经济普查资料衔接后的数据，下同；3.2013 年度全市及各县数据为初步核算数据（快报数），下同。

2-2 全市主要年份生产总值构成

（按当年价格计算）　　　　单位：%

年份	生产总值	第一产业	第二产业	工业	建筑业	第三产业
1950	100.00	72.70	4.11	3.40	0.71	23.19
1965	100.00	40.26	24.94	21.19	3.75	34.80
1978	100.00	41.97	35.41	32.21	3.20	22.62
1980	100.00	38.92	38.87	35.80	3.07	22.21
1985	100.00	38.24	35.03	30.99	4.04	26.73
1990	100.00	32.59	35.04	32.21	2.83	32.37
1991	100.00	30.14	34.62	31.77	2.85	35.24
1992	100.00	30.25	33.19	30.05	3.14	36.56
1993	100.00	25.58	37.09	32.43	4.66	37.33
1994	100.00	26.23	36.06	30.87	5.19	37.71
1995	100.00	26.09	34.26	27.66	6.60	39.65
1996	100.00	25.84	31.66	24.94	6.72	42.50
1997	100.00	25.81	30.29	23.31	6.98	43.90
1998	100.00	24.57	29.37	22.59	6.78	46.06
1999	100.00	23.88	28.57	21.63	6.94	47.55
2000	100.00	23.19	27.88	20.93	6.95	48.93
2001	100.00	21.70	27.06	20.39	6.67	51.24
2002	100.00	20.37	27.11	20.16	6.95	52.52
2003	100.00	19.11	29.20	21.01	8.19	51.69
2004	100.00	17.39	31.23	22.26	8.97	51.38
2005	100.00	17.07	31.76	22.69	9.07	51.17
2006	100.00	16.40	33.78	25.14	8.64	49.82
2007	100.00	16.34	34.18	26.09	8.09	49.48
2008	100.00	15.38	34.68	26.68	8.00	49.94
2009	100.00	13.93	34.59	25.96	8.63	51.48
2010	100.00	13.58	36.21	26.87	9.34	50.21
2011	100.00	13.82	37.51	27.70	9.81	48.67
2012	100.00	12.90	38.38	28.21	10.17	48.72
2013	100.00	12.48	39.62	29.27	10.35	47.90

2-3 全市主要年份生产总值指数

（按可比价计算，以上年为 100）　　单位：%

年份	生产总值	第一产业	第二产业			第三产业
				工业	建筑业	
1951	113.2	110.1	147.6	100.0	100.0	119.0
1965	116.8	115.2	132.0	136.3	112.3	109.6
1978	111.5	110.3	112.1	108.1	180.2	112.6
1980	105.5	105.3	108.0	112.6	73.4	101.7
1985	112.7	103.4	122.1	117.7	171.6	113.1
1990	109.6	111.1	111.6	112.1	106.0	107.8
1991	106.3	100.6	106.9	106.7	109.2	111.6
1992	112.7	115.1	109.3	107.9	125.5	114.3
1993	123.5	106.9	134.4	129.7	178.6	128.3
1994	116.5	107.7	119.6	117.1	136.8	120.7
1995	114.5	112.6	114.9	108.3	154.0	115.7
1996	111.4	105.9	110.4	107.7	121.4	116.5
1997	112.5	113.9	108.8	106.3	118.1	115.2
1998	111.5	108.4	110.3	110.3	110.6	114.8
1999	109.4	107.4	108.1	106.4	113.7	111.7
2000	107.7	100.7	104.6	105.4	102.1	113.9
2001	108.8	102.2	106.4	106.7	105.5	113.2
2002	110.9	107.7	112.0	112.2	111.2	111.6
2003	110.9	103.7	119.3	113.4	140.5	109.4
2004	113.2	105.9	118.2	116.8	122.2	113.1
2005	113.4	108.2	115.6	115.0	117.4	114.0
2006	116.8	108.4	125.3	129.9	113.9	114.4
2007	117.4	107.3	121.2	124.2	112.6	117.9
2008	114.7	105.3	114.8	116.9	108.3	117.4
2009	115.1	105.8	117.0	113.5	128.7	116.3
2010	114.2	105.7	117.8	115.9	123.6	113.7
2011	113.5	105.7	118.3	118.1	118.8	112.2
2012	112.3	105.2	118.1	118.7	116.4	109.6
2013	110.3	104.8	114.6	114.8	114.1	108.1

2-4 全市主要年份人均生产总值

（按当年价格计算）

年份	人均生产总值 （元）	以上年为 100 的发展速度 （%）
1950	62	
1965	165	120.5
1978	331	114.0
1980	387	107.6
1985	602	115.1
1990	1282	111.4
1991	1414	107.9
1992	1617	114.1
1993	2339	125.2
1994	3208	118.2
1995	3987	116.0
1996	4465	112.7
1997	5036	113.7
1998	5569	112.4
1999	5817	110.1
2000	6086	109.0
2001	6656	110.1
2002	7327	111.6
2003	8176	110.9
2004	9595	111.9
2005	11127	111.9
2006	13220	114.8
2007	16070	115.3
2008	19204	113.1
2009	21945	113.9
2010	25622	112.9
2011	31172	112.4
2012	35133	111.8
2013	38994	109.3

注：发展速度按可比价计算。

2–5 全市各时期生产总值平均指数

(按可比价格计算，以上年为 100)　　单位：%

时期	生产总值	第一产业	第二产业			第三产业
				工业	建筑业	
恢复时期 (1950–1952)	108.5	106.3	129.3	132.5	110.7	111.3
“一五”时期 (1953–1957)	109.5	104.4	129.5	127.3	143.0	116.5
“二五”时期 (1958–1962)	105.3	98.7	108.8	110.0	102.7	111.4
调整时期 (1963–1965)	110.8	111.4	122.7	121.9	127.2	104.7
“三五”时期 (1966–1970)	106.9	107.6	113.1	115.5	93.3	103.1
“四五”时期 (1971–1975)	109.0	109.2	111.2	111.1	113.9	105.9
“五五”时期 (1976–1980)	108.0	103.2	113.9	113.5	118.5	108.2
“六五”时期 (1981–1985)	108.6	106.9	109.1	108.3	117.7	111.5
“七五”时期 (1986–1990)	109.4	103.5	110.4	111.3	102.8	115.9
“八五”时期 (1991–1995)	114.6	108.5	116.6	113.6	138.8	118.0
“九五”时期 (1996–2000)	110.5	107.2	108.4	107.2	113.0	114.4
“十五”时期 (2001–2005)	111.5	105.5	114.2	112.8	118.8	112.3
“十一五”时期 (2006–2010)	115.6	106.5	119.2	119.9	117.2	115.9
“十二五”时期前三年 (2011–2013)	112.0	105.3	117.0	117.2	116.4	110.0
1951 年至 2013 年	110.1	105.9	115.4	115.2	116.1	111.7
1979 年至 2013 年	111.5	106.0	113.5	112.9	117.0	113.7
1993 年至 2013 年	113.2	106.6	115.5	114.4	121.2	114.6

2-6 全市财政收入相当于地区生产总值的比例

（按当年价格计算）

年份	财政收入（万元）	地区生产总值（万元）	比重（%）
1950	781	14272	5.47
1965	6293	53362	11.79
1978	23188	147407	15.73
1980	27538	180111	15.29
1985	42633	309278	13.78
1990	82478	708788	11.64
1991	89637	793241	11.30
1992	94542	918098	10.30
1993	141425	1346171	10.51
1994	193018	1872259	10.31
1995	219576	2358085	9.31
1996	240141	2671991	8.99
1997	273637	3044914	8.99
1998	308392	3395532	9.08
1999	339803	3569886	9.52
2000	375390	3779364	9.93
2001	452926	4181684	10.83
2002	529594	4631795	11.43
2003	610594	5217793	11.70
2004	746328	6191189	12.05
2005	1002186	7279032	13.77
2006	1203609	8801064	13.68
2007	1508393	10890730	13.85
2008	1911682	13204348	14.48
2009	2313664	15247144	15.17
2010	3008756	18002613	16.71
2011	3635192	22114358	16.44
2012	4219938	25031812	16.86
2013	4736625	28035444	16.90

2-7 全市生产总值及指数

（按当年价格计算）　　　　单位：万元

指标名称	2013 年	2012 年	以上年为 100 的发展速度（%）
全市生产总值	**28035444**	**25031812**	**110.3**
第一产业	**3499263**	**3229563**	**104.8**
第二产业	**11108853**	**9607494**	**114.6**
工业	8205984	7061092	114.8
建筑业	2902869	2546402	114.1
第三产业	**13427329**	**12194755**	**108.1**
交通运输、仓储及邮政业	1168603	1086062	104.5
批发和零售业	2608702	2341395	110.1
批发业	1200873	1057391	112.2
零售业	1407829	1284004	108.3
住宿和餐饮业	951779	872534	105.5
住宿业	160333	154007	103.5
住宿业	791446	718527	106.0
金融业	2411100	2119909	112.4
房地产业	1340056	1239425	106.5
房地产开发业	977938	894206	107.1
居民自有住房服务业	362118	345219	105.0
营利性服务业	2308930	2087530	108.6
信息传输、计算机服务和软件业	489064	468940	104.2
其他营利性服务业	1819866	1618590	109.8
非营利性服务业	2638159	2447899	105.4
公共管理和社会组织	903563	844651	104.7
其他非营利性服务业	1734596	1603248	105.9

注：发展速度按可比价计算。

2-8 全市生产总值构成

（按当年价格计算）　　　　单位：%

指标名称	2013 年	2012 年
全市生产总值	**100.00**	**100.00**
第一产业	**12.48**	**12.90**
第二产业	**39.62**	**38.38**
工业	29.27	28.21
建筑业	10.35	10.17
第三产业	**47.89**	**48.72**
交通运输、仓储及邮政业	4.17	4.34
批发和零售业	9.31	9.35
批发业	4.28	4.22
零售业	5.02	5.13
住宿和餐饮业	3.39	3.49
住宿业	0.57	0.62
住宿业	2.82	2.87
金融业	8.60	8.47
房地产业	4.78	4.95
房地产开发业	3.49	3.57
居民自有住房服务业	1.29	1.38
营利性服务业	8.24	8.34
信息传输、计算机服务和软件业	1.74	1.87
其他营利性服务业	6.49	6.47
非营利性服务业	9.41	9.78
公共管理和社会组织	3.22	3.37
其他非营利性服务业	6.19	6.40

2-9 武鸣县主要年份生产总值

（按当年价格计算）　　　　单位：万元

年份	生产总值	第一产业	第二产业	第三产业
1950	1243	1074	54	115
1965	4632	3110	564	958
1978	13458	7579	4254	1625
1980	15865	8669	5037	2159
1985	28549	15525	8407	4617
1990	67740	32948	23959	10833
1991	73951	34565	27673	11713
1992	83697	42587	27644	13466
1993	114754	51986	41871	20897
1994	171090	68967	67768	34355
1995	230169	87969	97921	44279
1996	254284	102940	100855	50489
1997	313751	140700	111078	61973
1998	358976	166499	120483	71994
1999	373169	177305	118100	77764
2000	379097	188049	108944	82104
2001	402247	199153	112719	90375
2002	420027	201753	116657	101617
2003	442024	203756	124565	113703
2004	489699	221691	139014	128994
2005	571883	255717	165943	150223
2006	676449	278775	223994	173680
2007	877347	349825	316810	210712
2008	1109024	406487	452544	249993
2009	1290773	421852	589214	279707
2010	1486548	461795	712814	311939
2011	1894284	579448	920422	394414
2012	2229333	603583	1194474	431276
2013	2437627	657280	1291450	488898

2-10 武鸣县主要年份生产总值构成

（按当年价格计算）　　单位：%

年份	生产总值	第一产业	第二产业	第三产业
1950	100.00	86.40	4.34	9.26
1965	100.00	67.14	12.18	20.68
1978	100.00	56.32	31.61	12.07
1980	100.00	54.64	31.75	13.61
1985	100.00	54.38	29.45	16.17
1990	100.00	48.64	35.37	15.99
1991	100.00	46.74	37.42	15.84
1992	100.00	50.88	33.03	16.09
1993	100.00	45.30	36.49	18.21
1994	100.00	40.31	39.61	20.08
1995	100.00	38.22	42.54	19.24
1996	100.00	40.48	39.66	19.86
1997	100.00	44.85	35.40	19.75
1998	100.00	46.38	33.56	20.06
1999	100.00	47.51	31.65	20.84
2000	100.00	49.60	28.74	21.66
2001	100.00	49.51	28.02	22.47
2002	100.00	48.03	27.77	24.20
2003	100.00	46.10	28.18	25.72
2004	100.00	45.27	28.39	26.34
2005	100.00	44.71	29.02	26.27
2006	100.00	41.21	33.11	25.68
2007	100.00	39.87	36.11	24.02
2008	100.00	36.65	40.81	22.54
2009	100.00	32.68	45.65	21.67
2010	100.00	31.06	47.95	20.99
2011	100.00	30.59	48.59	20.82
2012	100.00	27.07	53.58	19.35
2013	100.00	26.96	52.98	20.06

2-11 武鸣县主要年份生产总值指数

（按可比价格计算，以上年为 100）　　单位：%

年份	生产总值	第一产业	第二产业	第三产业
1951	113.7	112.0	121.3	128.7
1965	131.3	134.7	140.6	118.6
1978	113.3	110.7	122.4	100.4
1980	104.0	101.5	107.8	104.9
1985	106.5	103.0	123.2	90.9
1990	115.2	117.7	111.9	117.4
1991	104.6	98.9	111.9	105.3
1992	112.2	119.9	103.9	109.6
1993	120.6	105.8	133.2	138.9
1994	125.8	106.6	138.0	145.6
1995	119.8	114.0	127.3	114.6
1996	109.5	110.1	109.6	108.3
1997	117.3	127.1	110.7	115.2
1998	112.2	118.3	108.8	107.5
1999	106.6	112.3	99.4	110.2
2000	100.2	102.3	92.3	111.8
2001	104.4	103.6	101.6	110.1
2002	109.7	108.8	108.8	112.5
2003	105.7	104.0	103.6	111.9
2004	108.1	106.8	111.1	107.4
2005	111.9	109.1	115.0	113.8
2006	116.9	109.9	132.3	111.8
2007	119.2	109.8	133.2	116.7
2008	114.5	105.6	124.3	113.8
2009	117.5	107.0	129.4	113.5
2010	113.0	104.7	121.2	109.4
2011	116.0	105.7	121.1	119.7
2012	113.9	105.1	122.2	106.2
2013	110.5	105.2	113.9	108.4

2-12 武鸣县各时期生产总值平均指数

(按可比价格计算，以上年为 100)　　单位：%

时期	生产总值	第一产业	第二产业	第三产业
恢复时期 (1950–1952)	110.8	110.0	118.4	115.5
"一五"时期 (1953–1957)	105.8	103.6	128.3	109.5
"二五"时期 (1958–1962)	100.9	98.5	103.5	110.2
调整时期 (1963–1965)	116.6	114.3	120.2	121.6
"三五"时期 (1966–1970)	107.3	106.0	118.6	102.2
"四五"时期 (1971–1975)	108.3	105.4	117.2	106.2
"五五"时期 (1976–1980)	103.3	100.5	108.2	102.5
"六五"时期 (1981–1985)	107.3	106.2	107.4	110.6
"七五"时期 (1986–1990)	110.7	107.3	115.5	109.8
"八五"时期 (1991–1995)	116.4	108.8	122.2	121.7
"九五"时期 (1996–2000)	109.0	113.7	103.9	110.6
"十五"时期 (2001–2005)	107.9	106.4	107.9	111.1
"十一五"时期 (2006–2010)	116.2	107.4	128.0	113.0
"十二五"时期前三年 (2001–2013)	113.4	105.3	119.0	111.3
1951 年至 2013 年	109.2	106.4	115.2	110.7
1979 年至 2013 年	111.1	108.0	113.7	112.5
1993 年至 2013 年	112.9	108.5	116.3	114.3

2-13 隆安县主要年份生产总值

（按当年价格计算）　　单位：万元

年份	生产总值	第一产业	第二产业	第三产业
1950	665	636	14	15
1965	1191	989	87	115
1978	6584	4443	1397	744
1980	7035	5051	952	1032
1985	11226	7978	1595	1653
1990	22680	15139	3539	4002
1991	22769	12989	3976	5804
1992	30629	18985	4185	7459
1993	42693	22609	10867	9217
1994	54271	30404	12689	11178
1995	66397	41404	12175	12818
1996	79632	47148	17033	15451
1997	83434	51527	15774	16133
1998	89193	52396	19124	17673
1999	87159	49569	19408	18182
2000	90831	54288	16685	19858
2001	101901	57762	21035	23104
2002	113014	62918	22496	27600
2003	122210	61994	29286	30930
2004	151386	73454	37668	40264
2005	187889	87368	50092	50429
2006	223503	94072	68896	60535
2007	279143	116435	83140	79568
2008	332916	136589	103347	92980
2009	337085	133668	106277	97140
2010	389769	149040	132156	108573
2011	488000	193334	170821	123845
2012	496441	199881	162922	133638
2013	546655	218972	178856	148826

2-14 隆安县主要年份生产总值构成

（按当年价格计算）

单位：%

年份	生产总值	第一产业	第二产业	第三产业
1950	100.00	95.64	2.11	2.25
1965	100.00	83.04	7.30	9.66
1978	100.00	67.48	21.22	11.30
1980	100.00	71.80	13.53	14.67
1985	100.00	71.07	14.21	14.72
1990	100.00	66.75	15.60	17.65
1991	100.00	57.05	17.46	25.49
1992	100.00	61.98	13.66	24.36
1993	100.00	52.96	25.45	21.59
1994	100.00	56.02	23.38	20.60
1995	100.00	62.36	18.34	19.30
1996	100.00	59.21	21.39	19.40
1997	100.00	61.76	18.91	19.33
1998	100.00	58.74	21.44	19.82
1999	100.00	56.87	22.27	20.86
2000	100.00	59.77	18.37	21.86
2001	100.00	56.68	20.64	22.68
2002	100.00	55.67	19.91	24.42
2003	100.00	50.73	23.96	25.31
2004	100.00	48.52	24.88	26.60
2005	100.00	46.50	26.66	26.84
2006	100.00	42.09	30.83	27.08
2007	100.00	41.71	29.78	28.51
2008	100.00	41.03	31.04	27.93
2009	100.00	39.65	31.53	28.82
2010	100.00	38.24	33.91	27.85
2011	100.00	39.62	35.00	25.38
2012	100.00	40.26	32.82	26.92
2013	100.00	40.06	32.72	27.22

2-15 隆安县主要年份生产总值指数

（按可比价格计算，以上年为 100） 单位：%

年份	生产总值	第一产业	第二产业	第三产业
1951	107.8	107.1	121.4	126.7
1965	101.1	100.9	101.2	102.3
1978	105.3	104.1	109.0	107.8
1980	104.4	103.7	97.5	115.5
1985	106.0	107.1	118.3	93.1
1990	100.3	109.0	109.0	83.2
1991	104.7	91.6	120.4	140.4
1992	113.8	115.4	96.3	123.2
1993	116.3	101.9	194.1	103.4
1994	106.5	114.5	96.7	98.9
1995	104.3	113.2	86.6	100.2
1996	113.4	105.0	137.8	115.5
1997	111.8	119.1	98.1	107.4
1998	111.3	105.0	132.4	108.4
1999	108.1	108.0	110.8	105.0
2000	103.5	103.0	98.9	111.3
2001	105.8	104.5	110.7	105.4
2002	110.0	108.7	120.5	104.4
2003	114.2	103.3	152.3	106.0
2004	107.1	104.8	107.3	113.8
2005	113.4	106.0	125.4	116.5
2006	115.7	109.2	126.0	116.8
2007	119.7	107.8	131.9	125.7
2008	111.5	106.6	116.9	112.2
2009	104.9	103.8	105.0	106.0
2010	111.5	106.7	118.7	109.5
2011	113.1	106.4	125.2	107.3
2012	106.9	105.8	109.3	105.0
2013	107.3	105.1	109.2	107.3

2-16 隆安县各时期生产总值平均指数

（按可比价格计算，以上年为 100）　　单位：%

时期	生产总值	第一产业	第二产业	第三产业
恢复时期 (1950-1952)	106.7	106.6	108.7	110.1
“一五”时期 (1953-1957)	107.8	106.6	125.9	125.8
“二五”时期 (1958-1962)	99.0	97.1	110.2	112.4
调整时期 (1963-1965)	102.1	102.7	97.8	100.5
“三五”时期 (1966-1970)	106.3	103.3	121.0	114.6
“四五”时期 (1971-1975)	107.3	104.8	112.9	118.5
“五五”时期 (1976-1980)	103.5	104.3	95.7	110.0
“六五”时期 (1981-1985)	104.9	103.0	110.0	108.8
“七五”时期 (1986-1990)	102.8	101.3	108.2	105.2
“八五”时期 (1991-1995)	109.0	106.9	113.5	112.1
“九五”时期 (1996-2000)	109.6	107.9	114.4	109.5
“十五”时期 (2001-2005)	110.0	105.4	122.3	109.1
“十一五”时期 (2006-2010)	112.5	106.8	119.4	113.8
“十二五”时期前三年 (2011-2013)	109.0	105.8	114.3	106.5
1951 年至 2013 年	106.6	104.4	112.9	111.8
1979 年至 2013 年	107.8	105.2	112.2	109.7
1993 年至 2013 年	110.2	107.0	117.9	108.7

2-17 马山县主要年份生产总值

（按当年价格计算）　　单位：万元

年份	生产总值	第一产业	第二产业	第三产业
1950	1552	1162	34	356
1965	2983	2095	307	581
1978	5207	3721	602	884
1980	5791	4184	771	836
1985	8164	5661	1072	1431
1990	16751	9325	1866	5560
1991	18721	10702	2202	5817
1992	20354	10739	2838	6777
1993	25374	13413	4236	7725
1994	31672	16943	7295	7434
1995	47879	25708	8362	13809
1996	52488	27413	9117	15958
1997	65433	35111	9963	20359
1998	78920	38167	19120	21633
1999	85021	39430	22151	23440
2000	89021	39117	24132	25772
2001	93432	41004	22727	29701
2002	101700	44001	24275	33424
2003	128181	47399	42967	37815
2004	140115	55210	40572	44333
2005	157182	58579	49007	49596
2006	186151	65034	60099	61018
2007	219836	79808	67193	72835
2008	258689	90440	80172	88077
2009	279447	90632	89335	99480
2010	313555	102023	96928	114604
2011	393711	129209	136370	128132
2012	403895	135964	121846	146085
2013	434516	147197	119732	167587

2-18 马山县主要年份生产总值构成

（按当年价格计算）

单位：%

年份	生产总值	第一产业	第二产业	第三产业
1950	100.00	74.87	2.19	22.94
1965	100.00	70.23	10.29	19.48
1978	100.00	71.46	11.56	16.98
1980	100.00	72.25	13.31	14.44
1985	100.00	69.34	13.13	17.53
1990	100.00	55.67	11.14	33.19
1991	100.00	57.17	11.76	31.07
1992	100.00	52.76	13.94	33.30
1993	100.00	52.86	16.69	30.45
1994	100.00	53.50	23.03	23.47
1995	100.00	53.69	17.46	28.85
1996	100.00	52.23	17.37	30.40
1997	100.00	53.66	15.23	31.11
1998	100.00	48.36	24.23	27.41
1999	100.00	46.38	26.05	27.57
2000	100.00	43.94	27.11	28.95
2001	100.00	43.89	24.32	31.79
2002	100.00	43.27	23.87	32.86
2003	100.00	36.98	33.52	29.50
2004	100.00	39.40	28.96	31.64
2005	100.00	37.27	31.18	31.55
2006	100.00	34.94	32.29	32.77
2007	100.00	36.30	30.57	33.13
2008	100.00	34.96	30.99	34.05
2009	100.00	32.43	31.97	35.60
2010	100.00	32.54	30.91	36.55
2011	100.00	32.82	34.64	32.54
2012	100.00	33.66	30.17	36.17
2013	100.00	33.88	27.56	38.56

2-19 马山县主要年份生产总值指数

（按可比价格计算，以上年为100）　　单位：%

年份	生产总值	第一产业	第二产业	第三产业
1951				
1965	100.7	100.6	101.7	100.2
1978	101.2	103.0	90.3	101.9
1980	105.0	115.8	102.2	75.1
1985	104.9	104.8	104.7	104.8
1990	97.7	95.1	110.2	98.4
1991	108.5	111.9	126.2	96.7
1992	108.0	103.8	106.5	116.6
1993	106.9	110.1	120.4	96.0
1994	94.5	89.6	146.5	78.2
1995	131.1	124.8	117.5	158.3
1996	108.8	103.7	114.5	113.7
1997	121.3	123.6	106.3	128.3
1998	119.3	108.9	166.3	108.3
1999	109.7	108.1	115.5	109.5
2000	105.2	99.3	108.5	111.4
2001	104.4	108.6	90.7	110.8
2002	107.9	105.6	104.7	113.6
2003	109.2	108.8	115.0	105.5
2004	103.7	100.7	99.5	111.0
2005	112.9	109.2	122.8	109.7
2006	113.8	106.7	116.8	119.3
2007	114.0	106.8	120.3	115.4
2008	111.0	103.2	114.4	115.3
2009	111.5	104.1	114.8	114.8
2010	112.5	105.8	117.4	113.0
2011	109.8	105.0	120.3	105.3
2012	107.3	104.8	105.7	111.1
2013	107.2	105.0	106.4	109.8

2-20 马山县各时期生产总值平均指数

（按可比价格计算，以上年为 100）　　单位：%

时期	生产总值	第一产业	第二产业	第三产业
恢复时期 (1950-1952)				
“一五”时期 (1953-1957)	104.6	104.5	113.6	103.6
“二五”时期 (1958-1962)	98.9	97.0	103.0	101.8
调整时期 (1963-1965)	103.9	104.5	115.3	97.1
“三五”时期 (1966-1970)	105.4	104.6	121.1	99.7
“四五”时期 (1971-1975)	105.6	107.6	99.6	102.1
“五五”时期 (1976-1980)	103.6	106.4	99.8	96.7
“六五”时期 (1981-1985)	104.8	103.9	102.6	110.0
“七五”时期 (1986-1990)	104.5	101.3	103.3	113.6
“八五”时期 (1991-1995)	109.2	107.4	122.7	106.0
“九五”时期 (1996-2000)	112.7	108.4	120.5	114.0
“十五”时期 (2001-2005)	107.6	106.5	105.9	110.1
“十一五”时期 (2006-2010)	112.6	105.3	116.7	115.5
“十二五”时期前三年 (2011-2013)	108.1	104.9	110.6	108.7
1951 年至 2013 年	106.0	104.6	109.5	105.9
1979 年至 2013 年	108.3	105.7	111.1	109.8
1993 年至 2013 年	110.4	106.5	115.5	111.5

2-21 上林县主要年份生产总值

（按当年价格计算）　　　　单位：万元

年份	生产总值	第一产业	第二产业	第三产业
1950	1830	1670	12	148
1965	3249	2770	75	403
1978	5387	4069	530	788
1980	5729	3876	747	1106
1985	12477	9229	1437	1811
1990	30386	16962	4578	8846
1991	34809	17956	5612	11241
1992	39327	20221	5639	13467
1993	48910	24042	9622	15246
1994	69971	43636	11353	14982
1995	78742	49884	10633	18225
1996	85830	50853	14013	20964
1997	91990	51775	14971	25244
1998	97597	54281	16260	27056
1999	102412	57221	16719	28472
2000	105567	57572	17673	30322
2001	110386	57804	18026	34556
2002	118584	51147	19091	48346
2003	116299	54507	24201	37591
2004	135008	64180	30359	40469
2005	165733	75174	37581	52878
2006	195079	90289	44447	60343
2007	231935	100051	57278	74606
2008	265183	110519	70469	84195
2009	271785	108041	69108	94636
2010	318502	128018	81794	108690
2011	390554	160428	106591	123535
2012	403080	166752	97553	138775
2013	440772	177700	104177	158895

2-22 上林县主要年份生产总值构成

（按当年价格计算）　　单位：%

年份	生产总值	第一产业	第二产业	第三产业
1950	100.00	91.26	0.66	8.08
1965	100.00	85.26	2.34	12.40
1978	100.00	75.53	9.84	14.63
1980	100.00	67.66	13.04	19.30
1985	100.00	73.97	11.52	14.51
1990	100.00	55.82	15.07	29.11
1991	100.00	51.58	16.12	32.30
1992	100.00	51.42	14.34	34.24
1993	100.00	49.16	19.67	31.17
1994	100.00	62.36	16.23	21.41
1995	100.00	63.35	13.50	23.15
1996	100.00	59.25	16.33	24.42
1997	100.00	56.28	16.27	27.45
1998	100.00	55.62	16.66	27.72
1999	100.00	55.87	16.33	27.80
2000	100.00	54.54	16.74	28.72
2001	100.00	52.37	16.33	31.30
2002	100.00	43.13	16.10	40.77
2003	100.00	46.87	20.81	32.32
2004	100.00	47.54	22.49	29.97
2005	100.00	45.36	22.74	31.90
2006	100.00	46.28	22.78	30.94
2007	100.00	43.14	24.70	32.16
2008	100.00	41.68	26.57	31.75
2009	100.00	39.75	25.43	34.82
2010	100.00	40.19	25.68	34.13
2011	100.00	41.08	27.29	31.63
2012	100.00	41.37	24.20	34.43
2013	100.00	40.32	23.64	36.04

2-23 上林县主要年份生产总值指数

（按可比价格计算，以上年为 100）　单位：%

年份	生产总值	第一产业	第二产业	第三产业
1951	109.2	110.0	108.3	108.8
1965	110.9	111.3	97.3	62.9
1978	114.0	108.1	126.5	132.8
1980	100.4	96.3	121.5	103.9
1985	86.3	77.2	121.7	114.4
1990	105.8	103.6	111.4	107.5
1991	113.5	107.6	115.3	123.9
1992	112.9	117.5	105.4	108.9
1993	102.8	95.4	140.6	98.4
1994	101.7	105.7	122.8	80.6
1995	101.2	100.2	98.3	106.5
1996	106.8	100.8	117.2	110.1
1997	116.3	114.4	115.3	121.1
1998	106.5	106.3	103.5	109.5
1999	105.0	103.0	106.5	107.1
2000	104.4	102.5	105.0	107.1
2001	104.7	103.3	100.2	109.9
2002	107.8	106.6	104.1	111.8
2003	107.4	105.0	121.6	104.3
2004	106.0	106.9	107.1	103.5
2005	107.6	106.0	112.8	107.2
2006	110.7	109.0	113.6	111.1
2007	115.2	106.7	125.0	120.0
2008	110.4	105.0	123.2	107.4
2009	104.4	99.8	99.4	114.3
2010	111.6	106.3	117.3	112.9
2011	108.4	102.3	119.5	107.3
2012	106.4	105.2	104.5	109.4
2013	108.7	104.9	106.4	109.3

2-24 上林县各时期生产总值平均指数

（按可比价格计算，以上年为 100） 单位：%

时期	生产总值	第一产业	第二产业	第三产业
恢复时期 (1950–1952)	104.9	105.1	114.5	104.7
“一五”时期 (1953–1957)	104.1	102.9	130.1	112.0
“二五”时期 (1958–1962)	96.5	94.3	94.1	106.9
调整时期 (1963–1965)	108.6	108.8	110.8	84.2
“三五”时期 (1966–1970)	103.6	103.5	106.8	121.6
“四五”时期 (1971–1975)	108.1	107.7	126.2	104.7
“五五”时期 (1976–1980)	102.3	98.1	114.3	115.2
“六五”时期 (1981–1985)	109.0	109.1	105.6	110.7
“七五”时期 (1986–1990)	111.9	101.2	125.5	128.0
“八五”时期 (1991–1995)	106.3	105.0	115.6	102.6
“九五”时期 (1996–2000)	107.7	105.3	109.4	110.9
“十五”时期 (2001–2005)	106.7	105.5	108.9	107.3
“十一五”时期 (2006–2010)	110.4	105.3	115.3	113.1
“十二五”时期前三年 (2011–2013)	107.8	104.1	112.2	108.6
1951 年至 2013 年	106.2	103.8	113.4	110.1
1979 年至 2013 年	107.9	104.3	113.4	111.8
1993 年至 2013 年	107.3	104.5	112.4	107.7

2-25 宾阳县主要年份生产总值

（按当年价格计算）　　单位：万元

年份	生产总值	第一产业	第二产业	第三产业
1950	1104	873	82	149
1965	4915	3273	692	950
1978	17179	10385	2514	4280
1980	18504	10820	2624	5060
1985	37507	23285	7741	6481
1990	57140	32925	16251	7964
1991	73981	33258	19235	21488
1992	83599	37236	22255	24108
1993	117440	47222	40089	30129
1994	159806	65305	55536	38965
1995	187576	80338	56221	51017
1996	212482	90587	63589	58306
1997	220185	92024	64539	63622
1998	231395	93508	69887	68000
1999	231655	94285	62778	74592
2000	232591	90922	59639	82030
2001	261909	92456	74232	95221
2002	294093	98389	87133	108571
2003	354618	102774	114609	137235
2004	434304	119321	159134	155849
2005	520234	151038	196020	173176
2006	592612	164269	231116	197227
2007	698957	199648	269174	230135
2008	822741	228131	320165	274445
2009	888748	235731	351918	301099
2010	1128954	279286	469734	379934
2011	1375181	357612	565307	452262
2012	1401260	375979	529109	496172
2013	1529483	406284	557479	565719

2-26 宾阳县主要年份生产总值构成

（按当年价格计算）

单位：%

年份	生产总值	第一产业	第二产业	第三产业
1950	100.00	79.08	7.43	13.49
1965	100.00	66.59	14.08	19.33
1978	100.00	60.45	14.63	24.92
1980	100.00	58.47	14.18	27.35
1985	100.00	62.08	20.64	17.28
1990	100.00	57.62	28.44	13.94
1991	100.00	44.95	26.00	29.05
1992	100.00	44.54	26.62	28.84
1993	100.00	40.21	34.14	25.65
1994	100.00	40.87	34.75	24.38
1995	100.00	42.83	29.97	27.20
1996	100.00	42.63	29.93	27.44
1997	100.00	41.79	29.31	28.90
1998	100.00	40.41	30.20	29.39
1999	100.00	40.70	27.10	32.20
2000	100.00	39.09	25.64	35.27
2001	100.00	35.30	28.34	36.36
2002	100.00	33.46	29.63	36.91
2003	100.00	28.98	32.32	38.70
2004	100.00	27.47	36.64	35.89
2005	100.00	29.03	37.68	33.29
2006	100.00	27.72	39.00	33.28
2007	100.00	28.56	38.51	32.93
2008	100.00	27.73	38.91	33.36
2009	100.00	26.52	39.60	33.88
2010	100.00	24.74	41.61	33.65
2011	100.00	26.00	41.11	32.89
2012	100.00	26.83	37.76	35.41
2013	100.00	26.56	36.45	36.99

2-27 宾阳县主要年份生产总值指数

（按可比价格计算，以上年为 100） 单位：%

年份	生产总值	第一产业	第二产业	第三产业
1951	117.1	115.0	131.7	118.6
1965	109.4	107.9	115.8	112.7
1978	115.1	115.3	115.0	114.5
1980	108.6	113.5	114.2	93.1
1985	128.3	133.0	133.0	104.3
1990	104.2	106.5	117.6	94.5
1991	106.9	103.6	113.6	107.0
1992	108.1	104.5	113.7	109.3
1993	110.5	105.9	118.8	110.1
1994	109.4	104.8	117.8	108.0
1995	108.9	108.1	106.3	113.1
1996	110.5	107.7	114.1	110.7
1997	107.9	105.9	108.8	109.7
1998	107.4	105.8	109.0	107.8
1999	106.0	104.2	103.3	111.5
2000	102.0	96.4	101.0	110.3
2001	107.9	102.6	112.0	110.7
2002	109.7	106.8	114.2	109.5
2003	113.8	104.4	117.9	120.1
2004	110.1	105.7	118.7	108.1
2005	114.1	113.2	117.5	112.1
2006	111.0	109.5	113.0	110.2
2007	112.9	108.2	115.7	113.7
2008	110.6	106.8	111.3	113.1
2009	109.6	103.0	112.6	111.3
2010	120.4	106.7	125.4	124.3
2011	113.9	107.3	118.6	112.9
2012	107.7	104.8	110.0	106.6
2013	109.3	105.1	113.2	107.2

2-28 宾阳县各时期生产总值平均指数

（按可比价格计算，以上年为 100）　　单位：%

时期	生产总值	第一产业	第二产业	第三产业
恢复时期 (1950–1952)	118.8	114.5	148.4	118.6
“一五”时期 (1953–1957)	112.5	113.1	111.7	110.7
“二五”时期 (1958–1962)	106.6	108.4	95.0	107.5
调整时期 (1963–1965)	112.9	113.0	119.8	108.2
“三五”时期 (1966–1970)	107.3	107.3	103.7	110.1
“四五”时期 (1971–1975)	111.1	111.1	113.1	110.1
“五五”时期 (1976–1980)	103.3	99.1	117.7	109.1
“六五”时期 (1981–1985)	116.3	116.6	124.0	106.1
“七五”时期 (1986–1990)	105.1	93.6	114.2	123.2
“八五”时期 (1991–1995)	108.8	105.4	114.0	109.5
“九五”时期 (1996–2000)	106.7	103.9	107.1	110.0
“十五”时期 (2001–2005)	111.1	106.5	116.0	112.0
“十一五”时期 (2006–2010)	112.8	106.8	115.5	114.4
“十二五”时期前三年 (2011–2013)	110.3	105.7	113.9	108.9
1951 年至 2013 年	109.7	106.8	113.6	111.1
1979 年至 2013 年	109.4	104.5	114.9	111.5
1993 年至 2013 年	110.1	105.8	113.2	111.4

2-29 横县主要年份生产总值

（按当年价格计算）　　单位：万元

年份	生产总值	第一产业	第二产业	第三产业
1950	2545	2327	115	103
1965	8027	4033	2540	1454
1978	24204	14749	7107	2348
1980	26146	15527	7334	3285
1985	40663	23746	10827	6090
1990	89305	44969	22192	22144
1991	103261	51189	25027	27045
1992	119391	57465	29032	32894
1993	170404	70668	55506	44230
1994	224688	97339	69744	57605
1995	262239	124194	65074	72971
1996	287040	140137	58408	88495
1997	321477	157297	61787	102393
1998	322694	155913	57645	109136
1999	318133	148457	53283	116393
2000	318352	148626	44415	125311
2001	324768	141005	46378	137385
2002	353303	142135	60888	150280
2003	383406	147166	96675	139565
2004	435213	168671	107689	158853
2005	538036	223947	134627	179462
2006	647019	249125	181085	216809
2007	809990	302345	237571	270074
2008	980181	337257	327165	315759
2009	1136532	358537	405184	372811
2010	1348911	424495	496008	428408
2011	1762178	534026	693445	529707
2012	2226099	569227	1079757	577115
2013	2472515	608449	1212669	651397

2-30 横县主要年份生产总值构成

（按当年价格计算）　　单位：%

年份	生产总值	第一产业	第二产业	第三产业
1950	100.00	91.43	4.52	4.05
1965	100.00	50.24	31.64	18.12
1978	100.00	60.94	29.36	9.70
1980	100.00	59.39	28.05	12.56
1985	100.00	58.40	26.63	14.97
1990	100.00	50.35	24.85	24.80
1991	100.00	49.57	24.24	26.19
1992	100.00	48.13	24.32	27.55
1993	100.00	41.47	32.57	25.96
1994	100.00	43.32	31.04	25.64
1995	100.00	47.36	24.81	27.83
1996	100.00	48.82	20.35	30.83
1997	100.00	48.93	19.22	31.85
1998	100.00	48.32	17.86	33.82
1999	100.00	46.67	16.75	36.58
2000	100.00	46.69	13.95	39.36
2001	100.00	43.42	14.28	42.30
2002	100.00	40.23	17.23	42.54
2003	100.00	38.38	25.21	36.41
2004	100.00	38.76	24.74	36.50
2005	100.00	41.62	25.02	33.36
2006	100.00	38.50	27.99	33.51
2007	100.00	37.33	29.33	33.34
2008	100.00	34.41	33.38	32.21
2009	100.00	31.55	35.65	32.80
2010	100.00	31.47	36.77	31.76
2011	100.00	30.30	39.64	30.06
2012	100.00	25.57	48.50	25.93
2013	100.00	24.61	49.05	26.34

2-31 横县主要年份生产总值指数

（按可比价格计算，以上年为 100）　　单位：%

年份	生产总值	第一产业	第二产业	第三产业
1951	113.4	112.4	114.3	138.8
1965	118.4	119.8	125.1	97.3
1978	115.1	112.1	115.7	132.0
1980	103.8	104.2	105.9	97.4
1985	92.3	91.0	88.1	107.3
1990	110.8	112.7	111.1	108.4
1991	105.8	103.1	102.3	114.4
1992	115.8	116.3	112.1	118.4
1993	114.7	103.9	139.8	112.7
1994	104.7	98.3	111.7	107.9
1995	110.6	117.3	101.3	110.8
1996	106.5	110.5	91.2	115.6
1997	112.6	113.8	104.9	116.8
1998	105.0	104.6	99.1	109.8
1999	104.2	101.6	104.1	107.9
2000	100.5	102.3	84.1	108.0
2001	103.4	100.3	97.2	109.4
2002	107.7	102.0	125.4	108.2
2003	106.7	102.1	150.2	94.3
2004	107.1	109.2	97.5	110.6
2005	113.3	109.8	121.0	112.7
2006	117.9	112.3	128.3	117.2
2007	117.3	109.3	126.1	119.7
2008	113.6	103.4	128.6	111.7
2009	115.9	103.9	123.8	120.0
2010	112.4	105.3	118.2	112.7
2011	120.1	107.9	133.2	116.9
2012	117.3	104.6	134.7	105.9
2013	110.7	104.9	115.3	108.3

2-32 横县各时期生产总值平均指数

（按可比价格计算，以上年为 100）　　单位：%

时期	生产总值	第一产业	第二产业	第三产业
恢复时期 (1950–1952)	108.8	107.3	120.7	124.1
“一五”时期 (1953–1957)	106.0	103.0	119.4	124.7
“二五”时期 (1958–1962)	100.1	95.4	114.6	106.9
调整时期 (1963–1965)	112.4	108.8	127.6	99.1
“三五”时期 (1966–1970)	109.6	111.8	106.7	107.0
“四五”时期 (1971–1975)	110.3	112.3	106.8	107.9
“五五”时期 (1976–1980)	107.1	102.0	111.2	114.5
“六五”时期 (1981–1985)	101.9	99.2	103.7	107.7
“七五”时期 (1986–1990)	111.2	105.6	109.1	125.7
“八五”时期 (1991–1995)	110.2	107.5	112.7	112.8
“九五”时期 (1996–2000)	105.7	106.4	96.3	111.6
“十五”时期 (2001–2005)	107.6	104.6	116.7	106.8
“十一五”时期 (2006–2010)	115.4	106.8	125.0	116.2
“十二五”时期前三年 (2011–2013)	116.0	105.8	127.4	110.3
1951 年至 2013 年	108.4	105.3	113.0	112.6
1979 年至 2013 年	109.0	104.7	111.2	113.0
1993 年至 2013 年	110.5	106.0	114.7	111.1

2-33 各县主要年份人均生产总值

（按当年价格计算） 单位：元

年份	武鸣县	隆安县	马山县	上林县	宾阳县	横　县
1950	43	52	63	95	29	56
1965	122	56	101	126	102	136
1978	263	225	122	156	254	306
1980	301	231	130	161	263	321
1985	497	340	166	322	487	456
1990	1106	644	367	730	679	931
1991	1196	640	404	828	860	1059
1992	1344	854	438	926	961	1209
1993	1829	1183	544	1141	1336	1704
1994	2710	1497	673	1620	1789	2220
1995	3634	1825	1008	1812	2066	2562
1996	3998	2184	1094	1966	2317	2784
1997	4906	2284	1353	2098	2378	3101
1998	5597	2441	1622	2215	2481	3096
1999	5810	2383	1740	2314	2463	3041
2000	5885	2464	1812	2361	2436	3014
2001	6220	2758	1893	2449	2711	3044
2002	6488	3067	2048	2622	3026	3298
2003	6841	2259	2563	2560	3626	3565
2004	7583	4091	2785	2949	4429	4025
2005	8809	5047	3105	3567	5256	4929
2006	10306	5943	3646	4137	5913	5788
2007	13191	7320	4236	4853	6883	7074
2008	16450	8604	4910	5528	7983	8454
2009	18905	8590	5257	5664	8538	9703
2010	21726	9774	5827	6565	10835	11347
2011	27655	12095	7216	7969	13138	14617
2012	32317	12257	7336	8212	13465	18379
2013	35064	13353	7817	9003	14588	20151

2-34 各县生产总值

(2013 年，按当年价格计算)　　　　单位：万元

指标名称	武鸣县	隆安县	马山县	上林县	宾阳县	横　县
全市生产总值	**2437627**	**546655**	**434516**	**440772**	**1529483**	**2472515**
第一产业	**657280**	**218972**	**147197**	**177700**	**406284**	**608449**
第二产业	**1291450**	**178856**	**119732**	**104177**	**557479**	**1212669**
工业	1138677	120661	67841	67928	396088	987456
建筑业	152773	58195	51891	36249	161391	225213
第三产业	**488898**	**148826**	**167587**	**158895**	**565719**	**651397**
交通运输、仓储及邮政业	37603	16428	13025	13896	47714	88461
批发和零售业	82745	15461	21254	21171	88280	122162
批发业	8907	802	2984	6892	13647	12555
零售业	73838	14659	18270	14279	74634	109608
住宿和餐饮业	41728	8890	10152	7656	32564	30013
住宿业	2040	453	424	327	1865	2718
餐饮业	39688	8437	9728	7329	30699	27295
金融业	49193	19107	20787	20165	54881	56106
房地产业	56568	21429	29600	18943	44431	72723
房地产开发业	6392	4610	5586	2005	3493	11309
居民自有住房服务业	50176	16819	24014	16937	40938	61413
营利性服务业	97014	15363	24377	24279	129515	130328
信息传输、计算机服务和软件业	25252	10500	10372	11824	30605	27814
其他营利性服务业	71762	4863	14005	12455	98910	102514
非营利性服务业	124047	52148	48392	52785	168335	151604
公共管理和社会组织	46104	23175	15849	19591	81036	52991
其他非营利性服务业	77943	28973	32543	33194	87299	98613
人均生产总值（元）	35064	13353	7817	9003	14688	20151

2-35 各县生产总值指数

(2013 年，按可比价格计算，以上年为 100)

单位：%

指标名称	武鸣县	隆安县	马山县	上林县	宾阳县	横 县
全市生产总值	**110.5**	**107.3**	**107.2**	**108.7**	**109.3**	**110.7**
第一产业	**105.2**	**105.1**	**105.0**	**104.9**	**105.1**	**104.9**
第二产业	**113.9**	**109.2**	**106.4**	**112.9**	**113.2**	**115.3**
工业	113.5	106.2	99.5	106.4	111.5	116.3
建筑业	116.8	118.2	121.4	133.2	119.8	111.4
第三产业	**108.4**	**107.3**	**109.8**	**109.3**	**107.2**	**108.3**
交通运输、仓储及邮政业	106.6	105.5	106.9	107.5	102.4	106.2
批发和零售业	109.8	103.5	111.4	106.7	112.4	111.9
批发业	112.2	114.4	108.1	103.7	118.3	121.6
零售业	109.5	102.9	112.0	108.3	111.4	110.9
住宿和餐饮业	111.4	103.3	99.9	105.0	108.1	96.5
住宿业	103.7	107.1	103.4	82.4	103.3	101.0
住宿业	111.9	103.0	99.7	106.5	108.4	96.0
金融业	120.6	128.6	129.9	129.1	116.3	126.0
房地产业	105.3	106.2	110.2	106.5	106.8	104.3
房地产开发业	107.4	110.8	140.0	120.6	134.7	100.8
居民自有住房服务业	105.0	105.0	105.0	105.0	105.0	105.0
营利性服务业	103.9	114.1	111.3	116.1	104.4	106.7
信息传输、计算机服务和软件业	105.2	104.9	104.9	108.6	104.2	104.0
其他营利性服务业	103.4	139.2	116.3	123.8	104.4	107.5
非营利性服务业	108.2	101.7	103.9	103.4	105.5	107.0
公共管理和社会组织	108.2	102.6	104.9	99.6	107.0	104.8
其他非营利性服务业	108.1	101.0	103.5	105.7	104.1	108.2
人均生产总值（元）	113.1	106.5	106.3	106.3	108.3	116.8

2-36 各县财政收入相当于地区生产总值的比例

单位：%

年份	武鸣县	隆安县	马山县	上林县	宾阳县	横　县
1950	2.90	16.39	0.45	0.00	3.08	9.31
1965	10.36	16.12	8.08	6.28	10.32	8.35
1978	14.16	7.72	5.99	5.07	4.76	4.86
1980	16.33	8.60	4.70	5.32	5.44	6.38
1985	11.75	7.02	8.68	3.86	5.44	7.79
1990	12.95	8.94	6.73	5.87	10.81	8.32
1991	14.22	8.92	5.84	5.43	9.24	7.49
1992	12.33	6.92	5.98	5.01	8.59	7.20
1993	12.25	9.12	6.28	6.31	10.01	8.58
1994	13.45	9.49	9.62	5.09	8.63	7.67
1995	10.49	9.45	8.37	3.19	8.90	7.25
1996	10.22	8.69	8.61	3.64	8.02	6.29
1997	8.25	8.54	8.08	4.35	8.11	7.33
1998	8.56	9.43	7.45	5.13	8.34	7.61
1999	9.11	10.71	7.52	7.10	9.14	8.02
2000	5.80	11.24	7.58	7.18	9.38	8.17
2001	6.02	9.96	6.47	6.35	8.09	7.16
2002	6.28	10.92	6.75	6.65	9.15	7.31
2003	6.38	10.06	5.70	7.67	7.34	7.35
2004	6.15	8.63	5.75	7.47	6.91	7.06
2005	5.87	7.70	6.12	6.82	6.74	6.56
2006	5.72	7.01	5.92	6.61	0.63	6.44
2007	5.00	7.20	5.73	6.49	5.89	5.93
2008	4.82	6.66	5.85	6.65	6.10	5.93
2009	5.14	6.61	6.23	6.59	6.79	6.25
2010	5.89	7.19	6.98	7.08	7.17	6.54
2011	5.76	7.03	6.71	7.00	7.46	6.25
2012	7.23	8.65	8.25	8.62	9.21	7.74
2013	6.62	8.48	7.51	8.31	9.19	6.10

三 人口劳动力和职工工资

CHAPTER 3 POPULATION,LABOR FORCE AND WORKER'S SALARY

3-1 全市主要年份人口

年 份	总户数（户）	总人口（人）	男	女	#非农业人口	人口自然增长率（‰）
1950	203312	887405	438013	449392	157630	
1965	299085	1429352	732110	697242	412728	29.33
1978	387853	1960454	1013310	947144	516796	16.36
1980	410131	2055433	1059660	995773	576965	16.64
1985	479524	2294642	1191771	1102871	703285	14.04
1986	497956	2346191	1219054	1127137	732040	14.22
1987	520280	2402548	1247705	1154843	775932	12.24
1988	546451	2451770	1272979	1178791	815688	8.88
1989	565288	2483593	1290928	1192665	835634	7.91
1990	586171	2521885	1314990	1206895	851694	8.19
1991	595112	2547957	1328493	1219464	871597	6.57
1992	619613	2594228	1355291	1238937	917878	7.58
1993	642254	2646075	1384775	1261300	958649	6.10
1994	663893	2686557	1407350	1279207	995856	4.90
1995	677603	2731908	1429732	1302176	1034903	5.37
1996	702328	2779142	1454335	1324807	1073692	4.92
1997	719455	2812025	1469086	1342939	1103802	4.66
1998	744972	2846264	1485054	1361210	1142897	6.04
1999	764494	2858711	1489427	1369284	1161833	5.79
2000	1582100	6252697	3256917	2995780	1578160	6.14
2001	1584300	6297521	3281911	3015601	1591821	4.88
2002	1615500	6346838	3306515	3040323	1614238	5.14
2003	1656644	6416736	3347842	3068894	1679929	6.47
2004	1750997	6488450	3393652	3094798	1718176	7.85
2005	1807185	6595402	3452663	3142739	1773200	8.52
2006	1902477	6718928	3513115	3205813	1817485	11.23
2007	1958717	6835117	3571952	3263165	1859508	10.47
2008	2011573	6916874	3614759	3302115	1889351	10.45
2009	2062411	6978957	3647913	3331044	1908770	8.19
2010	2113500	7073720	3698242	3375478	1919790	5.45
2011	2145780	7114879	3719295	3395584	1929426	3.79
2012	2180344	7134979	3731114	3403865	1926150	4.61
2013	2198494	7244309	3792969	3451340		7.05

注：1. 人口资料均为户籍人口；2000 年以后数据为行政区划调整后大南宁范围口径的数据，其余年份为原南宁口径的数据。
2. 本表人口自然增长率按公安户籍人口统计报表中的本年出生人口计算（以下表同）。

3-2 全市人口数

指标名称	单位	2013 年	2012 年
总户数	户	**2198494**	**2180344**
总人口数	人	**7244309**	**7134979**
#男性人口	人	3792969	3731114
女性人口	人	3451340	3403865
年平均人口	人	7189644	7124929
出生人数	人	59795	46696
出生率	‰	8.32	6.55
死亡人数	人	9097	13809
死亡率	‰	1.27	1.94
自然增长人数	人	50698	32887
自然增长率	‰	7.05	4.61
迁入人数	人	95673	91977
迁出人数	人	89561	97643
机械增长人数	人	6112	–5666
机械增长率	‰	0.85	–0.79

注：1. 本表的出生率、死亡率、人口自然增长率按户籍人口统计的本年出生数、本年死亡人数计算（以下表同）。
2. 本表的出生人数、死亡人数为当年出生和死亡人口。

3-3 全市户籍人口分地区统计

（2013 年）　　单位：户、人

指标名称	总户数	总人口	按性别分	
			男性	女性
全市	**2198494**	**7244309**	**3792969**	**3451340**
市区	**861518**	**2797307**	**1442216**	**1355091**
兴宁区	91895	303293	156036	147257
青秀区	199765	652326	327988	324338
江南区	150600	475547	248374	227173
西乡塘区	235138	761110	385508	375602
良庆区	81336	256900	137393	119507
邕宁区	102784	348131	186917	161214
武鸣县	238571	698839	364371	334468
隆安县	113219	413406	218484	194922
马山县	159130	559092	293881	265211
上林县	150267	490021	256918	233103
宾阳县	313002	1043419	555752	487667
横　县	362787	1242225	661347	580878

3-4 全市户籍人口分年龄统计

（2013 年）　　　　单位：人

指标名称	总人口	按年龄分			
		18 岁以下	18-35 岁	35-60 岁	60 岁以上
全市	**7244309**	**1510714**	**2076479**	**2573286**	**1083830**
市区	**2797307**	**552406**	**775156**	**1039461**	**430284**
兴宁区	303293	54441	78905	115848	54099
青秀区	652326	119571	191121	248925	92709
江南区	475547	95615	125301	179005	75626
西乡塘区	761110	140014	204540	291735	124821
良庆区	256900	61276	75606	85886	34132
邕宁区	348131	81489	99683	118062	48897
武鸣县	698839	122377	203195	259210	114057
隆安县	413406	87610	112329	148325	65142
马山县	559092	134968	163848	184321	75955
上林县	490021	102935	146858	170303	69925
宾阳县	1043419	232346	316394	352693	141986
横　县	1242225	278072	358699	418973	186481

3-5 全市人口变动情况

（2013 年） 单位：人

指标名称	出生人口数			死亡人数	自然增长人数	迁入人数	迁出人数	机械增长人数
	合计	男	女					
全市	**59795**	**32269**	**27526**	**9097**	**50698**	**95713**	**89561**	**6152**
市区	**22093**	**12007**	**10086**	**2558**	**19535**	**72690**	**59550**	**13140**
兴宁区	2280	1257	1023	391	1889	6183	5870	313
青秀区	4713	2527	2186	451	4262	30277	20373	9904
江南区	4508	2487	2021	423	4085	11084	5955	5129
西乡塘区	5632	3099	2533	778	4854	18731	23002	–4271
良庆区	2515	1353	1162	157	2358	4534	1727	2807
邕宁区	2445	1284	1161	358	2087	1881	2623	–742
武鸣县	4125	2177	1948	1148	2977	4891	4582	309
隆安县	3614	1977	1637	843	2771	2166	2819	–653
马山县	4353	2358	1995	1005	3348	2853	4124	–1271
上林县	4069	2200	1869	728	3341	2862	3411	–549
宾阳县	8719	4703	4016	1195	7524	5264	8454	–3190
横　县	12811	6847	5964	1620	11191	4947	6621	–1674

注：本表的出生人数、死亡人数为当年出生和死亡人口。

3-6 市区人口数

指标名称	单位	2013 年	2012 年
总户数	**户**	**861518**	**856441**
总人口数	**人**	**2797307**	**2745458**
# 男性人口	人	144216	1415263
女性人口	人	1355091	1330195
年平均人口	人	2771383	2736820
出生人数	人	22093	18462
出生率	‰	7.97	6.8
死亡人数	人	2558	5479
死亡率	‰	0.92	2.01
自然增长人数	人	19535	12983
自然增长率	‰	7.05	4.80
迁入人数	人	72690	67597
迁出人数	人	59550	63180
机械增长人数	人	13140	4717
机械增长率	‰	4.74	0.70

注：本表的出生人数、死亡人数为当年出生和死亡人口。

3-7 市区人口分办事处、乡镇统计

（2013 年）　　　　单位：户、人

指标名称	总户数	总人口	按性别分	
			男性	女性
市区	**861518**	**2797307**	**1442216**	**1355091**
兴宁区	**91895**	**303293**	**156036**	**147257**
朝阳办事处	10011	32896	16398	16498
兴宁办事处	4384	13039	6418	6621
解放办事处	3770	11847	5863	5984
公园办事处	6842	20966	10419	10547
邕武办事处	19226	59409	30705	28704
腰塘办事处	4980	13645	6772	6873
三塘镇	6583	21401	10478	10923
四塘镇	8998	35271	18409	16862
五塘镇	18119	66736	35111	31625
昆仑镇	8982	28083	15463	12620
青秀区	**199765**	**652326**	**327988**	**324338**
新城办事处	13869	42667	20884	21783
建政办事处	14719	49297	24588	24709
中山办事处	13171	39571	19195	20376
南环办事处	7301	20791	10181	10610
长岗办事处	8733	37655	21361	16294
星湖办事处	16318	61947	30078	31869
河堤办事处	7461	18917	8955	9962
仙湖办事处	8932	30106	14748	15358
青秀山办事处	10241	25789	12083	13706
滨湖办事处	9074	27249	13004	14245
南湖办事处	14105	50153	24763	25390
南阳镇	9438	33363	17430	15933
伶俐镇	11379	34962	18689	16273
刘圩镇	16207	56937	29881	27056
长塘镇	8175	27282	14559	12723
津头办事处	16518	60492	30527	29965
凤岭办事处	14124	34610	17062	17548
江南区	**150600**	**475547**	**248374**	**227173**
江南办事处	10914	33008	17362	15646
水上办事处	430	1546	895	651
机场办事处	6467	25570	13557	12013
福建园办事处	21214	63943	32371	31572
五一办事处	16921	47839	24621	23218
亭子办事处	11600	33584	16741	16843
那洪镇	15342	44106	22345	21761
沙井镇	11204	36474	18377	18097
江西镇	12500	46116	24516	21600
吴圩镇	8647	28310	15340	12970
苏圩镇	20202	67353	36506	30847
延安镇	9434	28471	15514	12957
明阳农场	5725	19227	10229	8998

3-7 续表 单位：户、人

指标名称	总户数	总人口	按性别分	
			男性	女性
西乡塘区	**235138**	**761110**	**385508**	**375602**
衡阳办事处	14539	48206	24195	24011
北湖办事处	22952	70377	35737	34640
五里亭办事处	18474	61366	31035	30331
西乡塘办事处	6364	17842	8881	8961
唐山办事处	21808	63081	30969	32112
永新办事处	4464	12461	6136	6325
边阳办事处	15222	44922	22336	22586
高新办事处	6918	19938	10368	9570
上尧办事处	6836	20520	10523	9997
石埠办事处	9497	39323	20244	19079
明秀办事处	7290	21915	11120	10795
心圩镇	13827	47479	23500	23979
金陵镇	20188	65546	34816	30730
坛洛镇	20558	71338	37482	33856
金光农场	5825	17073	8797	8276
西湖办事处	4917	18800	8651	10149
西大办事处	6248	28370	14645	13725
华强办事处	7636	21518	10495	11023
新阳办事处	13145	40763	19587	21176
双定镇	8430	30272	15991	14281
良庆区	**81336**	**256900**	**137393**	**119507**
良庆镇	14064	48951	24456	24495
大塘镇	16285	49323	27305	22018
南晓镇	14203	44382	25171	19211
那陈镇	10574	35136	19337	15799
那马镇	8674	28249	15189	13060
大沙田开发区	17536	50859	25935	24924
邕宁区	**102784**	**348131**	**186917**	**161214**
蒲庙镇	41962	139531	72406	67125
新江镇	9312	32533	17746	14787
那楼镇	28510	94173	51370	42803
百济乡	13121	47103	26309	20794
中和乡	9879	34791	19086	15705

3-8 市区人口变动情况

（2013 年） 单位：人

指标名称	出生人口数			死亡人数	自然增长人数	迁入人数	迁出人数	机械增长人数	省内迁入	省外迁入	迁出省内	迁出省外
	合计	男	女									
市区	**57376**	**31125**	**26251**	**9119**	**48257**	**72690**	**59550**	**13140**	**63350**	**9340**	**50539**	**9011**
兴宁区	**5236**	**2887**	**2349**	**1428**	**3808**	**6183**	**5870**	**313**	**5372**	**811**	**5263**	**607**
朝阳办事处	373	195	178	126	247	671	876	–205	544	127	803	73
兴宁办事处	124	65	59	73	51	151	411	–260	112	39	390	21
解放办事处	101	66	35	56	45	253	285	–32	197	56	262	23
公园办事处	252	141	111	70	182	635	607	28	503	132	551	56
邕武办事处	933	505	428	165	768	2007	2315	–308	1768	239	2100	215
腰塘办事处	353	180	173	29	324	1239	120	1119	1141	98	112	8
三塘镇	449	263	186	62	387	448	176	272	407	41	160	16
四塘镇	819	448	371	134	685	298	338	–40	274	24	315	23
五塘镇	1124	635	489	590	534	358	479	–121	324	34	360	119
昆仑镇	708	389	319	123	585	123	263	–140	102	21	210	53
青秀区	**11775**	**6313**	**5462**	**1487**	**10288**	**30277**	**20373**	**9904**	**25961**	**4316**	**16896**	**3477**
新城办事处	532	273	259	112	420	1148	871	277	973	175	763	108
建政办事处	696	379	317	111	585	1562	1852	–290	1310	252	1717	135
中山办事处	540	290	250	101	439	941	893	48	783	158	798	95
南环办事处	229	109	120	93	136	396	581	–185	338	58	541	40
长岗办事处	465	236	229	85	380	752	1873	–1121	702	50	830	1043
星湖办事处	663	342	321	105	558	2701	3600	–899	2108	593	3055	545
河堤办事处	428	246	182	46	382	1576	362	1214	1441	135	335	27
仙湖办事处	843	479	364	50	793	2495	460	2035	2153	342	410	50
青秀山办事处	844	434	410	36	808	4236	348	3888	3793	443	279	69
滨湖办事处	360	188	172	32	328	896	1583	–687	689	207	1330	253
南湖办事处	644	353	291	50	594	3136	2650	486	2773	363	2328	322
南阳镇	812	432	380	103	709	171	213	–42	153	18	170	43
伶俐镇	908	515	393	104	804	238	224	14	221	17	192	32
刘圩镇	1376	739	637	212	1164	335	409	–74	290	45	269	140
长塘镇	698	360	338	126	572	175	194	–19	158	17	144	50
津头办事处	682	365	317	97	585	3358	3831	–473	2384	974	3395	436
凤岭办事处	1055	573	482	24	1031	6161	429	5732	5692	469	340	89
江南区	**11468**	**6329**	**5139**	**1325**	**10143**	**11084**	**5955**	**5129**	**9979**	**1105**	**5333**	**622**
江南办事处	497	254	243	112	385	1005	679	326	842	163	638	41
水上办事处	13	7	6	12	1	4	78	–74	4		76	2
机场办事处	926	531	395	82	844	363	124	239	297	66	94	30
福建园办事处	749	390	359	203	546	1319	1315	4	1125	194	1190	125
五一办事处	805	479	326	117	688	1355	704	651	1257	98	637	67
亭子办事处	525	296	229	111	414	731	552	179	664	67	521	31
那洪镇	1160	649	511	91	1069	4441	654	3787	4102	339	586	68
沙井镇	827	454	373	71	756	643	325	318	584	59	309	16
江西镇	1493	792	701	85	1408	328	399	–71	310	18	342	57
吴圩镇	820	487	333	102	718	283	173	110	260	23	159	14
苏圩镇	2412	1313	1099	210	2202	257	410	–153	229	28	315	95
延安镇	845	460	385	88	757	104	166	–62	95	9	145	21
明阳农场	396	217	179	41	355	251	376	–125	210	41	321	55

3–8 续表　　　　单位：人

指标名称	出生人口数			死亡人数	自然增长人数	迁入人数	迁出人数	机械增长人数	省内迁入	省外迁入	迁出省内	迁出省外
	合计	男	女									
西乡塘区	**12945**	**7124**	**5821**	**2520**	**10425**	**18731**	**23002**	**–4271**	**16125**	**2606**	**19407**	**3595**
衡阳办事处	694	366	328	162	532	1331	814	517	1230	101	756	58
北湖办事处	987	507	480	190	797	1636	1346	290	1497	139	1240	106
五里亭办事处	753	418	335	221	532	1607	2570	–963	1391	216	2382	188
西乡塘办事处	325	164	161	65	260	1038	893	145	883	155	830	63
唐山办事处	828	428	400	164	664	1929	2419	–490	1649	280	1981	438
永新办事处	112	66	46	70	42	325	459	–134	288	37	445	14
边阳办事处	533	307	226	248	285	753	896	–143	677	76	829	67
高新办事处	391	209	182	20	371	2015	997	1018	1685	330	800	197
上尧办事处	337	183	154	44	293	836	932	–96	764	72	868	64
石埠办事处	934	527	407	98	836	333	227	106	318	15	207	20
明秀办事处	461	287	174	52	409	772	476	296	739	33	408	68
心圩镇	951	565	386	190	761	931	335	596	871	60	302	33
金陵镇	1314	712	602	355	959	378	546	–168	343	35	486	60
坛洛镇	1998	1073	925	141	1857	278	371	–93	250	28	304	67
金光农场	324	196	128	53	271	81	151	–70	80	1	142	9
西湖办事处	213	121	92	29	184	1205	3894	–2689	904	301	3192	702
西大办事处	239	130	109	35	204	1272	4307	–3035	705	567	2994	1313
华强办事处	213	115	98	127	86	728	509	219	664	64	475	34
新阳办事处	716	402	314	141	575	1164	697	467	1066	98	637	60
双定镇	622	348	274	115	507	128	163	–35	120	8	129	34
良庆区	**7603**	**4089**	**3514**	**499**	**7104**	**4534**	**1727**	**2807**	**4221**	**313**	**1527**	**200**
良庆镇	2025	1110	915	127	1898	747	177	570	707	40	161	16
大塘镇	1286	716	570	101	1185	248	304	–56	218	30	256	48
南晓镇	1038	559	479	112	926	276	234	42	243	33	193	41
那陈镇	569	311	258	42	527	151	172	–21	131	20	134	38
那马镇	791	421	370	49	742	255	147	108	233	22	127	20
大沙田开发区	1894	972	922	68	1826	2857	693	2164	2689	168	656	37
邕宁区	**8349**	**4383**	**3966**	**1860**	**6489**	**1881**	**2623**	**–742**	**1692**	**189**	**2113**	**510**
蒲庙镇	3186	1673	1513	500	2686	894	1152	–258	801	93	970	182
新江镇	871	450	421	218	653	220	284	–64	201	19	228	56
那楼镇	2221	1185	1036	505	1716	413	614	–201	369	44	458	156
百济乡	1343	703	640	284	1059	244	354	–110	223	21	283	71
中和乡	728	372	356	353	375	110	219	–109	98	12	174	45

3-9 各县人口数

（2013 年）

指标名称	单位	武鸣县	隆安县	马山县	上林县	宾阳县	横县
总户数	户	**238571**	**113219**	**159130**	**150267**	**313002**	**362787**
总人口数	人	**698839**	**413406**	**559092**	**490021**	**1043419**	**1242225**
# 男性人口	人	364371	218484	293881	256918	555752	661347
女性人口	人	334468	194922	265211	233103	487667	580878
年平均人口	人	695200	409378	555850	489557	1041312	1226965
出生人数	人	4125	3614	4353	4069	8719	12822
出生率	‰	5.93	8.83	7.83	8.31	8.37	10.45
死亡人数	人	1148	843	1005	728	1195	1620
死亡率	‰	1.65	2.06	1.81	1.49	1.15	1.32
自然增长人数	人	2977	2771	3348	3341	7524	11202
自然增长率	‰	4.28	6.77	6.02	6.82	7.22	9.13
迁入人数	人	4891	2166	2853	2862	5264	4947
迁出人数	人	4582	2819	4124	3411	8454	6621
机械增长人数	人	309	–653	–1271	–549	–3190	–1674
机械增长率	‰	0.44	–1.60	–2.28	–1.12	–3.06	–1.36

注：本表的出生人数、死亡人数为当年出生和死亡人口。

3–10 各县人口分乡镇统计

（2013 年）　　　　单位：户、人

指标名称	总户数	总人口	按性别分	
			男性	女性
武鸣县	**238571**	**698839**	**364371**	**334468**
城厢镇	38139	105841	54767	51074
甘圩镇	7468	24882	12942	11940
双桥镇	18451	57539	29469	28070
太平镇	12924	39858	21090	18768
宁武镇	14171	39573	20837	18736
锣圩镇	22526	66068	34793	31275
灵马镇	14099	52182	27861	24321
仙湖镇	13756	40937	21493	19444
府城镇	20278	60073	31917	28156
罗波镇	13059	38109	19730	18379
陆斡镇	22324	63975	33426	30549
马头镇	7297	24502	12613	11889
两江镇	13922	42253	21876	20377
南宁华侨投资区	17062	36823	18312	18511
东风农场	3092	6224	3245	2979
隆安县	**113219**	**413406**	**218484**	**194922**
城厢镇	21080	71396	38318	33078
南圩镇	17838	67197	35295	31902
乔建镇	11668	43947	23217	20730
那桐镇	15923	57146	30185	26961
丁当镇	10137	36032	19116	16916
雁江镇	8303	27787	14706	13081
古潭乡	6378	26597	14103	12494
屏山乡	4726	18280	9604	8676
都结乡	10745	40681	21424	19257
布泉乡	6421	24073	12516	11557

3-10 续表 1

指标名称	总户数	总人口	按性别分	
			男性	女性
马山县	**159130**	**559092**	**293881**	**265211**
乔利乡	11835	41013	21912	19101
加方乡	9602	31261	16236	15025
古寨乡	6271	21334	11014	10320
里当乡	6364	21269	11118	10151
白山镇	25072	84603	43430	41173
周鹿镇	26255	95447	50849	44598
百龙滩镇	6779	22237	11524	10713
林圩镇	26145	96651	51952	44699
古零镇	16038	57465	30017	27448
金钗镇	8476	31238	15897	15341
永州镇	16293	56547	29932	26615
上林县	**150267**	**490021**	**256918**	**233103**
大丰镇	21331	63431	32741	30690
巷贤镇	14222	45591	24257	21334
明亮镇	10252	32330	16840	15490
西燕镇	13136	44361	23037	21324
白圩镇	23543	81833	43175	38658
三里镇	15914	55007	29129	25878
乔贤镇	11432	36934	19089	17845
木山乡	7210	20811	10942	9869
镇圩瑶族乡	7475	24935	12838	12097
塘红乡	12752	42847	22515	20332
澄泰乡	13000	41941	22355	19586
宾阳县	**313002**	**1043419**	**555752**	**487667**
芦圩镇	63983	224196	118750	105446
思陇镇	16807	62416	34084	28332
新桥镇	25379	85664	45382	40282
邹圩镇	13840	49708	26468	23240

3-10 续表 2

指标名称	总户数	总人口	按性别分	
			男性	女性
大桥镇	20832	77987	41569	36418
武陵镇	17993	62690	33389	29301
中华镇	11069	36891	19607	17284
露圩镇	12258	38737	20714	18023
黎塘镇	46138	121963	64482	57481
和吉镇	12835	42676	22502	20174
洋桥镇	11236	35005	18613	16392
古辣镇	16586	52890	27952	24938
甘棠镇	15762	52886	28427	24459
王灵镇	11972	42863	22868	19995
陈平乡	7898	26397	14563	11834
新圩镇	8414	30450	16382	14068
横县	**362787**	**1242225**	**661347**	**580878**
百合镇	27589	108743	58011	50732
横州镇	52521	167508	87824	79684
那阳镇	21491	66047	34703	31344
南乡镇	27315	96052	52594	43458
莲塘镇	12828	43610	22836	20774
平马镇	11415	38123	20570	17553
峦城镇	15512	58381	30599	27782
六景镇	29981	103954	54339	49615
陶圩镇	25346	89855	48209	41646
石塘镇	22053	75420	40285	35135
校椅镇	33266	107982	57259	50723
云表镇	24468	83098	44557	38541
马岭镇	8098	30630	15666	14964
新福镇	17697	59094	31808	27286
马山乡	18455	63546	35129	28417
平朗乡	9199	30559	16185	14374
镇龙乡	5553	19623	10773	8850

3-11 全市城乡劳动力资源分配平衡表

(2013 年)

单位：万人

指标名称	合计	城镇	乡村
年末劳动力资源总数	**516.17**	**290.50**	**225.77**
# 当年新增加的劳动力资源	8.62	4.84	3.78
年末 16 岁以上全部人数	545.78	312.29	233.49
# 不计入劳动力资源的人数	29.61	21.79	7.82
经济活动人口			
从业人员	500.14	198.20	301.94
按就业状况分组			
全部单位从业人员	90.55	90.55	
再就业的离退休人员	0.61	0.61	
私营业主	20.97	17.20	3.77
私营企业和个体从业人员	115.76	89.84	25.92
农村从业人员	272.25		272.25
按经济类型分组			
国有经济	48.62	48.62	
集体经济	273.41	1.16	272.25
私营经济	79.45	68.77	10.68
个体经济	57.28	40.10	17.18
联营经济			
股份制经济	6.52	6.52	
外商投资经济	1.49	1.49	
港、澳、台投资经济	4.84	4.84	
其他经济	28.53	26.70	1.83

3-11 续表

单位：万人

指标名称	合计	城镇	乡村
按国民经济行业分组			
农、林、牧、渔业	277.94	3.46	274.48
采矿业	0.65	0.43	0.22
制造业	32.37	26.80	5.57
电力、煤气及水的生产供应业	1.31	1.31	
建筑业	16.22	14.61	1.61
交通运输、仓储及邮电通信业	17.84	10.62	7.22
信息传输和计算机服务业	3.79	3.79	
批发零售贸易业	78.70	66.56	12.14
住宿和餐饮业	8.26	7.56	0.70
金融业	4.89	4.89	
房地产业	4.98	4.98	
租赁和商务服务业	11.23	11.23	
科学研究和技术服务和地质勘察业	7.14	7.14	
水利、环境和公共设施管理业	2.42	2.42	
居民服务和其他服务业	6.21	6.21	
教育	10.88	10.88	
卫生、社会保障和社会福利业	5.23	5.23	
文化、体育与娱乐业	2.35	2.35	
公共管理和社会组织	7.73	7.73	
其他行业			
失业人员	11.67	11.67	
非经济活动人口	**120.34**	**75.00**	**45.34**
# 16 岁以上在校生	92.93	52.96	39.37
家务劳动者	27.41	22.04	5.37

3-12 主要年份全市在岗职工人数及构成

年 份	在岗职工人数（人）	国有经济单位	城镇集体单位	其他经济单位	构成（%）国有经济单位	城镇集体单位	其他经济单位
1950	4645						
1965	141718						
1978	316466						
1980	348858						
1981	365994	291928	74066		79.76	20.24	
1982	393866	320038	73828		81.26	18.74	
1983	388923	315746	73177		81.18	18.82	
1984	393707	319171	74536		81.07	18.93	
1985	406270	326815	79406	49	80.44	19.55	
1986	441427	341108	99973	346	77.27	22.65	
1987	457911	355604	101217	1090	77.66	22.10	
1988	474252	372567	99503	2182	78.56	20.98	
1989	483379	378469	101782	3128	78.30	21.06	0.65
1990	473944	400527	69077	4340	84.00	14.57	0.92
1991	496852	417411	74011	5430	84.01	14.90	1.09
1992	505474	424700	73863	6911	84.02	14.61	1.37
1993	517971	432101	69896	15974	83.42	14.00	3.08
1994	511592	431517	63237	16838	84.35	13.00	3.29
1995	500975	419903	63706	17366	83.82	12.72	3.47
1996	504483	423637	60769	20077	83.97	12.05	3.98
1997	498410	412593	55477	30340	82.78	11.00	6.09
1998	457129	347893	46047	63189	76.10	10.07	13.82
1999	434883	313178	40782	80923	72.01	9.38	18.61
2000	544799	409279	46455	89065	75.12	8.53	16.35
2001	524004	389988	44496	89520	74.43	8.49	17.08
2002	497509	345039	39573	112897	69.36	7.95	22.69
2003	506235	353927	35024	117284	69.91	6.92	23.00
2004	542585	363721	32842	146022	67.00	6.00	27.00
2005	583660	369442	23797	190421	63.00	4.00	33.00
2006	581428	356460	19434	205534	61.31	3.34	35.35
2007	604935	360783	20196	223956	59.63	3.34	37.02
2008	616998	357166	17789	242043	57.89	2.88	39.23
2009	640175	362807	13656	263712	56.67	2.13	41.19
2010	661866	362021	13411	286434	54.69	2.03	43.28
2011	666720	382765	11357	272598	57.41	1.70	40.89
2012	674362	379053	10569	284740	56.21	1.57	42.22
2013	686534	363632	9771	313131	52.97	2.69	45.61

3-13 主要年份全市在岗职工工资总额及平均工资

年　份	在岗职工工资总额（万元）	国有经济单位	城镇集体单位	其他经济单位	在岗职工年平均工资（元/人）	国有经济单位	城镇集体单位	其他经济单位
1950	157				338			
1965	7289				539			
1978	17231				565			
1980	24735				730			
1981	26943	22465	4478		746	780	611	
1982	30422	25370	5052		791	811	706	
1983	31673	26383	5290		818	841	722	
1984	37673	31578	6095		963	1010	776	
1985	42058	34452	7601	5	1051	1074	958	2083
1986	55807	45152	10628	27	1292	1359	1069	1421
1987	63803	51904	11727	172	1428	1499	1179	1610
1988	78020	63716	13992	312	1685	1755	1423	1859
1989	84956	68826	15620	510	1784	1850	1543	1749
1990	98238	85247	12200	791	2111	2173	1765	1942
1991	112323	96853	14324	1146	2331	2385	2029	2234
1992	135093	117682	15870	1541	2720	2820	2174	2453
1993	192696	164018	21759	6919	3786	3863	3170	4386
1994	250214	217510	24695	8009	4976	5136	3925	4864
1995	281024	241990	28661	10373	5668	5835	4514	5907
1996	300874	257886	30801	12187	6009	6159	4957	6144
1997	321010	270037	31518	19455	6508	6605	5718	6651
1998	334839	265276	25626	43937	7315	7580	5649	7040
1999	353051	261468	25622	65961	8077	8303	6225	8142
2000	445883	339842	28724	77318	8185	8342	6062	8591
2001	502894	384613	32309	85973	9572	9867	7151	9507
2002	568118	416947	30413	120758	11363	11917	7718	10908
2003	668976	499260	31082	138634	13172	14082	8870	11721
2004	829568	611737	31265	186566	15447	16969	9753	12914
2005	985557	690902	26776	267879	17520	19202	11326	14960
2006	1177159	814083	24108	338968	20650	23225	12277	16958
2007	1479269	1033933	28205	417130	24789	28796	13774	19204
2008	1798691	1221827	31603	545261	29377	34417	17937	22752
2009	2047363	1384938	27818	634608	32596	38599	20040	24846
2010	2427224	1614433	31857	780934	37042	44735	24955	27732
2011	2638622	1786349	34555	817718	40120	47418	30848	30313
2012	2940889	1905537	37477	997875	43847	48930	35002	35193
2013	3337032	1834375	34209	1468449	48188	50193	38077	46622

3-14 全市单位从业人员人数

（2013 年） 单位：人

指标名称	单位数（个）	从业人员年末人数	# 女性	非全日制	在岗职工	劳务派遣人员	其他从业人员	在岗职工年平均人数
总计	**8897**	**905532**	**316362**	**14159**	**686534**	**164577**	**54421**	**673415**
# 国有控股	2483	532612	171310	10318	348302	153039	31271	344228
按企业、事业、机关分组								
企业	2807	610084	194430	10471	418799	159151	32134	413167
事业	4288	231515	104723	3383	210478	3122	17915	204509
机关	1790	63572	17037	305	56896	2304	4372	55378
民间非盈利组织	7	179	13		179			179
其他	5	182	159		182			182
按经济类型分组								
国有经济单位	6884	424564	158814	9280	363632	26201	34731	355905
集体经济单位	240	11650	3270	389	9771	157	1722	8973
其他经济单位	1773	469318	154278	4490	313131	138219	17968	308537
按国民经济行业分组								
农、林、牧、渔业	**267**	**14891**	**4954**	**709**	**11546**	**417**	**2928**	**9996**
农 业	45	5832	1517	702	3210		2622	2609
林 业	30	5495	2321		5021	417	57	4030
畜 牧 业	24	1135	347		1122		13	1144
渔 业	3	25	7		25			26
农、林、牧、渔服务业	165	2404	762	7	2168		236	2187
采 矿 业	**6**	**205**	**33**	**15**	**157**	**30**	**18**	**153**
制 造 业	**606**	**147762**	**71008**	**1459**	**140146**	**3140**	**4476**	**140029**
电力、热力、燃气及水生产和供应业	**49**	**10719**	**2935**	**12**	**9673**	**975**	**71**	**9717**
建筑业	**144**	**200854**	**17889**	**2719**	**64993**	**127424**	**8437**	**62533**
批发和零售业	**569**	**48310**	**23633**	**748**	**42008**	**3918**	**2384**	**42127**
批发业	303	20094	8748	224	16918	1654	1512	17061
零售业	266	28216	14885	524	25090	2254	872	25066
交通运输、仓储和邮政业	**277**	**42943**	**11787**	**707**	**34302**	**7444**	**1197**	**33815**
铁路运输业	4	5978	993	22	4393	1554	31	4121
道路运输业	154	23635	7323	585	21980	666	989	21855
水上运输业	7	528	135		514		14	514
航空运输业	3	1083	270		772	297	14	771
装卸搬运和运输代理业	14	2172	572		1641	531		1720
仓 储 业	36	1365	399	1	1240	75	50	1243
邮政业	59	8182	2095	99	3762	4321	99	3591

3-14 续表 1

单位：人

指标名称	单位数（个）	从业人员年末人数	# 女性	非全日制	在岗职工	劳务派遣人员	其他从业人员	在岗职工年平均人数
住宿和餐饮业	**142**	**19915**	**10566**	**355**	**19156**	**41**	**718**	**18651**
住宿业	94	9070	4989	47	8687	39	344	8740
餐饮业	48	10845	5577	308	10469	2	374	9911
信息传输、软件和信息技术服务业	**89**	**18715**	**7894**		**12532**	**5489**	**694**	**12411**
电信、广播电视和卫星传输服务	74	17822	7607		11920	5318	584	11814
互联网和相关服务	5	409	172		263	36	110	250
软件和信息技术服务业	10	484	115		349	135		347
金融业	**251**	**33571**	**17859**	**2680**	**22244**	**3065**	**8262**	**22039**
货币金融服务业	181	22452	10871	1654	18018	2440	1994	17780
资本市场服务业	20	1079	378	5	826	28	225	839
保险业	46	9901	6565	1021	3271	587	6043	3295
其他金融业	4	139	45		129	10		125
房地产业	**366**	**23126**	**8290**	**272**	**20466**	**1455**	**1205**	**20356**
房地产开发经营	255	8228	3091	67	7779	53	396	7663
物业管理	78	14107	4864	205	11902	1402	803	11847
房地产中介服务	5	238	131		238			288
租赁和商务服务业	**232**	**37129**	**13120**	**433**	**30668**	**5469**	**992**	**30181**
租赁业	5	538	129		415	47	76	379
商务服务业	227	36591	12991	433	30253	5422	916	29802
科学研究　技术服务业	**547**	**33789**	**10767**	**169**	**31491**	**816**	**1482**	**31039**
研究和试验发展	127	7075	2580	23	6666	23	386	6594
专业技术服务业	318	25149	7735	41	23554	793	802	23162
科技推广和应用服务业	102	1565	452	105	1271		294	1283
水利、环境和公共设施管理业	**210**	**22212**	**11272**	**1526**	**18039**	**972**	**3201**	**16430**
水利管理业	113	2262	575	137	2049	11	202	2059
生态保护和环境治理业	11	893	405	171	706	2	185	690
公共设施管理业	86	19057	10292	1218	15284	959	2814	13681
居民服务、修理和其他服务业	**23**	**1282**	**507**		**1201**		**81**	**1185**
居民服务业	10	721	322		702		19	691
机动车、电子产品和日用产品修理业	11	499	141		456		43	451
其他服务业	2	62	44		43		19	43
教育	**2089**	**107808**	**48220**	**1643**	**96481**	**897**	**10430**	**94600**
初等教育	1584	33931	16794	324	31490	84	2357	31119
中等教育	353	44871	19866	380	41239	257	3375	40149
高等教育	30	20137	8458	719	18397	516	1224	18000
卫生和社会工作	**328**	**52289**	**28333**	**253**	**50048**	**587**	**1654**	**48671**
卫生	301	51203	27672	248	49054	587	1562	47703
社会工作	27	1086	661	5	994		92	968

3-14 续表 2

单位：人

指标名称	单位数（个）	从业人员年末人数	# 女性	非全日制	在岗职工	劳务派遣人员	其他从业人员	在岗职工年平均人数
文化、体育和娱乐业	**227**	**12673**	**5046**	**113**	**11563**	**44**	**1066**	**11403**
新闻和出版业	43	3337	1432	33	2998	27	312	2994
广播、电视、电影和影视录音制作业	49	3146	934	10	3071		75	3048
文化艺术业	97	3221	1307	65	2589	17	615	2556
体育	23	2316	1115	1	2280		36	2186
娱乐业	15	653	258	4	625		28	619
公共管理、社会保障和社会组织	**2475**	**77339**	**22249**	**346**	**69820**	**2394**	**5125**	**68079**
中国共产党机关	128	3076	861	5	2937	27	112	2924
国家机构	2089	70706	20081	329	63624	2355	4727	61918
人民政协、民主党派	21	650	98		586	5	59	585
社会保障	150	1682	737	9	1509	5	168	1486
群众社团、社会团体和其他成员组织	87	1225	472	3	1164	2	59	1166
国有单位合计	**6884**	**424564**	**158814**	**9280**	**363632**	**26201**	**34731**	**355905**
按隶属关系分组								
中　央	258	49026	15765	4004	30753	13679	4594	30535
省、自治区、直辖市	907	135796	47576	1406	123214	4662	7920	121495
地　区	743	91533	31489	626	81400	4203	5925	77859
县及县以下	4942	140670	61353	3221	124814	1745	14111	122554
其　他	34	7539	2631	23	3451	1907	2181	3462
按执行会计标准类别分组								
企　业	864	132668	38497	5599	99123	20829	12716	98561
#地　方	663	92169	25359	1596	76560	7426	8183	76040
事　业	4232	228477	103352	3376	207718	3113	17646	202071
#地　方	4198	223030	101752	3375	202502	2934	17594	197011
机　关	1788	63419	16965	305	56791	2259	4369	55273
#地　方	1765	60339	15938	305	53817	2162	4360	52319

3-14 续表3

单位：人

指标名称	单位数（个）	从业人员年末人数	#女性	非全日制	在岗职工	劳务派遣人员	其他从业人员	在岗职工年平均人数
按国民经济行业分组								
农、林、牧、渔业	237	11781	3810	707	8508	417	2856	7563
采矿业	3	70	16	7	62		8	64
制造业	123	13919	5260	350	12378	607	934	12570
电力、热力、燃气及水生产和供应业	31	7464	1926	11	6603	832	29	6676
建筑业	38	41341	6089	1737	25760	11260	4321	25295
批发和零售业	114	5862	2047	99	5027	437	398	5062
交通运输、仓储和邮政业	135	14910	4203	22	11360	3397	153	11316
住宿和餐饮业	32	3566	1936	22	3396	34	136	3397
信息传输、软件和信息技术服务业	65	5747	2289		3391	2343	13	3378
金融业	169	16053	8518	2360	11815	1558	2680	11570
房地产业	70	3657	1057	9	3062	4	591	3061
租赁和商务服务业	150	12707	3056	204	11975	156	576	11903
科学研究、技术服务业	479	24621	8131	52	22770	600	1251	22531
水利、环境和公共设施管理业	202	21027	10712	1514	17204	634	3189	15657
居民服务、修理和其他服务业	12	606	194		533		73	529
教育	2041	103231	46061	1480	92338	897	9996	91016
卫生和社会工作	311	51528	27846	253	49324	587	1617	47965
文化、体育和娱乐业	201	9209	3439	107	8380	44	785	8348
公共管理、社会保障和社会组织	2471	77265	22224	346	69746	2394	5125	68004
城镇集体单位合计	**240**	**11650**	**3270**	**389**	**9771**	**157**	**1722**	**8973**
按执行会计标准类别分组								
企　业	217	11008	3043	382	9138	157	1713	8333
事　业	22	638	226	7	629		9	636
民间非营利组织	1	4	1		4			4

3-14 续表 4

单位：人

指标名称	单位数（个）	从业人员年末人数	# 女性	非全日制	在岗职工	劳务派遣人员	其他从业人员	在岗职工年平均人数
按国民经济行业分组								
农、林、牧、渔业	3	89	7		89			89
制造业	42	1953	1018		1910	19	24	1913
电力、热力、燃气及水生产和供应业	7	323	125		323			330
建筑业	17	5705	763	369	4101	91	1513	3325
批发和零售业	65	918	350	10	858		60	868
交通运输、仓储和邮政业	39	341	134		322		19	320
住宿和餐饮业	11	253	157		199		54	203
金融业	23	1256	424	2	1179	47	30	1149
房地产业	3	14	8		14			15
租赁和商务服务业	10	198	74	1	191		7	192
科学研究、技术服务业	5	195	65		191		4	185
水利、环境和公共设施管理业	1	6	2		6			6
居民服务、修理和其他服务业	3	168	58		164		4	155
教育	6	152	58	7	145		7	143
卫生和社会工作	1	5	2		5			5
公共管理、社会保障和社会组织	4	74	25		74			75
其他单位合计	**1773**	**469318**	**154278**	**4490**	**313131**	**138219**	**17968**	**308537**
按登记注册类型分组								
内资	1573	391067	107577	4060	237503	136414	17150	234265
股份合作	13	2363	911	12	2112	239	12	2058
联营	4	98	35		96		2	85
# 国有联营	1	33	13		33			22
集体联营	1	6	5		4		2	4
有限责任公司	1222	308930	76848	2624	173165	126967	8798	170841
# 国有独资	115	103678	10974	30	37279	65650	749	35158
股份有限公司	183	70582	25818	1267	53849	9200	7533	53701
其他	151	9094	3965	157	8281	8	805	7580
港、澳、台商投资	97	50640	33215	14	50127	354	159	49253
外商投资	103	27611	13486	416	25501	1451	659	25019

3-14 续表 5

单位：人

指标名称	单位数（个）	从业人员年末人数	#女性	非全日制	在岗职工	劳务派遣人员	其他从业人员	在岗职工年平均人数
按执行会计标准类别分组								
企　业	1726	466408	152890	4490	310538	138165	17705	306273
事　业	34	2400	1145		2131	9	260	1802
机　关	2	153	72		105	45	3	105
民间非营利组织	6	175	12		175			175
其　　他	5	182	159		182			182
按国民经济行业分组								
农、林、牧、渔业	27	3021	1137	2	2949		72	2344
采矿业	3	135	17	8	95	30	10	89
制造业	441	131890	64730	1109	125858	2514	3518	125546
电力、热力、燃气及水生产和供应业	11	2932	884	1	2747	143	42	2711
建筑业	89	153808	11037	613	35132	116073	2603	33913
批发和零售业	390	41530	21236	639	36123	3481	1926	36197
交通运输、仓储和邮政业	103	27692	7450	685	22620	4047	1025	22179
住宿和餐饮业	99	16096	8473	333	15561	7	528	15051
信息传输、软件和信息技术服务业	24	12968	5605		9141	3146	681	9033
金融业	59	16262	8917	318	9250	1460	5552	9320
房地产业	293	19455	7225	263	17390	1451	614	17280
租赁和商务服务业	72	24224	9990	228	18502	5313	409	18086
科学研究、技术服务业	63	8973	2571	117	8530	216	227	8323
水利、环境和公共设施管理业	7	1179	558	12	829	338	12	767
居民服务、修理和其他服务业	8	508	255		504		4	501
教育	42	4425	2101	156	3998		427	3441
卫生和社会工作	16	756	485		719		37	701
文化、体育和娱乐业	26	3464	1607	6	3183		281	3055

3-15 全市单位从业人员工资总额

（2013 年）

指标名称	从业人员工资总额				在岗职工年平均工资（元/人）
		在岗职工工资总额	劳务派遣人员工资总额	其他人员工资总额	
总计	**4105363**	**3337032**	**631994**	**136337**	**48188**
#国有控股	2450848	1762231	596639	91978	48813
按企业、事业、机关分组					
企业	2779020	2066377	618059	94584	48060
事业	1047349	1004077	9090	34182	48862
机关	277673	265257	4845	7571	47068
民间非盈利组织	832	832			46475
其他	490	490			26896
按经济类型分组					
国有经济单位	2004426	1834375	88088	31963	50193
集体经济单位	38886	34209	586	4091	38077
其他经济单位	2062052	1468449	543320	50283	46622
按国民经济行业分组					
农、林、牧、渔业	**42436**	**35779**	**59**	**6597**	**35724**
农　业	14016	7995		6021	30642
林　业	14937	14722	57	159	36356
畜牧业	4163	4123		40	36044
渔　业	97	97			37115
农、林、牧、渔服务业	9223	8843	3	378	40426
采矿业	**969**	**815**	**90**	**64**	**50837**
制造业	**563968**	**540598**	**9720**	**13650**	**38481**
电力、热力、燃气及水生产和供应业	**58543**	**54547**	**3913**	**84**	**55549**
建筑业	**820007**	**293650**	**501549**	**24808**	**44879**
批发和零售业	**204975**	**189976**	**10829**	**4171**	**43654**
批发业	103305	95057	5793	2455	53902
零售业	101670	94918	5036	1716	36628
交通运输、仓储和邮政业	**214112**	**176315**	**34181**	**3617**	**50985**
铁路运输业	39836	33332	6228	276	70871
道路运输业	103998	100003	1009	2987	44774
水上运输业	2024	1986		37	38640
航空运输业	7428	6046	1353	30	69275
装卸搬运和运输代理业	9000	6568	2430	2	39673
仓储业	6029	5665	279	85	45064
邮政业	45797	22716	22882	200	57175

3-15 续表 1　　　　单位：万元

指标名称	从业人员工资总额				在岗职工年平均工资（元 / 人）
		在岗职工工资总额	劳务派遣人员工资总额	其他人员工资总额	
住宿和餐饮业	**47036**	**45757**	**211**	**1068**	**24555**
住宿业	28627	27803	199	626	31794
餐饮业	18408	17955	12	442	18124
信息传输、软件和信息技术服务业	**128290**	**98963**	**26200**	**3128**	**71379**
电信、广播电视和卫星传输服务	123758	95573	25603	2581	72275
互联网和相关服务	2455	1778	130	546	66727
软件和信息技术服务业	2078	1611	467		43025
金融业	**353760**	**310296**	**14348**	**29116**	**130107**
货币金融服务业	290443	267659	11668	11116	140098
资本市场服务业	12467	11355	120	992	132507
保险业	48532	29008	2515	17009	78552
其他金融业	2319	2274	45		171741
房地产业	**88188**	**81009**	**3792**	**3387**	**39007**
# 房地产开发经营	47202	45060	213	1929	58674
物业管理	38336	33308	3579	1450	27991
房地产中介服务	1060	1060			36816
租赁和商务服务业	**146950**	**133919**	**10936**	**2095**	**40737**
租赁业	3176	2484	281	411	64913
商务服务业	143774	131434	10655	1685	40444
科学研究、技术服务业	**206400**	**199583**	**2997**	**3821**	**63457**
研究和试验发展	36507	35490	57	960	53744
专业技术服务业	164584	159080	2940	2564	67433
科技推广和应用服务业	5309	5012		297	39066
水利、环境和公共设施管理业	**65729**	**56923**	**3037**	**5768**	**34436**
水利管理业	9307	9009	29	269	43684
生态保护和环境治理业	3009	2524	203	282	34608
公共设施管理业	53413	45390	2805	5218	33112
居民服务、修理和其他服务业	**5444**	**5216**		**227**	**44020**
居民服务业	3676	3579		97	51790
机动车、电子产品和日用产品修理业	1647	1541		106	34173
其他服务业	120	97		24	22442
教育	**486237**	**465597**	**2541**	**18100**	**48988**
# 初等教育	130131	126585	150	3396	40620
中等教育	203728	196495	840	6394	48877
高等教育	125559	120526	1440	3593	65538
卫生和社会工作	**279365**	**271428**	**2300**	**5637**	**55623**
卫生	275886	268176	2300	5409	56065
社会工作	3480	3252		228	33595

3-15 续表 2

单位：万元

指标名称	从业人员工资总额	在岗职工工资总额	劳务派遣人员工资总额	其他人员工资总额	在岗职工年平均工资（元/人）
文化、体育和娱乐业	**59872**	**57687**	**173**	**2011**	**50559**
新闻和出版业	23083	21715	119	1250	72344
广播、电视、电影和影视录音制作业	12268	12179		89	39957
文化艺术业	12283	11656	55	573	45511
体育	8032	7974		57	36479
娱乐业	4206	4163		43	67257
公共管理、社会保障和社会组织	**333085**	**318976**	**5120**	**8989**	**46170**
中国共产党机关	15448	15203	47	197	51679
国家机构	302577	289302	5050	8224	45995
人民政协、民主党派	3476	3400	7	70	57737
社会保障	6120	5708	12	400	38364
群众社团、社会团体和其他成员组织	5464	5362	4	98	45943
国有单位合计	**2004426**	**1834375**	**88088**	**81963**	**50193**
按隶属关系分组					
中　央	309262	247950	39189	22123	62683
省、自治区、直辖市	717920	683038	16360	18523	55426
地　区	413323	384465	17674	11183	49273
县及县以下	531047	500473	4609	25965	40675
其　他	32874	18449	10255	4170	54883
按执行会计标准类别分组					
企　业	689330	574235	74286	40809	53662
#地　方	437298	382580	35827	18891	50216
事　业	1038073	995433	9051	33589	49022
#地　方	1000448	958484	8566	33397	48429
机　关	277023	264707	4751	7565	47064
#地　方	257418	245361	4505	7552	46100

3-15 续表 3

单位：万元

指标名称	从业人员工资总额	在岗职工工资总额	劳务派遣人员工资总额	其他人员工资总额	在岗职工年平均工资（元/人）
按国民经济行业分组					
农、林、牧、渔业	33281	28100	59	5122	37056
采矿业	400	394		5	61578
制造业	62085	55823	2084	4178	44295
电力、热力、燃气及水生产和供应业	42254	38795	3427	33	57413
建筑业	163993	123264	26283	14446	39154
批发和零售业	41613	39561	1139	913	74121
交通运输、仓储和邮政业	82872	62578	19675	619	55318
住宿和餐饮业	11119	10729	116	274	31544
信息传输、软件和信息技术服务业	28298	16812	11453	32	50965
金融业	137862	116931	8637	12295	95213
房地产业	15191	13883	14	1295	45353
租赁和商务服务业	44114	42078	601	1435	35377
科学研究、技术服务业	155862	150890	2197	2775	66057
水利、环境和公共设施管理业	61665	53646	2270	5749	34153
居民服务、修理和其他服务业	3507	3293		214	62250
教育	471496	451730	2541	17226	49390
卫生和社会工作	276443	268611	2300	5531	55852
文化、体育和娱乐业	39455	38449	173	833	46039
公共管理、社会保障和社会组织	332918	318809	5120	8989	46196
城镇集体单位合计	**38886**	**34209**	**586**	**4091**	**38077**
按执行会计标准类别分组					
企　业	37126	32470	586	4070	38898
事　业	1751	1730		21	27198
民间非营利组织	9	9			23000

3-15 续表 4

单位：万元

指标名称	从业人员工资总额	在岗职工工资总额	劳务派遣人员工资总额	其他人员工资总额	在岗职工年平均工资（元/人）
按国民经济行业分组					
农、林、牧、渔业	196	196			22034
制造业	5755	5628	75	52	29520
电力、热力、燃气及水生产和供应业	764	764			23158
建筑业	12194	8177	382	3635	24959
批发和零售业	2667	2583		83	29759
交通运输、仓储和邮政业	1386	1358		28	42441
住宿和餐饮业	702	615		86	30305
金融业	12511	12225	129	157	103730
房地产业	46	46			30800
租赁和商务服务业	768	758		10	39464
科学研究、技术服务业	606	596		10	32216
水利、环境和公共设施管理业	22	22			35833
居民服务、修理和其他服务业	518	508		10	32768
教育	572	554		18	38734
卫生和社会工作	12	12			24000
公共管理、社会保障和社会组织	167	167			22253
其他单位合计	**2062052**	**1468449**	**543320**	**50283**	**46622**
按登记注册类型分组					
内资	1754533	1172294	534933	47306	48015
股份合作	36010	35298	682	29	157601
联营	173	170		4	19953
#国有联营	70	70			32000
集体联营	12	8		4	21000
有限责任公司	1282976	752639	504439	25898	44383
#国有独资	549583	206726	337606	5252	59217
股份有限公司	405415	356423	29795	19196	61925
其他	29960	27763	17	2179	36611
港、澳、台商投资	204794	201807	1784	1204	41030
外商投资	102725	94348	6604	1773	38353

3-15 续表 5

单位：万元

指标名称	从业人员工资总额	在岗职工工资总额	劳务派遣人员工资总额	其他人员工资总额	在岗职工年平均工资（元 / 人）
按执行会计标准类别分组					
企　业	2052564	1459672	543188	38110	46665
事　业	7525	6914	39	276	38394
机　关	650	551	94	28	48811
民间非营利组织	823	823			47011
其　　他	490	490		3	26896
按国民经济行业分组					
农、林、牧、渔业	8958	7483		26	31925
采矿业	569	421	90	133	44807
制造业	496127	479146	7561	11904	38022
电力、热力、燃气及水生产和供应业	15525	14988	486	78	54484
建筑业	643821	162208	474885	2844	46996
批发和零售业	160696	147832	9690	4816	39738
交通运输、仓储和邮政业	129853	112379	14505	4913	48620
住宿和餐饮业	35215	34413	95	567	22885
信息传输、软件和信息技术服务业	99993	82151	14747	1853	80822
金融业	203386	181140	5582	3844	176603
房地产业	72951	67080	3778	2814	37971
租赁和商务服务业	102068	91083	10335	2949	43523
科学研究、技术服务业	49932	48097	800	325	57095
水利、环境和公共设施管理业	4042	3255	767	27	38904
居民服务、修理和其他服务业	1419	1416			28253
教育	14169	13313		656	38690
卫生和社会工作	2911	2805			40017
文化、体育和娱乐业	20417	19238		668	62972

3-16 全市离休、退休人数及保险福利费用构成情况

（2013年）

指标名称	离休、退休人员年末数（人）			保险福利费用构成（万元）			
	合计	离休人员	退休 人员	合计	离休金	退休金	其他
总计	**337185**	**1034**	**336151**	**786046**	**2583**	**615065**	**168398**
企业	281029	488	280541	533379	1259	532120	
事业	43184	186	42998	194473	457	63960	130056
机关	12972	360	12612	58194	867	18985	38342
其他							

3-17 市区离休、退休人数及保险福利费用构成情况

（2013年）

指标名称	离休、退休人员年末数（人）			保险福利费用构成（万元）			
	合计	离休人员	退休人员	合计	离休金	退休金	其他
总计	**215664**	**778**	**224886**	**523983**	**1962**	**403635**	**118386**
企业	188016	411	187605	364429	1037	363392	
事业	21134	153	30981	123473	378	30613	92482
机关	6514	214	6300	36081	547	9630	25904
其他							

注：本表数据不包括中直、区直单位。

3-18 市区单位从业人员人数

（2013 年） 单位：人

指标名称	单位数（个）	从业人员年末人数						在岗职工年平均人数
			#女性	非全日制	在岗职工	劳务派遣人员	其他从业人员	
总计	**4667**	**749172**	**254789**	**11051**	**548402**	**161080**	**39690**	**538078**
#国有控股	1897	466173	147546	8241	291555	150174	24444	289766
按企业、事业、机关分组								
企业	2221	543645	170666	8394	362052	156286	25307	358705
事业	1696	161264	71588	2457	146189	2933	12142	140689
机关	739	43919	12375	200	39817	1861	2241	38340
民间非盈利组织	6	162	1		162			162
其他	5	182	159		182			182
按经济类型分组								
国有经济单位	3011	318110	116095	7395	270612	23822	23676	263490
集体经济单位	135	5936	2048	20	5453	149	334	5414
其他经济单位	1521	425126	136646	3636	272337	137109	15680	269174
按国民经济行业分组								
农、林、牧、渔业	**120**	**7701**	**2956**	**2**	**6976**	**417**	**308**	**6017**
农　业	26	704	118		600		104	600
林　业	22	4914	2114		4467	417	30	3468
畜牧业	7	586	168		583		3	612
渔　业	2	23	6		23			24
农、林、牧、渔服务业	63	1474	550	2	1303		171	1313
采矿业	**3**	**58**	**13**	**7**	**51**		**7**	**51**
制造业	**425**	**109279**	**55327**	**1122**	**104280**	**2136**	**2863**	**104883**
电力、热力、燃气及水生产和供应业	**17**	**5334**	**1546**	**1**	**4644**	**648**	**42**	**4682**
建筑业	**124**	**195153**	**16987**	**2162**	**61123**	**127241**	**6789**	**59486**
批发和零售业	**512**	**46651**	**22884**	**738**	**40422**	**3914**	**2315**	**40593**
批发业	289	19595	8576	224	16434	1661	1500	16580
零售业	223	27056	14308	514	23988	2253	815	24013
交通运输、仓储和邮政业	**163**	**40246**	**10982**	**707**	**32283**	**6833**	**1130**	**31823**
铁路运输业	4	5978	993	22	4393	1554	31	4121
道路运输业	109	22834	7145	585	21207	666	961	21071
水上运输业	5	396	90		382		14	389
航空运输业	3	1083	270		772	297	14	771
装卸搬运和运输代理业	12	1944	532		1413	531		1492
仓储业	24	1002	325	1	916	75	11	918
邮政业	6	7009	1627	99	3200	3710	99	3061

3-18 续表 1

单位：人

指标名称	单位数（个）	从业人员年末人数	# 女性	非全日制	在岗职工	劳务派遣人员	其他从业人员	在岗职工年平均人数
住宿和餐饮业	**132**	**19459**	**10269**	**355**	**18820**	**41**	**598**	**18343**
住宿业	91	8883	4866	47	8573	39	271	8626
餐饮业	41	10576	5403	308	10247	2	327	9717
信息传输、软件和信息技术服务业	**44**	**18330**	**7790**		**12227**	**5417**	**686**	**12102**
电信、广播电视和卫星传输服务	29	17437	7503		11615	5246	576	11505
互联网和相关服务	5	409	172		263	36	110	250
软件和信息技术服务业	10	484	115		349	135		347
金融业	**149**	**29528**	**16144**	**2345**	**19198**	**2613**	**7717**	**19034**
货币金融服务业	101	19416	9753	1629	15228	2261	1927	15031
资本市场服务业	18	1050	371	5	797	28	225	810
保险业	26	8923	5975	711	3044	314	5565	3068
其他金融业	4	139	45		129	10		125
房地产业	**308**	**21896**	**7835**	**265**	**19303**	**1428**	**1165**	**19175**
# 房地产开发经营	222	7374	2753	60	6986	26	362	6851
物业管理	73	13953	4806	205	11748	1402	803	11693
房地产中介服务	5	238	131		238			288
租赁和商务服务业	**197**	**35677**	**12723**	**366**	**29616**	**5269**	**792**	**29186**
租赁业	5	538	129		415	47	76	379
商务服务业	192	35139	12594	366	29201	5222	716	28807
科学研究、技术服务业	**331**	**30683**	**9972**	**169**	**28415**	**816**	**1452**	**27944**
研究和试验发展	82	6051	2280	23	5643	23	385	5568
专业技术服务业	215	23656	7396	41	22090	793	773	21680
科技推广和应用服务业	34	976	296	105	682		294	696
水利、环境和公共设施管理业	**91**	**16855**	**9496**	**1273**	**14202**	**972**	**1681**	**12605**
水利管理业	33	839	222	2	795	11	33	800
生态保护和环境治理业	3	493	278	70	410	2	81	395
公共设施管理业	55	15523	8996	1201	12997	959	1567	11410
居民服务、修理和其他服务业	**17**	**1114**	**434**		**1071**		**43**	**1054**
居民服务业	6	615	293		615			603
机动车、电子产品和日用产品修理业	11	499	141		456		43	451
教育	**674**	**69170**	**30817**	**1141**	**60754**	**740**	**7676**	**59041**
# 初等教育	375	13679	7272	35	12644	4	1031	12329
中等教育	176	27483	12567	196	25236	180	2067	24251
高等教育	29	20120	8451	719	18380	516	1224	17984
卫生和社会工作	**139**	**35418**	**17262**	**77**	**34308**	**566**	**544**	**33209**
卫生	124	34510	16731	72	33460	566	484	32387
社会工作	15	908	531	5	848		60	822

3-18 续表 2

单位：人

指标名称	单位数（个）	从业人员年末人数	# 女性	非全日制	在岗职工	劳务派遣人员	其他从业人员	在岗职工年平均人数
文化、体育和娱乐业	**156**	**11961**	**4767**	**103**	**10885**	**44**	**1032**	**10726**
新闻和出版业	41	3283	1413	33	2944	27	312	2941
广播、电视、电影和影视录音制作业	34	2949	888		2891		58	2868
文化艺术业	47	2790	1104	65	2172	17	601	2139
体育	21	2295	1108	1	2259		36	2165
娱乐业	13	644	254	4	619		25	613
公共管理、社会保障和社会组织	**1065**	**54659**	**16585**	**218**	**49824**	**1985**	**2850**	**48124**
中国共产党机关	67	2254	641		2154	27	73	2150
国家机构	894	49979	15115	206	45479	1951	2549	43809
人民政协、民主党派	15	497	63		438		59	437
社会保障	45	1059	425	9	903	5	151	873
群众社团、社会团体和其他成员组织	44	870	341	3	850	2	18	855
国有单位合计	**3011**	**318110**	**116095**	**7395**	**270612**	**23822**	**23676**	**263490**
按隶属关系分组								
中　央	191	46353	14598	3977	29209	12614	4530	29040
省、自治区、直辖市	876	129926	46425	1403	119508	4117	6301	117782
地　区	676	88127	30369	616	78431	4045	5651	74903
县及县以下	1236	46242	22100	1380	40072	1153	5017	38362
其　他	32	7462	2603	19	3392	1893	2177	3403
按执行会计标准类别分组								
企　业	621	115596	33375	4745	86997	19037	9562	86523
#地　方	476	77367	21257	769	65584	6695	5088	65110
事　业	1651	158595	70345	2450	143798	2924	11873	138627
#地　方	1621	153192	68762	2449	138626	2745	11821	133609
机　关	739	43919	12375	200	39817	1861	2241	38340
#地　方	723	41198	11478	200	37193	1768	2237	35731

3–18 续表 3　　单位：人

指标名称	单位数（个）	从业人员年末人数	# 女性	非全日制	在岗职工	劳务派遣人员	其他从业人员	在岗职工年平均人数
按国民经济行业分组								
农、林、牧、渔业	105	6741	2702		6078	417	246	5083
采矿业	2	42	13	7	35		7	35
制造业	89	11249	4202	350	10275	144	830	10476
电力、热力、燃气及水生产和供应业	10	2773	765		2264	505	4	2338
建筑业	34	40761	5994	1737	25300	11260	4201	24875
批发和零售业	101	5445	1885	99	4630	437	378	4665
交通运输、仓储和邮政业	63	12973	3567	22	10069	2786	118	10040
住宿和餐饮业	27	3291	1769	22	3198	34	59	3227
信息传输、软件和信息技术服务业	20	5362	2185		3086	2271	5	3069
金融业	98	14042	7683	2335	10205	1239	2598	9982
房地产业	40	3259	941	3	2676	4	579	2676
租赁和商务服务业	118	11504	2680	137	10972	156	376	10957
科学研究、技术服务业	267	21988	7379	52	20167	600	1221	19917
水利、环境和公共设施管理业	85	15732	8962	1261	13429	634	1669	11894
居民服务、修理和其他服务业	6	438	121		403		35	398
教育	626	64593	28658	978	56611	740	7242	55457
卫生和社会工作	126	34791	16866	77	33718	566	507	32637
文化、体育和娱乐业	130	8497	3160	97	7702	44	751	7671
公共管理、社会保障和社会组织	1064	54629	16563	218	49794	1985	2850	48093
城镇集体单位合计	**135**	**5936**	**2048**	**20**	**5453**	**149**	**334**	**5414**
按企业、事业、机关分组								
企　业	123	5663	1949	13	5189	149	325	5150
事　业	11	269	98	7	260		9	260
民间非营利组织	1	4	1		4			4

指标名称	单位数（个）	从业人员年末人数	#女性	非全日制	在岗职工	劳务派遣人员	其他从业人员	在岗职工年平均人数
按国民经济行业分组								
农、林、牧、渔业	3	89	7		89			89
制造业	35	1785	978		1742	19	24	1744
建筑业	7	1608	115		1322	91	195	1302
批发和零售业	46	750	273	10	692		58	702
交通运输、仓储和邮政业	5	206	70		204		2	202
住宿和餐饮业	10	186	107		173		13	177
金融业	2	571	220	2	512	39	20	493
房地产业	3	14	8		14			15
租赁和商务服务业	10	198	74	1	191		7	192
科学研究、技术服务业	2	168	54		164		4	158
水利、环境和公共设施管理业	1	6	2		6			6
居民服务、修理和其他服务业	3	168	58		164		4	155
教育	6	152	58	7	145		7	143
卫生和社会工作	1	5	2		5			5
公共管理、社会保障和社会组织	1	30	22		30			31
其他单位合计	**1521**	**425126**	**136646**	**3636**	**272337**	**137109**	**15680**	**269174**
按登记注册类型分组								
内资	1349	359009	94939	3281	208357	135510	15142	206115
股份合作	11	1922	753	12	1720	190	12	1665
联营	3	92	30		92			81
#国有联营	1	33	13		33			22
集体联营								
有限责任公司	1034	281370	65920	2255	147570	126420	7380	146244
#国有独资	98	100151	9500	24	33865	65570	716	32575
股份有限公司	159	66981	24424	857	51113	8892	6976	50958
其他	142	8644	3812	157	7862	8	774	7167
港、澳、台商投资	86	45993	31159	14	45480	354	159	44988
外商投资	86	20124	10548	341	18500	1245	379	18071

3-18 续表 5　　　　单位：人

指标名称	单位数（个）	从业人员年末人数	#女性	非全日制	在岗职工	劳务派遣人员	其他从业人员	在岗职工年平均人数
按执行会计标准类别分组								
企　业	1477	422386	135342	3636	269866	137100	15420	267032
事　业	34	2400	1145		2131	9	260	1802
机　关								
其　他	5	158			158			158
民间非营利组织	5	182	159		182			182
按国民经济行业分组								
农、林、牧、渔业	12	871	247	2	809		62	845
采矿业	1	16			16			16
制造业	301	96245	50147	772	92263	1973	2009	92663
电力、热力、燃气及水生产和供应业	7	2561	781	1	2380	143	38	2344
建筑业	83	152784	10878	425	34501	115890	2393	33309
批发和零售业	365	40456	20726	629	35100	3477	1879	35226
交通运输、仓储和邮政业	95	27067	7345	685	22010	4047	1010	21581
住宿和餐饮业	95	15982	8393	333	15449	7	526	14939
信息传输、软件和信息技术服务业	24	12968	5605		9141	3146	681	9033
金融业	49	14915	8241	8	8481	1335	5099	8559
房地产业	265	18623	6886	262	16613	1424	586	16484
租赁和商务服务业	69	23975	9969	228	18453	5113	409	18037
科学研究、技术服务业	62	8527	2539	117	8084	216	227	7869
水利、环境和公共设施管理业	5	1117	532	12	767	338	12	705
居民服务、修理和其他服务业	8	508	255		504		4	501
教育	42	4425	2101	156	3998		427	3441
卫生和社会工作	12	622	394		585		37	567
文化、体育和娱乐业	26	3464	1607	6	3183		281	3055

3-19 市区单位从业人员工资总额

（2013 年）　　单位：万元

指标名称	从业人员工资总额	在岗职工工资总额	劳务派遣人员工资总额	其他人员工资总额	在岗职工年平均工资（元 / 人）
总计	**3545980**	**2818765**	**619845**	**107370**	**50201**
# 国有控股	2230821	1570175	585917	74729	50612
按企业、事业、机关分组					
企业	2558993	1874320	607337	77335	49503
事业	775490	741251	8489	25750	52297
机关	210214	201910	4019	4285	51553
民间非盈利组织	794	794			49012
其他	490	490			26896
按经济类型分组					
国有经济单位	1602272	1458182	79569	64521	53338
集体经济单位	24473	22922	571	980	42147
其他经济单位	1919235	1337661	539706	41869	48004
按国民经济行业分组					
农、林、牧、渔业	**24702**	**24029**	**59**	**614**	**39795**
农　业	3206	3005		200	50087
林　业	13768	13588	57	123	38953
畜 牧 业	1418	1406		12	22971
渔　业	91	91			37833
农、林、牧、渔服务业	6220	5939	3	279	45213
采 矿 业	**121**	**117**		**3**	**22961**
制 造 业	**442777**	**428365**	**5987**	**8426**	**40626**
电力、热力、燃气及水生产和供应业	**33426**	**30587**	**2789**	**50**	**64210**
建筑业	**807584**	**286085**	**500526**	**20974**	**45218**
批发和零售业	**200701**	**185812**	**10821**	**4068**	**44226**
批发业	101910	93687	5786	2438	54577
零售业	98791	92125	5035	1631	37035
交通运输、仓储和邮政业	**204222**	**169762**	**31011**	**3449**	**51942**
铁路运输业	39836	33332	6228	276	70871
道路运输业	101419	97527	1009	2883	45250
水上运输业	1636	1599		37	41095
航空运输业	7428	6046	1353	30	69275
装卸搬运和运输代理业	8599	6166	2430	2	42138
仓 储 业	5058	4758	279	21	50675
邮政业	40246	20334	19712	200	58856

3-19 续表 1　　单位：万元

指标名称	从业人员工资总额				在岗职工年平均工资（元/人）
		在岗职工工资总额	劳务派遣人员工资总额	其他人员工资总额	
住宿和餐饮业	**45980**	**44909**	**211**	**861**	**24505**
住宿业	28213	27499	199	516	31862
餐饮业	17767	17410	12	345	17926
信息传输、软件和信息技术服务业	**126789**	**97645**	**26034**	**3111**	**72070**
电信、广播电视和卫星传输服务	122256	94255	25437	2564	73019
互联网和相关服务	2455	1778	130	546	66727
软件和信息技术服务业	2078	1611	467		43025
金融业	**328596**	**287772**	**13232**	**27593**	**139858**
货币金融服务业	268288	246378	11049	10860	151099
资本市场服务业	12367	11256	120	992	135910
保险业	45623	27864	2017	15741	85059
其他金融业	2319	2274	45		171741
房地产业	**84064**	**77057**	**3708**	**3299**	**39336**
# 房地产开发经营	44064	42085	129	1850	61385
物业管理	37971	32942	3579	1450	28041
房地产中介服务	1060	1060			36816
租赁和商务服务业	**143547**	**131086**	**10634**	**1827**	**41242**
租赁业	3176	2484	281	411	64913
商务服务业	140371	128601	10353	1417	40945
科学研究、技术服务业	**195908**	**189139**	**2997**	**3772**	**66647**
研究和试验发展	33050	32037	57	957	57433
专业技术服务业	159585	154126	2940	2518	69668
科技推广和应用服务业	3273	2976		297	42759
水利、环境和公共设施管理业	**54499**	**47125**	**3037**	**4338**	**36919**
水利管理业	5282	5198	29	56	64525
生态保护和环境治理业	1924	1564	203	157	35838
公共设施管理业	47293	40363	2805	4125	35142
居民服务、修理和其他服务业	**4766**	**4660**		**106**	**44214**
居民服务业	3119	3119			51725
机动车、电子产品和日用产品修理业	1647	1541		106	34173
教育	**342942**	**326308**	**2000**	**14634**	**54844**
# 初等教育	57554	55615	7	1932	45085
中等教育	136696	131711	442	4544	54141
高等教育	125506	120473	1440	3593	65565
卫生和社会工作	**190743**	**185681**	**2270**	**2792**	**55725**
卫生	187742	182856	2270	2616	56259
社会工作	3001	2825		176	34369

单位：万元

指标名称	从业人员工资总额	在岗职工工资总额	劳务派遣人员工资总额	其他人员工资总额	在岗职工年平均工资（元/人）
文化、体育和娱乐业	**57654**	**55514**	**173**	**1966**	**51721**
新闻和出版业	22948	21580	119	1250	73181
广播、电视、电影和影视录音制作业	11716	11645		72	40601
文化艺术业	10868	10264	55	549	47859
体育	7940	7882		57	36407
娱乐业	4183	4144		38	67607
公共管理、社会保障和社会组织	**256958**	**247112**	**4358**	**5488**	**50441**
中国共产党机关	12550	12366	47	136	57022
国家机构	232979	223818	4295	4865	50129
人民政协、民主党派	2896	2826		70	64670
社会保障	4087	3699	12	376	42265
群众社团、社会团体和其他成员组织	4447	4402	4	41	51411
国有单位合计	**1602272**	**1458182**	**79569**	**64521**	**53338**
按隶属关系分组					
中　央	295501	238577	35007	21917	63249
省、自治区、直辖市	695868	665036	14206	16625	55696
地　区	396293	368609	16871	10812	49108
县及县以下	182114	167836	3278	11001	43386
其　他	32497	18124	10207	4166	54937
按执行会计标准类别分组					
企　业	624995	522816	67100	35079	55097
#地　方	384605	338430	32814	13361	51779
事　业	767063	733456	8450	25157	52509
#地　方	729728	696797	7965	24966	51779
机　关	210214	201910	4019	4285	51553
#地　方	192439	184379	3783	4278	50525

3-19 续表 3

单位：万元

指标名称	从业人员工资总额	在岗职工工资总额	劳务派遣人员工资总额	其他人员工资总额	在岗职工年平均工资（元/人）
按国民经济行业分组					
农、林、牧、渔业	22167	21640	59	468	42390
采矿业	100	96		3	27514
制造业	53359	49189	146	4024	46817
电力、热力、燃气及水生产和供应业	19593	17284	2303	6	71881
建筑业	162768	122327	26283	14158	39341
批发和零售业	40425	38407	1139	879	77632
交通运输、仓储和邮政业	75000	57993	16505	501	57519
住宿和餐饮业	10428	10181	116	131	31509
信息传输、软件和信息技术服务业	26796	15495	11287	15	51781
金融业	124965	105087	7848	12030	100022
房地产业	14119	12824	14	1281	47918
租赁和商务服务业	41097	39329	601	1167	35914
科学研究、技术服务业	146900	141976	2197	2726	70120
水利、环境和公共设施管理业	50690	44102	2270	4318	36777
居民服务、修理和其他服务业	2829	2737		92	68764
教育	328201	312441	2000	13760	55873
卫生和社会工作	188729	183773	2270	2687	56111
文化、体育和娱乐业	37237	36276	173	788	47264
公共管理、社会保障和社会组织	256872	247025	4358	5488	50455
城镇集体单位合计	**24473**	**22922**	**571**	**980**	**42147**
企业	23562	22032	571	959	42566
事业	902	881		21	33873
民间非营利组织	9	9			23000

单位：万元

指标名称	从业人员工资总额	在岗职工工资总额	劳务派遣人员工资总额	其他人员工资总额	在岗职工年平均工资（元/人）
按国民经济行业分组					
农、林、牧、渔业	196	196			22034
制造业	5329	5202	75	52	29827
建筑业	4671	3628	382	662	27865
批发和零售业	2099	2017		81	28735
交通运输、仓储和邮政业	1062	1058		4	52361
住宿和餐饮业	601	575		26	32463
金融业	7976	7755	114	107	157296
房地产业	46	46			30800
租赁和商务服务业	768	758		10	39464
科学研究、技术服务业	516	506		10	32006
水利、环境和公共设施管理业	22	22			35833
居民服务、修理和其他服务业	518	508		10	32768
教育	572	554		18	38734
卫生和社会工作	12	12			24000
公共管理、社会保障和社会组织	87	87			27935
其他单位合计	1919235	1337661	539706	41869	48004
按登记注册类型分组					
内资	1649889	1077818	532287	39784	49302
股份合作	33587	32964	594	29	182179
联营	161	161			19901
#国有联营	70	70			32000
集体联营					
有限责任公司	1196933	674617	502514	19803	45599
#国有独资	539323	197954	337467	3901	59985
股份有限公司	390560	343594	29162	17804	62825
其他	28648	26483	17	2148	36934
港、澳、台商投资	191974	188987	1784	1204	42062
外商投资	77372	70855	5635	881	39937

3-19 续表 5 单位：万元

指标名称	从业人员工资总额				在岗职工年平均工资（元 / 人）
		在岗职工工资总额	劳务派遣人员工资总额	其他人员工资总额	
按执行会计标准类别分组					
企　业	1910436	1329472	539667	41297	412968
事　业	7525	6914	39	572	5721
机　关					
其　他	785	785			
民间非营利组织	490	490			
按国民经济行业分组					
农、林、牧、渔业	2339	2193		146	1462
采矿业	21	21			
制造业	384090	373974	5765	4350	43499
电力、热力、燃气及水生产和供应业	13833	13303	486	44	442
建筑业	640146	160130	473862	6155	61545
批发和零售业	158178	145388	9682	3108	31084
交通运输、仓储和邮政业	128161	110711	14505	2944	29443
住宿和餐饮业	34951	34153	95	704	7038
信息传输、软件和信息技术服务业	99993	82151	14747	3095	30953
金融业	195655	174930	5269	15456	154563
房地产业	69899	64187	3695	2018	20180
租赁和商务服务业	101682	90999	10034	650	6500
科学研究、技术服务业	48493	46658	800	1036	10356
水利、环境和公共设施管理业	3788	3001	767	19	192
居民服务、修理和其他服务业	1419	1416		3	34
教育	14169	13313		856	8555
卫生和社会工作	2002	1897		106	1055
文化、体育和娱乐业	20417	19238		1179	11788

3-20 各县城镇单位年末从业人员

（2013 年）　　单位：人

指标名称	武鸣县	隆安县	马山县	上林县	宾阳县	横 县
单位从业人员年末人数	**40443**	**11324**	**14186**	**13968**	**37571**	**38868**
国有单位	19831	10436	12316	12409	28515	22947
城镇集体单位	1863	184	666	6	1676	1319
其他经济单位	18749	704	1204	1553	7380	14602
按国民经济行业分组						
农、林、牧、渔业	882	329	301	1223	2031	2424
采矿业	28			68		51
制造业	18196	623	732	1178	8037	9717
电力、热力、燃气及水生产和供应业	897	528	799	668	784	1709
建筑业	1390		456	463	1593	1799
批发和零售业	461	37	211	75	372	503
交通运输、仓储和邮政业	452	278	430	198	823	516
住宿和餐饮业	134		25		150	147
信息传输、软件和信息技术服务业	70	19		30	155	111
金融业	638	635	334	353	731	1352
房地产业	267	31	139	25	622	146
租赁和商务服务业	257	130	106	133	478	348
科学研究、技术服务业	465	29	43	237	1172	1160
水利、环境和公共设施管理业	1522	366	313	471	1536	1149
居民服务、修理和其他服务业	78	20			38	32
教育	7388	3405	5409	3971	9118	9347
卫生和社会工作	3160	1880	1990	1799	4379	3663
文化、体育和娱乐业	173	49	89	96	216	89
公共管理、社会保障和社会组织	3985	2965	2809	2980	5336	4605

3-21 各县城镇单位在岗职工年末人数

（2013年） 单位：人

指标名称	武鸣县	隆安县	马山县	上林县	宾阳县	横 县
单位在岗职工年末人数	**37733**	**9348**	**12210**	**11760**	**31811**	**35270**
国有单位	18309	8505	10852	10473	24408	20473
城镇集体单位	1428	184	295	6	1086	1319
其他经济单位	17996	659	1063	1281	6317	13478
按国民经济行业分组						
农、林、牧、渔业	873	294	255	229	516	2403
采 矿 业	27			58		21
制 造 业	17443	572	592	1147	6597	9515
电力、热力、燃气及水生产和供应业	897	510	787	667	784	1384
建筑业	1015		103	143	963	1646
批发和零售业	443	32	205	50	353	503
交通运输、仓储和邮政业	323	176	335	198	653	334
住宿和餐饮业	52		25		146	113
信息传输、软件和信息技术服务业	70	19		22	83	111
金融业	601	344	287	309	731	774
房地产业	258	21	135	20	583	146
租赁和商务服务业	232	121	79	106	410	104
科学研究、技术服务业	461	27	43	233	1152	1160
水利、环境和公共设施管理业	1380	236	249	470	932	570
居民服务、修理和其他服务业	78	1			19	32
教育	7107	2726	4840	3775	8632	8647
卫生和社会工作	3027	1708	1745	1629	4060	3571
文化、体育和娱乐业	163	46	89	86	205	89
公共管理、社会保障和社会组织	3283	2515	2441	2618	4992	4147

3-22 各县城镇单位从业人员劳动报酬

（2013年）　　　　单位：万元

指标名称	武鸣县	隆安县	马山县	上林县	宾阳县	横 县
单位从业人员劳动报酬	**146405**	**42158**	**48360**	**45404**	**139904**	**137152**
国有单位	83974	38422	42122	41503	110838	85294
城镇集体单位	4069	1207	2716	19	4943	1460
其他经济单位	58362	2529	3522	3881	24124	50398
按国民经济行业分组						
农、林、牧、渔业	2104	1036	1017	3155	3145	7277
采矿业	300			350		198
制造业	56194	2066	1375	2428	27685	31442
电力、热力、燃气及水生产和供应业	4642	2774	3412	1777	3103	9410
建筑业	2862		683	1105	4447	3327
批发和零售业	1265	86	465	171	1035	1253
交通运输、仓储和邮政业	1658	1159	1768	537	2461	2307
住宿和餐饮业	201		47		436	371
信息传输、软件和信息技术服务业	269	77		79	726	351
金融业	5789	3209	3018	2233	3149	7767
房地产业	1172	77	508	105	1887	374
租赁和商务服务业	591	305	203	389	1250	665
科学研究、技术服务业	1866	127	180	692	3561	4066
水利、环境和公共设施管理业	3012	1227	835	835	3192	2129
居民服务、修理和其他服务业	238	27			177	236
教育	34679	10265	16124	12707	39335	30185
卫生和社会工作	15982	9302	9076	9181	25171	19911
文化、体育和娱乐业	476	237	407	297	525	275
公共管理、社会保障和社会组织	13106	10183	9243	9363	18620	15612

3-23 各县城镇单位在岗职工劳动报酬

（2013 年） 单位：万元

指标名称	武鸣县	隆安县	马山县	上林县	宾阳县	横 县
单位在岗职工劳动报酬	**139674**	**38758**	**45534**	**40176**	**126209**	**127916**
国有单位	80472	35176	40009	36917	102991	80626
城镇集体单位	3174	1207	2106	19	3322	1460
其他经济单位	56028	2376	3418	3240	19896	45830
按国民经济行业分组						
农、林、牧、渔业	2097	978	966	380	1408	5922
采 矿 业	298			305		95
制 造 业	53899	1931	1286	2397	21776	30944
电力、热力、燃气及水生产和供应业	4642	2722	3405	1776	3103	8312
建筑业	2053		139	296	2681	2396
批发和零售业	1248	79	444	145	995	1253
交通运输、仓储和邮政业	1064	621	1331	537	1706	1294
住宿和餐饮业	81		47		403	317
信息传输、软件和信息技术服务业	268	77		63	559	351
金融业	5583	2549	2891	2106	3149	6246
房地产业	1141	57	502	87	1793	374
租赁和商务服务业	544	287	187	348	1138	330
科学研究、技术服务业	1854	125	180	686	3532	4066
水利、环境和公共设施管理业	2812	1081	737	834	2560	1774
居民服务、修理和其他服务业	238	3			79	236
教育	34129	9527	15413	12460	38439	29321
卫生和社会工作	15554	8870	8731	8681	24294	19618
文化、体育和娱乐业	466	233	407	279	513	275
公共管理、社会保障和社会组织	11705	9618	8868	8796	18081	14797

3-24 各县城镇单位在岗职工年平均工资

（2013年）　　　　单位：元/人

指标名称	武鸣县	隆安县	马山县	上林县	宾阳县	横 县
单位在岗职工年平均工资	**37083**	**40901**	**37482**	**34764**	**40066**	**38495**
国有单位	43713	40726	36966	35446	42417	40137
城镇集体单位	22181	67792	78544	32167	30505	24737
其他经济单位	31324	36190	32341	28556	32740	36508
按国民经济行业分组						
农、林、牧、渔业	23716	33030	37898	14615	27240	33513
采矿业	102690			52621		46200
制造业	31104	34028	21690	23921	34697	33460
电力、热力、燃气及水生产和供应业	51234	52770	43771	26790	39273	56410
建筑业	20432		17769	27491	28585	31264
批发和零售业	27884	25484	22866	29060	28796	26820
交通运输、仓储和邮政业	37561	43110	39146	27121	30388	45459
住宿和餐饮业	15615		18920		34186	28018
信息传输、软件和信息技术服务业	38884	40263		28591	49061	30216
金融业	92588	51688	97469	69203	43493	74703
房地产业	42105	28400	34854	42000	30562	26303
租赁和商务服务业	30723	23727	23658	33452	27754	20763
科学研究、技术服务业	39273	46444	40909	29200	30634	34929
水利、环境和公共设施管理业	20364	44502	29363	18568	27561	31005
居民服务、修理和其他服务业	30089	32000			41684	73781
教育	47716	34582	31864	33050	44438	34890
卫生和社会工作	52686	52145	50379	54152	61179	55780
文化、体育和娱乐业	28747	50565	46273	32465	24917	30854
公共管理、社会保障和社会组织	34003	38101	36545	33436	36190	36088

注：本表单位在岗职工年平均工资含劳务派遣人员。

四 农业

CHAPTER 4　AGRICULTURE

4-1 全市主要年份农林牧渔业总产值

（按当年价格计算） 单位：万元

年份	合计	农业	林业	畜牧业	副业	渔业	服务业
1950	5596	3785	75	814	718	204	
1965	12602	8259	140	2317	1710	176	
1978	36029	25540	447	5228	4256	558	
1980	44588	31178	788	4326	7494	802	
1985	70586	43266	1618	18990	4840	1872	
1986	78390	49427	1794	19138	5601	2430	
1987	91989	59881	1805	22627	4750	2926	
1988	116437	73400	2027	32509	4576	3925	
1989	125320	75059	2330	38702	4618	4611	
1990	169865	111699	2681	42149	6551	6785	
1991	175633	109121	3150	47954	7958	7450	
1992	210826	133273	5048	54433	8203	9869	
1993	270146	169444	7684	72479	8118	12421	
1994	372063	246897	7906	95979		21281	
1995	465896	317943	6553	115373		26027	
1996	533484	352786	8056	141505		31137	
1997	620077	405089	10778	167764		36446	
1998	684870	447697	13885	183967		39321	
1999	720486	477719	14965	182088		45714	
2000	1377932	889321	29672	362916		96024	
2001	1407186	907068	28533	381030		90555	
2002	1455675	897032	37551	419320		84538	17134
2003	1519259	936298	44241	431564		89587	17569
2004	1798585	1025366	54055	593160		90556	35448
2005	2045862	1154289	59541	677600		96624	57808
2006	2384753	1311708	81098	804014		102827	85105
2007	2944579	1535416	108658	1057025		119032	124448
2008	3380719	1701526	115181	1276515		142870	144627
2009	3511968	1826447	132117	1240689		145047	167667
2010	4032427	2111841	187594	1376318		169229	187447
2011	5071561	2598349	258539	1796992		206679	211002
2012	5345172	2827673	268263	1789465		204323	255449
2013	5772670	3115745	290811	1849520		225971	290621

注：1、1994 年后副业产值并入种植业；2000 年以后为行政区划调整后的数据，其余年份为原南宁口径；从 2003 年起农业总产值含农林牧渔服务业产值。2、2004-2007 年农林牧渔业总产值根据第二次农业普查数据进行了衔接修正。以下表同。

4-2 全市主要年份农林牧渔业总产值发展速度

（按可比价计算，上年为100）　　单位：%

年份	合计	农业	林业	畜牧业	副业	渔业	服务业
1951	107.79	107.18	111.76	117.07	101.13	102.54	
1965	125.21	130.42	96.81	120.01	114.73	98.43	
1978	107.36	106.81	132.13	97.65	116.38	162.93	
1980	110.75	108.17	157.62	101.91	4256	114.09	
1985	103.62	102.68	99.45	119.69	84.21	102.38	
1986	106.95	107.21	117.96	98.98	119.96	112.07	
1987	105.76	106.91	109.21	107.74	91.09	117.19	
1988	99.4	99.08	92.94	103.97	91.12	107.67	
1989	109.02	111.47	114.72	107.66	91.61	102.58	
1990	115.45	117.01	98.71	111.7	109.1	135.04	
1991	99.75	94.42	102.74	114.9	105.4	105.83	
1992	120.53	124.73	126.51	110.6	102.06	130.06	
1993	113.18	112.4	125.61	113.31	98.68	133.00	
1994	108.94	112.25	99.62	112.18		127.38	
1995	109.2	108.95	84.59	110.43		118.33	
1996	104.86	101.42	110.28	112.14		115.35	
1997	113.43	114.62	109.44	110.31		114.36	
1998	112.1	112.48	115.17	110.15		114.64	
1999	113.58	116.08	101.97	108.72		108.49	
2000	100.68	97.36	104.97	109.5		104.46	
2001	102.85	101.84	108.90	106.21		98.79	
2002	117.34	113.35	148.44	124.07		108.79	
2003	102.92	99.68	137.09	106.72		105.43	101.95
2004	106.09	103.21	111.76	112.06		104.26	106.26
2005	108.61	109.52	112.13	117.43		105.68	105.77
2006	109.11	109.23	129.97	116.71		111.63	106.98
2007	107.7	107.44	120.18	106.73		109.60	106.78
2008	105.76	104.66	100.78	108.05		102.14	107.72
2009	105.82	104.39	111.72	105.47		108.30	118.3
2010	105.89	105.43	111.43	105.91		106.31	106.05
2011	105.96	105.59	122.27	104.24		107.2	105.35
2012	105.27	106.07	99.49	104.64		105.84	107.27
2013	104.7	105.72	100.27	102.48		107.35	111.43

4-3 全市主要年份农民人均纯收入及主要农产品产量

年份	农民人均纯收入（元）	粮食产量（吨）	甘蔗产量（吨）	水果产量（吨）	肉类总产量（吨）	水产品产量（吨）
1950	54	198004	71282	4748	5490	5350
1965	66	319410	298784	8908	15915	3241
1978	88	590420	562171	24576	25752	4366
1980	107	670813	798831	31114	4256	4895
1985	367	551860	1339141	53925	29885	6939
1986	404	552903	1569850	93984	32396	8551
1987	461	590276	1633498	115847	35854	9790
1988	521	526325	1979810	110614	36833	10438
1989	574	624509	1958128	105346	39659	10705
1990	624	725954	2358841	120262	45934	14663
1991	683	548210	2559124	140926	53082	15383
1992	778	697128	3075803	164661	55278	21304
1993	912	744101	3413703	213470	61211	26550
1994	1093	746956	3116366	272561	70388	33743
1995	1326	779251	2908195	316342	77774	39509
1996	1553	781201	2946903	281615	84889	46030
1997	1788	801830	3267654	377862	95439	53290
1998	1942	814459	3786929	395986	106962	60619
1999	2079	796159	3373039	485971	115648	65333
2000	1791	1847949	5885534	515447	333757	131888
2001	1954	1711033	7382372	523893	349101	130396
2002	2111	1804051	9111682	596258	364413	139641
2003	2231	1753387	9279100	572372	385334	145468
2004	2467	1700479	8586119	670431	419792	158829
2005	2680	1810164	8609336	718249	464764	167330
2006	3033	1996596	10536802	812826	486544	149128
2007	3462	2001090	14369814	892798	502324	162075
2008	4001	2018111	15062914	731100	548185	165581
2009	4385	2091145	12263008	1045158	583071	180216
2010	5005	2042253	10440083	1232941	607581.1	191702
2011	5848	2070587	10636574	1420294	619621	205697
2012	6777	2151398	11302193	1579305	645080	217438
2013	7685	2234391	12369908	1705101	655301	232972

注：2000 年以后为行政区划调整后的数据，其余年份为原南宁口径。

4-4 农村基本情况及从业人员构成

指标名称	单位	全市		市区	
		2013年	2012年	2013年	2012年
农村基层组织					
乡镇个数	个	102	102	24	24
#镇个数	个	86	86	23	23
村民委员会	个	1391	1395	350	350
居民委员会	个	192	181	67	60
村民小组	个	33868	33867	8730	8729
农村社会基础设施					
通汽车村数	个	1389	1391	348	346
通电话村数	个	1389	1391	348	346
自来水受益村数	个	1298	1288	344	336
乡（镇）村户数	**万户**	**135.86**	**132.15**	**40.97**	**40.47**
乡（镇）村人口数	**万人**	**527.59**	**517.45**	**140.03**	**135.87**
#男	万人	276.07	270.8	74.07	71.72
女	万人	251.52	246.65	65.96	64.15
乡（镇）村劳动力资源	**万人**	**346.99**	**342.11**	**96.28**	**93.44**
#男	万人	184.82	182.29	50.83	49.82
女	万人	162.17	159.86	45.45	43.67
乡（镇）村从业人员	**万人**	**313.67**	**308.58**	**87.68**	**85.69**
#男	万人	166.77	164.41	46.92	46.03
女	万人	146.9	144.16	40.76	39.65
农业从业人员	万人	196.44	192.44	59.32	58.17
农业用地情况					
耕地	公顷	692236	686441	216316	209883
园地	公顷	84936	84480	33464	33003
林地	公顷	982108	975015	263039	254148
草地	公顷	46443	47659	18019	17671
设施农业用地	公顷	3092	2675	2075	1728

4-5 全市农林牧渔业总产值

单位：万元

指标名称	2013 年		2012 年	
	上年价	2013 年现行价	上年价	2012 年现行价
农林牧渔业总产值	**5596304**	**5772670**	**5338941**	**5345172**
农业产值	**2989454**	**3115745**	**2756163**	**2827673**
主产品产值	2932452	3058753	2699726	2771236
粮食作物合计	602306	601705	572575	579961
经济作物合计	819483	793475	801031	760880
蔬菜（食用菌类）园艺作物	956531	1033627	778360	906794
水果、饮料和香料	507171	582985	501521	477500
其他农作物	46962	46962	46138	46100
林业产值	**268975**	**290811**	**257220**	**268263**
营林	22710	22646	16814	25396
全社会竹木采伐	177306	184665	174304	174833
林产品	68960	83499	66102	68034
牧业产值	**1833899**	**1849520**	**1880349**	**1789465**
牲畜饲养	110291	132112	92407	105725
牛饲养	98835	119231	83786	94932
羊饲养	11455	12881	8621	10793
猪的饲养	855207	815034	950432	831160
家禽的饲养	504574	519660	499575	508739
活的畜禽产品	56974	56974	50810	54020
其他动物及产品	306851	325739	287125	289821
渔业产值	**219332**	**225971**	**218744**	**204323**
服务业产值	**284643**	**290621**	**226465**	**255449**

4-6 市区农林牧渔业总产值

单位：万元

指标名称	2013 年		2012 年	
	上年价	2013 年现行价	上年价	2012 年现行价
农林牧渔业总产值	**2057590**	**2141766**	**1944826**	**1967585**
农业产值	**1067043**	**1133747**	**998380**	**1019767**
主产品产值	1049188	1115892	980787	1002175
粮食作物合计	150156	149072	146194	147134
经济作物合计	326497	320329	330170	310601
蔬菜（食用菌类）园艺作物	316851	345063	249589	300832
水果、饮料和香料	247215	292957	246454	235244
其他农作物	8470	8470	8380	8363
林业产值	**111552**	**121537**	**108395**	**113758**
营林	9962	9951	7826	11805
全社会竹木采伐	72861	75827	70743	72289
林产品	28730	35759	29825	29663
牧业产值	**597257**	**598085**	**601518**	**580478**
牲畜饲养	19598	23592	16221	18420
牛饲养	18991	22910	15872	17983
羊饲养	607	682	349	437
猪的饲养	227673	216978	249784	218438
家禽的饲养	259075	266576	258216	262649
活的畜禽产品	36985	36985	33520	35562
其他动物及产品	53925	53953	43777	45408
渔业产值	**64468**	**66564**	**64826**	**60559**
农林牧渔服务业产值	**217269**	**221832**	**171708**	**193023**

4-7 农业林牧渔业总产值及构成

（2013 年，按当年价计算）

指标名称	农林牧渔业总产值	农业	林业	牧业	渔业	服务业
总产值（万元）						
全市	**5772670**	**3115745**	**290811**	**1849520**	**225971**	**290621**
市　区	2141766	1133747	121537	598085	66564	221832
武鸣县	1089440	604723	50074	369129	39987	25527
隆安县	351716	208985	15449	103803	14222	9257
马山县	242862	110260	19155	102285	10462	699
上林县	299252	120325	19790	140209	17994	934
宾阳县	656760	357225	27222	227607	36190	8516
横　县	990874	580480	37584	308402	40552	23856
构成（%）						
全市	**100**	**53.98**	**5.04**	**32.04**	**3.91**	**5.03**
市　区	100.00	52.94	5.67	27.92	3.11	10.36
武鸣县	100.00	55.51	4.60	33.88	3.67	2.34
隆安县	100.00	59.42	4.39	29.51	4.04	2.63
马山县	100.00	45.40	7.89	42.12	4.31	0.29
上林县	100.00	40.21	6.61	46.86	6.01	0.31
宾阳县	100.00	54.39	4.14	34.66	5.51	1.30
横　县	100.00	58.58	3.79	31.13	4.09	2.41

4-8 全市农作物播种面积和产量

指标名称	2013年			2012年		
	播种面积（公顷）	单产（公斤/公顷）	产量（吨）	播种面积（公顷）	单产（公斤/公顷）	产量（吨）
农作物总播种面积	**948504**			**944020**		
粮食合计	**442856**	**5045**	**2234391**	**442039**	**4867**	**2151398**
夏收	219545	5592	1227752	216810	5394	1169487
秋收	212158	4554	966248	214150	4398	941883
稻谷	287275	5495	1578701	288080	5282	1521692
早稻	138849	6093	845986	138928	5834	810490
中稻	1378	5260	7248	1166	5276	6152
晚稻	147048	4934	725467	147986	4764	705050
玉米	111205	4972	552896	109926	4839	531931
豆类合计	24928	1617	40313	24303	1569	38137
大豆	21943	1614	35412	21617	1564	33816
绿豆	1596	1749	2791	1565	1673	2619
薯类	18985	3250	61709	19286	3054	58895
红薯	12674	2733	34634	13033	2458	32030
经济作物	**274598**			**275359**		
油料作物	46755	2817	131726	45568	2740	124878
花生	45786	2861	131007	44728	2779	124292
油菜籽	836	653	546	740	591	437
麻类	200	5110	1022	196	4791	939
甘蔗	168891	73242	12369908	168594	67038	11302193
糖蔗	164929	72088	11889329	164545	65805	10827902
果蔗	3962	121297	480579	4049	117138	474291
药材	4626	20842	96418	4263	3962	16890
木薯	49303	11058	545193	52059	10770	560673
其他农作物	**231050**			**226622**		
蔬菜（包括菜用瓜）	177888	21776	3873736	174696	21517	3759018
食用菌（干鲜混合）	2128	76314	162397	1984	73408	145641
果瓜类	40560	25744	1044185	40170	25216	1012930
青饲料	4158			3854	1732	6676
饲草	1472			1501	41861	62834
绿肥	3431			3220	598	1926
马蹄	90	15600	1404	92	15522	1428
其他	1323			1105	201	222

4-9 市区农作物播种面积和产量

指标名称	2013年			2012年		
	播种面积（公顷）	单产（公斤/公顷）	产量（吨）	播种面积（公顷）	单产（公斤/公顷）	产量（吨）
农作物总播种面积	**307228**			**304909**		
粮食合计	**106086**	**5257**	**557739**	**106254**	**5144**	**546520**
夏收	48869	5744	280697	48484	5665	274669
秋收	56149	4877	273826	56733	4738	268786
稻 谷	78860	5529	435999	79280	5388	427185
早 稻	35826	6043	216490	35763	5964	213298
中 稻						
晚 稻	43034	5101	219509	43517	4915	213887
玉 米	21477	5072	108939	21121	5037	106390
豆类合计	2156	1877	4046	2155	1847	3981
大 豆	1220	1935	2361	1213	1899	2304
绿 豆	598	1724	1031	604	1704	1029
薯类	3575	2431	8692	3680	2419	8901
红 薯	3444	2384	8211	3585	2382	8540
经济作物	**99289**			**98412**		
油料作物	18108	2816	51001	17715	2740	48538
花 生	18056	2818	50878	17663	2741	48415
油 菜 籽						
麻 类	141	2128	300	143	2042	292
甘 蔗	69651	74189	5167345	69229	70845	4904519
糖 蔗	68878	73808	5083730	68364	70421	4814248
果 蔗	773	108169	83615	865	104360	90271
药 材	2069	35824	74121	2012	8395	16890
木 薯	9149	11263	103048	9162	10760	98586
其他农作物	**101853**			**100243**		
蔬菜（包括菜用瓜）	68842	21280	1464978	68027	21110	1436038
食用菌（干鲜混合）	140	69493	9729	132	66629	8795
果瓜类	28984	25401	736234	28797	24932	717962
青饲料	1338			1208	1606	1940
饲 草	781			772	76904	59370
绿 肥	585			570	328	187
马 蹄						
其 他	1183			737	301	222

4-10 茶叶、桑蚕及水果生产情况

指标名称	单位	全市		市区	
		2013 年	2012 年	2013 年	2012 年
茶叶产量	**吨**	**3486**	**3358**		
水果合计	**吨**	**1705101**	**1579305**	**763301**	**717456**
蕉类	吨	1257519	1147768	632619	592292
# 香蕉	吨	1216160	1107950	613731	573479
柚子	吨	3115	2688	897	601
# 沙田柚	吨	1050	993	275	258
柑桔	吨	58599	57508	16158	15727
橙	吨	62331	60858	4848	4946
梨	吨	10929	10549	2639	2424
菠萝	吨	7161	7288	3096	3133
龙眼	吨	110040	116020	30881	32552
荔枝	吨	48445	44954	26804	24404
芒果	吨	25664	24123	12048	11530
枣子（按鲜枣计算）	吨	1017	986	96	93
柿子（按鲜柿计算）	吨	9502	9417	449	457
葡萄	吨	8869	4025	1522	1231
桃	吨	4980	4726	471	441
李子	吨	14160	13419	346	337
其他水果	吨	82740	74976	30427	27288
茶园	**公顷**	**1925**	**1913**		
# 当年采摘面积	公顷	1888	1870		
桑园	**公顷**	**37411**	**29734**	**3773**	**3457**
果园	**公顷**	**94542**	**94251**	**43041**	**46259**
# 香蕉园	公顷	42817	40462	20664	20980
柑桔橙园	公顷	3442	4899	1158	1545
梨园	公顷	729	699	221	218
荔枝园	公顷	12458	12699	7363	7569
菠萝园	公顷	1199	1217	938	951
龙眼园	公顷	17695	18655	6011	6063
芒果园	公顷	2930	2951	1794	1840
葡萄园	公顷	727	688	101	189

4–11 林业生产情况

指标名称	单位	全市		市区	
		2013年	2012年	2013年	2012年
营林情况					
当年造林面积	公顷	8042	10869	2283	2510
人工造林(年末成活率85%以上)	公顷	7149	8187	2283	2510
按主要的林种用途分					
用材林	公顷	6635	10086	1860	2510
#速生丰产林	公顷	6734	7198	2200	2245
更新造林	公顷	15353	17724	3116	9023
封山育林面积	公顷	16627	12177		
当年四旁零星植树(按实际成活株数)	万株	663	586	157	217
林木种籽采集量	吨				
育苗面积	公顷	1066	173	155	150
#新育	公顷	143	27	17	14
当年苗木产量	万株	5247	3537	3173	1922
当年幼林抚育作业面积	公顷	24922	42340	17499	34380
成林抚育(实际)面积(包括间伐)	公顷	51755	48945	21754	14469
林产品产量(包括农户自用)					
油桐籽(籽:油=4:1)	吨	358	332		
油茶籽(籽:油=5:1))	吨	103	96		
松脂	吨	67158	64935	33272	32811
竹笋干(鲜笋按1/3折干)	吨	3920	4193	1319	1739
板栗	吨	20249	19384	244	263
八角	吨	4576	4471	10	91
桂皮	吨	125	28	125	21
安叶油	吨	750	713		
竹木采伐量					
木材	立方米	2790411	2868563	1074697	1171165
篙竹	万根	306	294		
大杂竹	万根	3829	3901	2094	2348
小杂竹	吨	44962	43460	3902	3715

4-12 畜牧生产情况

指标名称	计量单位	全市		市区	
		2013年	2012年	2013年	2012年
畜禽出栏					
猪	万头	523.31	509.9	138.6	133.75
牛	万头	22.53	21.66	4.42	4.25
山羊	万头	22.82	21.5	1.21	0.87
家禽	万只	14144.08	14300.18	7149.05	7240.79
鸡	万只	10379.27	10471.31	5329.06	5372.63
鸭	万只	3688.73	3746.14	1794.28	1836.4
鹅	万只	76.08	82.73	25.71	31.76
兔	万只	47.62	46.36	21.55	23.27
畜禽存栏					
大牲畜	万头	72.53	69.73	18.1	17.54
#役用畜	万头	39.11	41.6	10.67	11.96
牛	万头	71.05	68.2	18.1	17.45
肉牛	万头	32.04	28.81	10.64	11.69
奶牛	万头	2.13	1.4	0.88	0.57
马	万头	1.48	1.53		0.09
猪	万头	429.4	397.91	128.86	111.23
#能繁殖母猪	万头	44.33	47.77	11.95	13.1
山羊	万头	25.43	23.48	0.74	0.61
家禽	万只	5849.22	5399	2792.62	2621.18
鸡	万只	4481.24	4117.38	2143.08	1989.83
鸭	万只	1326.5	1244.06	639.72	619.52
鹅	万只	41.48	37.56	9.82	11.83
畜禽产品产量					
肉类总产量	吨	655301	645080	232513	229900
猪肉	吨	385229	374396	102556	98396
牛肉	吨	21567	20715	4144	3924
羊肉	吨	3511	3327	163	128
禽肉	吨	238311	240486	122174	124150
#鸡	吨	161604	162993	85362	85928
鸭	吨	74765	75217	36380	37420
鹅	吨	1942	2276	432	802
兔肉	吨	834	738	428	408
狗肉	吨	1785	1458	673	393
鸽肉	吨	1596	782	1325	563
鹌鹑肉	吨	9	8	3	2
其他肉产量	吨	2459	3170	1047	1936
禽蛋	吨	31185	29457	14024	13419
奶类产量	吨	49417	47110	46298	44668
蜂蜜	吨	561	494	10	91
蚕茧	吨	80048	77713	9452	9207

4-13 渔业生产情况

	计量单位	全市		市区	
		2013年	2012年	2013年	2012年
水产品总产量	**吨**	**232972**	**217438**	**63495**	**64513**
淡水捕捞	吨	16600	17068	3482	3533
鱼类	吨	15355	15795	3128	3222
甲壳(虾蟹)类	吨	481	534	29	28
贝类	吨	628	593	294	263
其他类	吨	136	146	31	20
淡水养殖	吨	216372	200370	55013	60980
鱼类	吨	213436	197668	64453	60492
虾蟹类	吨	1029	993	156	148
贝类	吨	713	687	2	2
其他类	吨	1194	1022	402	338
水产品养殖面积	**公顷**	**29566**	**28305**	**9683**	**9138**
池塘养殖	公顷	12335	11675	5326	5053
河沟养殖	公顷	1677	1563	204	145
山塘水库养殖	公顷	15391	14832	4098	3810
其他养殖	公顷	163	235	55	130

4-14 农业机械化情况

指标名称	单位	全市		市区	
		2013年	2012年	2013年	2012年
农业机械总动力合计	**千瓦**	**4592463**	**4279179**	**1461444**	**1307951**
柴油发动机动力	千瓦	3742554	3373917	1244451	1085968
汽油发动机动力	千瓦	147961	360650	69259	102099
电动机动力	千瓦	700582	542447	147734	119884
其他机械动力	千瓦	1366	2165		
主要农业机械与设备					
大中型拖拉机	台	7263	6269	2619	2181
小型拖拉机	台	237504	92678	34663	34423
大中型拖拉机配套农具	部	12119	10312	5031	3793
小型拖拉机配套农具	部	57106	122843	18616	39557
农用排灌电动机	台	30629	28621	7674	7084
农用排灌柴油机	台	91513	88002	42877	43029
联合收割机	台	3373	2822	389	347
机动脱粒机	台	130540	128588	18708	18735
农用运输车	辆	7072	6496	1467	1107
渔用机动船	艘	1745	1654	875	883
农用水泵	台	128400	119891	47242	44926
节水灌溉机械	套	6160	5514	882	979
附：当年机耕地面积	公顷	740100	678111	235164	201972

4-15 农村水电、化肥用量及灌溉情况

指标名称	单位	全市		市区	
		2013年	2012年	2013	2012年
水电建设					
乡（镇）办水电站个数	个	9	10	1	1
装机容量	千瓦	7108	7250	760	760
发电量	万千瓦小时	1925	1985	136	128
村和村民小组办水电站	个	41	39	1	1
装机容量	千瓦	15615	13106	320	320
发电量	万千瓦小时	2971	2450	21	16
农村用电量	**万千瓦小时**	**87226**	**83783**	**33600**	**31547**
农用化肥施用量					
按实物量计算	吨	1495356	1466252	559050	552230
氮肥	吨	428135	421255	149217	145336
磷肥	吨	305756	300889	116988	117942
钾肥	吨	200689	195832	71784	70430
复合肥	吨	560776	548276	221061	218522
按折纯法计算	吨	454969	443474	170757	166925
氮肥	吨	105644	103437	39476	38391
磷肥	吨	47575	46746	17609	17785
钾肥	吨	94305	91613	33490	32642
复合肥	吨	207445	201678	80182	78107
农用塑料薄膜使用量	**吨**	**11184**	**10691**	**5510**	**5262**
# 地膜使用量	吨	9066	8629	5040	4828
地膜覆盖面积	公顷	108855	101616	69440	64871
农用柴油使用量	**吨**	**91776**	**86989**	**35737**	**34449**
农药使用量（按实物量计算）	**吨**	**14168**	**13880**	**4559**	**4313**
灌溉情况					
有效灌溉面积	公顷	246718	256795	83997	82995
旱涝保收面积	公顷	189920	196219	59191	59252
机电排灌面积	公顷	66984	68291	33789	31267
机电井	眼	1628	1446	992	994

4-16 各县农村基本情况及从业人员构成

（2013 年）

指标名称	单位	武鸣县	隆安县	马山县	上林县	宾阳县	横　县
农村基层组织							
乡镇个数	个	13	10	11	11	16	17
#镇个数	个	13	6	7	7	16	14
村民委员会	个	198	118	142	115	192	276
居民委员会	个	20	13	9	16	41	26
村民小组	个	3132	2441	3573	2967	5958	7067
农村社会基础设施							
通汽车村数	个	198	118	142	115	192	276
通电话村数	个	198	118	142	115	192	276
自来水受益村数	个	198	104	136	115	180	221
乡（镇）村户数	**万户**	**15.15**	**7.9**	**14.12**	**9.24**	**20.88**	**27.6**
乡（镇）村人口数	**万人**	**57.65**	**38.11**	**52.91**	**41.58**	**89.52**	**107.79**
男	万人	29.97	19.5	27.84	21.06	48.39	55.24
女	万人	27.68	18.61	25.07	20.52	41.13	52.55
乡（镇）村劳动力资源	**万人**	**39.88**	**27.34**	**34.56**	**24.62**	**57.35**	**66.96**
男	万人	21.46	14.48	18.4	12.82	31.72	35.11
女	万人	18.42	12.86	16.16	11.8	25.63	31.85
乡（镇）村从业人员	**万人**	**36.6**	**24.11**	**31.68**	**18.83**	**51.62**	**63.15**
男	万人	19.95	12.86	16.79	9.56	27.63	33.06
女	万人	16.65	11.25	14.89	9.27	23.99	30.09
农业从业人员	万人	19.34	17.34	14.22	14.41	29.41	42.4
农业用地情况							
耕地	公顷	117051	62422	46185	48229	91593	110440
园地	公顷	19799	17059	1131	1359	1047	11077
林地	公顷	148228	104938	149773	62593	93920	159617
草地	公顷	6879	2652	4277	9171	3740	1705
设施农业用地	公顷	365	103	18	19	129	383

4-17 各县农林牧渔业总产值

（2013 年）

单位：万元

指标名称	武鸣县		隆安县		马山县	
	上年价	2013 年现行价	上年价	2013 年现行价	上年价	2013 年现行价
农林牧渔业总产值	**1055563**	**1089440**	**341620**	**351716**	**236275**	**242862**
农业产值	**575031**	**604723**	**200379**	**208985**	**105898**	**110260**
主产品产值	561736	591428	195133	203739	102799	107161
粮食作物合计	101062	101998	39658	40375	44815	45869
经济作物合计	162142	157138	49308	47087	16250	15585
蔬菜（食用菌类）园艺作物	160257	178759	40854	46306	34272	38148
水果、饮料和香料	137004	152262	64808	69467	3331	3428
其他农作物	1271	1271	504	504	4131	4131
林业产值	**46162**	**50074**	**13951**	**15449**	**18109**	**19155**
营林	2151	2151	1552	1529	2210	2210
全社会竹木采伐	29289	30565	7975	8326	13040	13535
林产品	14721	17358	4424	5594	2860	3410
牧业产值	**370144**	**369129**	**104622**	**103803**	**101348**	**102285**
牲畜饲养	30395	36334	11322	13450	14472	17223
牛饲养	26369	31810	8807	10625	11640	14042
羊饲养	4026	4523	2515	2826	2831	3181
猪的饲养	220430	210075	72811	69391	62107	59190
家禽的饲养	97497	100418	17382	17815	17418	18051
活的畜禽产品	12334	12334	1267	1267	807	807
其他动物及产品	9488	9967	1840	1881	6544	7013
渔业产值	**39224**	**39987**	**13601**	**14222**	**10235**	**10462**
服务业产值	**25002**	**25527**	**9066**	**9257**	**685**	**699**

4-17 续表

单位：万元

指标名称	上林县		宾阳县		横　县	
	上年价	2013 年现行价	上年价	2013 年现行价	上年价	2013 年现行价
农林牧渔业总产值	**294674**	**299252**	**638850**	**656760**	**971732**	**990874**
农业产值	**119302**	**120325**	**349222**	**357225**	**572579**	**580480**
主产品产值	116165	117189	342715	350726	564716	572618
粮食作物合计	46296	46041	104976	103543	115343	114807
经济作物合计	36345	34811	104693	100279	124248	118246
蔬菜（食用菌类）园艺作物	21693	24184	106166	115912	276438	285255
水果、饮料和香料	5112	5434	15461	19574	34240	39863
其他农作物	6718	6718	11420	11420	14448	14448
林业产值	**18835**	**19790**	**24944**	**27222**	**35422**	**37584**
营林	2585	2559	1726	1725	2524	2521
全社会竹木采伐	9997	10420	16166	16794	27978	29198
林产品	6253	6811	7052	8702	4920	5865
牧业产值	**138127**	**140209**	**221515**	**227607**	**300886**	**308402**
牲畜饲养	5477	6524	16773	20223	12254	14766
牛饲养	4473	5396	16497	19902	12058	14546
羊饲养	1004	1128	276	321	196	220
猪的饲养	71613	68249	89167	84978	111406	106173
家禽的饲养	8863	9207	40729	42186	63610	65407
活的畜禽产品	570	570	1746	1746	3265	3265
其他动物及产品	51604	55659	73100	78475	110350	118791
渔业产值	**17496**	**17994**	**34828**	**36190**	**39480**	**40552**
服务业产值	**914**	**934**	**8341**	**8516**	**23366**	**23856**

4-18 各县农作物播种面积和产量

（2013 年）

指标名称	武鸣县			隆安县			马山县		
	播种面积（公顷）	单产（公斤/公顷）	产量（吨）	播种面积（公顷）	单产（公斤/公顷）	产量（吨）	播种面积（公顷）	单产（公斤/公顷）	产量（吨）
农作物总播种面积	**174631**			**72071**			**55469**		
粮食合计	**70558**	**5233**	**369225**	**36240**	**4176**	**151334**	**39365**	**4498**	**177054**
夏收	36207	5684	205799	18548	5379	99778	20710	5399	111803
秋收	30296	4847	146855	17215	2941	50629	18330	3527	64642
稻 谷	37088	5738	212813	14958	5303	79326	15934	5120	81842
早 稻	18268	6442	117682	7405	6033	44675	8000	5800	46400
中 稻	579	6750	3908	299	3395	1015	500	4650	2325
晚 稻	18241	5001	91223	7254	4637	33636	7434	4425	33117
玉 米	21377	5701	121870	13355	4763	63615	18500	4750	87872
豆类合计	6946	2163	15025	6055	989	5988	3323	1240	4119
大 豆	6867	2157	14812	5765	999	5758	3005	1285	3860
绿 豆	77	2714	209	144	1167	168			
薯类	5074	3823	19399	1711	1244	2129	1454	2131	3098
红 薯	1160	2622	3042	1607	1161	1866	1255	2111	2649
经济作物	**61198**			**23329**			**7934**		
油料作物	11679	2845	33221	2601	2074	5395	1226	1962	2406
花 生	11679	2845	33221	2589	2081	5388	1120	2066	2314
油 菜 籽									
麻 类	59								
甘 蔗	25175	76205	1918453	12924	54526	704690	3688	59787	220495
糖 蔗	24967	75935	1895864	12850	54417	699258	3565	60168	214500
果 蔗	208	108601	22589	74	73405	5432	123	48740	5995
药 材	21	514904	10813	680	470	320	1135	3245	3683
木 薯	24168	11791	284965	6886	11114	76531	1885	10008	18865
其他农作物	**42875**			**12502**			**8170**		
蔬菜（包括菜用瓜）	37474	23822	892708	11102	21285	236309	7561	23673	178993
食用菌（干鲜混合）	52	8462	440						
果瓜类	4518	26960	121806	702	22177	15568	90	9778	880
青饲料	545			348			279		
饲 草	28			31			203		
绿 肥	245			315			37		
马 蹄									
其 他	13			4					

4–18 续表

指标名称	上林县			宾阳县			横县		
	播种面积（公顷）	单产（公斤/公顷）	产量（吨）	播种面积（公顷）	单产（公斤/公顷）	产量（吨）	播种面积（公顷）	单产（公斤/公顷）	产量（吨）
农作物总播种面积	**60241**			**132099**			**146765**		
粮食合计	**38758**	**4450**	**172475**	**70772**	**5356**	**379078**	**81077**	**5273**	**427486**
夏收	18708	5084	95107	37093	5622	208537	39410	5735	226031
秋收	20014	3863	77320	32649	5088	166118	37505	4982	186858
稻 谷	26622	4920	130972	56917	5583	317785	56846	5629	319964
早 稻	12411	5744	71292	28384	6108	173359	28555	6167	176088
中 稻									
晚 稻	14211	4200	59680	28533	5062	144426	28291	5086	143876
玉 米	8187	4325	35412	8210	4874	40017	20099	4735	95171
豆类合计	1832	1051	1926	2582	2023	5223	2034	1960	3986
大 豆	1832	1051	1926	1977	2033	4019	1277	2096	2676
绿 豆				327	1817	594	450	1753	789
薯类	2081	1978	4117	3010	5297	15943	2080	4005	8331
红 薯	2081	1978	4117	2050	5801	11893	1077	2652	2856
经济作物	**14907**			**31245**			**36696**		
油料作物	3141	2128	6685	5824	3021	17596	4176	3693	15422
花 生	2411	2584	6231	5777	3040	17563	4154	3710	15412
油菜籽									
麻 类									
甘 蔗	10303	54683	563400	22147	76108	1685574	25003	84388	2109951
糖 蔗	10033	51829	520000	21319	74170	1581225	23317	81261	1894752
果 蔗	270	160741	43400	828	126025	104349	1686	127639	215199
药 材	350	2163	757	220	27091	5960	151	5060	764
木 薯	1113	6281	6991	3043	8872	26999	3059	9086	27794
其他农作物	**6576**			**30082**			**28992**		
蔬菜（包括菜用瓜）	5896	18663	110035	24482	20182	494104	22531	22041	496609
食用菌（干鲜混合）	36	36111	1300	358	23385	8372	1542	92449	142556
果瓜类	28	47143	1320	2414	33415	80663	3824	22938	87714
青饲料	281			767			600		
饲 草				395			34		
绿 肥	335			1511			403		
马 蹄				32	12469	399	58	17328	1005
其 他				123					

4-19 各县茶叶、桑蚕及水果生产情况

（2013 年）

指标名称	单位	武鸣县	隆安县	马山县	上林县	宾阳县	横　县
茶叶产量	**吨**	**405**		**58**	**360**	**52**	**2611**
水果合计	**吨**	**575993**	**273519**	**11667**	**4677**	**15982**	**59962**
蕉类	吨	384294	214248	4491	2781	5141	13945
# 香蕉	吨	377406	206742	2258	2781	2452	10790
柚子	吨	1310	82	501		190	135
# 沙田柚	吨	750	25				
柑桔	吨	29900	9285	1006		1113	1137
橙	吨	22800		270		402	185
梨	吨	4708	33826	126	46	388	2189
菠萝	吨	2995	833				110
龙眼	吨	56037	960	1701	430	2039	10784
荔枝	吨	10034	8168	190	61	997	8083
芒果	吨	11838	2276			205	1314
枣子（按鲜枣计算）	吨	413	259			70	433
柿子（按鲜柿计算）	吨	2826	5	650		180	5300
葡萄	吨	705	97	635	1100	3326	1366
桃	吨	3640	215	179	55		534
李子	吨	13004	101	97		468	245
其他水果	吨	31469	3164	1821	204	1463	14192
茶园	**公顷**	**167**		**54**	**41**		**1663**
# 当年采摘面积	公顷	163		54	41		1630
桑园	**公顷**	**803**	**113**	**1766**	**8506**	**9650**	**12800**
果园	**公顷**	**24771**	**14096**	**1643**	**634**	**1701**	**8656**
# 香蕉园	公顷	11566	9674	285	50	73	505
柑桔橙园	公顷	1403	381	340	9	52	99
梨园	公顷	169	35	24	26	44	210
荔枝园	公顷	820	653	70	9	163	3380
菠萝园	公顷	204	50				7
龙眼园	公顷	6909	876	912	140	465	2382
芒果园	公顷	850	34			32	220
葡萄园	公顷	101	27	29	80	221	168

4-20 各县林业生产情况

（2013 年）

指标名称	单位	武鸣县	隆安县	马山县	上林县	宾阳县	横　县
营林情况							
当年造林面积	公顷	669	710	618	1653	952	1157
人工造林（年末成活率 85% 以上）	公顷	669	710	618	760	952	1157
按主要的林种用途分							
用材林	公顷	665	710	618	710	931	1141
# 速生丰产林	公顷	647	704	618	580	864	1121
更新造林	公顷	1230	1310	1196	1397	1039	1065
封山育林面积	公顷	2200	3188	6475	4764		
当年四旁零星植树（按实际成活株数）	万株	120	8	90	93	45	150
林木种籽采集量	吨						
育苗面积	公顷	580	133	2	154	11	31
# 新育	公顷	7	13	2	69	4	31
当年苗木产量	万株	1198	90	70	440	17.27	259
当年幼林抚育作业面积	公顷	2500			2181	2742	
成林抚育（实际）面积（包括间伐）	公顷	4220	4082	4000	4333	4276	9090
林产品产量（包括农户自用）							
油桐籽（籽：油 =4:1)	吨		38	70	50	38	162
油茶籽（籽：油 =5:1))	吨			33		70	
松脂	吨	11331	5815	2537	1892	7930	4381
竹笋干（鲜笋按 1/3 折干）	吨	1295	30	156	630	230	260
板栗	吨	776	19119				110
八角	吨	1510	146	140	2770		
桂皮	吨						
安叶油	吨	750					
竹木采伐量							
木材	立方米	509248	135501	198183	174111	251556	447115
篙竹	万根	10	32				264
大杂竹	万根	80	46	165	57	730	657.13
小杂竹	吨	960	834	32155	4330	1788	993

4-21 各县主要牲畜年末存栏情况

（2013 年）

指标名称	单位	武鸣县	隆安县	马山县	上林县	宾阳县	横　县
畜禽出栏							
猪	万头	137.7	43.93	37.97	46.02	52.37	66.72
牛	万头	5.73	2.02	2.62	1.08	3.87	2.79
山 羊	万头	8.02	5.01	5.64	2	0.55	0.39
家 禽	万只	2656.59	503.71	500.27	271.07	1145.4	1917.99
鸡	万只	1954.62	408.75	304.42	125.56	729.62	1527.24
鸭	万只	693.85	94.96	186.48	139.51	397.96	381.69
鹅	万只	8.12		9.37	6	17.82	9.06
兔	万只	5.9	2.54	2.44	1.36	10.23	3.6
畜禽存栏							
大牲畜	万头	16.52	8.04	8.08	6.71	8.91	6.17
#役用畜	万头	9.33	3.6	4.6		5.31	5.6
牛	万头	16.1	7.9	7.62	6.4	8.87	6.06
肉牛	万头	3.45	6.06	2.76	0.03	8.84	0.26
奶牛	万头	0.44	0.01			0.03	0.77
马	万头	0.42	0.14	0.46	0.31	0.04	0.11
猪	万头	117.5	32.84	30.12	32	32.87	55.21
#能繁殖母猪	万头	14.47	4.9	1.58	3.5	2.23	5.7
山 羊	万头	6.3	8.09	5.82	3.4	0.63	0.45
家 禽	万只	1092.3	365.09	164.25	185	446.97	802.99
鸡	万只	860.8	323.73	98.76	98	300.29	656.58
鸭	万只	226.7	41.36	61.58	81	133.23	142.91
鹅	万只	4.8		3.91	6	13.45	3.5
畜禽产品产量							
肉类总产量	吨	153734	43954	39869	38010	64116	83105
猪肉	吨	99293	32798	27976	32258	40165	50183
牛肉	吨	5754	1922	2540	976	3600	2631
羊肉	吨	1207	807	867	319	83	65
禽肉	吨	46328	8102	8294	4283	19321	29809
#鸡	吨	30789	6573	4434	1948	10705	21793
鸭	吨	15297	1529	3609	2215	8013	7722
鹅	吨	242		251	120	603	294
兔肉	吨	99	40	36	12	163	56
狗肉	吨	250	81	82		470	229
鸽肉	吨	91	12	10	2	150	6
鹌鹑肉	吨	5					1
其他肉产量	吨	707	192	64	160	164	125
禽蛋	吨	10920	1085	748	523	1527	2353
奶类产量	吨	1169	203			208	1539
蜂蜜	吨	99	65			170	217
蚕茧	吨	1810	334	1790	14838	20311	31498

4-22 各县渔业主要产品产量

（2013 年）

指标名称	单位	武鸣县	隆安县	马山县	上林县	宾阳县	横 县
水产品总产量	**吨**	**42484**	**13869**	**11112**	**19092**	**36379**	**41541**
淡水捕捞	吨	3727	542	447	330	1740	6362
鱼 类	吨	3626	376	345	303	1458	6149
甲壳（虾蟹）类	吨	46	39	68	8	146	145
贝 类	吨	5	126	23	10	102	68
其他类	吨	50	1	11	9	34	
淡水养殖	吨	38757	13327	10665	18762	34639	35179
鱼 类	吨	38552	13157	10482	18289	33609	34864
虾蟹类	吨	188	134	134	33	423	95
贝 类	吨		35	35	370	275	31
其他类	吨	17	170	14	70	332	189
水产品养殖面积	**公顷**	**5261**	**1580**	**1419**	**3880**	**3485**	**4121**
池塘养殖	公顷	2244	822	549	898	1542	906
河沟养殖	公顷	22	102	288	15	17	1014
山塘水库养殖	公顷	2975	607	578	2967	1922	2174
其他养殖	公顷	20	49	4		4	27

4-23 各县农业机械化情况

（2013年）

指标名称	单位	武鸣县	隆安县	马山县	上林县	宾阳县	横 县
农业机械总动力合计	**千瓦**	**778106**	**277385**	**250967**	**484017**	**729032**	**611512**
柴油发动机动力	千瓦	697614	241903	106140	324022	637333	491091
汽油发动机动力	千瓦	5714	6969	15408	3378	40638	6595
电动机动力	千瓦	73819	28165	129419	156617	51002	113826
其他机械动力	千瓦	959	348			59	
主要农业机械与设备							
大中型拖拉机	台	810	275	186	175	1778	1420
小型拖拉机	台	19675	7173	2161	9293	153000	11539
大中型拖拉机配套农具	部	1665	849	368	312	1819	2075
小型拖拉机配套农具	部	9988	2743	633	10237	8157	6732
农用排灌电动机	台	2372	400	4883	7308	2154	5838
农用排灌柴油机	台	18879	9460	695	6444	8483	4675
联合收割机	台	547	144	181	732	950	430
机动脱粒机	台	22622	7628	13781	37286	26474	4041
农用运输车	辆	1113	174	236	534	3319	229
渔用机动船	艘	72	38	64	34	40	622
农用水泵	台	21779	11037	7089	13991	12727	14535
节水灌溉机械	套	2091	2357	94	129	105	502
附；当年机耕地面积	公顷	149067	52319	35281	51115	104500	112653

4-24 各县农村水电、化肥用量及灌溉情况

（2013年）

指标名称	单位	武鸣县	隆安县	马山县	上林县	宾阳县	横　县
水电建设							
乡（镇）办水电站个数	个	1	3	1	1	1	1
装机容量	千瓦	225	4000		1200	773	150
发电量	万千瓦小时	86	1300		302	101	42
村和村民小组办水电站	个	16		6	16	1	1
装机容量	千瓦	5980		2100	6590	500	125
发电量	万千瓦小时	1197		325	1227	200	110
农村用电量	**万千瓦小时**	**11097.62**	**4834**	**4673**	**6165**	**10509**	**16347.43**
农用化肥施用量							
按实物量计算	吨	291981	130027	39020	58073	192487	224718
氮肥	吨	84512	40031	17930	20081	52131	64233
磷肥	吨	45094	32171	5312	10066	48997	47128
钾肥	吨	42192	24629	3250	5612	30996	22226
复合肥	吨	120183	33196	12528	22314	60363	91131
按折纯法计算	吨	103208	38948	10934	17380	55568	58174
氮肥	吨	21583	9971	4427	5021	13033	12133
磷肥	吨	6473	6392	769	1427	7398	7507
钾肥	吨	21149	11775	1521	2506	14010	9854
复合肥	吨	54003	10810	4217	8426	21127	28680
农用塑料薄膜使用量	吨	1880	475	210	641	1225	1243
#地膜使用量	吨	1707	452	110	317	636	804
地膜覆盖面积	公顷	13744	1695	3186	2270	9242	9278
农用柴油使用量	吨	16316	7073	2457	7817	12262	10114
农药使用量（按实物量计算）	吨	1929	1493	268	680	3202	2037
灌溉情况							
有效灌溉面积	公顷	32043	18010	10857	18270	48047	35494
#实灌面积	公顷						
旱涝保收面积	公顷	26164	13406	7880	15510	33564	34205
机电排灌面积	公顷	4010	5740	1032	2082	9133	11198
机电井	眼	399		2	18	48	169

五 工业

CHAPTER 5 INDUSTRY

5-1 全市主要年份工业总产值

（按当年价格计算）　　单位：万元

年份	全部工业总产值	轻工业	重工业	规模以上工业总产值	# 国有工业	# 集体工业
1950	767	704	63	238	37	201
1965	26370	17413	8957	23595	19842	3753
1978	111437	68785	42652	110979	91689	18287
1980	129920	94843	35077	128638	106710	21401
1985	216221	149483	66738	209855	178446	31211
1986	247582	169834	77748	236722	204570	31570
1987	310315	211666	98649	298512	257753	38720
1988	404796	279480	125316	387247	332131	51458
1989	504021	353985	150036	488566	417319	57031
1990	549256	382516	166740	528855	453624	59995
1991	625718	419582	206136	600539	507269	65208
1992	740112	487356	252756	700243	579918	82273
1993	1005613	628765	376848	909065	719657	122451
1994	1341785	812033	529752	1171195	888611	164083
1995	1529236	891430	637806	1303224	918567	231410
1996	1581367	933535	647832	1339026	848099	307245
1997	1696837	1008391	688446	1366220	762253	348946
1998	1824639	1090345	734294	1418302	739942	358305
1999	1870681	1096428	774253	1422855	492613	325646
2000	2417251	1400496	1016755	1485196	486501	177095
2001	2608099	1489715	1118384	1685135	358901	194259
2002	2911858	1579082	1332776	1987028	363601	164196
2003	3341980	1846907	1495073	2418570	556669	117223
2004	4040693	2037693	2003000	3003353	842068	57348
2005	4909198	2559317	2349881	3701812	968474	64551
2006	6392812	3342337	3050475	4954808	1038323	88873
2007	8302142	4293941	4008201	6690667	1303988	96465
2008	10598632	5123335	5475297	8649563	1471132	87492
2009	11757647	6222870	5534777	9816480	1654334	73099
2010	15011824	7440694	7571130	12854044	1700981	54174
2011	20002301	10092932	9909369	17252922	1937849	82630
2012	22827319	11226164	11601155	21093267	2512372	112116
2013	26591777	12068752	14523024	25571348	1942979	137903

注 :2000 年以后为行政区划调整后的数据，其余年份为原南宁口径。2000 年以前规模以上工业产值为乡及乡以上工业口径。

5-2 全市主要年份工业总产值发展速度

单位：%

年份	全部工业总产值	轻工业	重工业	规模以上工业总产值	# 国有工业	# 集体工业
1951	179.98	178.26	200.00	160.90	367.57	124.89
1965	142.07	138.43	149.77	142.77	146.59	125.44
1978	108.26	105.55	112.78	108.28	108.33	108.02
1980	113.67	122.91	97.57	113.88	113.15	117.65
1985	120.02	118.37	124.61	117.46	117.01	117.77
1986	107.97	108.66	106.16	107.06	108.51	99.20
1987	117.86	115.87	123.22	116.80	116.95	112.02
1988	116.17	116.74	114.71	115.83	114.27	122.15
1989	108.34	108.34	108.33	109.19	108.99	102.03
1990	106.97	106.52	108.14	108.58	107.88	105.43
1991	111.15	105.02	126.98	109.05	107.95	109.32
1992	117.18	117.92	115.58	117.62	114.77	117.77
1993	118.72	116.20	124.22	111.43	107.39	128.09
1994	117.75	111.27	130.97	120.71	107.19	132.19
1995	116.56	106.46	134.05	106.94	104.73	146.88
1996	101.09	102.40	99.29	101.22	91.45	132.14
1997	110.77	111.86	109.23	105.91	94.66	118.64
1998	109.72	110.14	109.12	106.12	101.28	99.17
1999	107.30	105.61	109.78	104.69	68.01	94.67
2000	106.79	104.44	110.12	106.44	78.96	90.58
2001	107.90	106.37	110.00	113.46	73.77	109.69
2002	111.65	106.00	119.17	117.92	101.31	84.52
2003	114.77	116.96	112.18	121.72	153.10	71.39
2004	120.91	110.33	133.97	124.18	151.27	48.92
2005	121.49	125.60	117.32	123.26	115.01	112.56
2006	130.22	130.59	129.81	133.85	107.21	137.68
2007	129.87	128.47	131.40	135.03	125.59	108.54
2008	127.66	119.32	136.60	129.28	112.82	90.70
2009	110.94	121.46	101.09	113.49	112.45	83.55
2010	127.68	128.36	127.01	130.94	102.82	74.11
2011	133.24	135.65	130.88	134.22	113.93	152.53
2012	114.12	111.23	117.07	122.26	129.65	135.68
2013	116.49	107.51	125.19	121.23	77.34	123.00

注：2001 年以后工业总产值发展速度按当年价格计算，其余年份按可比价计算。

5-3 全市规模以上工业企业单位数、工业总产值

指标名称	单位数（个）		工业总产值（当年价格，万元）	
	2013 年	2012 年	2013 年	2012 年
年主营业务收入 2000 万及以上工业	**969**	**940**	**25571348**	**21093267**
#国有控股企业	102	99	5583225	4577500
按轻重工业分				
轻工业	491	480	11605628	10070168
重工业	478	460	13965720	11023099
按企业规模分				
大型企业	21	24	6012418	4091620
中型企业	167	155	7371067	6301424
小型、微型企业	781	761	12187863	10700223
按登记注册类型分				
国有企业	37	48	1942979	2512372
集体企业	8	8	137903	112116
股份合作企业		2		45645
联营企业				
有限责任公司	250	211	6716619	4331802
股份有限公司	28	21	1777668	1462341
私营企业	554	553	10066489	8885817
其他企业	2	10	14692	96009
港澳台商投资企业	38	33	2782439	1899981
外商投资企业	52	54	2132558	1747184
按经济组织类型分				
独资企业	159	195	6130484	6060664
国有企业	37	48	1942979	2512372
集体企业	8	8	137903	112116
私营独资企业	63	85	691420	933622
港澳台商独资经营企业	23	20	2151835	1430589
外资企业	28	34	1206345	1071965
合作、合伙企业	30	43	364256	665444
股份合作企业		2		45645
国有与集体联营企业				
其他联营企业				
私营合伙企业	24	27	219329	382940
港澳台资合作经营企业	1	1	15617	19299
中外合作经营企业	3	3	114619	121549
其他企业（内资）	2	10	14692	96011
股份有限公司	43	37	2295396	1893508
股份有限公司（内资）	28	21	1777668	1462342
私营股份有限公司	14	15	285552	231025
港澳台商投资股份有限公司				
外商投资股份有限公司	1	1	232176	200141
有限责任公司	737	665	16781212	12473651
国有独资公司	7	4	192025	145898
私营有限责任公司	453	426	8870188	7338229
港澳台合资经营企业	14	12	614937	450093
中外合资经营企业	20	16	579417	353528
其他有限责任公司	243	207	6524594	4185903

5-4 全市规模以上主要工业产品产量

（2013年）

产品名称	单位	生产量	产品名称	单位	生产量
原煤	吨		冰醋酸	吨	
发电量	万千瓦小时	980143	初级形态的塑料	吨	6036
火电	万千瓦小时	756593	化学药品原药	吨	5375
水电	万千瓦小时	223551	中成药	吨	40141
大米	吨	963886	塑料制品	吨	632965
小麦粉	吨	87199	水泥熟料	吨	14394644
精制食用植物油	吨	101377	水泥	吨	15695122
鲜冷藏冻肉	吨		水泥电杆	根	173689
成品糖	吨	1455153	商品混凝土	立方米	17588393
配混合饲料	吨	4778257	预应力混凝土桩	米	149500
糕点	吨	11300	砖（折标准砖）	万块	25389
方便面	吨	4154	平板玻璃	重量箱	6381432
乳制品	吨	162273	钢化玻璃	平方米	800508
液体乳	吨	134329	卫生陶瓷制品	件	4243699
罐头	吨	76756	生铁	吨	
冷冻饮品	吨	227673	粗钢	吨	303640
发酵酒精（折96度，商品量）	千升	290446	钢材	吨	697097
饮料酒	千升	231525	铁合金	吨	
啤酒	千升	230888	铝材	吨	119821
软饮料	吨	1578063	十种有色金属	吨	
精制茶	吨	41728	起重机	吨	134873
卷烟	万支	3842475	铸铁件	吨	3781
纱	吨	27238	锻件	吨	1449
布	万米	458	矿山专用设备	吨	37986
蚕丝	吨	5197	小型拖拉机	台	154457
服装	万件	166	水泥专用设备	吨	2278
轻革	平方米	549991	发电设备	千瓦	7630
人造板	立方米	5857148	交流电动机	千瓦	
家具	件	201558	电力电缆	千米	1797594
纸浆	吨	1094282	变压器	千伏安	460890
机制纸及纸板	吨	1273296	通信及电子网络用电缆	对千米	2173
纸制品	吨	835156	家用电风扇	台	419236
硫酸（折100%）	吨	22916	吸排油烟机	台	2944
盐酸（含量31%以上）	吨	63785	表	只	928913
氢氧化钠（烧碱）（折100%）	吨	69577	电子元件	万只	5442
合成氨	吨	147537	淀粉	吨	1043154
农用氮、磷、钾化学肥料总计（折纯）	吨	122709	松香	吨	62182
氮肥（折含N 100%）	吨	98465	自来水生产量	万立方米	33473
化学农药原药（折有效成分100%）	吨				

5–5 全市规模以上工业企业主要财务状况

（2013 年）　　　　单位：万元

指标名称	单位数（个）	# 亏损企业	工业总产值（当年价）	工业销售产值（当年价）
总计	**969**	**109**	**25571348**	**24436600**
# 亏损企业	109	109	2013595.2	1877731.2
国有控股企业	102	17	5583224.8	5354023.1
按登记注册类型分组				
国有企业	37	5	1942979	1868176
# 中央企业	2	1	1118757	1123710
地方企业	35	4	824222	744467
集体企业	8		137903	132504
股份合作企业				
联营企业				
有限责任公司	250	41	6716619	6328431
# 国有独资公司	7	1	192025	193612
其他有限责任公司	243	40	6524594	6134819
股份有限公司	28	6	1777668	1701540
私营企业	554	38	10066489	9643788
其他企业	2		14692	14115
港、澳、台商投资企业	38	7	2782439	2760348
外商投资企业	52	12	2132558	1987698
按轻重工业分				
轻工业	491	56	11605628	11127867
重工业	478	53	13965720	13308733
按大中小型工业分				
大型企业	21	1	6012418	5934065
中型企业	167	25	7371067	6906157
小微型企业	781	83	12187863	11596378

5-5 续表

单位：万元

指标名称	单位数（个）	# 亏损企业	工业总产值（当年价）	工业销售产值（当年价）
按工业行业大类分	**969**	**109**	**25571348**	**24436600**
黑色金属矿采选业	3		123251	123251
有色金属矿采选业	3		18200	18107
非金属矿采选业	10	2	49522	49117
农副食品加工业	152	19	3979542	3865463
食品制造业	40	3	823909	814618
酒、饮料和精制茶制造业	39	4	987440	944795
烟草制品业	2		953092	911644
纺织业	20	1	422636	387134
纺织服装、服饰业	6	2	34341	33209
皮革、毛皮、羽毛及其制品和制鞋业	7	2	93296	89443
木材加工和木、竹、藤、棕、草制品业	70	8	1201870	1137303
家具制造业	8	1	124838	60501
造纸和纸制品业	72	9	1587118	1518689
印刷和记录媒介复制业	36	6	412344	406581
文教、工美、体育和娱乐用品制造业	7		50309	45895
石油加工、炼焦和核燃料加工业	3	1	43606	43606
化学原料和化学制品制造业	80	6	2013653	1874105
医药制造业	49	4	930469	882626
橡胶和塑料制品业	52	6	1105306	1055566
非金属矿物制品业	83	16	1810107	1703733
黑色金属冶炼和压延加工业	13	2	323476	305172
有色金属冶炼和压延加工业	7	2	371671	367189
金属制品业	34	4	687020	646454
通用设备制造业	16		266073	261541
专用设备制造业	48	4	890174	828056
汽车制造业	15	2	415630	394513
铁路、船舶、航空航天和其他运输设备制造业	2		104729	102950
电气机械和器材制造业	38	2	1438779	1323260
计算机、通信和其他电子设备制造业	21	1	2577143	2561274
仪器仪表制造业	7		105930	99625
其他制造业	7	1	86492	82627
金属制品、机械和设备修理业	1		11456	11085
电力、热力生产和供应业	13	1	1392909	1352452
燃气生产和供应业	1		40099	40099
水的生产和供应业	4		94919	94919

单位：万元

指标名称	资产合计	流动资产 小　计	# 存货	# 产成品	固定资产 小　计
总计	**17944005**	**7729261**	**1999472**	**766228**	**7842951**
# 亏损企业	2416601	712022	204528	93630	1305395
国有控股企业	6717982	2524535	681903	175133	3002358
按登记注册类型分组					
国有企业	2374434	468279	83321	22731	1268542
# 中央企业	1290051	83566	15039		1043005
地方企业	1084383	384713	68282	22731	225537
集体企业	75382	65144	6512	2642	6723
股份合作企业					
联营企业					
有限责任公司	4528899	2472274	799918	263158	1488991
# 国有独资公司	365095	221808	32172	3151	61640
其他有限责任公司	4163804	2250466	767746	260008	1427350
股份有限公司	2872650	1196940	209392	100601	1230695
私营企业	4698118	2184603	601324	309262	1970991
其他企业	7384	4926	1074	463	2458
港、澳、台商投资企业	1675352	785671	177222	28983	796446
外商投资企业	1711787	551424	120709	38388	1078106
按轻重工业分					
轻工业	8017762	3744762	987552	333522	3309614
重工业	9926243	3984499	1011920	432706	4533337
按大中小型工业分					
大型企业	5978798	2327707	596865	117306	2660880
中型企业	5868009	2362344	607013	265598	2891496
小微型企业	6097198	3039210	795593	383323	2290575

5-5 续表1.1

单位：万元

指标名称	资产合计	流动资产小计	#存货	#产成品	固定资产小计
按工业行业大类分	**17944005**	**7729261**	**1999472**	**766228**	**7842951**
黑色金属矿采选业	49367	15302	7187	5702	34066
有色金属矿采选业	11687	4388	83	1	4651
非金属矿采选业	27177	17475	2380	1873	9374
农副食品加工业	2309461	1327040	272131	115421	660599
食品制造业	408310	194135	42544	16949	170140
酒、饮料和精制茶制造业	894427	349819	124497	64502	331521
烟草制品业	754838	516712	242052	12401	236194
纺织业	202762	156832	58322	21748	40641
纺织服装、服饰业	20598	11397	3651	1119	8908
皮革、毛皮、羽毛及其制品和制鞋业	43189	20271	5870	3605	19941
木材加工和木、竹、藤、棕、草制品业	619771	260456	81959	51123	318238
家具制造业	45499	32626	8518	1088	7194
造纸和纸制品业	1403726	439357	73638	35473	746721
印刷和记录媒介复制业	227927	81872	14858	2644	130665
文教、工美、体育和娱乐用品制造业	18145	14134	4762	3158	3142
石油加工、炼焦和核燃料加工业	21596	12330	5093	1463	8360
化学原料和化学制品制造业	1338570	647657	203914	94551	563123
医药制造业	663877	274609	73126	30669	348554
橡胶和塑料制品业	450187	317612	92769	49906	91768
非金属矿物制品业	1393382	574590	113705	45644	682142
黑色金属冶炼和压延加工业	156400	99760	19090	6231	42800
有色金属冶炼和压延加工业	656971	171853	47328	26561	431983
金属制品业	841105	297277	47883	15119	143705
通用设备制造业	264173	165330	41245	8920	35935
专用设备制造业	563368	321999	118286	50385	190182
汽车制造业	213579	119720	30051	11632	62409
铁路、船舶、航空航天和其他运输设备制造业	72821	60861	13333	6443	4319
电气机械和器材制造业	521582	306141	113764	66163	190567
计算机、通信和其他电子设备制造业	1374559	646944	109797	12728	532826
仪器仪表制造业	38794	19326	5752	2223	19468
其他制造业	51927	22125	3493	389	29664
金属制品、机械和设备修理业	1337	823	571	162	514
电力、热力生产和供应业	1617351	141552	16093	204	1252327
燃气生产和供应业	113903	15431	703		63794
水的生产和供应业	551639	71506	1024	30	426516

5-5 续表 2

单位：万元

指标名称	固定资产原　价	累计折旧		负债合计		
			# 本年折旧		# 流动负债	# 非流动负债
总计	**11739080**	**4648460**	**934251**	**10179501**	**7139414**	**2682523**
# 亏损企业	2175654	936862	137506	2076034	959284	1048868
# 国有控股企业	4358582	1683658	246611	4380787	2197870	2161787
按登记注册类型分组						
国有企业	1913556	665105	114959	1830899	359497	1465997
# 中央企业	1527509	491186	92435	1172474	215581	956893
地方企业	386047	173919	22525	658425	143916	509104
集体企业	15212	9787	703	56589	54640	821
股份合作企业						
联营企业						
有限责任公司	2232198	989249	152682	2325781	2056482	229606
# 国有独资公司	95885	34310	6133	209896	203081	6816
其他有限责任公司	2136314	954938	146549	2115885	1853401	222791
股份有限公司	1555001	596056	79894	1840058	1211588	631446
私营企业	3027947	1180266	295042	2175895	1807415	163448
其他企业	2985	527	135	1337	1337	
港、澳、台商投资企业	1552054	792199	176531	1051927	965075	46126
外商投资企业	1440127	415272	114304	897015	733380	145079
按轻重工业分						
轻工业	4659490	1862627	369263	4416175	3406279	812221
重工业	7079590	2785833	564988	5763327	3783135	1870302
按大中小型工业分						
大型企业	4052671	1650227	336228	3722506	2201907	1495138
中型企业	4187465	1481818	317460	3340926	2481490	833278
小微型企业	3498944	1516414	280564	3116070	2506017	354107

单位：万元

指标名称	固定资产原价	累计折旧	#本年折旧	负债合计	#流动负债	#非流动负债
按工业行业大类分	**11739080**	**4648460**	**934251**	**10179501**	**7189414**	**2682523**
黑色金属矿采选业	38616	10619	4549	14558	14558	
有色金属矿采选业	7365	3702	65	2012	1952	10
非金属矿采选业	8811	1213	360	12047	11551	112
农副食品加工业	1124154	553454	97160	1427995	1163701	164002
食品制造业	246848	86431	19470	168176	153367	13737
酒、饮料和精制茶制造业	430986	150380	25314	608439	536491	64594
烟草制品业	281628	155258	15792	119529	116691	2839
纺织业	73502	39936	7122	128298	118963	9333
纺织服装、服饰业	11123	4956	611	6048	5389	660
皮革、毛皮、羽毛及其制品和制鞋业	22878	3646	1371	25259	21339	130
木材加工和木、竹、藤、棕、草制品业	313756	75119	26964	288866	236156	44192
家具制造业	11507	4964	939	30095	20705	294
造纸和纸制品业	1003011	309175	89008	797501	593281	167012
印刷和记录媒介复制业	229338	100071	16807	96860	83699	8136
文教、工美、体育和娱乐用品制造业	3997	942	298	11424	9348	1080
石油加工、炼焦和核燃料加工业	13296	5270	954	11503	11503	
化学原料和化学制品制造业	930710	392297	76402	832134	508334	270141
医药制造业	552768	236466	56886	327012	230410	75052
橡胶和塑料制品业	143838	57092	11863	271900	257058	14189
非金属矿物制品业	864162	273910	62869	667206	566303	118024
黑色金属冶炼和压延加工业	61732	19669	5943	110344	105199	2000
有色金属冶炼和压延加工业	522775	90864	53864	198193	188274	9919
金属制品业	264750	131977	23725	441377	142896	294497
通用设备制造业	43703	8266	4716	163792	154704	4830
专用设备制造业	306272	119434	18992	284981	257121	14140
汽车制造业	150175	89209	13916	91416	84833	6583
铁路、船舶、航空航天和其他运输设备制造业	6135	1816	307	37715	37715	
电气机械和器材制造业	382300	192684	31353	298005	230879	29686
计算机、通信和其他电子设备制造业	1231797	699550	140099	795237	794689	1
仪器仪表制造业	43983	24640	4185	9732	8911	821
其他制造业	37373	11530	4503	22449	14870	
金属制品、机械和设备修理业	975	461	102	1053	1053	
电力、热力生产和供应业	1925633	685442	100099	1378411	310505	1066409
燃气生产和供应业	72492	8698	2425	94436	92892	1544
水的生产和供应业	376694	99319	15218	405500	104076	298559

5-5 续表 3

单位：万元

指标名称	所有者权益合计	实收资本	国家资本	集体资本	法人资本	个人资本
总计	**7626248**	**3213608**	**619340**	**56676**	**1392511**	**795813**
# 亏损企业	331872	551346	88592	14664	294882	52807
国有控股企业	2313796	1315362	543276	58	679171	67608
按登记注册类型分组						
国有企业	541399	404383	133336		269736	3455
# 中央企业	117577	76006	74706		1300	
地方企业	423822	328377	58630		268436	3455
集体企业	18775	4414		3498	916	
股份合作企业						
联营企业						
有限责任公司	2175974	1047941	372669	18760	532897	117793
# 国有独资公司	155199	63678	16691		46387	600
其他有限责任公司	2020775	984263	355978	18760	486509	117193
股份有限公司	1016996	323274	63596	3968	122298	125185
私营企业	2445766	651960	8093	24346	220817	406793
其他企业	6047	368			50	318
港、澳、台商投资企业	619338	181379			54719	6637
外商投资企业	801954	599889	41647	6104	191078	135633
按轻重工业分						
轻工业	3507248	1779479	359754	23699	729970	420031
重工业	4119000	1434129	259586	32977	662541	375782
按大中小型工业分						
大型企业	2245546	710232	265098		312713	104963
中型企业	2456669	1395982	292372	10499	623352	280298
小微型企业	2924033	1107394	61870	46177	456446	410553

5-5 续表 .1

单位：万元

指标名称	所有者权益合计	实收资本	国家资本	集体资本	法人资本	个人资本
按工业行业大类分	**7626248**	**3213608**	**619340**	**56676**	**1392511**	**795813**
黑色金属矿采选业	31436	3200				3200
有色金属矿采选业	9675	6509	3000		3509	
非金属矿采选业	14319	6163		2000	1812	2351
农副食品加工业	826544	274727	31416	15365	95376	92235
食品制造业	233306	92017	230		34442	34850
酒、饮料和精制茶制造业	280260	211369	59714		75551	22138
烟草制品业	635309	275044	232519		42525	
纺织业	72620	26250	3106	1323	12810	9011
纺织服装、服饰业	13392	4041	53		500	1019
皮革、毛皮、羽毛及其制品和制鞋业	15774	17323			4574	1060
木材加工和木、竹、藤、棕、草制品业	326514	136536	23020	1573	60682	50668
家具制造业	15404	35096			25872	9224
造纸和纸制品业	595571	572020	12189	403	352158	156270
印刷和记录媒介复制业	129324	60848	15269		11540	31752
文教、工美、体育和娱乐用品制造业	6393	3478	218		1390	1000
石油加工、炼焦和核燃料加工业	10093	3280			2280	1000
化学原料和化学制品制造业	504950	147715	16885	1600	47369	48658
医药制造业	331394	112218	2121	3000	23351	33174
橡胶和塑料制品业	171643	60018		1100	29534	20593
非金属矿物制品业	704373	316893	59346	19772	131276	74141
黑色金属冶炼和压延加工业	45923	21394			14629	6765
有色金属冶炼和压延加工业	458778	53904		5622	13409	27873
金属制品业	399240	287021	2040	300	249624	26825
通用设备制造业	99734	13237	698		8161	4268
专用设备制造业	276306	77513	45262		10193	19784
汽车制造业	121914	35166	7500		3926	23740
铁路、船舶、航空航天和其他运输设备制造业	35106	2373			1200	1173
电气机械和器材制造业	220606	107471		1250	39484	64001
计算机、通信和其他电子设备制造业	579322	44783		200	17258	9678
仪器仪表制造业	29062	7849		1788	1060	5001
其他制造业	27469	3013		550	800	1601
金属制品、机械和设备修理业	285	50			50	
电力、热力生产和供应业	238940	131392	103038		30607	
燃气生产和供应业	19467	600			600	
水的生产和供应业	145804	63098	1718	831	44962	12760

单位：万元

指标名称	港澳台资本	外商资本本	主营业务收入	# 主营业务成本	# 主营业务税金及附加
总计	**102057**	**255271**	**24400540**	**19625135**	**593488**
# 亏损企业	13200	85366	1855913	1074613	4396
国有控股企业	9428	17965	5351244	3445816	481528
按登记注册类型分组					
国有企业			1872556	1015154	4761
# 中央企业			1118755	367186	1316
地方企业			753801	647968	3446
集体企业			211523	196821	919
股份合作企业					
联营企业					
有限责任公司		2050	6329371	4839647	498824
# 国有独资公司			193538	153273	1676
其他有限责任公司		2050	6135833	4686374	497148
股份有限公司	8228		1727954	1434796	10735
私营企业	1600		9493183	8062893	53065
其他企业			14335	10487	209
港、澳、台商投资企业	85234	34790	2770913	2477625	13233
外商投资企业	6994	218432	1980706	1588713	11742
按轻重工业分组					
轻工业	60633	180970	11081374	8852616	519485
重工业	41423	74301	13319166	10773520	74003
按大中小型工业分					
大型企业	16818	10640	5899325	4035580	482460
中型企业	16470	174995	6987010	5717819	33319
小微型企业	68768	69636	11514205	9872737	77709

单位：万元

指标名称	港澳台资本	外商资本	主营业务收入	#主营业务成本	#主营业务税金及附加
按工业行业大类分	**102057**	**255271**	**24400540**	**19626135**	**593488**
黑色金属矿采选业			123251	80794	1469
有色金属矿采选业			18271	12911	678
非金属矿采选业			49251	32570	3040
农副食品加工业	250	39642	3839263	3382811	14234
食品制造业	1300	19403	804701	643984	3698
酒、饮料和精制茶制造业	23187	30779	909082	753564	16131
烟草制品业			929325	283521	460103
纺织业			385620	353199	681
纺织服装、服饰业		2469	33622	27619	269
皮革、毛皮、羽毛及其制品和制鞋业		11689	87616	75253	534
木材加工和木、竹、藤、棕、草制品业		543	1104300	994288	4948
家具制造业			114225	104177	222
造纸和纸制品业	22717	28184	1492353	1235563	6585
印刷和记录媒介复制业	1738	250	401774	332286	1262
文教、工美、体育和娱乐用品制造业	870		43202	38658	149
石油加工、炼焦和核燃料加工业			43993	36240	106
化学原料和化学制品制造业	2326	30628	2003538	1657371	8665
医药制造业	4180	46393	860145	651303	5142
橡胶和塑料制品业	6262	2450	1065081	923918	8588
非金属矿物制品业	9578	33248	1649052	1321000	12836
黑色金属冶炼和压延加工业			289865	259358	1163
有色金属冶炼和压延加工业	7000		338465	310348	870
金属制品业		8232	630388	546267	2881
通用设备制造业			256097	210857	1809
专用设备制造业	2275		788383	643606	7120
汽车制造业			373711	298296	1779
铁路、船舶、航空航天和其他运输设备制造业			104227	78199	5424
电气机械和器材制造业		1200	1349615	1159146	3875
计算机、通信和其他电子设备制造业	17547	100	2557346	2316225	14233
仪器仪表制造业			104406	79716	364
其他制造业		62	85301	64991	431
金属制品、机械和设备修理业			11305	9370	28
电力、热力生产和供应业			1394694	613920	3090
燃气生产和供应业			63801	43004	644
水的生产和供应业	2828		95270	51803	439

5-5 续表 5

单位：万元

指标名称	其他业务收入	其他业务利润	销售费用	管理费用	
					#税金
总计	**307432**	**33235**	**606769**	**1058290**	**54404**
#亏损企业	115843	4610	38870	84012	4173
国有控股企业	133904	15419	128667	315162	14973
按登记注册类型分组					
国有企业	37905	1873	14433	84632	3489
#中央企业	5390			4661	1008
地方企业	32516	1873	14433	79971	2481
集体企业	2001	38	355	4303	226
股份合作企业					
联营企业					
有限责任公司	134861	17254	174855	298733	15945
#国有独资公司	2718	193	11922	21651	1278
其他有限责任公司	132143	17060	162933	277082	14667
股份有限公司	63232	10214	68610	115652	5535
私营企业	26685	2036	249065	394309	18537
其他企业			1298	532	141
港、澳、台商投资企业	24562	1802	40191	77786	6821
外商投资企业	18185	18	57963	82343	3710
按轻重工业分组					
轻工业	127992	18784	307303	511871	23073
重工业	179440	14451	299467	546419	31331
按大中小型工业分					
大型企业	71593	9911	126783	179067	12730
中型企业	174184	13043	184799	403848	17173
小微型企业	61655	10281	295187	475375	24502

5-5 续表 5.1

单位：万元

指标名称	其他业务收入	其他业务利润	销售费用	管理费用	#税金
按工业行业大类分	**307432**	**33235**	**606769**	**1058290**	**54404**
黑色金属矿采选业			9755	11236	611
有色金属矿采选业			253	1978	1
非金属矿采选业			2896	2584	761
农副食品加工业	44119	6875	69321	142154	9119
食品制造业	16832	1928	41286	41588	2052
酒、饮料和精制茶制造业	15231	–349	49799	34149	823
烟草制品业	31668	5469	16361	47094	1576
纺织业	1640	1	3357	11380	433
纺织服装、服饰业	134	47	1495	3374	30
皮革、毛皮、羽毛及其制品和制鞋业			2391	5489	100
木材加工和木、竹、藤、棕、草制品业	375	272	19184	35220	823
家具制造业			3852	3830	71
造纸和纸制品业	5937	1569	26735	69084	2591
印刷和记录媒介复制业	514	149	9312	22840	1663
文教、工美、体育和娱乐用品制造业	197		1246	2181	16
石油加工、炼焦和核燃料加工业	1		1377	4753	39
化学原料和化学制品制造业	33197	4973	70862	101343	5905
医药制造业	9720	3033	59001	67672	1971
橡胶和塑料制品业	760	51	19654	33773	1151
非金属矿物制品业	26265	2402	54489	83949	4528
黑色金属冶炼和压延加工业	291	13	1926	20997	198
有色金属冶炼和压延加工业	1933	248	6603	7345	1253
金属制品业	10027	229	12109	30138	1134
通用设备制造业	3916	388	13654	15816	1137
专用设备制造业	18273	1865	24913	47263	2918
汽车制造业	27831	2564	11427	20523	1177
铁路、船舶、航空航天和其他运输设备制造业			919	794	45
电气机械和器材制造业	46703		34084	53553	1852
计算机、通信和其他电子设备制造业			25808	59262	6995
仪器仪表制造业	1068		2947	10719	502
其他制造业			4505	7418	157
金属制品、机械和设备修理业			206	421	42
电力、热力生产和供应业	7485	711	256	47773	1803
燃气生产和供应业	2432	734	2407	2639	40
水的生产和供应业	885	65	2381	7959	892

5-5 续表 6

单位：万元

指标名称	财务费用	# 利息支出	营业利润	利润总额	亏损企业亏损额	利税总额
总计	**233831**	**230008**	**1659557**	**1668465**	**91077**	**3073146**
# 亏损企业	37580	34861	-125303	-91077	91077	-42170
国有控股企业	82555	90118	236276	303608	59982	1078362
按登记注册类型分组						
国有企业	26217	26377	44344	47221	18886	137394
# 中央企业	20465	20702	2925	2933	13716	58739
地方企业	5752	5675	41419	44288	5169	78655
集体企业	907	770	10408	10291		16530
股份合作企业						
联营企业						
有限责任公司	52591	52284	537871	496926	46630	1249393
# 国有独资公司	2433	2984	3261	3388	1064	14595
其他有限责任公司	50157	49300	534610	493537	45567	1234799
股份有限公司	47397	52867	74792	143061	7196	224737
私营企业	51592	46729	674178	655495	8990	940704
其他企业	52	21	1757	1755		2310
港、澳、台商投资企业	13154	12263	136943	130812	2865	249366
外商投资企业	41922	38696	179263	182903	6510	252712
按轻重工业分						
轻工业	138612	139955	815800	838845	53531	1758017
重工业	95219	90053	843758	829620	37547	1315128
按大中小型工业分						
大型企业	53376	58208	298732	327430	13716	1092422
中型企业	113012	110840	596766	600236	49266	858148
小微型企业	67443	60960	764060	740799	28095	1122576

5-5 续表 5.1 单位：万元

指标名称	财务费用	# 利息支出	营业利润	利润总额	亏损企业亏损额	利税总额
按工业行业大类分	**233831**	**230008**	**1659557**	**1668465**	**91077**	**3073146**
黑色金属矿采选业	225	222	19530	19530		27162
有色金属矿采选业	87	45	1467	1437		3879
非金属矿采选业	304	265	3024	3013	9	7194
农副食品加工业	60637	60794	215469	241298	12297	359983
食品制造业	4533	4495	68825	69654	1520	95326
酒、饮料和精制茶制造业	10607	8262	67540	74103	1165	124662
烟草制品业	-3197	45	130885	133228		705424
纺织业	4314	4145	21643	16397	44	23411
纺织服装、服饰业	-78	22	955	674	197	2118
皮革、毛皮、羽毛及其制品和制鞋业	499	342	3482	3519	1609	5676
木材加工和木、竹、藤、棕、草制品业	10109	10732	73557	66166	3698	97856
家具制造业	693	402	1389	1371	809	2943
造纸和纸制品业	39626	36702	91574	91999	29046	139229
印刷和记录媒介复制业	650	641	32632	32482	1539	44908
文教、工美、体育和娱乐用品制造业	153	78	721	721		1528
石油加工、炼焦和核燃料加工业	170	170	708	708	27	1568
化学原料和化学制品制造业	10861	9450	118372	156033	9089	214384
医药制造业	7412	6201	74877	67206	3901	98730
橡胶和塑料制品业	6784	5867	71009	66061	404	103388
非金属矿物制品业	14495	13661	196606	171868	3614	262821
黑色金属冶炼和压延加工业	1337	1122	12053	11529	468	16521
有色金属冶炼和压延加工业	7197	6482	6502	8376	866	13161
金属制品业	3776	3344	40313	39878	26	54280
通用设备制造业	1462	1710	11149	11240		20002
专用设备制造业	2394	2685	66905	57163	5933	87356
汽车制造业	1534	2143	36053	37164	366	48581
铁路、船舶、航空航天和其他运输设备制造业	2546	2536	16082	16082		21861
电气机械和器材制造业	6121	4392	85667	85719	106	110958
计算机、通信和其他电子设备制造业	3446	2369	118744	111210	59	219614
仪器仪表制造业	14	17	11209	11216		15142
其他制造业	58	60	7814	7784	570	11439
金属制品、机械和设备修理业	15	15	1265	1265		1450
电力、热力生产和供应业	23170	23452	24184	24375	13716	98291
燃气生产和供应业	3319	3197	2913	2957		3601
水的生产和供应业	8560	13940	24442	25038		28698

5-5 续表 7 单位：万元

指标名称	本年职工薪酬	本年 应交增值税	全部从业人员年平均数 （人）
总计	**1107213**	**807333**	**251196**
# 亏损企业	107500	44368	27526
国有控股企业	305027	292450	49185
按登记注册类型分组			
国有企业	87127	85023	13868
# 中央企业	19240	54445	2611
地方企业	67887	30577	11257
集体企业	4587	5125	1370
股份合作企业			
联营企业			
有限责任公司	259875	251120	57883
# 国有独资公司	23848	9517	3675
其他有限责任公司	236027	241603	54208
股份有限公司	124934	70677	21496
私营企业	368807	231762	96484
其他企业	605	345	109
港、澳、台商投资企业	167678	105221	41166
外商投资企业	93600	58061	18820
按轻重工业分组			
轻工业	549522	398661	126572
重工业	557691	408672	124624
按大中小型工业分			
大型企业	323097	282365	59616
中型企业	401673	224056	90769
小微型企业	382443	300912	100811

5-5 续表 7.1

单位：万元

指标名称	本年应付工资总额	本年应交增值税	全部从业人员年平均数（人）
按工业行业大类分	**1107213**	**807333**	**251196**
黑色金属矿采选业	3872	6163	1234
有色金属矿采选业	1949	1764	357
非金属矿采选业	3200	1141	799
农副食品加工业	136625	104129	31650
食品制造业	40464	21974	9511
酒、饮料和精制茶制造业	49487	34325	11106
烟草制品业	46673	112092	1402
纺织业	22296	6319	7852
纺织服装、服饰业	4609	1175	1180
皮革、毛皮、羽毛及其制品和制鞋业	9061	1623	3804
木材加工和木、竹、藤、棕、草制品业	59307	26729	16171
家具制造业	3024	1350	1197
造纸和纸制品业	53827	40533	14161
印刷和记录媒介复制业	25024	11161	5568
文教、工美、体育和娱乐用品制造业	3183	628	980
石油加工、炼焦和核燃料加工业	1650	754	358
化学原料和化学制品制造业	82073	49620	19026
医药制造业	48876	26144	11798
橡胶和塑料制品业	28648	28722	9184
非金属矿物制品业	91191	78045	20461
黑色金属冶炼和压延加工业	11943	3830	2425
有色金属冶炼和压延加工业	15652	3907	3465
金属制品业	26970	11426	6746
通用设备制造业	16685	6941	3148
专用设备制造业	41713	20953	9867
汽车制造业	18725	9474	3574
铁路、船舶、航空航天和其他运输设备制造业	1585	355	528
电气机械和器材制造业	35395	21365	7616
计算机、通信和其他电子设备制造业	141621	94170	34261
仪器仪表制造业	5406	3367	1234
其他制造业	6243	3224	1334
金属制品、机械和设备修理业	195	157	30
电力、热力生产和供应业	53344	70562	6723
燃气生产和供应业	3018		576
水的生产和供应业	13679	3214	1870

5-6 全市规模以上工业主要经济效益指标

（2013年）

指标名称	经济效益综合指数	总资产贡献率（%）	资本保值增值率（%）	资产负债率（%）	流动资产周转率（次/年）	成本费用利润率（%）	全员劳动生产率（元/人）	产品销售率（%）
总计	**328.2**	**18.33**	**119.09**	**56.73**	**3.20**	**7.66**	**306406**	**95.56**
按轻重工业分								
轻工业	333.1	23.58	105.98	55.08	2.99	8.47	300415	95.88
重工业	325.5	14.08	133.11	58.06	3.39	6.99	312490	95.30
按工业行业大类分								
黑色金属矿采选业	546.9	55.47	110.18	29.49	8.05	19.15	418195	100.00
有色金属矿采选业	320.3	33.45	86.30	17.22	4.16	9.44	248129	99.49
非金属矿采选业	216.9	27.01	121.24	44.33	2.82	7.86	106436	99.18
农副食品加工业	323.5	18.11	96.52	61.83	2.93	6.55	312463	97.13
食品制造业	314.7	24.38	97.42	41.19	4.23	9.31	251017	98.87
酒、饮料和精制茶制造业	294.9	14.82	110.40	68.03	2.64	8.64	261064	95.68
烟草制品业	3 668.9	93.03	112.11	15.84	1.86	36.01	5457451	95.65
纺织业	183.2	13.57	108.15	63.27	2.47	4.39	113854	91.60
纺织服装、服饰业	204.0	9.64	104.46	29.36	2.96	2.07	185005	96.70
皮革、毛皮、羽毛及其制品和制鞋业	171.2	13.90	79.19	58.49	4.32	4.21	72003	95.87
木材加工和木、竹、藤、棕、草制品业	278.3	17.37	118.38	46.61	4.24	6.25	224864	94.63
家具制造业	294.4	7.33	109.82	66.14	3.50	1.22	327266	48.46
造纸和纸制品业	321.9	12.53	107.26	56.81	3.41	6.69	319110	95.69
印刷和记录媒介复制业	300.5	19.98	109.70	42.50	4.91	8.89	229442	98.60
文教、工美、体育和娱乐用品制造业	203.1	8.84	120.11	62.96	3.07	1.70	165920	91.23
石油加工、炼焦和核燃料加工业	325.4	8.05	190.94	53.26	3.57	1.66	349944	100.00
化学原料和化学制品制造业	318.9	16.69	118.88	62.17	3.14	8.37	290356	93.07
医药制造业	298.7	15.73	130.83	49.26	3.17	8.46	262903	94.86
橡胶和塑料制品业	375.5	24.26	112.38	60.40	3.36	6.71	369016	95.50
非金属矿物制品业	317.6	19.79	116.01	47.88	2.92	11.46	271296	94.12
黑色金属冶炼和压延加工业	286.6	11.22	96.14	70.55	2.91	4.06	284656	94.34
有色金属冶炼和压延加工业	267.1	2.98	241.18	30.17	1.98	2.52	291813	98.79
金属制品业	261.3	6.85	119.66	52.48	2.15	6.62	257603	94.10
通用设备制造业	256.3	8.05	384.88	62.00	1.57	4.58	205218	98.30
专用设备制造业	271.8	15.88	108.71	50.59	2.51	7.81	237450	93.02
汽车制造业	351.8	23.45	113.11	42.80	3.35	10.45	318954	94.92
铁路、船舶、航空航天和其他运输设备制造业	484.6	33.50	137.34	51.79	1.71	19.50	466315	98.30
电气机械和器材制造业	501.8	21.91	93.27	57.13	4.56	6.59	572656	91.97
计算机、通信和其他电子设备制造业	268.2	16.03	193.95	57.85	3.95	4.62	203355	99.38
仪器仪表制造业	377.1	39.06	110.49	25.09	5.46	11.99	279061	94.05
其他制造业	283.8	22.14	47.02	43.23	3.86	10.11	218691	95.53
金属制品、机械和设备修理业	958.1	109.55	770.00	78.70	13.73	12.64	706466	96.76
电力、热力生产和供应业	531.1	7.50	133.26	85.23	9.91	3.54	571942	97.10
燃气生产和供应业	276.9	5.93	114.10	82.91	4.29	5.28	242754	100.00
水的生产和供应业	410.8	7.68	118.50	73.51	1.34	35.14	324604	100.00

5-7 市区规模以上工业企业单位数、工业总产值

指标名称	单位数（个）		工业总产值（当年价格，万元）	
	2013	2012	2013	2012
按统计口径分组				
年主营业务收入2000万元及以上工业	534	528	17252205	14072368
#国有控股企业	71	68	4477175	3630964
按轻重工业分				
轻工业	251	247	7382536	6348445
重工业	283	281	9869669	7723923
按企业规模分				
大型企业	19	21	5805014	3836135
中型企业	83	74	3620643	3392278
小型、微型企业	432	433	7826548	6843955
按登记注册类型分				
国有企业	22	30	1329121	1819060
集体企业	7	7	135703	110103
股份合作企业		1		7987
联营企业				
有限责任公司	126	104	4222799	2427701
股份有限公司	20	17	1481885	1310997
私营企业	297	301	6468089	5723711
其他企业	1	7	11456	56839
港澳台商投资企业	28	25	2519971	1637393
外商投资企业	33	36	1083181	978577
按经济组织类型分				
独资企业	75	91	4540047	4251191
国有企业	22	30	1329121	1819060
集体企业	7	7	135703	110103
私营独资企业	8	15	256725	317974
港澳台商独资经营企业	19	17	2132496	1399109
外资企业	19	22	686003	604945
合作、合伙企业	10	17	205520	390388
股份合作企业		1		7987
国有与集体联营企业				
私营合伙企业	6	6	79445	204010
港澳台资合作经营企业				
中外合作经营企业	3	3	114619	121549
其他企业（内资）	1	7	11456	56842
股份有限公司	27	24	1641367	1429140
股份有限公司（内资）	20	17	1481885	1310998
私营股份有限公司	7	7	159481	118142
外商投资股份有限公司				
有限责任公司	422	396	10865271	8001649
国有独资公司	4	2	144021	107911
私营有限责任公司	276	273	5972438	5083580
港澳台合资经营企业	9	8	387475	238285
中外合资经营企业	11	11	282559	252085
其他有限责任公司	122	102	4078778	2319788

5-8 市区规模以上工业企业主要工业产品产量

（2013 年）

产品名称	单位	生产量	产品名称	单位	生产量
发电量	万千瓦小时	54450	化学药品原药	吨	5366
火电	万千瓦小时	54450	中成药	吨	26193
大米	吨	593683	香精	吨	2159
精制食用植物油	吨	78033	塑料制品	吨	528183
鲜冷藏冻肉	吨	28621	水泥	吨	5763486
成品糖	吨	844595	水泥排水管	千米	3.34
配混合饲料	吨	3715121	水泥压力管	千米	27.52
糕点	吨	11300	水泥熟料	吨	4171356
饼干	吨		商品混凝土	立方米	15804784
乳制品	吨	162273	预应力混凝土桩	米	149500
液体乳	吨	134329	平板玻璃	重量箱	6381432
罐头	吨		钢化玻璃	平方米	800508
冷冻饮品	吨	204363	单色印刷品	令	1811450
发酵酒精（折 96 度，商品量）	千升	38279	粗钢	吨	
饮料酒	千升	140588	钢材	吨	241546
啤酒	千升	140588	铝材	吨	117286
软饮料	吨	1135081	起重设备	吨	134873
精制茶	吨		铸铁件	吨	3781
卷烟	万支	3842475	铸钢件	吨	692
纱	吨	27238	小型拖拉机	台	44691
布	万米	323	矿山专用设备	吨	37986
服装	万件	166	水泥专用设备	吨	2278
人造板	立方米	2956507	金属冶炼设备	吨	4988
胶合板	立方米	935372	环境污染防治专用设备	台（套）	259
家具	件	175282	改装汽车	辆	1054
纸浆	吨	223313	变压器	千伏安	460890
机制纸及纸板	吨	297367	发电设备	千瓦	7630
纸制品	吨	341529	通信及电子网络用电缆	对千米	2173
润滑油	吨	9618	电力电缆	千米	1796749
硫酸（折 100%）	吨	22916	家用电风扇	台	419236
盐酸（含量 31% 以上）	吨	63785	家用吸排油烟机	台	2944
氢氧化钠（烧碱）(折 100%)	吨	69577	电饭锅	个	10904
合成氨	吨	2744	光电子器件	万只	23
化学农药原药	吨		表	只	928913
冰醋酸	吨		淀粉	吨	312372
农用氮、磷、钾化学肥料总计（折纯）	吨		松香	吨	31115
初级形态的塑料	吨	6036	自来水生产量	万立方米	33473

5-9 市区规模以上工业企业主要财务状况

（2013 年）　　　　单位：万元

指标名称	单位数（个）	# 亏损企业	工业总产值（当年价）	工业销售产值（当年价）
总计	**534**	**61**	**17252205**	**16677901**
# 亏损企业	61	61	1496837	1468493
# 国有控股企业	71	16	4477175	4308501
按登记注册类型分组				
国有企业	22	4	1329121	1264290
# 中央企业	1	1	873106	878059
地方企业	21	3	456015	386232
集体企业	7		135703	130287
股份合作企业				
联营企业				
有限责任公司	126	29	4222799	4048059
# 国有独资公司	4	1	144021	144021
其他有限责任公司	122	28	4078778	3904038
股份有限公司	20	4	1481885	1459054
私营企业	297	16	6468089	6217721
其他企业	1		11456	11085
港、澳、台商投资企业	28	4	2519971	2504713
外商投资企业	33	4	1083181	1042692
按轻重工业分				
轻工业	251	26	7382536	7196903
重工业	283	35	9869669	9480999
按大中小型工业分				
大型企业	19	1	5805014	5731520
中型企业	83	13	3620643	3450426
小型、微型企业	432	47	7826548	7495956

5-9 续表 单位：万元

指标名称	单位数（个）	# 亏损企业	工业总产值（当年价）	工业销售产值（当年价）
总计	**534**	**61**	**17252205**	**16677901.4**
非金属矿采选业	2		16058	15385
农副食品加工业	60	7	2315061	2317558
食品制造业	26	2	591016	579585
酒、饮料和精制茶制造业	11	2	628545	601570
烟草制品业	1		944367	902002
纺织业	3		115053	109616
纺织服装、服饰业	6	2	34341	33209
皮革、毛皮、羽毛及其制品和制鞋业	2		43767	42892
木材加工和木、竹、藤、棕、草制品业	27	6	572057	554683
家具制造业	3		32106	32106
造纸和纸制品业	24	4	531230	501800
印刷和记录媒介复制业	35	5	410664	404962
文教、工美、体育和娱乐用品制造业	6		45994	41682
石油加工、炼焦和核燃料加工业	3	1	43606	43606
化学原料和化学制品制造业	43	4	1183371	1120680
医药制造业	37	2	750958	714089
橡胶和塑料制品业	32		909525	873736
非金属矿物制品业	44	10	825496	813745
黑色金属冶炼和压延加工业	8	2	152069	137420
有色金属冶炼和压延加工业	4	1	337297	334372
金属制品业	22	3	414766	374264
通用设备制造业	11		232151	229954
专用设备制造业	35	3	606381	565925
汽车制造业	13	2	363100	344200
电气机械和器材制造业	34	2	1329197	1224750
计算机、通信和其他电子设备制造业	21	1	2577143	2561274
仪器仪表制造业	7		105930	99625
其他制造业	7	1	86492	82627
金属制品、机械和设备修理业	1		11456	11085
电力、热力生产和供应业	3	1	914036	880530
燃气生产和供应业	1		40099	40099
水的生产和供应业	2		88874	88874

5-9 续表1

单位：万元

指标名称	资产合计	流动资产小计	#存货	#产成品	固定资产小计
总计	12612602	5509461	1357912	428727	5269576
#亏损企业	1984046	538681	140043	65147	1073798
#国有控股企业	5408311	2200405	604888	148552	2121578
按登记注册类型分组					
国有企业	1671734	347849	55320	17830	752006
#中央企业	858127	26630	598		668017
地方企业	813608	321220	54722	17830	83989
集体企业	74308	64974	6376	2533	5820
股份合作企业					
联营企业					
有限责任公司	3032350	1718244	584488	143362	991404
#国有独资公司	244437	141088	29177	1032	43447
其他有限责任公司	2787913	1577156	555311	142330	947957
股份有限公司	2682715	1159141	190035	88911	1094166
私营企业	3188958	1352203	316441	132997	1445173
其他企业	1337	823	571	162	514
港、澳、台商投资企业	1356008	645303	134817	21043	646561
外商投资企业	605192	220925	69864	21890	333933
按轻重工业分					
轻工业	5266269	2531156	683090	183393	2053086
重工业	7346333	2978305	674822	245334	3216490
按大中小型工业分					
大型企业	5726762	2203162	562553	112488	2547457
中型企业	2759161	1227158	341841	131675	1181842
小型、微型企业	4126679	2079141	453519	184564	1540277

5–9 续表 1.1

单位：万元

指标名称	资产合计	流动资产小计	# 存货	# 产成品	固定资产小计
总计	**12612602**	**5509461**	**1357912**	**428726.8**	**5269576**
非金属矿采选业	7344	4062	22	4	2956
农副食品加工业	1447373	883924	144198	49079	334012
食品制造业	300941	147115	29094	5916	118179
酒、饮料和精制茶制造业	634665	249845	92620	46723	184658
烟草制品业	703094	474015	240512	11062	229079
纺织业	93109	78293	14998	4753	14270
纺织服装、服饰业	20598	11397	3651	1119	8908
皮革、毛皮、羽毛及其制品和制鞋业	7880	5438	672	356	2436
木材加工和木、竹、藤、棕、草制品业	376287	140993	34665	20352	209101
家具制造业	15252	11549	3072	2	3703
造纸和纸制品业	354659	105912	42342	24950	154918
印刷和记录媒介复制业	225434	80344	14573	2583	129856
文教、工美、体育和娱乐用品制造业	16818	12944	4736	3131	3142
石油加工、炼焦和核燃料加工业	21596	12330	5093	1463	8360
化学原料和化学制品制造业	952433	439073	126695	47759	436308
医药制造业	558155	237589	52935	21265	295071
橡胶和塑料制品业	365720	264118	72508	38051	70125
非金属矿物制品业	675385	300255	44869	9034	320337
黑色金属冶炼和压延加工业	91905	62805	9750	3487	15275
有色金属冶炼和压延加工业	638594	160655	44735	24755	427792
金属制品业	747393	235997	34716	11983	125379
通用设备制造业	244426	155715	39715	8135	28809
专用设备制造业	449130	256608	82858	30823	156114
汽车制造业	205208	113763	28351	10286	61136
电气机械和器材制造业	441639	253235	68564	36054	171247
计算机、通信和其他电子设备制造业	1374559	646944	109797	12728	532826
仪器仪表制造业	38794	19326	5752	2223	19468
其他制造业	51927	22125	3493	389	29664
金属制品、机械和设备修理业	1337	823	571	162	514
电力、热力生产和供应业	892720	37231	769	98	690986
燃气生产和供应业	113903	15431	703		63794
水的生产和供应业	544327	69609	885		421155

5-9 续表 2

单位：万元

指标名称	固定资产原　价	累计折旧	#本年折旧	负债合计	#流动负债	#非流动负债
总计	**8352565**	**3619497**	**671356**	**7030988**	**4858786**	**1956209**
#亏损企业	1893848	859212	114922	1683560	623871	1007806
#国有控股企业	3222464	1387079	191758	3573241	1773520	1755373
按登记注册类型分组						
国有企业	1300263	553928	84484	1350536	218022	1129004
#中央企业	1123832	455816	71177	858127	122334	735793
地方企业	176431	98113	13308	492409	95688	393211
集体企业	14070	9548	643	55374	53894	821
股份合作企业						
联营企业						
有限责任公司	1535610	715001	101211	1494244	1364914	107506
#国有独资公司	62647	19200	4253	154070	150094	3976
其他有限责任公司	1472964	695801	96959	1340174	1214820	103530
股份有限公司	1292735	464798	74499	1727180	1086629	618413
私营企业	2292206	902261	218280	1359964	1169468	48723
其他企业	975	461	102	1053	1053	
港、澳、台商投资企业	1358022	746578	158685	816080	762362	46126
外商投资企业	558683	226922	33451	226558	202445	5617
按轻重工业分						
轻工业	2947508	1289194	211334	2770406	2025247	609788
重工业	5405056	2330303	460022	4260582	2833539	1346420
按大中小型工业分						
大型企业	3904825	1614791	321681	3544681	2049442	1495138
中型企业	2112799	994625	146443	1490530	1135789	322577
小型、微型企业	2334941	1010080	203231	1995778	1673554	138493

5-9 续表 2.1　　单位：万元

指标名称	固定资产原　价	累计折旧	# 本年折旧	负债合计	# 流动负债	# 非流动负债负债
总计	**8352565**	**3619497**	**671356**	**7030988**	**48587853**	**1956209**
非金属矿采选业	3298	342	167	5865	5865	
农副食品加工业	510265	242043	41333	867147	666528	130818
食品制造业	186585	76315	14096	105672	99625	5242
酒、饮料和精制茶制造业	288913	117625	14543	475060	420201	54858
烟草制品业	266261	147007	14985	115899	115899	
纺织业	27744	19757	3021	62162	54750	7411
纺织服装、服饰业	11123	4956	611	6048	5389	660
皮革、毛皮、羽毛及其制品和制鞋业	3187	760	297	3803	3673	130
木材加工和木、竹、藤、棕、草制品业	172095	38539	13826	151910	128979	21116
家具制造业	7947	4244	848	11293	10999	294
造纸和纸制品业	336148	181468	19884	143420	87439	27605
印刷和记录媒介复制业	228438	99980	16725	95712	32614	8136
文教、工美、体育和娱乐用品制造业	3997	942	298	10560	9348	1080
石油加工、炼焦和核燃料加工业	13296	5270	954	11503	11503	
化学原料和化学制品制造业	753548	331235	56720	580043	333113	216892
医药制造业	453270	193971	49922	279605	186180	73380
橡胶和塑料制品业	112658	43366	8529	229940	219649	9657
非金属矿物制品业	469147	183752	36400	301272	259206	39804
黑色金属冶炼和压延加工业	25974	11057	1701	70053	67962	2000
有色金属冶炼和压延加工业	518103	90383	53744	185615	176221	9394
金属制品业	237701	122530	21004	396661	103778	292884
通用设备制造业	35872	7075	4526	155094	150257	4830
专用设备制造业	262423	108975	16023	244272	228625	7011
汽车制造业	147674	87982	13673	88172	81672	6499
电气机械和器材制造业	359855	189559	30109	241958	203594	963
计算机、通信和其他电子设备制造业	1231797	699550	140099	795237	794689	1
仪器仪表制造业	43983	24640	4185	9732	8911	821
其他制造业	37373	11530	4503	22449	14870	
金属制品、机械和设备修理业	975	461	102	1053	1053	
电力、热力生产和供应业	1160610	469624	71432	866200	130263	735937
燃气生产和供应业	72492	8698	2425	94436	92892	1544
水的生产和供应业	369815	95860	14671	403146	103042	297240

5-9 续表 3

单位：万元

指标名称	所有者权益合计	实收资本				
			国家资本	集体资本	法人资本	个人资本
总计	**5492167**	**2010203**	**443951**	**36323**	**893599**	**435738**
#亏损企业	292733	391112	88043	10413	243802	29959
#国有控股企业	1824037	993659	376383	58	542984	66699
按登记注册类型分组						
国有企业	320334	273287	30468		241507	3455
#中央企业						
地方企业	320334	273287	30468		241507	3455
集体企业	18917	4208		3498	710	
股份合作企业						
联营企业						
有限责任公司	1514037	705223	305873	13557	323199	58565
#国有独资公司	90367	15798	11936		3862	
其他有限责任公司	1423670	689425	293937	13557	319337	58565
股份有限公司	951034	299474	63596	550	108573	118527
私营企业	1779088	371175	3238	13249	121993	232095
其他企业	285	50			50	
港、澳、台商投资企业	537787	137210			32737	5270
外商投资企业	370685	219576	40777	5469	64831	17825
按轻重工业分组						
轻工业	2423430	1050631	294372	18953	409459	195762
重工业	3068737	959572	149579	17370	484141	239976
按大中小型工业分						
大型企业	2177579	682952	265098		295713	94683
中型企业	1227083	636357	152116	9256	310380	91055
小型、微型企业	2087504	690894	26736	27067	287507	250001

单位：万元

指标名称	所有者权益合计	实收资本				
			国家资本	集体资本	法人资本	个人资本
总计	**5492167**	**2010203**	**443951**	**36323.3**	**893599.4**	**435738**
非金属矿采选业	1479	1330		1320		10
农副食品加工业	531668	137718	18406	11919	26052	54250
食品制造业	195269	70461	230		19800	31028
酒、饮料和精制茶制造业	155540	136881	18902		74501	1930
烟草制品业	587195	232519	232519			
纺织业	30303	13110	400	600	11510	600
纺织服装、服饰业	13392	4041	53		500	1019
皮革、毛皮、羽毛及其制品和制鞋业	2878	101				50
木材加工和木、竹、藤、棕、草制品业	220765	90074	23000	1229	53750	6552
家具制造业	3959	3186			100	3086
造纸和纸制品业	204312	241590	5069	266	195705	24017
印刷和记录媒介复制业	127980	59111	15269		11540	31752
文教、工美、体育和娱乐用品制造业	5931	3278	218		1390	800
石油加工、炼焦和核燃料加工业	10093	3280			2280	1000
化学原料和化学制品制造业	371886	93726	15784	500	21608	36130
医药制造业	273079	64846	1251	3000	20080	27035
橡胶和塑料制品业	130601	44817		600	22565	13290
非金属矿物制品业	371266	160998	56925	6971	41082	42672
黑色金属冶炼和压延加工业	21852	13526			12008	1518
有色金属冶炼和压延加工业	452979	51283		5000	13409	27873
金属制品业	350660	259402	2040	300	239828	9002
通用设备制造业	89332	9039	698		5311	2920
专用设备制造业	202927	64689	42582		5066	14767
汽车制造业	116786	33666	7500		3926	22240
电气机械和器材制造业	196730	96626		1250	39484	53157
计算机、通信和其他电子设备制造业	579322	44783		200	17258	9678
仪器仪表制造业	29062	7849		1788	1060	5001
其他制造业	27469	3013		550	800	1601
金属制品、机械和设备修理业	285	50			50	
电力、热力生产和供应业	26520	2378	2253		2378	
燃气生产和供应业	19467	600			600	
水的生产和供应业	141180	62234	853	831	44962	12760

5-9 续表4

单位：万元

指标名称	港澳台资本	外商资本本	主营业务收入	#主营业务成本	#主营业务税金及附加
总计	**77936**	**122519**	**16605080**	**13164764**	**535685**
#亏损企业	9462	7597	1403328	676597	3268
#国有控股企业	9428	250	4281749	2567768	474088
按登记注册类型分组					
国有企业			1265567	491811	2529
#中央企业			878059	163123	1287
地方企业			387509	328689	1242
集体企业			209306	194675	903
股份合作企业					
联营企业					
有限责任公司		2050	4033276	2928340	474996
#国有独资公司			143944	114506	1175
其他有限责任公司		2050	3889332	2813835	473821
股份有限公司	8228		1435686	1210046	8222
私营企业	300		6105882	5219800	28639
其他企业			11305	9370	28
港、澳、台商投资企业	64414	34790	2517292	2261396	12684
外商投资企业	4994	85680	1026765	849327	7685
按轻重工业分组					
轻工业	38744	91062	7088700	5492317	488117
重工业	39192	31457	9516379	7672447	47569
按大中小型工业分					
大型企业	16818	10640	5696096	3869851	481609
中型企业	16220	59584	3469684	2853739	15829
小型、微型企业	44898	52296	7439299	6441175	38247

5–9 续表 4.1　　　　单位：万元

指标名称	港澳台资本	外商资本	主营业务收入	# 主营业务成本	# 主营业务税金及附加
总计	**77936**	**122519**	**16605080**	**13164764**	**535685.4**
非金属矿采选业			15385	10974	2175
农副食品加工业		26648	2287548	2014494	5680
食品制造业		19403	579060	464966	2998
酒、饮料和精制茶制造业	10769	30779	558333	464582	7102
烟草制品业			919680	278835	459974
纺织业			102431	98360	26
纺织服装、服饰业		2469	33622	27619	269
皮革、毛皮、羽毛及其制品和制鞋业		51	41066	33715	408
木材加工和木、竹、藤、棕、草制品业		543	542453	512635	1694
家具制造业			32885	25805	118
造纸和纸制品业	16533		476894	439008	1852
印刷和记录媒介复制业		250	399755	330521	1261
文教、工美、体育和娱乐用品制造业	870		39088	34646	139
石油加工、炼焦和核燃料加工业			43993	36240	106
化学原料和化学制品制造业	2326	17380	1222996	1010533	4876
医药制造业	4180	9301	689617	513849	3779
橡胶和塑料制品业	6262	2100	881526	769585	8152
非金属矿物制品业	9347	4003	769399	636032	4290
黑色金属冶炼和压延加工业			119582	115015	110
有色金属冶炼和压延加工业	5000		304090	279244	846
金属制品业		8232	364940	327552	529
通用设备制造业			224806	186000	1489
专用设备制造业	2275		535765	438597	6472
汽车制造业			323398	262016	1150
电气机械和器材制造业		1200	1265976	1089851	2608
计算机、通信和其他电子设备制造业	17547	100	2557346	2316225	14233
仪器仪表制造业			104406	79716	364
其他制造业		62	85301	64991	431
金属制品、机械和设备修理业			11305	9370	28
电力、热力生产和供应业			919409	202362	1538
燃气生产和供应业			63801	43004	644
水的生产和供应业	2828		89224	48423	347

5-9 续表 5

单位：万元

指标名称	其他业务收入	其他业务利润	销售费用	管理费用	#税金
总计	**238493**	**24588**	**417635**	**676883**	**37287**
#亏损企业	111145	4585	23168	59112	2969
#国有控股企业	125517	14622	110268	239697	11326
按登记注册类型分组					
国有企业	30751	1546	12789	43521	1390
#中央企业	435				
地方企业	30316	1546	12789	43521	1390
集体企业	2001	38	349	4289	226
股份合作企业					
联营企业					
有限责任公司	116285	11705	112224	196240	10008
#国有独资公司	2438		10863	15156	1055
其他有限责任公司	113847	11705	101361	181084	8953
股份有限公司	62971	10214	59714	97551	3969
私营企业	18870	1240	156817	236269	13016
其他企业			206	421	42
港、澳、台商投资企业	1761	100	36327	59131	5910
外商投资企业	5855	-255	39209	39461	2728
按轻重工业分					
轻工业	96179	15600	214287	334854	14236
重工业	142314	8989	203348	342029	23051
按大中小型工业分					
大型企业	70726	9511	124863	170755	11979
中型企业	142683	8994	102190	199037	10351
小型、微型企业	25085	6084	190583	307091	14957

5–9 续表 5.1　　　　单位：万元

指标名称	其他业务收入	其他业务利润	销售费用	管理费用	
					# 税金
总计	**238493**	**24588**	**417635**	**676882.9**	**37287.3**
非金属矿采选业			232	484	198
农副食品加工业	28516	5361	35862	83915	4716
食品制造业	15735	1874	30847	24340	981
酒、饮料和精制茶制造业	9062	–444	33933	19963	362
烟草制品业	31407	5275	16361	42568	1417
纺织业	1640	1	841	3130	286
纺织服装、服饰业	134	47	1495	3374	30
皮革、毛皮、羽毛及其制品和制鞋业			1473	1535	40
木材加工和木、竹、藤、棕、草制品业	102	1	6920	8856	283
家具制造业			3204	2474	4
造纸和纸制品业	2724	1162	9075	19262	1023
印刷和记录媒介复制业	514	149	9233	22426	1663
文教、工美、体育和娱乐用品制造业	197		1233	2153	16
石油加工、炼焦和核燃料加工业	1		1377	4753	39
化学原料和化学制品制造业	25366	1732	51593	67413	5055
医药制造业	4636	2110	52105	56358	1434
橡胶和塑料制品业	759	51	13907	23968	978
非金属矿物制品业	4459	955	26924	34088	1511
黑色金属冶炼和压延加工业			709	9240	171
有色金属冶炼和压延加工业	1933	248	6420	6617	1235
金属制品业	9864	67	6238	11948	708
通用设备制造业	3915	388	12663	14206	1083
专用设备制造业	17956	1865	16325	40779	2742
汽车制造业	27831	2564	8941	18395	875
电气机械和器材制造业	46703		31473	49259	1701
计算机、通信和其他电子设备制造业			25808	59262	6995
仪器仪表制造业	1068		2947	10719	502
其他制造业			4505	7418	157
金属制品、机械和设备修理业			206	421	42
电力、热力生产和供应业	995	384		19084	215
燃气生产和供应业	2432	734	2407	2639	40
水的生产和供应业	547	65	2381	5835	786

5-9 续表 6

单位：万元

指标名称	财务费用	#利息支出	营业利润	利润总额	亏损企业亏损额	利税总额
总计	**102524**	**108058**	**956324**	**1033815**	**73060**	**2131686**
#亏损企业	15133	14126	-111327	-73060	73060	-33077
#国有控股企业	49416	56114	137992	211382	59584	904468
按登记注册类型分组						
国有企业	2548	2467	801	4166	18488	42706
#中央企业	-24		-13716	-13716	13716	8402
地方企业	2571	2467	14517	17882	4772	34304
集体企业	907	770	10337	10256		16470
股份合作企业						
联营企业						
有限责任公司	25880	28376	294251	303111	43022	975946
#国有独资公司	1073	1447	1672	1839	1064	7728
其他有限责任公司	24807	26929	292579	301272	41959	968217
股份有限公司	44577	50034	38278	105849	6318	171417
私营企业	19790	18661	408718	410644	1603	580964
其他企业	15	15	1265	1265		1450
港、澳、台商投资企业	5181	4619	124522	119026	1311	228683
外商投资企业	3626	3116	78151	79498	2319	114050
按轻重工业分组						
轻工业	61777	69350	524195	563822	39927	1357918
重工业	40747	38708	432129	469993	33134	773768
按大中小型工业分						
大型企业	46233	51379	278630	308203	13716	1062285
中型企业	27891	28841	243318	284554	42626	389261
小型、微型企业	28400	27838	434377	441058	16718	680141

5-9 续表 6.1

单位：万元

指标名称	财务费用	# 利息支出	营业利润	利润总额	亏损企业亏损额	利税总额
总计	**102524**	**108058**	**956324**	**1033814.7**	**73060.2**	**2131686**
非金属矿采选业	112	195	1323	1323		3837
农副食品加工业	35778	37332	142854	174482	6396	253895
食品制造业	2092	2109	55716	56693	912	75991
酒、饮料和精制茶制造业	7534	5189	29772	32146	709	60685
烟草制品业	−3033	45	130251	132609		703370
纺织业	1911	1940	−1337	221		340
纺织服装、服饰业	−78	22	955	674	197	2118
皮革、毛皮、羽毛及其制品和制鞋业	26	39	3915	3915		5611
木材加工和木、竹、藤、棕、草制品业	4965	5702	19370	22601	3368	34367
家具制造业	7	5	1217	1214		2405
造纸和纸制品业	2955	2858	−4462	−3940	27730	12581
印刷和记录媒介复制业	638	641	32886	32725	1296	45149
文教、工美、体育和娱乐用品制造业	152	77	672	672		1448
石油加工、炼焦和核燃料加工业	170	170	708	708	27	1568
化学原料和化学制品制造业	4379	3998	43043	79382	7500	115251
医药制造业	4737	4708	55916	55976	2063	79750
橡胶和塑料制品业	3450	2720	56291	56366		89754
非金属矿物制品业	3815	3826	65130	65265	2064	104089
黑色金属冶炼和压延加工业	1009	794	513	513	468	1389
有色金属冶炼和压延加工业	7106	6391	4257	6132	113	10612
金属制品业	1163	788	19605	19838	25	27059
通用设备制造业	1332	1582	8839	8953		16892
专用设备制造业	1629	1995	30455	32595	5374	54850
汽车制造业	677	1284	28359	29459	366	39278
电气机械和器材制造业	4634	4100	76414	76465	106	97987
计算机、通信和其他电子设备制造业	3446	2369	118744	111210	59	219614
仪器仪表制造业	14	17	11209	11216		15142
其他制造业	58	60	7814	7784	570	11439
金属制品、机械和设备修理业	15	15	1265	1265		1450
电力、热力生产和供应业	33	28	−12156	−12087	13716	12471
燃气生产和供应业	3319	3197	2913	2957		3601
水的生产和供应业	8480	13858	23874	24484		27695

5-9 续表 7

单位：万元

指标名称	本年应付工资总额	本年应交增值税	全部从业人员年平均数（人）
总计	**751999**	**560938**	**156089**
# 亏损企业	72032	36582	16358
# 国有控股企业	238965	218513	37882
按登记注册类型分组			
国有企业	47089	35837	7442
# 中央企业	15356	20787	2110
地方企业	31733	15050	5332
集体企业	4400	5116	1302
股份合作企业			
联营企业			
有限责任公司	168184	197531	31981
# 国有独资公司	14884	4702	2565
其他有限责任公司	153300	192830	29416
股份有限公司	115483	57143	19255
私营企业	205011	141418	49047
其他企业	195	157	30
港、澳、台商投资企业	156700	96873	36924
外商投资企业	54937	26862	10108
按轻重工业分			
轻工业	374363	305114	75083
重工业	377637	255823	81006
按大中小型工业分			
大型企业	313096	272305	56401
中型企业	204886	88490	44190
小型、微型企业	234017	200142	55498

5-9 续表 7.1

单位：万元

指标名称	本年应付工资总额	本年应交增值税	全部从业人员年平均数（人）
总计	**751999**	**560938**	**156089**
非金属矿采选业	1240	339	258
农副食品加工业	78125	73412	15053
食品制造业	30243	16301	6127
酒、饮料和精制茶制造业	32792	21333	5727
烟草制品业	41342	110787	1010
纺织业	4959	94	1715
纺织服装、服饰业	4609	1175	1180
皮革、毛皮、羽毛及其制品和制鞋业	1084	1288	331
木材加工和木、竹、藤、棕、草制品业	23313	10071	6474
家具制造业	1588	1073	474
造纸和纸制品业	20840	14652	5556
印刷和记录媒介复制业	24730	11161	5508
文教、工美、体育和娱乐用品制造业	2777	608	790
石油加工、炼焦和核燃料加工业	1650	754	358
化学原料和化学制品制造业	53937	30941	11240
医药制造业	41133	19807	9501
橡胶和塑料制品业	20039	25237	6021
非金属矿物制品业	43881	34534	8704
黑色金属冶炼和压延加工业	3084	766	929
有色金属冶炼和压延加工业	14622	3626	3162
金属制品业	17167	6597	3945
通用设备制造业	15151	6438	2778
专用设备制造业	34520	15783	7659
汽车制造业	17359	8504	3204
电气机械和器材制造业	31970	18914	6872
计算机、通信和其他电子设备制造业	141621	94170	34261
仪器仪表制造业	5406	3367	1234
其他制造业	6243	3224	1334
金属制品、机械和设备修理业	195	157	30
电力、热力生产和供应业	20977	22971	2563
燃气生产和供应业	3018		576
水的生产和供应业	12384	2857	1515

5-10 各县规模以上工业企业单位数

（2013 年）　　单位：个

指标名称	武鸣县	隆安县	马山县	上林县	宾阳县	横　县
按统计口径分组						
年主营业务收入 2000 万元及以上工业	196	38	18	14	75	94
#国有控股企业	9	4	3	1	5	9
按轻重工业分						
轻工业	101	16	7	7	49	60
重工业	95	22	11	7	26	34
按企业规模分						
大型企业					1	1
中型企业	22	6	2	4	18	32
小型、微型企业	174	32	16	10	56	61
按登记注册类型分						
国有企业	3	2	2	1	3	4
集体企业						1
股份合作企业						
有限责任公司	88	3	4	7	12	10
股份有限公司	1	1	1	0	3	2
私营企业	88	31	11	6	52	69
其它企业	1					
港澳台商投资企业	4				2	4
外商投资企业	11	1			3	4
按经济组织类型分						
独资企业	26	3	8	3	20	24
国有企业	3	2	2	1	3	4
集体企业						1
私营独资企业	15	1	6	2	15	16
港澳台商独资经营企业	3					1
外资企业	5				2	2
合作、合伙企业	10				4	6
股份合作企业						
私营合伙企业	9				3	6
港澳台资合作经营企业					1	
中外合作经营企业						
其它企业（内资）	1					
股份有限公司	2	2	1		7	4
股份有限公司（内资）	1	1	1		3	2
私营股份有限公司	1	1			4	1
外商投资股份有限公司					0	1
有限责任公司	158	33	9	11	44	60
国有独资公司	1					2
私营有限责任公司	63	29	5	4	30	46
港澳台合资经营企业	1				1	3
中外合资经营企业	6	1			1	1
其他有限责任公司	87	3	4	7	12	8

5-11 各县规模以上工业总产值

（2013 年，按当年价计算） 单位：万元

指标名称	武鸣县	隆安县	马山县	上林县	宾阳县	横县
按统计口径分组						
年主营业务收入 2000 万元及以上工业	3389056	524936	163194	237786	1183734	2820437
# 国有控股企业	188985	87983	33861	11184	158319	525718
按轻重工业分						
轻工业	1565413	269842	85807	151053	599436	1551540
重工业	1823644	255093	77386	86733	584298	1268896
按企业规模分						
大型企业					85435	121969
中型企业	788530	176741	28000	92721	676772	1987661
小型、微型企业	2600527	348195	135194	145065	421527	710807
按登记注册类型分						
国有企业	97973	34269	17748	11184	84261	368423
集体企业						2201
股份合作企业						
有限责任公司	1785275	36820	47216	131190	188431	304887
股份有限公司	4568	47595	16113		29094	198414
私营企业	1300989	403016	82116	95413	612716	1104150
其它企业	3236					
港澳台商投资企业	52324				27677	182468
外商投资企业	144692	3236			241555	659894
按经济组织类型分						
独资企业	285539	44227	47505	38209	388171	786786
国有企业	97973	34269	17748	11184	84261	368423
集体企业						2201
私营独资企业	112400	9958	29757	27025	119847	135710
港澳台商独资经营企业	14587					4753
外资企业	60579				184063	275700
合作、合伙企业	69689				24897	64151
股份合作企业						
私营合伙企业	66453				9280	64151
港澳台资合作经营企业					15617	
中外合作经营企业						
其它企业（内资）	3236					
股份有限公司	8068	54673	16113		115455	459720
股份有限公司（内资）	4568	47595	16113		29094	198414
私营股份有限公司	3500	7078			86361	29131
外商投资股份有限公司						232176
有限责任公司	3025761	426035	99575	199578	655212	1509780
国有独资公司	8725					39279
私营有限责任公司	1118636	385979	52359	68388	397228	875159
港澳台合资经营企业	37738				12060	177715
中外合资经营企业	84113	3236			57493	152018
其他有限责任公司	1776550	36820	47216	131190	188431	265608

5-12 各县规模以上工业企业主要工业产品产量

（2013 年）

产品名称	单位	武鸣县	隆安县	马山县	上林县	宾阳县	横　县
原煤	吨						
褐煤	吨						
天然石墨	吨						
铁矿石原矿	吨						
小麦粉	吨					26116	
大米	吨	26757			12955	307687	22805
精制食用植物油	吨	16148	7196				
饲料	吨	365325	470451			81395	145965
#配合饲料	吨	329957	265761			45395	145965
混合饲料	吨	35368	204690			36000	
成品糖	吨		76552	24140	62570	217798	229499
淀粉及淀粉制品	吨	586192	70784	32885			40921
鲜、冷藏肉	吨	6264					63207
方便面	吨					4154	
罐头	吨						76756
发酵酒精（折 96 度，商品量）	千升	172928	13211	39656		26372	
软饮料	吨	442982					
精制茶	吨						41728
蚕丝	吨	218	109		2229	1203	1169
轻革	平方米						549991
人造板	立方米	1458927	270766			454129	716819
家具	件	26276					
纸浆（原生浆及废纸浆）	吨			36587			834382
机制纸及纸板（外购原纸加工除外）	吨	45357				280768	649805
纸制品	吨	133124					360503
甲醛	吨		61844			34031	
合成氨（无水氨）	吨	77806	38348			28639	
农用氮、磷、钾化学肥料总计（折纯）	吨	60082	40092			22535	
化学农药原药（折有效成分 100%）	吨						
中成药	吨	6220					7728
塑料制品	吨	93765					11017
松香	吨	14001	3945	3537	9584		
硅酸盐水泥熟料	吨	1904246	1681353		300902	1957137	4379650
水泥	吨	2824933	1272652	339840	499399	1796147	3198665
商品混凝土	立方米	799368		340304		479595	164342
水泥混凝土电杆	根	71198				82249	20242
砖	万块	16204		5302			
卫生陶瓷制品	件					4243699	
钢材	吨					172471	283080
铁合金	吨						
十种有色金属	吨						
白银（银锭）	千克		6168				
铝材	吨	2535					
小型拖拉机	台	104731	5035				
交流电动机	千瓦						
发电量	万千瓦小时	6415	35057	79876	1743	23878	778723
#火力发电量	万千瓦小时	6415	7183	621	1743	23878	662302
水力发电量	万千瓦小时		27874	79255			116421

5-13 各县规模以上工业企业主要财务状况

（2013 年）　　　　单位：万元

指标名称	武鸣县	隆安县	马山县	上林县	宾阳县	横　县
单位数（个）	196	38	18	14	75	94
#亏损企业	25	6	3		7	7
工业总产值（当年价）	3389056	524936	163194	237786	1183734	2820437
工业销售产值（当年价）	3114324	505815	156468	210757	1092626	2678710
工业增加值（当年价）						
资产总计	1543551	395121	148693	102145	746995	2394897
流动资产合计	748869	179927	56960	73708	364474	795861
#存货	277566	43908	16079	19235	98373	186399
产成品	162711	21085	14443	8395	50962	79904
固定资产合计	598400	179978	86480	23306	324699	1360512
固定资产原价	845663	280808	209046	37802	465066	1548131
累计折旧	322059	107272	126661	16802	158467	297703
固定资产净值	523604	173536	82384	21001	306599	1250428
负债合计	743995	229707	120179	58652	504289	1491693
#流动负债	606164	181178	102958	58266	451814	930247
非流动负债	112670	49387	8917		41714	513627

单位：万元

指标名称	武鸣县	隆安县	马山县	上林县	宾阳县	横　县
所有者权益合计	789548	153839	27247	42971	234872	885604
实收资本	424320	71081	13006	11045	145445	538509
国家资本	58344	22629	1153	529	11002	81732
集体资本	12875			3098	4075	305
法人资本	182516	30468	3424	5425	30413	246665
个人资本	102242	15984	8429	1992	54779	176648
港澳台资本	14176	2000			231	7713
外商资本	62711				44595	25446
主营业务收入	3096714	499900	148478	202270	1095626	2752473
# 主营业务成本	2595025	446804	124958	189909	952367	2152309
主营业务税金及附加	32896	2732	2468	634	6278	12795
其他业务利润	5383	1036	5	1018	1479	-275
销售费用	96576	10388	2350	953	15447	63420
管理费用	129237	22078	9748	6286	27796	186263
# 税金	6175	1128	182	592	2670	6370
财务费用	27178	10310	1284	2884	24654	64997
# 利息支出	21215	9615	1014	2749	24129	63228
营业利润	314601	18707	12172	4417	78836	274501
利润总额	240992	20700	12105	4960	81495	274398
亏损企业亏损额	6592	2091	1492		2114	5729
利税总额	354069	36442	20300	10603	120914	399132
应交税金及附加	145888	18139	9737	6618	48722	145009
本年应付职工薪酬	132155	24524	8843	9983	86419	93289
本年应交增值税	77889	12937	5725	4994	33139	111711
全部从业人员年平均数（人）	35693	6267	2479	3115	18245	29308

5-14 规模以上工业企业技术开发机构、人员情况

（2013年）

指标名称	企业数（个）	有R&D活动（个）	科技机构数(个)	机构人员（人）	#博士毕业	#硕士毕业	#本科毕业	机构经费支出（万元）
总计	**967**	**135**	**117**	**3462**	**74**	**347**	**2012**	**70349**
按企业规模分								
大型	19	8	28	736	8	93	509	23928
中型	167	42	43	1780	19	127	950	24275
小型	729	84	45	935	45	125	551	22101
微型	52	1	1	11	2	2	2	46
按登记注册类型分								
国有企业	36	6	13	255	12	65	137	7502
集体企业	8	1	1	5			1	26
股份合作企业								
联营企业								
有限责任公司	249	37	35	1160	10	70	789	23522
股份有限公司	28	11	20	1058	3	75	434	13137
私营企业	554	67	39	788	46	109	514	20720
其他企业	2							
港、澳、台商投资企业	38	8	7	166	3	26	119	5339
外商投资企业	52	5	2	30		2	18	104
按新国民经济行业大类分								
采矿业	16							
制造业	934	135	117	3462	74	347	2012	70349
电力、热力、燃气及水生产和供应业	17							
按地区分组								
兴宁区	28	3						
青秀区	28	4	5	68	3	5	24	846
江南区（含经济技术开发区）	167	18	21	988	12	56	380	10240
西乡塘区（含高新技术产业开发区）	241	74	67	1956	52	235	1348	50928
良庆区	59	13	11	289	2	31	188	5477
邕宁区	10		1	5			5	5
武鸣县（含东盟经济开发区）	195	8	5	86	2	9	34	330
隆安县	38	1	2	13		1	7	87
马山县	18							
上林县	14							
宾阳县	75	3	1	11	2	2	2	46
横县	94	11	4	46	1	8	24	2391

5-15 规模以上工业企业技术开发经费支出情况

（2013 年）　　单位：万元

指标名称	R&D 人员合计（人）	R&D 经费内部支出（万元）	# 基础研究支出	# 应用研究支出	# 试验发展支出	R&D 项目数（项）
总计	**4804**	**105471**	**61**	**212**	**105198**	**849**
按企业规模分						
大型	1389	30795		50	30744	86
中型	1762	39033	61	133	38839	431
小型	1642	35507		29	35477	331
微型	11	138			138	1
按登记注册类型分						
国有企业	283	7883	61	20	7802	71
集体企业	22	73			73	5
股份合作企业						
联营企业						
有限责任公司	1167	28262		61	28201	217
股份有限公司	1517	25553		50	25502	167
私营企业	1392	36054		82	35972	312
其他企业						
港、澳、台商投资企业	297	5559			5559	62
外商投资企业	126	2088			2088	15
按新国民经济行业大类分						
采矿业						
制造业	4804	105471	61	212	105198	849
电力、热力、燃气及水生产和供应业						
按地区分组						
兴宁区	109	656		29	627	14
青秀区	69	1127	61		1067	12
江南区（含经济技术开发区）	1384	23793		132	23661	86
西乡塘区（含高新技术产业开发区）	2428	63822		51	63770	630
良庆区	398	4773			4773	57
邕宁区						
武鸣县（含东盟经济开发区）	121	2211			2211	17
隆安县	13	74			74	1
马山县						
上林县						
宾阳县	36	188			188	3
横县	246	8828			8828	29

5-16 规模以上工业企业科技项目及成果情况

（2013 年）

指标名称	专利申请数（件）	发明专利	新产品开发项目数（项）	新产品开发经费支出（万元）	新产品销售收入（万元）
总计	**471**	**254**	**1033**	**125795**	**1080155**
按企业规模分					
大型	111	86	133	43924	312948
中型	150	70	540	44037	401729
小型	207	97	359	37697	362078
微型	3	1	1	138	3400
按登记注册类型分					
国有企业	49	23	41	5184	50439
集体企业	6		5	73	
股份合作企业					
联营企业					
有限责任公司	138	73	264	37908	226667
股份有限公司	141	108	336	35171	241309
私营企业	104	40	307	39503	326003
其他企业					
港、澳、台商投资企业	24	6	64	6320	203151
外商投资企业	9	4	16	1637	32587
按新国民经济行业大类分					
采矿业					
制造业	471	254	1033	125795	1080155
电力、热力、燃气及水生产和供应业					
按地区分组					
兴宁区	7	4	17	801	1956
青秀区	14	3	8	331	4185
江南区（含经济技术开发区）	116	42	95	30995	219555
西乡塘区（含高新技术产业开发区）	234	141	790	72864	766119
良庆区	26	18	71	6112	33256
邕宁区			2	224	
武鸣县（含东盟经济开发区）	43	31	21	3526	17524
隆安县	1		2	416	15447
马山县					
上林县					
宾阳县	18	6	2	638	4900
横县	12	9	25	9890	17214

六 运输邮电

CHAPTER 6 TRANSPORT,POSTAL AND TEL-ECOMMUNICATION

6-1 全市主要年份交通邮电情况

年份	邮电业务总量（万元）	年末电话用户（户）	客运量（万人）	货运量（万吨）
1950	53	174		8
1965	381	4859		215
1978	420	7691		347
1980	487	9195		313
1985	1211	17277	3907	1055
1986	1384	20423	4615	1268
1987	1709	24171	5795	1428
1988	1990	28145	6234	2703
1989	2311	33663	6338	1915
1990	5219	37131	3908	1863
1991	6854	47878	2625	2226
1992	9807	60333	2896	2589
1993	16745	87174	2545	2908
1994	29695	140004	3835	3457
1995	47626	228940	4545	3341
1996	65478	248387	4959	3413
1997	86853	361554	5457	3450
1998	112896	403001	5026	3470
1999	133877	645717	5130	3293
2000	190253	865319	5149	3291
2001	255793	913508	5266	3371
2002	291117	1543341	5343	3442
2003	191649	2678588	7017	5893
2004	248049	3527773	8451	6791
2005	293587	3658498	9131	7236
2006	689043	4040947	9665	7853
2007	1033495	4408556	10532	9237
2008	1289710	4880161	8066	13044
2009	1459981	5498397	8987	15491
2010	1769876	6043808	10153	19171
2011	829763	7917861	11170	24326
2012	945554	8247169	12036	29783
2013	1009173	8526254	12737	33595

注：邮电业务总量1950年为1952年不变价，1965年为1957年不变价，1978年-1980年为1970年不变价，1985年-1989年为1980年不变价，1990年-2002年为1990年不变价，2003年-2010年为2000年不变价，2011年以后为2010年不变价。2003年以后为行政区划调整后的数据，其余年份为原南宁口径。

6-2 全市民用车辆拥有量

(2013 年)　　单位：辆

指标名称	总计	# 个人
合计	**1514232**	**1360940**
汽车	**739868**	**593476**
# 载客汽车	613818	553010
# 大型	7639	329
中型	3952	1718
小型	581042	531721
微型	21185	19242
# 轿车	406870	378901
载货汽车	118744	36654
# 重型	28436	3050
中型	19981	3885
轻型	69697	29316
微型	630	403
# 普通载货	29054	20317
其他汽车	7306	3812
# 三轮汽车	436	429
低速汽车	2428	1538
摩托车	**770726**	**767126**
# 普通	767522	763922
轻便	3204	3204
拖拉机	**122209**	**122209**
# 大中型	5664	5664
小型	46135	46135
挂车	**3631**	**309**
其他类型车	**7**	**3**

6-3 全市民用运输船舶拥有量

(2013 年)

指标名称	单位	总计	# 私人
机动船	艘	1536	456
载客量	客位	10358	10198
净载重量	吨位	948889	74126
总功率	千瓦	241818	23536
客船	艘	266	260
载客量	客位	10358	10198
货船	艘	1270	196
净载重量	吨位	948889	74126

6-4 全市全社会客货运输量

(2013 年)

指标名称	客运量（万人）	旅客周转量（万人公里）	货运量（万吨）	货物周转量（万吨公里）
合计	**12737**	**2124697**	**33595**	**5558892**
公路运输合计	11240	2124697	29851	4381697
水上运输合计			3239	1177195
铁路发送运输合计	1074		500	
民航运输合计	424		4.9	

6-5 全市交通运输企业主要财务状况

单位：万元

指标名称	总计		#道路运输		#水上运输	
	2013年	2012年	2013年	2012年	2013年	2012年
企业单位数（个）	695	366	627	304	59	28
资产总计	8538593	2240085	4610379	1429237	47405	29898
实收资本	1823909		1064492		22313	
营业收入	1190677	725691	885104	589032	36431	16371
#主营业务收入	1156352	712760	863361	580031	35770	16035
营业税金及附加	35766	30909	26777	25630	1052	830
#主营业务税金及附加	34541	28588	25658	23551	950	801
从业人员期末人数（人）	37472	27674	28218	17873	1603	1169

6-6 全市邮政、电信业务基本情况

指标名称	单位	2013 年	指标名称	单位	2013 年
电信业务总量	**万元**	**960462**	**邮政业务总量**	**万元**	**48711**
电信营业网点总数（含合作厅）	个	707	邮政局（所）总数	处	193
#电信自办营业网点总数	个	83	邮路总长度（单程）	公里	19198
长话业务电路总数	个	4949	函件	万件	2549
电话线路光缆长度	皮长公里	47935	#国际函件	万件	3.59
电话交换机已装机总容量	门	742177	包件	万件	28.23
长途电话次数	万次	11271	#国际包件	万件	0.71
#国际长途电话次数	万次	33	汇票	万张	82.72
港澳台长途电话次数	万次	28	邮政储蓄年末余额	万元	1280017
国际互联网络用户	户	1618044	报纸累计份数	万份	5732
年末电话用户数	户	8526254	杂志累计份数	万份	520
#移动电话	户	7666727			
电话普及率	部/百人	119			

七 固定资产投资

CHAPTER 7　INVESTMENT IN FIXED ASSETS

7-1 全市主要年份固定资产投资情况

单位：万元

年份	全社会固定资产投资额	固定（城镇固定）资产投资额	# 基本建设投资额	# 更新改造投资额	新增固定资产
1950	312	312	312		
1965	5578	4577	4577		3476
1978	17731	16886	11094	5521	6772
1980	16704	16078	13912	1699	12713
1985	44590	38447	22939	13077	25868
1986	59292	47569	26545	18249	37857
1987	67975	59092	26526	30130	52193
1988	91450	82364	31563	44821	64369
1989	73920	66787	27831	34158	64217
1990	75907	60046	26469	25375	61328
1991	84364	70739	36109	27999	75259
1992	113593	96412	50458	33261	59784
1993	236508	219395	104494	52818	123995
1994	339036	310598	142976	78149	191587
1995	563515	432100	193808	103241	247895
1996	643874	525891	266140	108814	330844
1997	747843	613987	338771	122562	379500
1998	823561	689875	406818	112524	533250
1999	880793	759931	438954	122874	480493
2000	1131659	878145	493517	148436	776010
2001	1214061	974531	546522	166619	836988
2002	1455615	1223609	710376	213565	807002
2003	1903567	1699199	969888	277335	1367881
2004	2627634	2401050	1252317	402472	1776841
2005	3628975	3462384	1614461	595316	2382248
2006	4472211	4077515	1803307	807735	2410404
2007	5602200	5179195	2127423	1035189	2967701
2008	6934353	6500237	2783092	1424461	2786431
2009	10439120	9772424	4514087	2655809	5410422
2010	14830158	13893035	6458107	3671938	6761138
2011	20189453	19661255	8848771	5132049	9556262
2012	25851818	25176100	10284552	6890312	17714243
2013	24750080	24326855	11097410	7283304	15048368

注：1、2000 年以后为行政区划调整后的数据，其余年份为原南宁口径；从 2003 年起基建投资含跨地市公路投资额。
2、2011 年起以“固定资产投资”口径取代原“城镇固定资产投资”口径。
3、2013 年起，固定资产投资起报点从计划总投资 50 万起报调整为计划总投资 500 万元起报。

7-2 全市全社会固定资产投资

（2013 年）

单位：万元

指标名称	全社会投资合计	基本、更改、其他小计	城镇工矿区私人建房	房地产开发	农村非农户	城乡私人建房
合计	**24750080**	**19499870**		**4163709**	**663276**	**423225**
按隶属关系分						
中央	1483669	1152090		325558	6021	
地方	23266411	18347780		3838151	657255	423225
#自治区	1412939	1372721		25566	14652	
按三次产业分						
第一产业	705299	565423			139876	
第二产业	7551649	7385066			166583	
#工业	7281322	7117159			164163	
第三产业	16493132	11549381		4163709	356817	423225
批发和零售业	1314493	1298972			15521	
交通运输、仓储和邮政业	2818317	2701396			116921	
住宿和餐饮业	553140	532771			20369	
信息传输、计算机服务和软件业	360116	357802			2314	
金融业	235820	235820				
房地产业	5991713	1361755		4163709	43024	423225
租赁和商务服务业	647272	646772			500	
科学研究和综合服务和地质勘查业	250096	245566			4530	
水利、环境和公共设施管理业	2461731	2378524			83207	
居民服务和其他服务业	188764	187434			1330	
教育	662591	626616			35975	
卫生、社会保障和社会福利业	297197	290135			7062	
文化、体育和娱乐业	405032	393257			11775	
公共管理和社会组织	306850	292561			14289	

注：城镇工矿区私人建房投资统计按自治区统计局口径调整，即城镇工矿区私人建房投资只包含500万以上私人建房投资（后表同）。

7-3 全市按行业、注册类型、隶属关系和建设性质分固定资产投资

（2013 年）

单位：万元

指标名称	固定资产投资额	指标名称	固定资产投资额
本年完成投资	**24326855**	#制糖业	49845
投资额按登记注册类型分		电力、煤气及水的生产和供应业	646261
内资	23060177	建筑业	270327
国有	6596632	第三产业	11906198
集体	478407	批发和零售业	1314493
股份合作	102415	交通运输、仓储和邮政业	2818317
联营	76927	住宿和餐饮业	553140
有限责任公司	6159474	信息传输、计算机服务和软件业	360116
股份有限公司	1096366	金融业	235820
私营	7441347	房地产业	1404779
其他	1108609	租赁和商务服务业	647272
港澳台商投资	439805	科学研究和综合服务和地质勘查业	250096
合资经营	223283	水利、环境和公共设施管理业	2461731
合作经营	2250	居民服务和其他服务业	188764
独资	170159	教育	662591
股份有限	41732	卫生、社会保障和社会福利业	297197
其他	2381	文化、体育和娱乐业	405032
外商投资	366191	公共管理和社会组织	306850
合资经营	54650	**投资额按隶属关系分**	
合作经营	8964	中央	1483669
独资	217782	自治区	1416344
股份有限	41002	市	2712775
其他	43793	县	2597941
个体经营	360644	其他	16016088
个人经营	267112	**投资额按建设性质分**	
个人合伙	93532	#新建	11547922
按国民经济行业分		扩建	2625362
农、林、牧、渔业	705299	改建	4505158
采矿业	330725		
制造业	6304336		

7-4 全市固定资产投资完成情况

（2013 年）

指标名称	单位	合计	基本建设	更新改造	其他投资	房地产	城镇工矿区私人建房	农村非农户
本年完成投资	**万元**	**24326855**	**11097410**	**7283304**	**1119156**	**4163709**		**663276**
#住宅	万元	3194706	153686	3538	1366	3023848		12268
投资额按构成分								
建筑工程	万元	14543941	8324015	2832580	263498	2651538		472310
安装工程	万元	1569613	457951	579984	34634	447873		49171
设备工器具购置	万元	5294597	929389	3408758	788243	65347		102860
其他费用	万元	2918704	1386055	461982	32781	998951		38935
#土地购置费	万元	1571894	684572	164835	5331	700582		16574
本年新增固定资产	万元	15048368	6238193	6568279	782074	931320		528502
本年施工房屋面积	平方米	119222954	71794510	7277325	1062496	38123539		965084
#住宅	平方米	30135375	2054321	212852	20480	27674954		172768
本年竣工房屋面积	平方米	9971314	3816047	2028399	621064	3255841		249963
#住宅	平方米	3212411	572392	198250	18630	2344671		78468
本年竣工房屋价值	万元	2093504	825023	401788	108878	723636		34179
#住宅	万元	857107	81759	42234	1297	723636		8181
施工项目个数	个	7507	4156	2444	322			585
#本年新开工	个	6032	3120	2083	286			543
本年投产项目个数	个	5517	2748	1976	290			503
本年资金来源合计	万元	28969742	11052154	7277585	1124336	8833217		682450
上年末结余资金	万元	2128982	151003	13006	300	1963129		1544
本年资金来源小计	万元	26840760	10901151	7264579	1124036	6870088		680906
国家预算内资金	万元	1039342	676964	176603	28693			157082
国内贷款	万元	2310446	630357	395979	6656	1265760		11694
债券	万元	40200	40000	200				
利用外资	万元	6540	4830		1100			610
自筹资金	万元	18977987	9204854	6546565	1073271	1792099		361198
其他资金来源	万元	4466245	344146	145232	14316	3812229		150322
本年各项应付款合计	万元	3242955	1203605	429678	13551	1010866		585255

7-5 全市农村非农户固定资产投资

（2013 年）

指标名称	单位	合计	基本建设	更新改造	其他投资
本年投资完成额	**万元**	**663276**	**469775**	**98627**	**94874**
投资额按建设性质分					
#新建	万元	354385	298573	2700	53112
扩建	万元	179129	121737	37608	19784
改建	万元	112641	46276	58319	8046
投资额按构成分					
建筑工程	万元	472310	378088	51522	42700
安装工程	万元	49171	21991	13619	13561
设备工器具购置	万元	102860	42617	28935	31308
其他费用	万元	38935	27079	4551	7305
投资额按国民经济行业分					
农、林、牧、渔业	万元	139876	80273	12020	47583
采矿业	万元	16185	10999	3548	1638
制造业	万元	93747	50326	37342	6079
电力、燃气及水的生产和供应业	万元	54231	30731	21985	1515
建筑业	万元	2420	2420		
批发和零售业	万元	15521	12322	2349	850
交通运输仓储和邮政业	万元	116921	107469	6762	2690
住宿和餐饮业	万元	20369	5085		15284
信息传输、计算机服务和软件业	万元	2314		2314	
金融业	万元				
房地产业	万元	43024	36756	1500	4768
租赁和商务服务业	万元	500	500		
科学研究、技术服务和地质勘查业	万元	4530	1700		2830
水利 环境和公共设施管理业	万元	83207	76172	2955	4080
居民服务和其他服务业	万元	1330	730		600
教育	万元	35975	27437	4041	4497
卫生 社会保障和社会福利业	万元	7062	5599	503	960
文化 体育和娱乐业	万元	11775	8065	2800	910
公共管理和社会组织	万元	14289	13191	508	590
本年新增固定资产	万元	528502	359942	90092	78468
本年施工房屋面积	平方米	965084	802938	82448	79698
本年竣工房屋面积	平方米	249963	228999	14794	6170

7-6 全市全年新增生产能力

（2013 年）

指标名称	单位	总计	基本建设	更新改造	其他投资
润滑油（综合能力）	万吨 / 年	1.68		1.68	
铁矿开采（原矿）	万吨 / 年	3	3		
铁合金	万吨 / 年	40		40	
钢材	吨 / 年	290	250	40	
铅锌选矿：(1) 处理原矿	公斤 / 年	2.4	1	1.4	
# 电解镍	万千瓦	10	10		
铝加工	公里	468		468	
黄金	万吨 / 年	150		150	
输电线路长度 (110KV 及以上）	万重量箱 / 年	407.8	314.8	93	
水泥	吨 / 年	852	550	302	
氮肥	吨 / 年	706900	63600	643300	
磷肥	吨 / 年	51950		51950	
钾肥	吨 / 年	8800		8800	
化学农药原药	万线 / 年	566		566	
塑料树脂及共聚物	公里	55300		55300	
机制纸浆	公里	8		8	
新建铁路里程	公里	46	46		
新建高速铁路里程	公里	200	200		
新建公路	公里	761.7	761.7		
# 高速公路	公里	46	46		
二级公路	公里	664	664		
改建公路	延长米	658	644	14	
# 一级公路	座	11	11		
二级公路	万吨	230	230		
新建独立公路桥梁	标准集装箱	427.8	304.8	123	
新建独立公路桥梁	个	3	2	1	
新（扩）建公路客、货运站	个	9	4		5
新（扩）建公路客、货运站	平方米	32661	15620		17041
城市自来水供水能力	万吨 / 日	4	4		

7-7 全市及各县城乡私人建房情况

(2013 年)

名称	镇、乡个数（个）	本年竣工房屋建筑面积（平方米）	#住宅	本年竣工房屋价值（万元）	#住宅	建房户数（户）
全市	**121**	**5707169**	**5685621**	**423225**	**419627**	**34733**
武鸣县	18	444610	440626	32187	29825	3029
隆安县	10	315648	315648	21371	21371	2586
马山县	11	413883	412883	34428	34428	3092
上林县	11	289940	289940	22620	22620	2095
宾阳县	15	1236717	1236717	87642	87642	8295
横　县	17	1323304	1323304	102337	102337	7415

7-8 全市按国民经济行业分新增固定资产

(2013 年)　　单位：万元

指标名称	总计	基本建设	更新改造	其它投资	城镇工矿区私人建房
总计	**15048368**	**6598135**	**6658371**	**860542**	
农、林、牧、渔业	547626	356412	95273	95941	
采矿业	261820	39782	202997	19041	
制造业	5569271	810679	4635540	123052	
电力、燃气及水生产和供应业	629031	129521	490310	9200	
建筑业	200311	95177	77425	27709	
批发和零售业	1003000	681395	172407	149198	
交通运输仓储和邮政业	918590	701845	161783	54962	
住宿和餐饮业	421387	337254	41573	42560	
信息传输 计算机服务和软件业	329968	52239	234173	43556	
租赁和商务服务业	102029	75913	9870	16246	
房地产业	1793314	1655917	100483	36914	
金融业	422390	272041	63857	86492	
科学研究 技术服务和地质勘查业	181883	102886	51041	27956	
水利 环境和公共设施管理业	1403468	1196276	180725	26467	
居民服务和其他服务业	147211	99190	34991	13030	
教育	400742	355503	24114	21125	
卫生 社会保障和社会福利业	229964	137232	51489	41243	
文化 体育和娱乐业	303995	266803	21950	15242	
公共管理和社会组织	182368	163390	8370	10608	

7-9 房地产开发投资

单位：万元

指标名称	全市		市区	
	2013年	2012年	2013年	2012年
本年完成投资	**4163709**	**3627301**	**3642124**	**3097296**
投资额按登记注册类型分				
内资企业	**3698830**	**3178007**	**3216276**	**2680648**
国有企业	360204	305702	352221	258041
其他联营企业	18327		18327	
国有独资公司	39093		13460	
其他有限责任公司	1403913	926901	1224822	791776
股份有限公司	327595	209115	325585	202035
私营企业	1429616	1670336	1161779	1338193
港澳台投资	**228296**	**236229**	**220446**	**228119**
合资经营	111686	95348	103836	87238
合作经营				
独资	116610	140881	116610	140881
外商投资	**136545**	**116871**	**136545**	**116871**
合资经营	5687	3882	5687	3882
合作经营				
外资企业	130858	112989	130858	112989
投资额按隶属关系分				
中央	325558	63665	325558	63665
自治区	28971	42792	15998	28792
市	512682	330126	509882	330126
县	49095	65375	33345	32847
其他	3147365	3029149	2688484	2570208

7-10 房地产开发投资完成情况

指标名称	单位	全市		市区	
		2013 年	2012 年	2013 年	2012 年
本年完成投资	**万元**	**4163709**	**3627301**	**3642124**	**3097296**
投资额按构成分					
建筑工程	万元	2651538	2259602	2225940	1845665
安装工程	万元	447873	284696	427386	241801
设备工器具购置	万元	65347	38770	57001	32427
其他费用	万元	998951	1044233	931797	977403
#土地购置费	万元	700582	555203	649981	507723
投资额按工程用途分					
住宅	万元	3023848	2539795	2614419	2121205
办公楼	万元	171247	110642	170141	107003
商业营业用房	万元	393597	303734	327888	241589
其他	万元	575017	673130	529676	627499
本年新增固定资产	万元	931320	2151280	671350	1988242
本年购置土地面积	平方米	802225	1013411	436141	751289
本年资金来源合计	万元	8833217	8221474	8225502	7689790
上年末结余资金	万元	1963129	1535983	1930260	1488509
本年资金来源小计	万元	6870088	6685491	6295242	6201281
国内贷款	万元	1265760	974382	1199713	915518
利用外资	万元				
自筹资金	万元	1792099	2166276	1540615	1932712
其他资金来源	万元	3812229	3544833	3554914	3353051
本年各项应付款合计	万元	1010866	728304	943889	669223
竣工房屋住宅套数合计	套	24580	50304	18051	43850
施工房屋面积	平方米	38123539	37470436	32299265	32524820
#住宅	平方米	27674954	27349227	22941520	23421426
本年新开工房屋面积	平方米	7210457	6932069	4973054	5797523
#住宅	平方米	5447753	4848233	3648434	3976788
竣工房屋面积	平方米	3255841	6645283	2254467	5750727
#住宅	平方米	2344671	5211026	1522255	4495949
竣工房屋价值	万元	723636	1231315	533259	1084076
#住宅	万元	522526	951783	375398	829469
商品房销售面积	平方米	7026007	6290137	5547622	5111223
#住宅	平方米	6331392	5755204	4930560	4718893
商品房待售面积	平方米	2524533	2138646	2096860	1700361
#住宅	平方米	1212929	1049832	923984	728001
办公楼	平方米	13006	23743	13006	23743
商业营业用房	平方米	593111	475016	482543	383376
其他	平方米	705487	590055	677327	565241
商品房销售额	万元	4889652	3775902	4426995	3376660
#住宅	万元	3896706	3233650	3483768	2932845

7-11 房地产开发经营情况

单位：千元

指标名称	全市		市区	
	2013 年	2012 年	2013 年	2012 年
资产总计	211620320	175329429	177144508	164645616
固定资产累计折旧	1861468	1480969	1661128	1429321
#本年折旧	435885	287964	387611	269986
负债总计	165554792	137902129	140137846	130330744
所有者权益合计	46065528	37427300	37006662	34314872
#实收资本合计	24018538	20829251	19863404	19292197
土地转让收入	141113	43581	28140	37400
商品房屋销售收入	29321607	25140264	23611654	22802097
房屋出租收入	962859	704318	822454	687661
其他收入	2325776	1421450	2168384	1417932
主营业务成本	19238588	17650015	15011339	15798987
销售费用	1664060	1275805	1384128	2713398
主营业务税金及附加	3710911	2930892	3035874	160825
其他业务利润	224456	163097	201619	1190909
管理费用及财务费用	2845191	2013824	2397639	1876589
投资收益及营业外收入	278439	394565	259655	386586
营业外支出	301629	214821	272922	208315
利润总额	5673862	3225458	5321635	3193433

7-12 全市总承包和专业承包建筑业企业生产情况

(2013 年)

指标名称	企业个数（个）	建筑业总产值（万元）				
		合计	建筑工程	#装修装饰	安装工程	其他
总计	**480**	**8359660**	**7230576**	**369797**	**612561**	**516522**
#二级以上企业	189	7707755	6728223	328124	508816	470716
国有及国有控股	52	5128824	4688842	103814	253823	186159
按登记注册类型分组						
内资企业	**478**	**8357521**	**7228438**	**369797**	**612561**	**516522**
国有企业	28	1637999	1576969	80142	44802	16228
集体企业	15	109852	101958	8726	5790	2103
有限责任公司	65	4338796	3748623	71197	312040	278132
股份有限公司	7	103934	90924		13009	
私营企业	362	2155271	1698295	209732	236918	220058
其他企业	1	11667	11667			
港澳台商投资企业	**2**	**2138**	**2138**			
按国民经济行业分组						
房屋和土木工程建筑业	286	7580015	6802903	239367	308563	468549
房屋	201	4853179	4361365	158825	233206	258607
土木工程建筑	85	2726836	2441538	80542	75356	209941
建筑安装业	79	516544	218953	1115	281645	15945
装修装饰业	88	155296	114123	129314	22249	18923
其他建筑业	27	107803	94597		102	13104

7-12 续表

指标名称	竣工产值（万元）	房屋施工面积（万平方米）	#本年新开工面积	#实行投标承包面积	房屋建筑竣工面积（万平方米）	企业年平均人数（万人）
总计	**4723211**	**5826.80**	**2025.58**	**5225.17**	**1315.18**	**22.93**
#二级以上企业	4345198	5545.29	1903.59	5108.53	1186.89	20.83
国有及国有控股	3052359	3562.36	917.61	3439.35	592.53	11.49
按登记注册类型分组						
内资企业	**4723211**	**5823.30**	**2025.58**	**5225.17**	**1315.18**	**22.90**
国有企业	1248730	247.18	78.01	134.74	45.19	3.64
集体企业	87467	101.56	51.20	34.99	63.71	0.46
有限责任公司	2221891	4171.43	1330.32	4085.65	705.06	12.93
股份有限公司	7780	4.43	1.70	3.17	2.09	0.55
私营企业	1145672	1298.69	564.35	966.62	499.12	5.31
其他企业	11667					
港澳台商投资企业		**3.50**				**0.03**
按国民经济行业分组						
房屋和土木工程建筑业	4323350	5765.18	2015.96	5171.89	1293.60	21.34
房屋	2190304	5547.89	1931.36	4958.67	1241.86	15.60
土木工程建筑	2133046	217.29	84.60	213.22	51.75	5.74
建筑安装业	282164	60.27	8.29	51.95	21.57	1.25
装修装饰业	62191					0.22
其他建筑业	55504	1.34	1.34	1.34		0.13

7-13 全市总承包和专业承包建筑业企业财务状况

(2013 年)

单位：万元

指标名称	年初存货	年末资产负债		
		流动资产合计	# 应收工程款	# 存货
总计	**919396**	**5024461**	**829268**	**1088361**
# 二级以上企业	841312	4385078	713563	982230
国有及国有控股	557721	2912614	547128	747307
按登记注册类型分组				
内资企业	**919396**	**5021748**	**826691**	**1088361**
国有企业	275779	1112819	208070	347277
集体企业	10438	23825	5764	10279
有限责任公司	394967	2300318	395018	486533
股份有限公司	5864	54612	27514	5998
私营企业	232347	1522007	187565	238272
其他企业		8165	2759	
港澳台商投资企业		**2712**	**2577**	
按国民经济行业分组				
房屋和土木工程建筑业	783515	4420387	719071	956724
房屋	451100	2441252	353904	539215
土木工程建筑	332415	1979134	365167	427508
建筑安装业	107191	439255	87251	92215
装修装饰业	8692	84228	14652	8232
其他建筑业	19996	80589	8293	21188

7-13 续表 1

单位：万元

指标名称	年末资产负债			
	固定资产合计	固定资产原价	累计折旧	# 本年折旧
总计	**622472**	**895066**	**387844**	**46041**
# 二级以上企业	522053	777535	350120	37910
国有及国有控股	333225	557376	282456	27090
按登记注册类型分组				
内资企业	**622472**	**895064**	**387843**	**46040**
国有企业	150951	293330	183039	16436
集体企业	8378	10783	2818	278
有限责任公司	235201	330335	118730	14725
股份有限公司	2514	8754	6263	16
私营企业	225246	251516	76827	14531
其他企业	180	345	165	52
港澳台商投资企业		**1**		
按国民经济行业分组				
房屋和土木工程建筑业	573198	813774	347869	40178
房屋	254593	286521	80308	13381
土木工程建筑	318605	527252	267560	26796
建筑安装业	36666	59599	29996	4513
装修装饰业	5945	8692	3277	468
其他建筑业	6661	13000	6701	881

7-13 续表 2

单位：万元

指标名称	年末资产负债				
	资产合计	负债合计		所有者权益合计	实收资本合计
			#流动负债		
总计	**6561067**	**4632256**	**3918399**	**1928134**	**1688147**
#二级以上企业	5723299	4197700	3528103	1525598	1098946
国有及国有控股	3844662	3033457	2502261	811205	570787
按登记注册类型分组					
内资企业	**6558354**	**4631449**	**3917592**	**1926228**	**1687147**
国有企业	1503169	1156213	930867	346956	199711
集体企业	33580	17022	14895	16557	11043
有限责任公司	3002048	2305442	1983848	696605	842637
股份有限公司	61581	29420	29420	32161	17168
私营企业	1948947	1116422	951632	831847	614485
其他企业	9028	6928	6928	2100	2100
港澳台商投资企业	**2713**	**807**	**807**	**1905**	**1000**
按国民经济行业分组					
房屋和土木工程建筑业	5797660	4108109	3429979	1688956	1225024
房屋	2959292	1965249	1795243	993448	697629
土木工程建筑	2838368	2142859	1634735	695508	527394
建筑安装业	558514	386390	378816	172124	404889
装修装饰业	115130	78145	69427	36903	31825
其他建筑业	89762	59611	40176	30150	26408

7-13 续表 3

单位：万元

指标名称	损益及分配				
	营业收入	工程结算收入	工程结算成本	工程结算税金及附加	其他业务利润
总计	**7618842**	**7530202**	**6810294**	**217022**	**17606**
#二级以上企业	6962681	6884147	6300269	193819	16577
国有及国有控股	4822564	4793464	4449769	128176	7502
按登记注册类型分组					
内资企业	**7615758**	**7527118**	**6807613**	**216970**	**17606**
国有企业	1585100	1564530	1433517	44367	5028
集体企业	95205	90834	81676	3728	113
有限责任公司	4160781	4118284	3828130	109772	7878
股份有限公司	98562	98470	80356	3095	91
私营企业	1664441	1643330	1382542	55744	4494
其他企业	11667	11667	1390	261	
港澳台商投资企业	**3084**	**3084**	**2680**	**52**	
按国民经济行业分组					
房屋和土木工程建筑业	**6903926**	**6861013**	**6262367**	**203145**	**12081**
房屋	4283486	4265731	3916694	125667	5909
土木工程建筑	2620440	2595281	2345672	77478	6171
建筑安装业	529435	492807	403470	8318	5045
装修装饰业	108566	102230	81266	3328	440
其他建筑业	76915	74150	63190	2230	39

7-13 续表 4

单位：万元

指标名称	损益及分配				
	销售费用	管理费用	# 税金	财务费用	# 利息支出
总计	**17704**	**246765**	**7996**	**94480**	**80806**
# 二级以上企业	9120	201355	6873	86576	75470
国有及国有控股	6465	132498	3489	74682	70608
按登记注册类型分组					
内资企业	**17704**	**246684**	**7994**	**94481**	**80805**
国有企业	4363	64451	2119	26273	26065
集体企业	995	4016	43	342	328
有限责任公司	3453	94487	2560	50786	46577
股份有限公司	947	5107	13	772	404
私营企业	7945	77767	3254	16302	7429
其他企业		854	4	–1	
港澳台商投资企业		**81**	**1**	**–1**	
按国民经济行业分组					
房屋和土木工程建筑业	12891	203925	5565	88575	76281
房屋	6167	106793	2620	32148	23547
土木工程建筑	6723	97132	2945	56427	52734
建筑安装业	1634	29987	1028	4563	3584
装修装饰业	2689	7638	1233	1147	729
其他建筑业	488	5214	170	194	210

7-13 续表 5

单位：万元

指标名称	损益及分配			工资总额	境外营业收入
	营业利润	利润总额	应交所得税		
总计	**121557**	**130001**	**35946**	**1117585**	**285352**
# 二级以上企业	78441	85954	28011	1053674	285352
国有及国有控股	30549	36093	15042	765714	188767
按登记注册类型分组					
内资企业	**121287**	**129730**	**35879**	**1117506**	**285352**
国有企业	343	3084	7177	141885	156558
集体企业	2103	2123	1012	10047	
有限责任公司	45531	49003	11801	791034	119463
股份有限公司	8375	8974	1360	26549	
私营企业	55771	57383	14525	147726	9331
其他企业	9160	9160	3	262	
港澳台商投资企业	**270**	**270**	**67**	**78**	
按国民经济行业分组					
房屋和土木工程建筑业	101418	107387	31192	1025698	285352
房屋	62158	63014	19166	747975	105579
土木工程建筑	39260	44372	12025	277722	179773
建筑安装业	10504	12917	2621	74103	
装修装饰业	6564	6491	1234	8371	
其他建筑业	3069	3206	898	9412	

7-14 市区全社会固定资产投资

（2013 年） 单位：万元

指标名称	全社会投资合计	基本、更改、其他小计	城镇工矿区私人建房	房地产开发	农村非农户	城乡私人建房
合计	**17434636**	**13572974**		**3642124**	**100685**	**118853**
按隶属关系分						
中央	872989	547431		325558		
地方	16561647	13025543		3316566	100685	118853
#自治区	1245087	1218591		15998	10498	
按三次产业分						
第一产业	376664	360303			16361	
第二产业	4271183	4239772			31411	
#工业	4003401	3973490			29911	
第三产业	12786789	8972899		3642124	52913	118853
批发和零售业	1227243	1227243				
交通运输、仓储和邮政业	1672528	1672078			450	
住宿和餐饮业	437971	429971			8000	
信息传输、计算机服务和软件业	290787	290787				
金融业	229685	229685				
房地产业	4888145	1098345		3642124	28823	118853
租赁和商务服务业	595258	595258				
科学研究和综合服务和地质勘查业	230811	230811				
水利、环境和公共设施管理业	1691499	1682280			9219	
居民服务和其他服务业	170221	170221				
教育	523178	518498			4680	
卫生、社会保障和社会福利业	205991	205370			621	
文化、体育和娱乐业	360649	360039			610	
公共管理和社会组织	262823	262313			510	

7-15 市区按行业、注册类型、隶属关系和建设性质分区固定资产投资

单位：万元

指标名称	2013 年	指标名称	2013 年
本年完成投资	**17315783**	# 制糖业	16529
投资额按登记注册类型分		电力、煤气及水的生产和供应业	399594
内资	**16482179**	建筑业	267782
国有	4247475	第三产业	9025812
集体	337167	批发和零售业	1227243
股份合作	46679	交通运输、仓储和邮政业	1672528
联营	44650	住宿和餐饮业	437971
有限责任公司	5110030	信息传输、计算机服务和软件业	290787
股份有限公司	813922	金融业	229685
私营	4972956	房地产业	1127168
其他	909300	租赁和商务服务业	595258
港澳台商投资	**352230**	科学研究和综合服务和地质勘查业	230811
合资经营	191370	水利、环境和公共设施管理业	1691499
合作经营	2250	居民服务和其他服务业	170221
独资	147200	教育	523178
股份有限	9029	卫生、社会保障和社会福利业	205991
其他	2381	文化、体育和娱乐业	360649
外商投资	**213438**	公共管理和社会组织	262823
合资经营	23176	投资额按隶属关系分	
合作经营	4950	中央	872989
独资	141186	自治区	1245087
股份有限	34822	市	2476114
其他	9304	县	967083
个体经营	**199079**	其他	11685653
个人经营	171356	投资额按建设性质分	
个人合伙	27723	# 新建	9204281
按国民经济行业分		扩建	878867
农、林、牧、渔业	376664	改建	2263877
采矿业	144210		
制造业	3459597		

7-16 市区固定资产投资完成情况

（2013 年）

指标名称	单位	合计	基本建设	更新改造	其他投资	房地产	城镇工矿区私人建房	农村非农户
本年完成投资	**万元**	**17315783**	**8394004**	**4239040**	**939930**	**3642124**		**100685**
#住宅	万元	2692916	74032	1243	1356	2614419		1866
投资额按构成分								
建筑工程	万元	10085763	6142968	1436678	213117	2225940		67060
安装工程	万元	1133804	350333	316820	30926	427386		8339
设备工器具购置	万元	3755822	710147	2294172	681450	57001		13052
其他费用	万元	2340394	1190556	191370	14437	931797		12234
#土地购置费	万元	1326850	586410	81232	4075	649981		5152
本年新增固定资产	万元	9491969	4385182	3736186	629114	671350		70137
本年施工房屋面积	平方米	107733855	68901202	4953305	1012351	32299265		567732
#住宅	平方米	24245060	1197940	23140	20380	22941520		62080
本年竣工房屋面积	平方米	6607046	2643397	1098028	600964	2254467		10190
#住宅	平方米	1686800	124495	21290	18530	1522255		230
本年竣工房屋价值	万元	1542301	617032	284597	106543	533259		870
#住宅	万元	556087	19292	2227	1287	533259		22
施工项目个数	个	4722	2958	1433	262			69
#本年新开工	个	3668	2173	1198	233			64
本年投产项目个数	个	3169	1795	1090	238			46
本年资金来源合计	万元	22126008	8480115	4370439	947361	8225502		102591
上年末结余资金	万元	2087553	147355	9588		1930260		350
本年资金来源小计	万元	20038455	8332760	4360851	947361	6295242		102241
国家预算内资金	万元	477514	306300	122235	18350			30629
国内贷款	万元	1685390	394828	85952	3886	1199713		1011
债券	万元	40200	40000	200				
利用外资	万元	2180	2180					
自筹资金	万元	13931486	7346984	4087401	917374	1540615		39112
其他资金来源	万元	3901685	242468	65063	7751	3554914		31489
本年各项应付款合计	万元	1819619	770723	88207	7610	943889		9190

7-17 市区按国民经济行业分新增固定资产

（2013 年）

单位：万元

指标名称	总计	基本建设	更新改造	其他投资	城镇工矿区私人建房
总计	**9491969**	**4429661**	**3749984**	**640974**	
农、林、牧、渔业	262764	184941	41719	36104	
采矿业	83995	18293	56422	9280	
制造业	3061085	474328	2506943	79814	
电力、燃气及水生产和供应业	369200	85807	279444	3949	
建筑业	197766	92632	77425	27709	
批发和零售业	916489	633431	135940	147118	
交通运输仓储和邮政业	312033	171044	115112	25877	
住宿和餐饮业	323986	252767	35943	35276	
信息传输 计算机服务和软件业	262953	50480	171637	40836	
金融业	96289	71443	8600	16246	
房地产业	1285165	1233879	26910	24376	
租赁和商务服务业	394080	259911	47677	86492	
科学研究 技术服务和地质勘查业	170584	97065	48393	25126	
水利 环境和公共设施管理业	794841	698938	77689	18214	
居民服务和其他服务业	130573	84468	34475	11630	
教育	302223	267543	20186	14494	
卫生 社会保障和社会福利业	115589	54779	43059	17751	
文化 体育和娱乐业	263218	233814	15072	14332	
公共管理和社会组织	149136	135448	7338	6350	

7-18 各县全社会固定资产投资完成情况

（2013年）

指标名称	单位	武鸣县	隆安县	马山县	上林县	宾阳县	横县
全社会固定资产投资	**万元**	**2326584**	**558866**	**449400**	**441602**	**1630777**	**1936215**
#固定资产投资	万元	2294397	537495	414972	418982	1539348	1833878
按管理渠道分							
基本建设	万元	547142	238508	199466	209916	663227	845147
更新改造	万元	1395661	215163	82364	152946	556586	669544
房地产	万元	189865	18305	20529	26321	121368	145197
其他	万元	101273	47571	36864	52419	158936	167433
按构成分							
建筑工程	万元	1374195	431656	338028	258681	1153176	1218814
安装工程	万元	168061	28202	36165	27142	80048	97191
设备工器具购置	万元	559485	63686	60839	102148	306689	457928
其他费用	万元	224843	35322	14368	53631	90864	162282
#土地购置费	万元	131228	3501	5115	780	57542	46878
本年新增固定资产	万元	1854929	377721	315826	340583	1261679	1710033
本年施工房屋面积	平方米	4190353	1077378	522234	1037111	2169266	2492757
#住宅	平方米	2032992	806438	295615	519832	1167471	1067967
本年竣工房屋面积	平方米	729915	103890	277868	685292	814094	753209
#住宅	平方米	528316	96000	136816	239776	274049	250654
本年竣工房屋价值	万元	148627	11353	33849	72649	138726	145999
#住宅	万元	113131	10277	16491	31554	36249	50069
施工项目个数	个	493	157	117	122	716	646
#本年新开工	个	362	115	98	108	673	530
本年投产项目个数	个	343	125	100	106	678	539
本年资金来源合计	万元	2217214	561811	468564	467008	1628338	1833171
上年末结余资金	万元	21738		5673	1345	3810	8863
本年资金来源小计	万元	2195476	561811	462891	465663	1624528	1824308
国家预算内资金	万元	96860	48554	157560	16900	99646	142308
国内贷款	万元	327209	40904	5627	19740	65313	194263
债券	万元						
利用外资	万元	610				1900	1850
自筹资金	万元	1641610	436727	216562	366488	1237680	1147434
其他资金来源	万元	129187	35626	83142	62535	219989	338453
本年应付款合计	万元	336234	10402	608306	8235	47685	412474

注：施工、投产项目个数不含房地产。

7-19 各县按行业、注册类型、隶属关系和建设性质分固定资产投资

（2013 年）

单位：万元

指标名称	武鸣县	隆安县	马山县	上林县	宾阳县	横 县
本年完成投资	**2294397**	**537495**	**414972**	**418982**	**1539348**	**1833878**
投资额按登记注册类型分						
内资	**2161839**	**519684**	**414172**	**391801**	**1399532**	**1718970**
国有	621941	258605	281619	213018	483347	515144
集体	18167	8397	8641	567	23632	81836
股份合作	35130				2050	18556
联营	360	1160			26277	4480
有限责任公司	360460	3099	66456	173876	151892	303623
股份有限公司	100201	25208			121357	78027
私营	927952	219359	50794	4340	564517	652601
其他	97628	3856	6662		26460	64703
港澳台商投资	**7850**	**17811**			**14917**	**46997**
合资经营	7850	3303				20760
合作经营						
独资						22959
股份有限		14508			14917	3278
其他						
外商投资	**90613**		**800**		**38507**	**22833**
合资经营	550				29577	1347
合作经营	4014					
独资	68046				8550	
股份有限			800		380	5000
其他	18003					16486
个体经营	12095			21200	83192	45078
个人经营	9490			9500	60120	16646
个人合伙	2605			11700	23072	28432
按国民经济行业分						
农、林、牧、渔业	118587	39388	33188	26943	50036	60493
采矿业	20268	5420	10824	15900	44449	89654
制造业	1244469	168722	67242	126401	566672	671233

7-19 续表　　　　单位：万元

指标名称	武鸣县	隆安县	马山县	上林县	宾阳县	横 县
#制糖业	6308	1200			15170	10638
电力、煤气及水的生产和供应业	51869	89060	37068	14145	63499	19026
建筑业			1625		920	
第三产业	669339	216600	244496	209272	692404	848275
批发和零售业	11020	2869	1612	1067	33715	36967
交通运输、仓储和邮政业	131526	138225	108384	72691	339003	355960
住宿和餐饮业	41617	1906			55098	16548
信息传输、计算机服务和软件业	5744	5681	17026	19700	21178	
金融业		1270			1870	2995
房地产业	111553	16292	29166	19882	31191	69527
租赁和商务服务业	37180	1608	7055		4114	2057
科学研究和综合服务和地质勘查业	6617	1700	820		7338	2810
水利、环境和公共设施管理业	253535	36666	34072	73855	102737	269367
居民服务和其他服务业			730	780	8505	8528
教育	41438	5770	25114	6332	33902	26857
卫生、社会保障和社会福利业	15943	623	15396	10388	25429	23427
文化、体育和娱乐业	10899		530		18285	14669
公共管理和社会组织	2267	3990	4591	4577	10039	18563
投资额按隶属关系分						
中央	13301	119561	45230		282344	150244
自治区	19846		78298		33872	35836
市	200795	51060				10006
县	461895	100349	138037	367113	191581	375044
其他	1576560	266525	153407	45888	1028351	1262748
投资额按建设性质分						
#新建	773613	241985	215671		429644	710728
扩建	605470	120531	70647		680575	269272
改建	715863	153921	100303	390461	261570	619163

7-20 各县房地产开发投资完成情况

(2013 年)

指标名称	单位	武鸣县	隆安县	马山县	上林县	宾阳县	横 县
本年完成投资	**万元**	**189865**	**18305**	**20529**	**26321**	**121368**	**145197**
投资额按构成分							
建筑工程	万元	148269	16227	16677	24349	97312	122764
安装工程	万元	8355	994	1893	372	1400	7473
设备工器具购置	万元	2511	441	338			5056
其他费用	万元	30730	643	1621	1600	22656	9904
# 土地购置费	万元	26965		470		19966	3200
投资额按工程用途分							
住宅	万元	145746	16410	16191	21562	103046	106474
办公楼	万元	868				215	23
商业营业用房	万元	27524	982	1712	4559	7528	23404
其他	万元	15727	913	2626	200	10579	15296
本年新增固定资产	万元	123972	14482	19421	15782	24359	61954
本年购置土地面积	平方米	125858		7555		217109	15562
本年资金来源合计	万元	190927	18137	31314	52588	136603	178146
上年末结余资金	万元	17627		5673	1345	3510	4714
本年资金来源小计	万元	173300	18137	25641	51243	133093	173432
国内贷款	万元	16100	1500	2522	10500	10650	24775
利用外资	万元						
自筹资金	万元	111552	14377	9513	9300	66336	40406
其他资金来源	万元	45648	2260	13606	31443	56107	108251
本年各项应付款合计	万元	32570	5346	11227	6185	4297	7352
竣工房屋住宅套数合计	套	2178	313	1035	587	802	1614
施工房屋面积	平方米	2031659	788387	258885	403235	1141114	1200994
# 住宅	平方米	1662480	766377	217050	334670	862402	890455
本年新开工房屋面积	平方米	807061	137682	157345	214099	670025	251191
# 住宅	平方米	695017	134639	115996	171094	505110	177463
竣工房屋面积	平方米	334650	91443	124018	84741	103902	262620
# 住宅	平方米	266506	89353	114316	72819	88607	190815
竣工房屋价值	万元	73372	9127	15161	12025	18804	61888
# 住宅	万元	56474	8751	14391	10235	15410	41867
商品房销售面积	平方米	433284	126344	115176	134791	351389	317401
# 住宅	平方米	405466	124497	113989	134050	343627	279203
商品房待售面积	平方米	140380	37348	65731	41259	65433	77522
# 住宅	平方米	121670	37185	47410	40503	37843	4334
办公楼	平方米						
商业营业用房	平方米	10045	163	8050	756	27590	63964
其他	平方米	8665		10271			9224
商品房销售额	万元	127908	28275	31755	39519	121790	113410
# 住宅	万元	113024	27499	31458	38955	111859	90143

八 能源购进消费与库存

CHAPTER 8 PURCHASE,CONSUMPTION AND STOCK OF ENERGY

8-1 全市规模以上工业企业主要能源购进、消费与库存

(2013 年)

指标名称	单位	购进量合计	消费量合计	工业生产消费	非工业生产消费	年末库存
全市						
原煤	吨	7270113	7261578	7250076	11502	419106
洗精煤	吨	7525	7885	7885		80
煤制品	吨	37162	37731	37731		237
焦炭	吨	8394	8182	8182		655
其他焦化产品	吨	13796	12716	12216	500	11644
汽油	吨	6616	6711	4852	1859	47
煤油	吨	131	129	128		4
柴油	吨	52157	52148	48992	3156	1470
燃料油	吨	10104	10760	10752	8	426
液化石油气	吨	4269	4269	4269		
石油焦	吨	67349	62782	62782		6162
热力	百万千焦	1697685	3469383	3469383		
电力	万千瓦时	687511	846117	827645	18471	
生物质废料用于燃料	吨	494262	2207001	2207001		289
市区						
原煤	吨	1417464	1455760	1444576	11184	71969
洗精煤	吨					
煤制品	吨	37162	37731	37731		237
焦炭	吨	8010	7806	7806		634
其他焦化产品	吨	13796	12716	12216	500	11644
汽油	吨	5478	5554	4275	1279	35
煤油	吨	22	20	20		3
柴油	吨	39164	39251	36716	2534	754
燃料油	吨	9790	10446	10438	8	426
液化石油气	吨	319	319	319		
石油焦	吨	67349	62782	62782		6162
热力	百万千焦	440342	2212040	2212040		
电力	万千瓦时	373423	423838	418588	5250	
生物质废料用于燃料	吨	124468	1102569	1102569		5

8-2 全市规模以上工业企业主要能源按行业消费量

(2013 年)

指标名称	本年消费						
	原煤（吨）	洗精煤（吨）	焦炭（吨）	煤制品（吨）	其他焦化产品（吨）	汽油（吨）	煤油（吨）
总计	**7261578**	**7885**	**8182**	**37731**	**12716**	**6711**	**129**
按工业行业大类分列							
煤炭开采和洗选业							
黑色金属矿采选业						80	
有色金属矿采选业							
非金属矿采选业							
其他矿采业							
农副食品加工业	701001		6480	4312		552	
食品制造业	16882		203	12740		239	
酒、饮料和精制茶制造业	352742			10624		57	
烟草制品业	3332						
纺织业						56	
纺织服装、帽制造业							
皮革、毛皮、羽毛(绒)及其制品业	732					8	
木材加工及木、竹、藤、棕、草制品业	120					500	
家具制造业						68	
造纸及纸制品业	558849					171	
印刷业和记录媒介的复制						402	
文教、工美、体育和娱乐用品制造业						47	
石油加工、炼焦及核燃料加工业							
化学原料及化学制品制造业	542600	7571		134		551	67
医药制造业	40125			5624		346	
化学纤维制造业							
橡胶和塑料制品业	4361			4297		777	
非金属矿物制品业	2459531				12716	419	62
黑色金属冶炼及压延加工业	20725		731			57	
有色金属冶炼及压延加工业	2715					8	
金属制品业	4693	315				63	
通用设备制造业	30306		173			99	
专用设备制造业	74		596			331	
汽车制造业						57	
铁路、船舶、航空航天和其他运输设备制造业						22	
电气机械及器材制造业						202	
通信设备、计算机及其他电子设备制造业						313	
仪器仪表制造业						27	
其他制造业						66	
电力、热力的生产和供应业	2522789					892	
燃气生产和供应业						51	
水的生产和供应业						252	

8-2 续表

指标名称	本年消费						
	柴油（吨）	燃料油（吨）	液化石油气（吨）	石油焦（吨）	热力（百万千焦）	电力（万千瓦时）	生物质燃料（吨）
总计	**52148**	**10760**	**4269**	**62782**	**3469383**	**846117**	**2207001**
按工业行业大类分列							
煤炭开采和洗选业							
黑色金属矿采选业	2730					5604	
有色金属矿采选业	69					1658.21	
非金属矿采选业	1541					1688	
其他矿采业							
农副食品加工业	3457	602			1777723	104384	1747173
食品制造业	778	258	62		45585	16162	10076
酒、饮料和精制茶制造业	381	100			75656	20679	
烟草制品业	15	2346				3010	
纺织业	92				2189	12259	55643
纺织服装、帽制造业	13					337	
皮革、毛皮、羽毛（绒）及其制品业	79					1421	
木材加工及木、竹、藤、棕、草制品业	991					52703	127410
家具制造业	115					823	
造纸及纸制品业	1757	4431	447		1477846	94154	237137
印刷业和记录媒介的复制	60				37769	9313	
文教、工美、体育和娱乐用品制造业	17					332	
石油加工、炼焦及核燃料加工业		9				78	
化学原料及化学制品制造业	2182	152			39237	70444	15753
医药制造业	929	72	9		13378	12688	11502
化学纤维制造业							
橡胶和塑料制品业	70		93			38128	
非金属矿物制品业	33876		3468	62 782		181531	
黑色金属冶炼及压延加工业	137					20453	
有色金属冶炼及压延加工业	1364	2347	137			12440	
金属制品业	29		25			10730	
通用设备制造业	149					1897	
专用设备制造业	366	417				4583	2307
汽车制造业	54	27				4655	
铁路、船舶、航空航天和其他运输设备制造业	14		16			886	
电气机械及器材制造业	208					10233	
通信设备、计算机及其他电子设备制造业			8			10580	
仪器仪表制造业						876	
其他制造业	20					2011	
金属制品、机械和设备修理业						2	
电力、热力的生产和供应业	509					120654	
燃气生产和供应业	15		3			97	
水的生产和供应业	130					18623	

8-3 市区规模以上工业企业主要能源按行业消费量

(2013 年)

指标名称	本年消费				
	原煤 (吨)	洗精煤 (吨)	煤制品 (吨)	焦炭 (吨)	其他焦化产品 (吨)
总计	**1455760**		**37731**	**7806**	**12716**
按工业行业大类分列					
煤炭开采和洗选业					
黑色金属矿采选业					
有色金属矿采选业					
非金属矿采选业					
其他矿采业					
农副食品加工业	354732		4312	6480	
食品制造业	12193		12740		
酒、饮料和精制茶制造业	221058		10624		
烟草制品业					
纺织业					
纺织服装、帽制造业					
皮革、毛皮、羽毛(绒)及其制品业					
木材加工及木、竹、藤、棕、草制品业					
家具制造业					
造纸及纸制品业	123109				
印刷业和记录媒介的复制					
文教、工美、体育和娱乐用品制造业					
石油加工、炼焦及核燃料加工业					
化学原料及化学制品制造业	44546		134		
医药制造业	18159		5624		
化学纤维制造业					
橡胶和塑料制品业	24		4297		
非金属矿物制品业	644524				12716
黑色金属冶炼及压延加工业	2494			731	
有色金属冶炼及压延加工业					
金属制品业	4693				
通用设备制造业	30153				
专用设备制造业	74			596	
汽车制造业					
铁路、船舶、航空航天和其他运输设备制造业					
电气机械及器材制造业					
通信设备、计算机及其他电子设备制造业					
仪器仪表制造业					
其他制造业					
金属制品、机械和设备修理业					
电力、热力的生产和供应业					
燃气生产和供应业					
水的生产和供应业					

8-3 续表

指标名称	汽油 (吨)	柴油 (吨)	燃料油 (吨)	热力 (百万千焦)	电力 (万千瓦时)	生物质燃料 (吨)
总计	**5554**	**39251**	**10446**	**2212040**	**423838**	**1102569**
按工业行业大类分列						
煤炭开采和洗选业						
黑色金属矿采选业						
有色金属矿采选业						
非金属矿采选业		640			499	
其他矿采业						
农副食品加工业	465	2677	602	1771922	52407	1001835
食品制造业	215	591	258	8470	13267	3278
酒、饮料和精制茶制造业	20	319	100	75656	15524	
烟草制品业		15	2346		2604	
纺织业	16	89			9912	300
纺织服装、帽制造业		13			337	
皮革、毛皮、羽毛(绒)及其制品业	1				539	
木材加工及木、竹、藤、棕、草制品业	478	247			22853	49385
家具制造业	68	112			367	
造纸及纸制品业	156	667	4431	265608	23651	31598
印刷业和记录媒介的复制	402	60		37769	9313	
文教、工美、体育和娱乐用品制造业	18	17			241	
石油加工、炼焦及核燃料加工业			9		78	
化学原料及化学制品制造业	400	1593	152	39237	30669	7785
医药制造业	328	917	72	13378	8090	6081
化学纤维制造业						
橡胶和塑料制品业	750	70			28953	
非金属矿物制品业	259	28825			53025	
黑色金属冶炼及压延加工业	27	81			1628	
有色金属冶炼及压延加工业	8	1235	2033		11822	
金属制品业	39	29			7499	
通用设备制造业	79	133			1580	
专用设备制造业	298	284	417		3860	2307
汽车制造业	57	54	27		3808	
铁路、船舶、航空航天和其他运输设备制造业						
电气机械及器材制造业	202	208			9462	
通信设备、计算机及其他电子设备制造业	313				10580	
仪器仪表制造业	27				876	
其他制造业	66	20			2011	
金属制品、机械和设备修理业					2	
电力、热力的生产和供应业	560	210			79703	
燃气生产和供应业	51	15			97	
水的生产和供应业	252	130			18579	

8–4 各县规模以上工业企业主要能源购进、消费与库存

(2013 年)

指标名称	单位	购进量合计	消费量合计	工业生产消费	非工业生产消费	年末库存
武鸣县						
原煤	吨	928300	918869	918869		40343
液化天然气	吨	111	111	111		
汽油	吨	320	320	294	26	
柴油	吨	4456	4331	4320	11	147
燃料油	吨	314	314	314		
热力	百万千焦	37115	37115	37115		
电力	万千瓦时	95360	101185	100768	417	
生物质燃料	吨	15003	15003	15003		
隆安县						
原煤	吨	375622	383152	383152		27996
汽油	吨	79	79	9	70	
柴油	吨	744	716	659	57	45
电力	万千瓦时	32710	40119	39800	319	
生物质燃料	吨	7911	108598	108598		
马山县						
原煤	吨	59954	59631	59631		397
焦炭	吨	183	173	173		19
汽油	吨	83	83	32	51	1
柴油	吨	149	211	211		1
电力	万千瓦时	4808	6182	6182		
生物质燃料	吨		39671	39671		
上林县						
原煤	吨	130862	130862	130862		
汽油	吨	39	39	39		
柴油	吨	17	17	17		
电力	万千瓦时	6698	8320	8293	27	
生物质燃料	吨	46899	125710	125710		
宾阳县						
原煤	吨	612107	628323	628323		29975
焦炭	吨					
汽油	吨	128	145	90	55	10
柴油	吨	2654	2651	2451	200	33
液化石油气	吨	3468	3468	3468		
电力	万千瓦时	57175	78923	77997	926	
生物质燃料	吨	45153	189586	189586		
横　县						
原煤	吨	3745804	3684982	3684664	318	248426
洗精煤	吨	7525	7885	7885		80
汽油	吨	488	492	113	379	1
煤油	吨	67	67	67		
柴油	吨	4973	4969	4617	352	489
石油焦	吨					
热力	百万千焦	1220228	1220228	1220228		
电力	万千瓦时	117337	187550	176018	11532	
生物质燃料	吨	254828	625864	625864		283

8-5 规模以上工业企业综合能耗

(2013 年)　　　　单位：吨标准煤

指标名称	全 市	市 区	武鸣县	隆安县	马山县	上林县	宾阳县	横 县
综合能耗	**5869609**	**1781814**	**804279**	**339119**	**61840**	**96548**	**584467**	**2201540**
煤炭开采和洗选业								
黑色金属矿采选业	10955							10955
有色金属矿采选业	2096		319	760			1016	
非金属矿采选业	4319	1546	2773					
其他采矿业								
农副食品加工业	909090	467019	110 002	43728	25910	22 927	79223	160281
食品制造业	49563	37535	7372				175	4481
酒、饮料和精制茶制造业	209561	123086	59385	3091	14043			9956
烟草制品业	13029	10150	2879					
纺织业	51982	13087	313	30		20673	9125	8755
纺织服装、鞋、帽制造业	431	431						
皮革、毛皮、羽毛(绒)及其制品业	2216	663	1042					511
木材加工及木、竹、藤、棕、草制品业	124108	47867	9395	7694	32	206	34115	24799
家具制造业	1264	698	548	17				
造纸及纸制品业	531800	87515	36918		14036		131782	251548
印刷业和记录媒介的复制	12977	12977						
文教、工美、体育和娱乐用品制造业	500	345			155			
石油加工、炼焦及核燃料加工业	109	109						
化学原料及化学制品制造业	496757	75114	169939	74633	575	6145	57595	112756
医药制造业	53586	32222	19144					2221
化学纤维制造业								
橡胶和塑料制品制品业	52436	38228	10549	494			1094	2071
非金属矿物制品业	1990246	614615	366205	205960	5813	46483	254374	496796
黑色金属冶炼及压延加工业	42380	4512					15495	22373
有色金属冶炼及压延加工业	27545	24326	969	2249				
金属制品业	25923	21623	1525	194	65			2517
通用设备制造业	4820	4122	132	64	190		237	74
专用设备制造业	9330	7801	1522	7				
汽车制造业	5856	4815	1041					
铁路、船舶、航空航天和其他运输设备制造业	1165		1092					73
电气机械及器材制造业	12782	11835	948					
通信设备、计算机及其他电子设备制造业	13478	13478						
仪器仪表及文化、办公用机械制造业	844	844						
其他制造业	2582	2582						
金属制品、机械和设备修理业	3	3						
电力、热力的生产和供应业	1182239	99085	266	197	969	113	235	1081375
燃气生产和供应业	193	193						
水的生产和供应业	23442	23388			54			

8-6 规模以上工业企业产值能耗

(2013 年)　　　　单位：吨标准煤 / 万元

指标名称	全 市	市 区	武鸣县	隆安县	马山县	上林县	宾阳县	横 县
产值能耗	**0.230**	**0.103**	**0.237**	**0.656**	**0.386**	**0.405**	**0.498**	**0.784**
煤炭开采和洗选业								
黑色金属矿采选业	0.089							0.089
有色金属矿采选业	0.115		0.043	0.124			0.219	
非金属矿采选业	0.101	0.096	0.110					
农副食品加工业	0.228	0.201	0.177	0.181	0.843	0.608	0.220	0.434
食品制造业	0.061	0.065	0.064				0.052	0.041
酒、饮料和精制茶制造业	0.213	0.196	0.389	0.604	0.476			0.059
烟草制品业	0.014	0.011	0.330					
纺织业	0.123	0.114	0.009	0.007		0.182	0.199	0.081
纺织服装、鞋、帽制造业	0.013	0.013						
皮革、毛皮、羽毛(绒)及其制品业	0.024	0.015	0.023					0.112
木材加工及木、竹、藤、棕、草制品业	0.104	0.085	0.028	0.132	0.009	0.016	0.267	0.262
家具制造业	0.010	0.023	0.007	0.001				
造纸及纸制品业	0.338	0.169	0.250	0.000	0.807	0.000	0.897	0.350
印刷业和记录媒介的复制	0.032	0.032						
文教、工美、体育和娱乐用品制造业	0.012	0.010			0.027			
石油加工、炼焦及核燃料加工业	0.003	0.003			0.000			
化学原料及化学制品制造业	0.247	0.063	0.501	1.473	0.147	0.161	0.449	0.422
医药制造业	0.055	0.041	0.128					0.074
橡胶和塑料制品制品业	0.048	0.042	0.070	0.116			0.173	0.080
非金属矿物制品业	1.100	0.743	0.852	4.327	0.181	2.070	1.149	2.165
黑色金属冶炼及压延加工业	0.131	0.030					0.217	0.224
有色金属冶炼及压延加工业	0.074	0.072	0.031	0.695				
金属制品业	0.036	0.048	0.013	0.005	0.036			0.021
通用设备制造业	0.017	0.017	0.015	0.010	0.124		0.018	0.021
专用设备制造业	0.011	0.013	0.005	0.005				
汽车制造业	0.014	0.013	0.021					
铁路、船舶、航空航天和其他运输设备制造业	0.011		0.011					0.015
电气机械及器材制造业	0.008	0.008	0.009					
通信设备、计算机及其他电子设备制造业	0.006	0.006						
仪器仪表及文化、办公用机械制造业	0.008	0.008						
其他制造业	0.030	0.030						
电力、热力的生产和供应业	0.848	0.108	0.005	0.006	0.032	0.010	0.005	3.569
燃气生产和供应业	0.005	0.005						
水的生产和供应业	0.253	0.263			0.014			

8-7 全社会用电量

(2013 年)　　　　单位：万千瓦时

指标名称	全　市	市　区	武鸣县	横　县	宾阳县	上林县	马山县	隆安县
总计	**1472739**	**1067842**	**111740**	**89001**	**91154**	**24238**	**30792**	**57972**
全行业用电量	**1082277**	**800373**	**88219**	**55855**	**61354**	**12212**	**16903**	**47361**
农林牧渔业	41572	20746	7524	4473	2555	520	65	5688
工业	649658	423822	73844	42174	51696	7494	13544	37084
轻工业	163864	97335	21457	17020	19696	1496	3123	3736
重工业	485794	326487	52387	25154	32000	5998	10422	33348
建筑业	31564	25207	290	2199	704	1247	662	1256
交通运输、仓储、邮政业	28136	27229	197	249	113	60	141	146
信息传输、计算机服务和软件业	28255	23443	1093	1146	881	674	438	581
商业、住宿和餐饮业	114225	107543	1586	1823	965	778	797	733
金融、房地产、商务及居民服务业	74813	70806	1363	1018	993	231	111	292
公共事业及管理组织	114055	101577	2322	2773	3448	1209	1144	1583
城乡居民生活用电	390462	267470	23521	33146	29799	12026	13890	10610
城镇	238268	200358	7830	6701	13099	3641	3634	3004
乡村	152194	67111	15691	26445	16701	8385	10255	7606

九 商业旅游物价

CHAPTER 9 BUSINESS,TRAVEL,PRICE

9-1 全市主要年份商品销售总额和社会消费品零售总额

单位：万元

年份	商品销售总额	社会消费品零售总额	# 批发零售业	# 住宿餐饮业
1950	3760	3331	2698	326
1965	41791	17034	14651	1008
1978	50735	34737	28682	1916
1980	67827	49381	37008	2595
1985	180035	117249	89369	5129
1986	192905	124956	90024	5966
1987	278652	151615	106832	6823
1988	403478	205927	142668	8656
1989	506027	237944	173722	10727
1990	688049	251606	173490	13231
1991	1183943	306330	209751	17191
1992	1330612	367574	236449	22925
1993	1858423	520934	320946	28447
1994	2778661	667903	423470	39138
1995	2393263	839856	545805	62980
1996	2121924	1006556	654329	109594
1997	2555047	1153593	595818	170827
1998	2553541	1286387	738214	164742
1999	2629390	1371382	845114	181460
2000	4967441	2124265	1902756	213107
2001	5332548	2313462	2054150	249629
2002	6160693	2567758	2270643	287402
2003	7865973	2884483	2559611	318557
2004	9308593	3320502	2963591	353524
2005	10108931	3803408	3396513	400436
2006	9965245	4382033	3922893	452025
2007	10937511	5188124	4662019	511603
2008	14856054	6474617	5914285	581784
2009	15526320	7549161	6690923	866028
2010	18567715	9059318	8274696	784622
2011	24523398	10731541		
2012	29974127	12555902		
2013	37344861	14508367		

注：2000 年以后为区划调整后的数据，其余年份仍为原南宁口径。2005 年 –2008 年的社会消费品零售总额数据根据第二次经济普查结果作相应调整。

9-2 社会消费品零售总额

单位：万元

指标名称	2013 年	比上年增长（%）
全市	**14508367**	**14.01**
兴宁区	3285373	14.04
青秀区	3053047	14.01
江南区	2071996	14.09
西乡塘区	3290340	14.03
良庆区	254002	14.23
邕宁区	148607	14.07
武鸣县	565506	14.08
隆安县	140162	11.64
马山县	165020	14.28
上林县	144807	12.00
宾阳县	727419	14.14
横　县	662089	14.03

注：2013 年新增限上贸易企业较多，受现行统计制度影响，造成 2012 年社会消费品零售总额基数变动，故 2013 年社会消费品零售总额增速以本表为准。

9-3 全市限额以上批发业商品购销存总额

(2013 年)

单位：万元

指标名称	企业数（个）	年末从业人员数（人）	购进总额	进口	年末商品库存额
总计	**364**	**27109**	**20916959**	**169684**	**1681741**
按批发行业小类分组					
农、林、牧产品批发	6	277	52902		11698
食品、饮料及烟草制品批发	43	4810	1493619	26108	91124
纺织、服装及日用品批发	44	5549	1778389	3373	334284
文化、体育用品及器材批发	7	701	235100		35329
医药及医疗器材批发	26	3007	488571		39994
矿产品、建材及化工产品批发	159	7707	16012166	139498	1045015
机械设备、五金交电及电子产品批发	78	5036	852635	705	123870
其他批发	1	22	3578		428
按登记注册类型分组					
内资企业	353	24752	20286573	166834	1649420
国有企业	15	3032	2837467	339	71088
集体企业	1	99	35692		2086
有限责任公司	118	7017	6310845	158618	762701
股份有限公司	17	3721	6018807	1742	265293
私营企业	200	10855	5071301	5708	548245
其他企业	2	28	12461	428	7
港、澳、台商投资企业	5	1463	211241	2850	4207
外商投资企业	6	894	419145		28114
按企业控股情况分					
国有控股	46	7389	10536489	67497	621312
集体控股	11	535	1161203	2170	54986
私人控股	262	16423	7611299	59987	864056
港澳台商控股	1	120	3500	2850	3432
外商控股	1	54	17101		1821
其他	43	2588	1587368	37180	136134
按经营形式分组					
独立门店	234	13970	13067340	91184	920049
连锁总店	7	2684	560272		47052
连锁门店	1	725			15881
其他	122	9730	7289347	78499	698760

单位：万元

指标名称	商品销售总额	批发额	出口	零售额	年末零售营业面积（平方米）
总计	**18590432**	**17324306**	**112618**	**1266126**	**369352**
按批发行业小类分组					
农、林、牧产品批发	60215	49855	12680	10360	82847
食品、饮料及烟草制品批发	1810496	1765102	9732	45395	9754
纺织、服装及日用品批发	1718369	1447582	37057	270787	51739
文化、体育用品及器材批发	234334	232672		1662	3676
医药及医疗器材批发	524979	480776	2525	44203	46548
矿产品、建材及化工产品批发	13264101	12467323	41780	796779	78535
机械设备、五金交电及电子产品批发	974788	877847	8845	96941	96153
其他批发	3150	3150			100
按登记注册类型分组					
内资企业	17930550	16668480	112618	1262070	364393
国有企业	3063495	3017026	2378	46470	39029
集体企业	39676	39676			200
有限责任公司	6788620	6469759	30809	318862	160397
股份有限公司	2494309	1743550	30274	750759	5163
私营企业	5531677	5385697	44783	145980	159326
其他企业	12774	12774	4375		278
港、澳、台商投资企业	245899	245403		496	374
外商投资企业	413984	410423		3560	4585
按企业控股情况分					
国有控股	7617781	6781877	17813	835904	116729
集体控股	1196860	1187795	21969	9065	4763
私人控股	8132262	7725861	60683	406401	215134
港澳台商控股	7480	7480			199
外商控股	15280	11719		3560	4585
其他	1620770	1609574	12153	11196	27942
按经营形式分组					
独立门店	8540376	8350325	78197	190051	268749
连锁总店	1665320	1027879		637442	26817
连锁门店	376865	204457		172408	300
其他	8007871	7741645	34421	266226	73486

9-4 全市限额以上零售业商品购销存总额

(2013 年)　　单位：万元

指标名称	企业数（个）	年末从业人员数（人）	购进总额	进口	年末商品库存总额
总计	**384**	**38835**	**4769954**	**221300**	**610953**
按零售行业小类分组					
综合零售	54	12958	1045607	1852	101916
食品、饮料及烟草制品专门零售	13	612	53332	918	4845
纺织、服装及日用品专门零售	19	1666	73210		22280
文化、体育用品及器材专门零售	14	874	51910	1	14021
医药及医疗器材专门零售	25	5117	579807	2897	46873
汽车、摩托车、燃料及零配件专门零售	171	12103	2641930	215632	368571
家用电器及电子产品专门零售	68	4016	273542		46389
五金、家具及室内装修材料专门零售	10	268	11754		2188
货摊、无店铺及其他零售业	10	1221	38864		3871
按登记注册类型分组					
内资企业	**358**	**34497**	**4289015**	**147565**	**552549**
国有企业	14	598	78937		3372
集体企业	2	54	7006		10
有限责任公司	127	15999	2492065	76904	302935
股份有限公司	16	4397	451633	713	58019
私营企业	198	13361	1243854	69949	186304
其他企业	1	88	15519		1908
港、澳、台商投资企业	9	1814	338513	73734	39508
外商投资企业	7	2173	133122		17941
个体工商户	10	351	9304		954
按企业控股情况分					
国有控股	32	4268	681806		46250
集体控股	5	1331	151784	70221	16434
私人控股	270	19104	2226082	83257	280454
港澳台商控股	6	1505	208748	3513	27310
外商控股	4	752	176341		8453
其他	67	11875	1325194	64308	232054
按经营形式分组					
独立门店	304	24305	3376214	213539	482564
连锁总店	17	8613	368278		44795
连锁门店	15	2503	181108		21687
其他	48	3414	844353	2761	61908
按零售业态分组					
有店铺零售	380	38748	4754244	221300	610364
食杂店	1	6	731		211
便利店	1	253	9669		2693
超市	27	2210	76952		17441
大型超市	19	7148	500799	1852	53009
百货店	16	4024	488694		37430
专业店	179	15838	1930049	81238	210682
专卖店	129	8989	1729954	135449	285353
厂家直销中心	8	280	17397	2761	3546
无店铺零售	4	87	15710		589
网上购物	2	54	12036		129
电话购物	2	33	3674		460

9-4 续表　　　　单位：万元

指标名称	商品销售总额	批发额	零售额	年末零售营业面积（平方米）
总计	**5511727**	**347858**	**5163869**	**1714501**
按零售行业小类分组				
综合零售	1483367	13318	1470049	855002
食品、饮料及烟草制品专门零售	63303	6297	57006	20627
纺织、服装及日用品专门零售	96316	10795	85521	20418
文化、体育用品及器材专门零售	52593	3714	48879	25204
医药及医疗器材专门零售	636722	108732	527990	100654
汽车、摩托车、燃料及零配件专门零售	2749611	146579	2603032	588493
家用电器及电子产品专门零售	367733	46477	321257	83218
五金、家具及室内装修材料专门零售	12066		12066	11221
无店铺及其他零售	50016	11946	38070	9664
按登记注册类型分组				
内资企业	**4849921**	**335481**	**4514441**	**1556415**
国有企业	84431	18904	65528	42828
集体企业	7040	687	6353	540
有限责任公司	2832867	173331	2659536	827745
股份有限公司	598558	15781	582776	188516
私营企业	1313415	126778	1186637	494286
其他企业	13610		13610	2500
港、澳、台商投资企业	471839	11162	460677	55351
外商投资企业	180527		180527	88360
个体工商户	9440	1216	8224	14375
按企业控股情况分				
国有控股	755677	32538	723139	238018
集体控股	158250	687	157563	39552
私人控股	2380302	194930	2185372	801755
港澳台商控股	345286	11162	334124	53812
外商控股	195432		195432	40219
其他	1676781	108542	1568239	541145
按经营形式分组				
独立门店	3933361	203940	3729421	1261506
连锁总店	451683	3864	447819	218197
连锁门店	224649		224649	117215
其他	902034	140054	761980	117583
按零售业态分组				
有店铺零售	5496147	347858	5148289	1714501
食杂店	520		520	40
便利店	9183		9183	1823
超市	75048	1503	73545	75011
大型超市	562031		562031	379245
百货店	886309	15378	870931	412993
专业店	2083786	252951	1830835	463227
专卖店	1855575	78026	1777550	379834
厂家直销中心	23694		23694	2328
无店铺零售	15580		15580	
网上购物	12055		12055	
电话购物	3525		3525	

9–5 全市限额以上批发和零售业商品销售类值

(2013 年)

单位：万元

指标名称	合计	批发	零售
合　计	**22735832**	**16367493**	**6368338**
粮油、食品、饮料、烟酒类	2371849	1961718	410131
粮油、食品类	1435946	1103639	332308
#粮油类	324723	254074	70649
肉禽蛋类	43690	13176	30514
水产品类	19833	14250	5583
蔬菜类	15081		15081
干鲜果品类	19765	215	19550
饮料类	255434	217069	38366
烟酒类	680468	641011	39458
服装、鞋帽、针纺织品类	587570	56217	531353
服装类	438652	36220	402433
鞋帽类	111304	11509	99795
针、纺织品类	37614	8488	29126
化妆品类	114447	32283	82165
金银珠宝类	123949	1498	122451
日用品类	234823	53112	181710
#洗涤用品类	80557	20633	59924
儿童玩具类	4417	32	4385
五金、电料类	8251	1684	6567
体育、娱乐用品类	26477	2885	23592
书报杂志类	166621	127324	39297
电子出版物及音像制品类	7130	3969	3160
家用电器和音像器材类	1859264	1232299	526965
中西药品类	1019930	478395	541535
#西药类	675257	253919	421338
中草药及中成药类	131475	54842	76633
文化办公用品类	299273	164547	134726
家具类	6806		6806
通讯器材类	247716	138685	109031
煤炭及制品类	1789806	1788885	920
木材及制品类	12571	12571	
石油及制品类	2726992	1862451	864542
化工材料及制品类	875041	875041	
#化肥类	569615	569615	
金属材料类	6276331	6276331	
建筑及装潢材料类	363597	360106	3490
机电产品及设备类	424077	404042	20036
#农机类	2913	2913	
汽车类	2832525	253698	2578828
种子饲料类	13525	13525	
棉麻类	271	271	
其他类	346991	265959	81032

9-6 全市限额以上批发和零售业商品购销存数量

(2013 年)

指标名称	计量单位	购进量	销售量	年末库存量
大米(稻米)	千克	60861213	61600825	40077237
面粉(小麦面)	千克	3299995	3143125	226740
杂粮	千克	1776098	1706254	189662
食用植物油	千克	8109090	8014982	875848
猪肉	千克	10853084	10707755	335803
牛肉	千克	267216	259104	25523
羊肉	千克	48783	45571	8536
禽肉	千克	1176665	1125815	110321
鲜蛋	千克	2116683	2062250	124128
彩色电视机	台	552168	524964	105374
家用电冰箱	台	319906	346801	46820
房间空调器	台	1746393	1622961	353028
电脑(微型计算机)	台	469084	462079	36204
汽车	辆	917530	858930	78060
#轿车	辆	128855	126718	15573
煤炭	吨	28540068	28471524	1119233
汽油	吨	350697	766356	3588
柴油	吨	682318	1458654	3472
钢材	吨	7110736	7292398	813625
铝	吨	1578666	1572237	31990
水泥	吨	1693904	1692068	1366
化学肥料	吨	2431590	2318231	398857
化学农药	吨	21151	21208	404

9-7 全市限额以上批发业法人企业财务状况

(2013 年)

单位：万元

指标名称	企业数（个）	年初存货	流动资产合计	# 应收账款	# 存货	固定资产合计	固定资产原价
总计	**350**	**1663150**	**7245725**	**950409**	**1602683**	**229109**	**354881**
按批发行业小类分组							
农、林、牧产品批发	6	10218	62256	5338	43988	4723	6072
食品、饮料及烟草制品批发	40	107450	1064415	41869	101611	51076	94895
纺织、服装及日用品批发	38	260611	764612	38383	292950	14287	18113
文化、体育用品及器材批发	7	23184	129045	27282	36475	19535	25800
医药及医疗器材批发	26	34408	253023	120260	34617	8164	12418
矿产品、建材及化工产品批发	156	1105562	4470701	585364	969152	116787	169036
机械设备、五金交电及电子产品批发	76	121718	500944	131801	123461	14527	28520
其他批发	1	…	729	113	428	10	26
按登记注册类型分组							
内资企业	347	1660433	7227807	941439	1596694	228602	353637
国有企业	13	72555	364911	49472	66010	43384	82513
集体企业	1		3152	377	1550	681	1070
有限责任公司	115	678877	2920522	402822	771013	61494	86779
股份有限公司	16	356809	674044	22287	225166	76727	105968
私营企业	200	552095	3249266	466270	532897	46154	77065
其他企业	2	97	15913	211	58	162	244
港、澳、台商投资企业	2	2718	7504	1650	4168	455	1191
外商投资企业	1		10414	7320	1821	52	53
按控股情况分组							
国有控股	46	676102	1789766	179104	587513	159304	238103
集体控股	11	71870	247933	67881	50157	3678	7110
私人控股	248	811868	4564639	610300	835057	56531	92512
港澳台商控股	1	1918	6735	1636	3432	311	867
外商控股	1		10414	7320	1821	52	53
其他	43	101394	626238	84169	124703	9234	16236
按经营形式分组							
独立门店	231	940031	4397182	677748	904248	136011	201706
连锁总店	7	66690	190899	6266	46974	9149	12218
连锁门店	1	1741	3413	329	2369	15516	21915
其他	111	654689	2654231	266067	649093	68433	119042

9–7 续表 1

单位：万元

指标名称	累计折旧	本年折旧	在建工程	资产总计	流动负债合计	应付账款	非流动负债合计
总计	**125515**	**25448**	**277834**	**9801492**	**7017561**	**1107342**	**315342**
按批发行业小类分组							
农畜产品批发	1363	213	3162	123150	52221	9113	35757
食品、饮料及烟草制品批发	43827	5047	22202	1351014	1057975	105051	64643
纺织、服装及日用品批发	3826	1451	5101	801395	712136	149873	6776
文化、体育用品及器材批发	6265	713	767	249566	94870	54179	152
医药及医疗器材批发	4894	2806	764	270157	219196	85744	3980
矿产品、建材及化工产品批发	52378	10898	240959	6442859	4413830	552556	187364
机械设备、五金交电及电子产品批发	12947	4317	4879	562613	466924	150421	16670
其他批发	16	4		739	409	404	
按登记注册类型分组							
内资企业	124779	24869	277834	9778226	7005012	1102304	315342
国有企业	39129	4520	14701	773604	307259	47491	43598
集体企业	389	52		4000	2500	2500	
有限责任公司	25305	4234	29830	3476564	2870216	419757	61622
股份有限公司	29193	6440	224351	1684154	645376	206052	177550
私营企业	30681	9609	8952	3823633	3162410	426147	32572
其他企业	83	14		16272	17251	357	
港、澳、台商投资企业	736	578		12770	7348	232	
外商投资企业	1	1		10497	5201	4806	
按控股情况分组							
国有控股	78950	12313	258965	3505118	1656665	313522	218044
集体控股	3433	432		280593	267099	30621	403
私人控股	35752	10828	18824	5340244	4504973	654498	93560
港澳台商控股	556	556		11682	6735		
外商控股	1	1		10497	5201	4806	
其他	6825	1319	45	653358	576889	103895	3335
按经营形式分组							
独立门店	65309	15122	249329	6077131	4283350	800767	259178
连锁总店	3199	1500		229099	147316	7354	–468
连锁门店	6399	1609		83481	27	27	
其他	50609	7217	28505	3411781	2586869	299194	56632

9-7 续表 2

单位：万元

指标名称	负债合计	所有者权益合计	实收资本	国家资本	集体资本	法人资本	个人资本
总计	**7324907**	**2476585**	**2067583**	**1002966**	**14998**	**773018**	**271170**
按批发行业小类分组							
农畜产品批发	87977	35173	31672	242	150	30680	600
食品、饮料及烟草制品批发	1122618	228397	70428	12504	1000	14958	41966
纺织、服装及日用品批发	718912	82483	29307	2700	448	10178	10551
文化、体育用品及器材批发	95021	154544	118150	2010		115885	255
医药及医疗器材批发	221993	48164	47501			19184	28317
矿产品、建材及化工产品批发	4604231	1838628	1715432	982716	13327	548595	170795
机械设备、五金交电及电子产品批发	473746	88867	55043	2794	74	33539	18636
其他批发	409	330	50				50
按登记注册类型分组							
内资企业	7312358	2465867	2057052	1002966	14998	767918	271170
国有企业	350858	422746	217414	16002		201412	
集体企业	2500	1500	1500		1500		
有限责任公司	2929326	547238	432479	90295	3018	282336	56831
股份有限公司	823704	860449	920635	896168	10419	986	13062
私营企业	3188720	634913	484775	500		283084	201191
其他企业	17251	−980	248		62	100	86
港、澳、台商投资企业	7348	5421	5531			100	
外商投资企业	5201	5296	5000			5000	
按控股情况分组							
国有控股	1875487	1629631	1381483	1000132	74	380431	847
集体控股	267502	13092	21764	240	13527	6178	1820
私人控股	4592270	747974	595965	500		336132	259334
港澳台商控股	6735	4947	5431				
外商控股	5201	5296	5000			5000	
其他	577713	75645	57939	2094	1398	45278	9170
按经营形式分组							
独立门店	4533667	1543464	1619797	914344	12538	472035	215448
连锁总店	146848	82252	10815	58	1000	4001	5756
连锁门店	805	82676					
其他	2643588	768193	436971	88564	1460	296981	49966

9-7 续表 3

单位：万元

指标名称	港澳台资本	营业收入		营业成本		营业税金及附加
			主营业务收入		主营业务成本	
总计	**5431**	**15705563**	**15632768**	**14998506**	**14942038**	**50005**
按批发行业小类分组						
农畜产品批发		55735	55729	51449	51449	421
食品、饮料及烟草制品批发		1394806	1390360	1217875	1217404	33635
纺织、服装及日用品批发	5431	1373725	1366132	1277290	1273547	1693
文化、体育用品及器材批发		189311	188686	166707	166564	259
医药及医疗器材批发		475976	475052	445260	430413	1582
矿产品、建材及化工产品批发		11417399	11365084	11109289	11076214	10456
机械设备、五金交电及电子产品批发		794650	787765	727422	723235	1954
其他批发		3961	3961	3213	3213	5
按登记注册类型分组						
内资企业		15682830	15610135	14981081	14924619	49891
国有企业		2539238	2536482	2357618	2357162	33764
集体企业		39676	39676	37585	35585	75
有限责任公司		6016961	5999640	5781237	5778140	6096
股份有限公司		2101523	2072285	2013801	1989286	3240
私营企业		4972707	4949327	4778537	4752144	6715
其他企业		12726	12726	12303	12303	1
港、澳、台商投资企业	5431	9579	9479	5169	5163	99
外商投资企业		13154	13154	12256	12256	15
按控股情况分组						
国有控股		6557118	6535903	6189531	6180538	38949
集体控股		1084294	1062541	1065916	1047393	880
私人控股		6605945	6579912	6353361	6326944	8937
港澳台商控股	5431	7480	7480	3444	3444	92
外商控股		13154	13154	12256	12256	15
其他		1437573	1433778	1373998	1371463	1133
按经营形式分组						
独立门店	5431	7496935	7455655	7237829	7194093	9676
连锁总店		1402434	1393113	1325901	1319887	1700
连锁门店		318088	318088	299594	299594	172
其他		6488106	6465911	6135182	6128465	38457

9-7 续表 4　　　　单位：万元

指标名称	主营业务税金及附加	其他业务利润	销售费用	管理费用	# 税金	财务费用	# 利息收入
总计	**49688**	**15644**	**282824**	**175743**	**11751**	**149920**	**36263**
按批发行业小类分组							
农、林、牧产品批发	421	19	2124	1527	9	1163	205
食品、饮料及烟草制品批发	33619	2510	34476	41788	1955	20313	12316
纺织、服装及日用品批发	1687	2499	34048	25086	554	1360	1142
文化、体育用品及器材批发	258	480	9592	5435	293	–4	201
医药及医疗器材批发	1582	3193	14616	13089	397	4745	201
矿产品、建材及化工产品批发	10170	2540	147201	68089	7692	116979	20422
机械设备、五金交电及电子产品批发	1945	4402	40185	20614	841	5361	1778
其他批发	5		581	114	9	5	
按登记注册类型分组							
内资企业	49574	15549	281077	175125	11628	150045	36240
国有企业	33706	1765	29475	39945	4022	428	13565
集体企业	75	15	480	290	75	78	5
有限责任公司	6080	4692	73458	55042	3446	48015	9284
股份有限公司	3012	–612	71216	22694	1876	21012	5400
私营企业	6700	9617	106224	57014	2201	79814	7986
其他企业	1	73	224	141	9	698	1
港、澳、台商投资企业	99	94	1541	389	3	–101	0
外商投资企业	15		206	228	120	–24	23
按控股情况分组							
国有控股	38878	1812	119482	74468	6709	41789	16399
集体控股	665	150	6784	5191	132	10815	301
私人控股	8921	12736	127532	77865	2540	94188	18071
港澳台商控股	92		1485	100		–117	
外商控股	15		206	228	120	–24	23
其他	1117	946	27336	17891	2250	3269	1469
按经营形式分组							
独立门店	9440	8399	153020	92892	6388	100385	20946
连锁总店	1687	2444	33046	6474	321	2128	26
连锁门店	172	512	10835	208	170	260	
其他	38389	4288	85924	76169	4871	47147	15291

9-7 续表 5

单位：万元

指标名称		资产减值损失	公允价值变动收益	投资收益	营业利润	营业外收入	
	# 利息支出						# 补贴收入
总计	**122157**	**8216**	**–616**	**42640**	**88131**	**36197**	**6611**
按批发行业小类分组							
农畜产品批发	442	158		178	–911	1197	790
食品、饮料及烟草制品批发	21275	5616	–115	14904	53868	9305	2016
纺织、服装及日用品批发	2323	879		224	34334	847	132
文化、体育用品及器材批发	170	382		2000	8941	2384	17
医药及医疗器材批发	3089	75		8	–2331	318	4
矿产品、建材及化工产品批发	91264	927	39	24842	–10377	19788	3622
机械设备、五金交电及电子产品批发	3594	179	–539	483	4563	2358	31
其他批发					44		
按登记注册类型分组							
内资企业	122142	8368	–616	42640	85025	36197	6611
国有企业	13714	4850	53	3978	77146	1877	1089
集体企业	60	11			1157		
有限责任公司	47138	2663	–130	5219	57000	11427	5014
股份有限公司	12953	3		7221	–23051	10141	
私营企业	47590	7	–539	26550	–25496	12752	507
其他企业	687	834		–328	–1730		
港、澳、台商投资企业	15	–227			2709		
外商投资企业		75			397		
按控股情况分组							
国有控股	49122	6844	53	13913	100166	7398	3062
集体控股	5364	11	–219	–1700	–7149	2973	
私人控股	63734	215	–335	30222	–20777	22228	511
港澳台商控股		–227			2703		
外商控股		75			397		
其他	3937	1298	–115	205	12791	3598	3038
按经营形式分组							
独立门店	68752	1379	–758	27068	–67480	33378	5232
连锁总店	96			–388	32797	342	320
连锁门店	260				7190		
其他	53048	6837	142	15960	115624	2476	1059

9–7 续表 6

单位：万元

指标名称	利润总额	应交所得税	应付职工薪酬	应交增值税
总计	**117100**	**46390**	**137559**	**259142**
按批发行业小类分组				
农畜产品批发	287	229	1015	1
食品、饮料及烟草制品批发	63274	20332	29309	31327
纺织、服装及日用品批发	33500	6368	16229	12592
文化、体育用品及器材批发	11707	181	5610	1979
医药及医疗器材批发	–2480	468	10309	7204
矿产品、建材及化工产品批发	5667	18118	54788	196662
机械设备、五金交电及电子产品批发	5101	694	20176	9329
其他批发	44		123	47
按登记注册类型分组				
内资企业	113994	46287	136636	258548
国有企业	78869	20405	28129	33986
集体企业	1157		330	
有限责任公司	65882	16078	36167	29932
股份有限公司	–14621	8401	30793	169133
私营企业	–15563	1403	41099	25490
其他企业	–1730		118	8
港、澳、台商投资企业	2709	2	726	481
外商投资企业	397	101	197	113
按控股情况分组				
国有控股	105369	36232	67961	214562
集体控股	–4623	296	3060	401
私人控股	–3456	4669	50398	36086
港澳台商控股	2703		544	425
外商控股	397	101	197	113
其他	16710	5093	15399	7555
按经营形式分组				
独立门店	–39894	7134	69679	45619
连锁总店	31591	8005	15870	155737
连锁门店	7225		3543	1800
其他	118179	31251	48462	55986

9-8 全市限额以上零售业法人企业财务状况

(2013 年) 单位：万元

指标名称	企业数（个）	年初存货	流动资产合计	#应收账款	#存货	固定资产合计	固定资产原价
总计	**366**	**496812**	**1818304**	**310282**	**501027**	**314449**	**423745**
按零售行业小类分组							
综合零售	48	86558	498372	57504	88474	194289	240773
食品、饮料及烟草制品专门零售	11	4096	15908	4714	4945	938	2281
纺织、服装及日用品专门零售	16	17858	45003	6286	18098	5088	6046
文化、体育用品及器材专门零售	14	12488	24953	8369	8621	17564	25781
医药及医疗器材专门零售	24	33567	272018	148890	44725	6976	11136
汽车、摩托车、燃料及零配件专门零售	170	242557	783631	59178	293233	82923	125065
家用电器及电子产品专门零售	65	95507	146542	21694	36932	2506	5145
五金、家具及室内装修材料专门零售	8	1874	17169	876	2355	660	979
货摊、无店铺及其他零售	10	2307	14709	2773	3644	3504	6539
按登记注册类型分组							
内资企业	**356**	**448619**	**1652537**	**305102**	**444541**	**292812**	**391808**
国有企业	14	5525	15725	1894	2920	6587	12470
集体企业	2	123	682	64	128	58	298
有限责任公司	127	263870	934874	223200	237819	86453	129677
股份有限公司	16	35952	182364	16323	38336	150641	177009
私营企业	196	142581	516551	63435	163928	48801	72000
其他企业	1	569	2342	185	1408	270	354
港、澳、台商投资企业	**7**	**40053**	**141395**	**5173**	**46650**	**16335**	**24713**
外商投资企业	**3**	**8140**	**24372**	**8**	**9836**	**5301**	**7224**
按控股情况分组							
国有控股	32	41964	150925	14032	48294	173231	209860
集体控股	5	20098	43001	1607	21359	4290	7835
私人控股	252	220439	802899	106419	248022	70210	103489
港澳台商控股	6	24446	114620	3660	30914	12661	18603
外商控股	4	4875	62597	38436	7160	5304	6557
其他	67	184990	644264	146129	145278	48753	77400
按经营形式分组							
独立门店	293	338353	1267846	140425	389010	277873	364963
连锁总店	17	97278	170388	16568	41250	24902	39508
连锁门店	11	12632	67773	11230	13771	2980	6396
其他	45	48550	312298	142059	56996	8694	12879
按零售业态分组							
有店铺零售	363	496692	1816042	310061	500894	314429	423614
便利店	1	2238	10787	4525	2166	507	802
超市	23	11262	34976	6301	12127	5325	7602
大型超市	17	39822	179846	14006	43177	16052	29365
百货店	16	41332	302186	36438	39549	177452	208718
专业店	175	220621	727394	187282	196151	59476	91556
专卖店	123	179671	548446	55079	205392	55346	85002
厂家直销中心	8	1746	12407	6430	2331	271	571
无店铺零售	3	120	2262	221	133	20	131
网上购物	2	85	2073	101	129	12	59
电话购物	1	36	189	120	4	8	72

9-8 续表 1

单位：万元

指标名称	累计折旧	本年折旧	在建工程	资产总计	流动负债合计	应付账款	非流动负债合计
总计	**109506**	**27726**	**9859**	**2365290**	**1580170**	**388176**	**46924**
按零售行业小类分组							
综合零售	46484	9824	1746	786269	476016	141968	15222
食品、饮料及烟草制品专门零售	1343	100	91	18299	9224	1467	626
纺织、服装及日用品专门零售	1004	467	45	53858	46403	19433	1747
文化、体育用品及器材专门零售	8236	880	635	49868	34952	13705	343
医药及医疗器材专门零售	4161	1512	1334	289424	232682	119273	3736
汽车、摩托车、燃料及零配件专门零售	42282	13854	5971	960633	658503	58017	14560
家用电器及电子产品专门零售	2617	603		163092	96223	21198	7563
五金、家具及室内装修材料专门零售	318	61		19005	17722	1477	
货摊、无店铺及其他零售	3060	426	38	24843	8445	1638	3127
按登记注册类型分组							
内资企业	**99131**	**25768**	**9716**	**2168256**	**1488901**	**370399**	**46386**
国有企业	5903	631	263	32877	20313	3985	373
集体企业	239	13		909	292	274	84
有限责任公司	43192	13206	5977	1133949	860395	232203	17283
股份有限公司	26368	4981	102	345633	153840	42565	9547
私营企业	23346	6882	3374	651491	451715	91320	19100
其他企业	83	56		3398	2346	51	
港、澳、台商投资企业	**8453**	**1381**	**143**	**161964**	**68794**	**7263**	
外商投资企业	**1923**	**577**		**35070**	**22474**	**10515**	**538**
按控股情况分组							
国有控股	36652	6031	814	343442	197826	57827	382
集体控股	3545	727		48609	31587	9201	84
私人控股	33391	10910	7647	1016472	724804	143065	31428
港澳台商控股	6016	808	143	131433	44786	1869	
外商控股	1254	631		72939	61796	43839	579
其他	28648	8621	1254	752396	519372	132376	14452
按经营形式分组							
独立门店	87287	22226	7352	1706747	1150905	211937	32141
连锁总店	14606	3138	2190	249068	152775	59093	1245
连锁门店	3461	679	45	75265	24462	12584	9616
其他	4153	1683	272	334211	252029	104562	3922
按零售业态分组							
有店铺零售	109430	27717	9859	2362958	1579051	387170	46924
便利店	295	98		11593	9181	1361	
超市	2277	724		42040	30443	6803	174
大型超市	13313	3371	528	253458	131928	57731	14078
百货店	31311	6001	1262	514895	328260	83220	2717
专业店	32235	8271	2814	878345	644470	184391	9281
专卖店	29699	9218	5254	649811	425061	50610	20352
厂家直销中心	300	36		12815	9708	3054	322
无店铺零售	76	9		2333	1119	1007	
网上购物	11	7		2136	969	961	
电话购物	65	2		197	150	46	

9-8 续表 2

单位：万元

指标名称	负债合计	所有者权益合计	实收资本	国家资本	集体资本	法人资本	个人资本
总计	**1654521**	**710770**	**334479**	**35962**	**5115**	**153040**	**122716**
按零售行业小类分组							
综合零售	512505	273764	113377	18039	4743	38089	45734
食品、饮料及烟草制品专门零售	9850	8449	3115	244		1050	1820
纺织、服装及日用品专门零售	48149	5708	7208			3753	277
文化、体育用品及器材专门零售	35295	14573	4722	1732	300	316	2374
医药及医疗器材专门零售	236418	53006	36462	10000		13614	12849
汽车、摩托车、燃料及零配件专门零售	679165	281468	128320	4370	32	71124	45097
家用电器及电子产品专门零售	103844	59248	35202		40	24194	10968
五金、家具及室内装修材料专门零售	17722	1283	1055	55		704	296
货摊、无店铺及其他零售	11572	13271	5018	1521		197	3300
按登记注册类型分组							
内资企业	**1541603**	**626654**	**314215**	**35962**	**5115**	**150758**	**122381**
国有企业	20686	12191	3925	2643		1255	26
集体企业	376	533	70		70		
有限责任公司	877678	256270	127891	23157	842	74347	29545
股份有限公司	163388	182245	66289	10161	4203	9265	42660
私营企业	477129	174361	115040			64890	50150
其他企业	2346	1052	1000			1000	
港、澳、台商投资企业	**89906**	**72058**	**15010**			**1000**	**335**
外商投资企业	**23012**	**12059**	**5255**			**1283**	
按控股情况分组							
国有控股	198207	145235	78303	22657	4203	9305	42138
集体控股	31670	16939	3254		70	1684	
私人控股	762547	253925	165908	2	542	92096	73268
港澳台商控股	65898	65535	12510				335
外商控股	62374	10564	7735			3763	
其他	533823	218573	66770	13302	300	46192	6975
按经营形式分组							
独立门店	1207005	499742	246921	25452	4775	100716	104430
连锁总店	154020	95048	35818	490		26894	4461
连锁门店	34078	41187	5093			2966	
其他	259418	74793	46648	10020	340	22464	13825
按零售业态分组							
有店铺零售	1653401	709556	332419	34962	5115	151980	122716
便利店	9181	2412	800	800			
超市	30771	11269	10420	376	540	6289	3215
大型超市	146006	107452	32722	802		27197	751
百货店	352089	162807	73412	16060	4203	6256	41966
专业店	654116	224229	117084	13055	32	55968	47526
专卖店	451208	198603	95572	3868	40	55270	28148
厂家直销中心	10030	2785	2410		300	1000	1110
无店铺零售	1119	1214	2060	1000		1060	
网上购物	969	1167	2000	1000		1000	
电话购物	150	46	60			60	

9-8 续表 3　　　　单位：万元

指标名称	港澳台资本	外商资本	营业收入	主营业务收入	营业成本	主营业务成本	营业税金及附加
总计	**13675**	**3973**	**5010893**	**4925083**	**4391180**	**4379247**	**19370**
按零售行业小类分组							
综合零售	2800	3973	1281773	1229830	1032116	1031062	9513
食品、饮料及烟草制品专门零售			27294	26972	22360	22341	181
纺织、服装及日用品专门零售	3178		76898	76054	56794	56772	386
文化、体育用品及器材专门零售			52415	51064	38760	38523	506
医药及医疗器材专门零售			550288	546803	485276	485057	1528
汽车、摩托车、燃料及零配件专门零售	7697		2631529	2609342	2417197	2407679	5623
家用电器及电子产品专门零售			328564	323095	289589	288731	1057
五金、家具及室内装修材料专门零售			10394	10277	7942	7942	87
货摊、无店铺及其他零售			51740	51648	41147	41141	492
按登记注册类型分组							
内资企业			**4480833**	**4399515**	**3958344**	**3946875**	**17565**
国有企业			76675	75582	67097	64358	240
集体企业			5814	5814	5394	5394	12
有限责任公司			2587907	2540144	2288988	2281884	8624
股份有限公司			585491	571257	510315	510293	4351
私营企业			1213314	1195085	1076033	1074429	4312
其他企业			11633	11633	10516	10516	26
港、澳、台商投资企业	**13675**		**462893**	**460883**	**385615**	**385307**	**1345**
外商投资企业		**3973**	**67168**	**64686**	**47221**	**47065**	**460**
按控股情况分组							
国有控股			728975	715767	634889	631822	4561
集体控股	1500		159507	158870	138988	138988	682
私人控股			2071747	2037781	1830980	1828444	7218
港澳台商控股	12175		341911	339901	272822	272515	933
外商控股		3973	170021	168158	155541	155376	328
其他			1538732	1504608	1357960	1352102	5649
按经营形式分组							
独立门店	11548		3738952	3683581	3299445	3289344	14590
连锁总店		3973	401556	384761	311871	311182	2209
连锁门店	2127		107240	99210	83324	83279	798
其他			763145	757532	696540	695442	1773
按零售业态分组							
有店铺零售	13675	3973	5003301	4917492	4383853	4371921	19365
便利店			8804	8262	5180	5180	76
超市			65101	62102	52215	52194	346
大型超市		3973	447537	414638	358977	358308	2934
百货店	4927		806229	789985	650471	650107	6369
专业店	502		1946828	1934282	1745570	1735240	5583
专卖店	8245		1706684	1686112	1556941	1556397	3782
厂家直销中心			22118	22112	14500	14494	277
无店铺零售			7592	7592	7327	7327	5
网上购物			7211	7211	6989	6989	4
电话购物			381	381	338	338	1

9-3 续表 4 单位：万元

指标名称	主营业务税金及附加	其他业务利润	销售费用	管理费用	#税金	财务费用	#利息收入
总计	**17414**	**89330**	**303794**	**144721**	**8091**	**27533**	**3481**
按零售行业小类分组							
综合零售	8003	53434	138637	52481	1641	5360	1313
食品、饮料及烟草制品专门零售	181	3930	4160	4154	7	217	12
纺织、服装及日用品专门零售	383	243	13291	4041	186	1195	31
文化、体育用品及器材专门零售	506	1218	4123	5660	392	213	64
医药及医疗器材专门零售	1447	2245	33690	12390	502	4205	156
汽车、摩托车、燃料及零配件专门零售	5384	21869	82598	50237	5085	13643	1738
家用电器及电子产品专门零售	933	6185	22007	12134	205	1371	149
五金、家具及室内装修材料专门零售	87	28	812	984	10	1304	1
货摊、无店铺及其他零售	491	179	4477	2639	62	25	18
按登记注册类型分组							
内资企业	**15616**	**85741**	**259341**	**131846**	**7771**	**26726**	**2123**
国有企业	155	1146	4737	3059	143	202	8
集体企业	12		117	83	0.3	–1	1
有限责任公司	7508	50686	151793	56185	4491	13716	1007
股份有限公司	4093	5430	28635	29714	885	1735	504
私营企业	3822	28480	73571	42560	2244	11055	602
其他企业	26		489	245	9	19	1
港、澳、台商投资企业	**1345**	**3589**	**29396**	**11481**	**286**	**635**	**1259**
外商投资企业	**453**		**15057**	**1395**	**34**	**172**	**99**
按控股情况分组							
国有控股	4455	3715	36344	36189	1243	1795	354
集体控股	682	883	11047	3042	62	692	159
私人控股	6343	39125	123873	59225	4323	15291	1091
港澳台商控股	933	2706	25681	9232	224	–84	1179
外商控股	320		9163	1379	197	211	20
其他	4681	42902	97685	35654	2041	9629	678
按经营形式分组							
独立门店	13339	61278	208689	106281	6197	21794	2845
连锁总店	1860	14359	53667	22912	488	1739	319
连锁门店	542	7011	12921	1595	28	57	43
其他	1674	6681	28518	13934	1377	3943	275
按零售业态分组							
有店铺零售	17409	89330	303680	144216	8089	27533	3481
便利店	75	542	2695	708	3	62	11
超市	304	5323	9661	5405	262	1376	34
大型超市	2159	39957	53284	15417	307	1441	182
百货店	5675	11392	79805	35469	1095	3724	1095
专业店	5352	15106	91310	51574	2891	12990	908
专卖店	3568	17011	61238	34602	3520	7888	1248
厂家直销中心	277	0.1	5687	1043	11	52	2
无店铺零售	5	0.1	115	505	2	1	1
网上购物	4	0.1	98	476	1	0.4	1
电话购物	1		17	30	0.4	0.1	

9-8 续表 5　　　　单位：万元

指标名称	# 利息支出	资产减值损失	公允价值变动收益	投资收益	营业利润	营业外收入	# 补贴收入
总计	**20636**	**1178**	**3**	**11814**	**137337**	**6327**	**2305**
按零售行业小类分组							
综合零售	4134	170		9860	51320	2005	597
食品、饮料及烟草制品专门零售	216				60	733	709
纺织、服装及日用品专门零售	176	-13			1204	153	8
文化、体育用品及器材专门零售	188			12	3158	278	0.1
医药及医疗器材专门零售	3613	112	1		13134	943	825
汽车、摩托车、燃料及零配件专门零售	10646	853	2	1718	63619	1835	139
家用电器及电子产品专门零售	603	3		30	2454	154	13
五金、家具及室内装修材料专门零售	1056				-735	41	
货摊、无店铺及其他零售	4	53		194	3123	186	13
按登记注册类型分组							
内资企业	**18661**	**1181**	**3**	**11814**	**101420**	**6064**	**2296**
国有企业	134			202	1659	763	697
集体企业					209	12	
有限责任公司	10713	841	3	2020	69424	3634	1505
股份有限公司	661	248		280	10833	373	31
私营企业	7153	92		9313	18958	1283	63
其他企业	0.1				338	0.3	
港、澳、台商投资企业	**1798**				**33052**	**208**	**8**
外商投资企业	**178**	**-3**			**2865**	**54**	
按控股情况分组							
国有控股	658	215		464	15477	1401	776
集体控股	720				5055	87	
私人控股	10752	331	3	10200	49322	1758	119
港澳台商控股	1078				31956	164	8
外商控股	178	80			3319	71	
其他	7251	552		1151	32207	2846	1402
按经营形式分组							
独立门店	15732	1037	2	2539	92747	3699	921
连锁总店	1262	14		9270	18415	1190	473
连锁门店	-42	8			8539	337	35
其他	3684	120	1	5	17637	1100	876
按零售业态分组							
有店铺零售	20635	1176	3	11814	137699	6326	2305
便利店	65				84	78	73
超市	1111	3			185	114	7
大型超市	1016	101		9270	24000	1642	518
百货店	2104	66		590	29282	225	8
专业店	9794	494	3	391	40118	2716	1626
专卖店	6545	512		1563	43472	1550	73
厂家直销中心	1				559	1	
无店铺零售	1	2			-362	1	
网上购物	1	2			-358	1	
电话购物					-4		

单位：万元

指标名称	利润总额	应交所得税	应付职工薪酬	应交增值税
总计	**124661**	**20767**	**151356**	**125000**
按零售行业小类分组				
综合零售	32521	4208	52092	44219
食品、饮料及烟草制品专门零售	684	168	1751	547
纺织、服装及日用品专门零售	1483	665	4144	1316
文化、体育用品及器材专门零售	3595	94	4009	5450
医药及医疗器材专门零售	14044	3850	15599	11703
汽车、摩托车、燃料及零配件专门零售	65914	10466	58452	53213
家用电器及电子产品专门零售	3231	439	11560	5057
五金、家具及室内装修材料专门零售	–695	3	503	422
货摊、无店铺及其他零售	3883	873	3247	3074
按登记注册类型分组				
内资企业	**103422**	**16995**	**137310**	**118270**
国有企业	2444	547	2670	829
集体企业	209	54	106	63
有限责任公司	69060	11009	73549	77776
股份有限公司	11241	2159	19229	12038
私营企业	20165	3191	41448	27547
其他企业	304	34	308	17
港、澳、台商投资企业	**18415**	**2833**	**9472**	**5367**
外商投资企业	**2824**	**939**	**4575**	**1363**
按控股情况分组				
国有控股	17076	4354	21254	16327
集体控股	5728	1463	4198	1869
私人控股	47155	6267	63905	54647
港澳台商控股	16663	2363	7423	4375
外商控股	3310	1050	3558	3299
其他	34729	5271	51019	44482
按经营形式分组				
独立门店	78933	13716	104997	97751
连锁总店	19306	2047	26725	13358
连锁门店	8805	881	5215	1830
其他	17618	4124	14420	12061
按零售业态分组				
有店铺零售	124497	20767	151134	124923
便利店	159	40	1617	325
超市	334	235	4788	1331
大型超市	24184	1808	24990	27619
百货店	9904	2777	22374	15378
专业店	44401	9096	53449	54260
专卖店	44963	6751	42405	24091
厂家直销中心	553	61	1510	1919
无店铺零售	164		222	77
网上购物	168		210	12
电话购物	–4		13	65

9-9 全市限额以上住宿业经营情况

(2013 年)

指标名称	企业数（个）	年末从业人员数（人）	客房间数（间）	床位数（个）	餐位数（位）	年末餐饮营业面积（平方米）
总计	**137**	**15289**	**23441**	**38037**	**44939**	**207526**
按住宿行业小类分组						
旅游饭店	86	12662	16117	26568	39455	176998
一般旅馆	48	2459	6894	10757	4524	28448
其他住宿服务	3	168	430	712	960	2080
按登记注册类型分组						
内资企业	125	12810	21063	34350	38416	181473
国有企业	19	2908	3059	5338	11431	44770
集体企业	1	100	202	376		
有限责任公司	31	2683	5631	9301	7504	35569
股份有限公司	7	301	902	1277	385	1750
私营企业	65	6753	11074	17758	19096	99384
其他企业	2	65	195	300		
港、澳、台商投资企业	6	2327	1861	2966	5193	22093
个体工商户	6	152	517	721	330	3960
按控股情况分						
国有控股	21	3612	4156	7113	12011	44090
集体控股	2	126	452	696		
私人控股	89	8275	14142	22743	25360	129989
港澳台商控股	4	1419	1175	1760	4417	13886
其他	21	1857	3516	5725	3151	19561
按经营形式分组						
独立门店	127	15016	22348	36561	44731	207231
连锁门店	8	161	850	1066	20	45
其他	2	112	243	410	188	250
按星级分组						
五星级	4	1851	1342	2047	6137	13984
四星级	12	3085	2964	4811	8679	34937
三星级	22	2374	4056	6773	9751	68220
二星级	9	712	1252	2252	1710	5160
其他	90	7267	13827	22154	18662	85225

9-9 续表　　　　单位：万元

指标名称	营业额	客房收入	餐费收入	商品销售收入	其他收入
总计	**221679**	**122145**	**70700**	**3500**	**25334**
按住宿行业小类分组					
旅游饭店	184802	92387	66707	3288	22420
一般旅馆	34990	28336	3717	195	2742
其他住宿服务	1887	1422	277	17	172
按登记注册类型分组					
内资企业	187326	105810	55589	2628	23299
国有企业	40885	15295	15540	906	9145
集体企业	809	571			238
有限责任公司	38835	24433	8236	694	5473
股份有限公司	4127	3784	0.1	6	337
私营企业	101779	61010	31814	1018	7937
其他企业	891	717		4	170
港、澳、台商投资企业	32639	14962	14771	871	2034
个体工商户	1715	1373	340	1	1
按控股情况分					
国有控股	50760	19614	17592	1210	12345
集体控股	1526	1224			302
私人控股	123961	76444	36754	1210	9554
港澳台商控股	25390	11930	11169	600	1691
其他	20042	12932	5186	481	1443
按经营形式分组					
独立饭店	217911	118693	70672	3428	25119
连锁饭店	3328	3075	10	72	170
其他	440	376	18		46
按星级分组					
五星级	37927	17234	17775	955	1963
四星级	45781	18050	15373	468	11891
三星级	34797	17752	11479	556	5010
二星级	6304	3447	1244	226	1387
其他	96871	65663	24829	1296	5083

9-10 全市限额以上餐饮业经营情况

(2013 年)

指标名称	企业数（个）	年末从业人员数（人）	客房间数（间）	床位数（个）	餐位数（位）	年末餐饮营业面积（平方米）
总计	**184**	**20209**	**1702**	**2726**	**88402**	**403918**
按餐饮行业小类分组						
正餐服务	174	11326	1574	2558	75722	299467
快餐服务	7	8098			12610	35873
其他餐饮服务	3	785	128	168	70	68578
按登记注册类型分组						
内资企业	81	8493	790	1240	42919	245503
国有企业	3	141	131	262	1450	8140
股份合作企业	1	33			200	1500
有限责任公司	24	2913	63	101	12432	55055
股份有限公司	5	638	128	168	1236	7650
私营企业	45	4675	468	709	27083	172078
其他企业	3	93			518	1080
港、澳、台商投资企业	1	108			470	2568
外商投资企业	7	6798			7908	25635
个体工商户	95	4810	912	1486	37105	130212
按控股情况分						
国有控股	2	119	131	262	1000	7640
私人控股	164	12421	1508	2363	73324	334492
港澳台商控股	1	108			470	2568
外商控股	1	5697			7193	22680
其他	16	1864	63	101	6415	36538
按经营形式分组						
独立门店	164	11069	1702	2726	73350	352993
连锁总店	5	7735			11028	33024
连锁门店	5	196			826	6025
其他	10	1209			3198	11876

9-10续表

单位：万元

指标名称	营业额	客房收入	餐费收入	商品销售收入	其他收入
总计	**232754**	**3791**	**222110**	**4913**	**1940**
按餐饮行业小类分组					
正餐服务	142963	3610	132858	4556	1940
快餐服务	89198		89198		
其他餐饮服务	593	181	55	357	
按登记注册类型分组					
内资企业	97891	1850	90525	3818	1699
国有企业	827	118	603	79	26
股份合作企业	700		700		
有限责任公司	42923	139	40178	2358	248
股份有限公司	2656	181	2475		
私营企业	49244	1412	45027	1381	1424
其他企业	1543		1543		
港、澳、台商投资企业	3921		3921		
外商投资企业	70089		70089		
个体工商户	60853	1941	57577	1095	241
按控股情况分					
国有控股	445	118	222	79	26
私人控股	150191	3533	142541	2476	1641
港澳台商控股	3921		3921		
外商控股	50857		50857		
其他	27339	139	24570	2358	273
按经营形式分组					
独立门店	132872	3791	125678	2555	849
连锁总店	83377		83377		
连锁门店	3655		3655		
其他	12850		9401	2358	1091

9-11 全市限额以上住宿业法人企业财务状况

(2013 年)　　单位：万元

指标名称	企业数（个）	年初存货	流动资产合计	# 应收账款	# 存货	固定资产合计	固定资产原价
总计	**126**	**38116**	**167906**	**9727**	**24427**	**200616**	**386103**
按行业小类分组							
旅游饭店	82	7639	116640	6753	5869	193217	369499
一般旅馆	42	30472	50920	2972	18555	6378	14849
其他住宿服务	2	4	345	2	3	1022	1755
按登记注册类型分组							
内资企业	120	37206	141222	7686	23823	100294	210933
国有企业	16	1294	21749	1450	1491	44310	95975
集体企业	1	299	392		3	478	1329
有限责任公司	31	1279	37342	3593	1001	29096	50597
股份有限公司	7	39	1394	267	105	754	1717
私营企业	63	34294	79740	2372	21194	25583	61177
其他企业	2	2	605	4	29	73	137
港、澳、台商投资企业	6	909	26684	2041	604	100322	175170
按控股情况分组							
国有控股	21	1609	28455	1943	1729	64613	143030
集体控股	2	299	2336	-47	3	550	1470
私人控股	78	34699	97576	4522	21684	29910	69295
港澳台商控股	4	655	22326	1494	394	89058	134065
其他	21	854	17213	1815	616	16486	38243
按经营形式分组							
独立门店	117	12397	144216	9301	10447	198391	381909
连锁门店	7	15	1916	125	47	258	484
其他	2	25704	21773	302	13933	1967	3709
按星级分组							
五星级	4	1283	31382	1809	1070	72098	124510
四星级	12	4254	25761	1434	4318	24404	63967
三星级	20	1390	22672	1137	584	20631	39635
二星级	8	521	3169	380	125	5264	11352
其他	82	30668	84922	4966	18330	78219	146639

9-11 续表 1

单位：万元

指标名称	累计折旧	本年折旧	在建工程	资产总计	流动负债合计	应付账款	非流动负债合计
总计	**185500**	**24523**	**14238**	**505264**	**277679**	**43310**	**102715**
按行业小类分组							
旅游饭店	176158	22895	10956	426880	211931	24762	95664
一般旅馆	8609	1491	3281	76884	65032	18527	6241
其他住宿服务	733	138		1500	715	20	810
按登记注册类型分组							
内资企业	110784	12630	11829	358809	207314	37141	42691
国有企业	51665	3869	882	91364	32868	4263	7323
集体企业	852	39		945	128		
有限责任公司	21509	4093	4651	100962	58956	22183	7020
股份有限公司	984	223		2467	1841	282	124
私营企业	35710	4384	6296	161645	112842	10317	27273
其他企业	65	21		1425	678	96	951
港、澳、台商投资企业	74716	11893	2409	146455	70365	6168	60024
按控股情况分组							
国有控股	78285	5233	897	123705	78953	7691	14212
集体控股	920	69		4733	1413	8	2500
私人控股	39525	6634	9784	193881	133016	14449	28441
港澳台商控股	45006	10289	1816	130195	22379	2048	52821
其他	21764	2298	1741	52750	41918	19113	4740
按经营形式分组							
独立门店	183516	24209	14238	478312	258709	38514	100261
连锁门店	241	73		3045	1562	310	560
其他	1742	242		23907	17409	4485	1894
按星级分组							
五星级	52412	5411	1787	128578	20775	2549	45645
四星级	39563	3129	1458	92328	50646	4574	6592
三星级	19004	1459	1033	58017	29925	1325	2273
二星级	6088	382	8	9047	3780	113	307
其他	68434	14142	9952	217294	172554	34748	47898

9-11 续表 2

单位：万元

指标名称	负债合计	所有者权益合计					
			实收资本				
				国家资本	集体资本	法人资本	个人资本
总计	**380840**	**124424**	**180153**	**18502**	**3395**	**63329**	**27484**
按行业小类分组							
旅游饭店	308142	118737	165292	17495	1835	55957	22561
一般旅馆	71172	5712	14611	787	1560	7371	4893
其他住宿服务	1525	–25	250	220			30
按登记注册类型分组							
内资企业	250451	108358	84843	18502	3395	35462	27484
国有企业	40192	51173	20916	12036	510	8370	
集体企业	128	817	723		723		
有限责任公司	65976	34987	22498	5971	2067	9822	4638
股份有限公司	1934	533	457		45	122	290
私营企业	140592	21054	40149	495	50	17098	22505
其他企业	1629	–204	101			50	51
港、澳、台商投资企业	130389	16066	95310			27867	
按控股情况分组							
国有控股	93165	30539	34245	14136	510	17064	660
集体控股	3913	820	1723		1723		
私人控股	161934	31948	47317	495	962	19379	26480
港澳台商控股	75200	54995	73652			9585	
其他	46627	6123	23216	3871	200	17300	344
按经营形式分组							
独立门店	359415	118897	177675	18502	2528	61919	27283
连锁门店	2122	923	511			310	201
其他	19303	4604	1967		867	1100	
按星级分组							
五星级	66420	62158	70335				8657
四星级	57237	35091	34974	3889		19705	9878
三星级	32698	25319	12481	5018	45	2647	2383
二星级	4087	4960	5233	695	1590	2948	
其他	220398	–3104	57129	8900	1760	38029	6566

9-21 续表3

单位：万元

指标名称	港澳台资本	外商资本	营业收入	主营业务收入	营业成本	主营业务成本	营业税金及附加
总计	**65568**	**1875**	**217394**	**210771**	**69754**	**69123**	**12974**
按行业小类分组							
旅游饭店	65568	1875	181881	176126	55524	55087	9779
一般旅馆			33872	33104	14062	13888	3109
其他住宿服务			1641	1542	168	148	86
按登记注册类型分组							
内资企业			184694	178202	63699	63094	11159
国有企业			39154	36289	13987	13613	1919
集体企业			809	809			48
有限责任公司			40114	39708	14621	14465	2223
股份有限公司			4048	3987	600	600	221
私营企业			99677	96518	34135	34061	6699
其他企业			891	891	356	356	50
港、澳、台商投资企业	65568	1875	32700	32569	6056	6029	1814
按控股情况分组							
国有控股		1875	50883	47908	16342	15958	2549
集体控股			1616	1616	773	773	94
私人控股			119431	116008	41887	41713	7774
港澳台商控股	64066		25465	25365	4191	4173	1412
其他	1502		19999	19875	6561	6506	1146
按经营形式分组							
独立门店	65568	1875	213804	207291	68803	68173	11535
连锁门店			3150	3040	705	704	180
其他			440	440	246	246	1259
按星级分组							
五星级	61678		37899	37897	8873	8873	2059
四星级	1502		46175	42080	17788	17572	2275
三星级	2389		32846	31737	10022	10022	1844
二星级			5523	5447	2388	2358	329
其他		1875	94951	93610	30684	30299	6467

9-11 续表 4

单位：万元

指标名称	主营业务税金及附加	其他业务利润	销售费用	管理费用	# 税金	财务费用	利息收入
总计	**12783**	**7272**	**85919**	**64308**	**2534**	**10765**	**773**
按行业小类分组							
旅游饭店	9589	7200	73162	54909	2243	9588	722
一般旅馆	3109	72	11485	9070	264	1160	51
其他住宿服务	86		1271	328	27	18	0.2
按登记注册类型分组							
内资企业	10998	7190	74002	45561	2016	7343	364
国有企业	1788	3921	14083	10830	706	543	93
集体企业	48		497	267		–1	1
有限责任公司	2207	79	13932	12408	635	1144	70
股份有限公司	221	87	2231	974	33	60	1
私营企业	6685	3103	42980	20899	641	5567	199
其他企业	50		279	184	1	30	0.4
港、澳、台商投资企业	1785	82	11917	18747	518	3422	409
按控股情况分组							
国有控股	2402	4001	18528	16621	1207	533	138
集体控股	94		497	310		384	2
私人控股	7760	3141	50452	24562	968	5965	206
港澳台商控股	1382	82	8637	14553	224	3049	408
其他	1146	48	7805	8261	135	834	19
按经营形式分组							
独立门店	11348	7218	83712	63480	2413	10671	754
连锁门店	177	54	1410	389	116	109	4
其他	1259		797	438	5	–15	15
按星级分组							
五星级	2059	2	13536	13907	318	2923	168
四星级	2248	5364	11938	14014	561	2739	48
三星级	1833	331	14188	7126	448	474	444
二星级	283	373	1094	1849	44	15	6
其他	6359	1203	45163	27412	1164	4614	107

单位：万元

指标名称		资产减值损失	公允价值变动收益	投资收益	营业利润	营业外收入	
	# 利息支出						补贴收入
总计	**8182**	**151**	**309**	**–4**	**–24331**	**34562**	**524**
按行业小类分组							
旅游饭店	7532	59	309	230	–18725	4083	524
一般旅馆	646	91		–234	–5376	30478	
其他住宿服务	4				–230	1	
按登记注册类型分组							
内资企业	5552	153	309	–4	–15078	31374	244
国有企业	519	61			–2183	184	126
集体企业	0.1				–2	3	
有限责任公司	933		309		–4214	672	115
股份有限公司	33				13	26	
私营企业	4038	91		–4	–8683	30489	3
其他企业	30				–9		
港、澳、台商投资企业	2630	–2		–0.3	–9253	3188	280
按控股情况分组							
国有控股	518	59		234	–3429	427	176
集体控股	386				–443	3	
私人控股	4221	91	309	–4	–9240	30586	4
港澳台商控股	2297				–6376	2767	
其他	760			–234	–4843	779	345
按经营形式分组							
独立门店	8118	151	309	–4	–22403	4142	524
连锁门店	63				357		
其他					–2285	30420	
按星级分组							
五星级	1972			–0.3	–3399	2788	
四星级	1873	61			–2993	455	376
三星级	410	1		234	–358	65	3
二星级	3				–152	86	50
其他	3924	89	309	–238	–17430	31169	95

9–11 续表 6

单位：万元

指标名称	利润总额	应交所得税	应付职工薪酬
总计	**–8531**	**1456**	**51598**
按行业小类分组			
旅游饭店	–15839	410	44631
一般旅馆	7538	1045	6580
其他住宿服务	–229		387
按登记注册类型分组			
内资企业	–2367	1456	44160
国有企业	–1978	153	11112
集体企业	1		378
有限责任公司	–3020	194	11514
股份有限公司	–21	2	840
私营企业	2660	1107	20131
其他企业	–9		185
港、澳、台商投资企业	–6164		7439
按控股情况分组			
国有控股	–3034	258	16259
集体控股	–440		444
私人控股	2412	1151	24350
港澳台商控股	–3665		5122
其他	–3804	47	5423
按经营形式分组			
独立门店	–19075	443	50822
连锁门店	229	66	404
其他	10316	947	372
按星级分组			
五星级	–744		7209
四星级	–2599	66	10123
三星级	–227	189	9544
二星级	–85	14	1714
其他	–4877	1186	23009

9-12 全市限额以上餐饮业法人企业财务状况

(2013 年)　　　　单位：万元

指标名称	企业数（个）	年初存货	流动资产合计	#应收账款	#存货	固定资产合计	固定资产原价
总计	**80**	**8771**	**69072**	**7344**	**6151**	**22797**	**33417**
按行业小类分组							
正餐服务	72	3697	56012	6846	4504	15698	21493
快餐服务	5	4883	11886	418	1494	6947	11669
其他餐饮业	3	191	1175	81	153	152	255
按登记注册类型分组							
内资企业	77	6352	58710	7302	5103	18162	24322
国有企业	2	9	259	118	9	421	1571
股份合作企业	1		60	30	30	295	300
有限责任公司	23	3729	18104	3085	2026	4802	6429
股份有限公司	5	75	1427	143	61	414	682
私营企业	43	2534	38660	3917	2958	12224	15214
其他企业	3	6	201	10	19	5	127
港、澳、台商投资企业	1	184	680	38	165	916	1269
外商投资企业	2	2236	9683	4	882	3720	7826
按控股情况分组							
国有控股	2	9	259	118	9	421	1571
私人控股	60	5191	54869	6917	3891	16707	20864
港澳台商控股	1	184	680	38	165	916	1269
外商控股	1	1848	7075			3077	6498
其他	16	1540	6189	272	2086	1675	3215
按经营形式分组							
独立门店	66	3604	52612	6808	4074	14394	19772
连锁总店	5	4309	11660	160	1277	7164	11846
连锁门店	1		60	30	30	295	300
其他	8	859	4741	347	770	944	1500

9-12 续表 1

单位：万元

指标名称	累计折旧	本年折旧	在建工程	资产总计	流动负债合计	应付账款	非流动负债合计
总计	**10825**	**2688**	**2392**	**136793**	**83937**	**18294**	**8122**
按行业小类分组							
正餐服务	5997	1659	764	102000	66129	13340	6835
快餐服务	4722	978	758	33426	17362	4733	1286
其他餐饮业	106	51	870	1367	446	221	1
按登记注册类型分组							
内资企业	6365	1466	1634	111175	73017	15223	7388
国有企业	1149	69		681	1518	103	253
股份合作企业	5			379	24	24	
有限责任公司	1737	433	291	30946	27636	9024	1362
股份有限公司	268	79	1255	3300	1375	305	
私营企业	3083	869	89	75660	42362	5698	5774
其他企业	123	16		209	101	69	
港、澳、台商投资企业	354	266		2372	696	222	
外商投资企业	4106	956	758	23246	10224	2849	733
按控股情况分组							
国有控股	1149	69		681	1518	103	253
私人控股	4251	1158	1634	97860	57002	11183	7070
港澳台商控股	354	266		2372	696	222	
外商控股	3421	647	758	19474	8950	1780	733
其他	1650	548	1	16406	15771	5006	66
按经营形式分组							
独立门店	5582	1415	1249	95973	62651	11521	6690
连锁总店	4682	1010	1144	33038	16990	4220	1286
连锁门店	5			379	24	24	
其他	555	263		7404	4272	2528	146

9-12 续表 2

单位：万元

指标名称	负债合计	所有者权益合计					
			实收资本				
				国家资本	集体资本	法人资本	个人资本
总计	**92650**	**44143**	**38120**	**129**	**40**	**10127**	**22479**
按行业小类分组							
正餐服务	73525	28475	29822	128	40	8488	19705
快餐服务	18648	14779	7227			1569	1773
其他餐饮业	478	889	1072	1	0.2	70	1000
按登记注册类型分组							
内资企业	80997	30179	31425	129	40	8777	22479
国有企业	1771	−1090	511	78		433	
股份合作企业	24	355	50			50	
有限责任公司	28998	1948	6634	50	40	2461	4083
股份有限公司	1375	1925	2953			40	2913
私营企业	48728	26932	21218	1	0.2	5743	15473
其他企业	101	109	60			50	10
港、澳、台商投资企业	696	1676	1460				
外商投资企业	10958	12289	5235			1350	
按控股情况分组							
国有控股	1771	−1090	511	78		433	
私人控股	64663	33197	29204	51	0.2	6784	22369
港澳台商控股	696	1676	1460				
外商控股	9683	9790	2235				
其他	15837	570	4710		40	2910	110
按经营形式分组							
独立门店	69933	26040	25854	129	40	5648	18576
连锁总店	18275	14762	8808			1350	3573
连锁门店	24	355	50			50	
其他	4418	2986	3409			3079	330

9-12 续表 3 单位：万元

指标名称	港澳台资本	外商资本	营业收入		营业成本		营业税金及附加
				主营业务收入		主营业务成本	
总计	**1461**	**3885**	**163886**	**162583**	**87373**	**84439**	**9188**
按行业小类分组							
正餐服务	1460		76890	75597	46103	43488	4355
快餐服务		3885	86393	86393	40873	40554	4799
其他餐饮业	0.2	0.3	603	593	398	397	34
按登记注册类型分组							
内资企业	0.2	0.3	95506	94203	54243	51308	5324
国有企业			445	413	212	212	19
股份合作企业			700	700	380	380	40
有限责任公司			42663	42663	22383	20789	2465
股份有限公司			2692	2692	1467	1467	179
私营企业	0.2	0.3	47464	46193	28665	27325	2537
其他企业			1543	1543	1136	1136	83
港、澳、台商投资企业	1460		3921	3921	1407	1407	225
外商投资企业		3885	64459	64459	31723	31723	3639
按控股情况分组							
国有控股			445	413	212	212	19
私人控股	0.2	0.3	81193	79946	46227	43294	4610
港澳台商控股	1460		3921	3921	1407	1407	225
外商控股		2235	50857	50857	24461	24461	2837
其他		1650	27470	27445	15066	15065	1497
按经营形式分组							
独立门店	1461	0.3	69764	68461	42295	39680	4035
连锁总店		3885	83471	83471	39259	38941	4635
连锁门店			700	700	380	380	40
其他			9952	9952	5439	5439	478

9-12 续表 4

单位：万元

指标名称	主营业务税金及附加	其他业务利润	销售费用	管理费用	#税金	财务费用	利息收入
总计	**9178**	**346**	**52432**	**15950**	**91**	**3121**	**167**
按行业小类分组							
正餐服务	4346	229	25366	9061	89	3213	13
快餐服务	4799	61	26900	6788		−96	153
其他餐饮业	33	56	166	102	2	4	1
按登记注册类型分组							
内资企业	5313	285	34295	11159	91	3244	13
国有企业	19		189	156		3	
股份合作企业	40		109	18		12	
有限责任公司	2465	50	18247	6026	3	790	5
股份有限公司	179		938	375		17	0.4
私营企业	2527	235	14661	4526	88	2422	8
其他企业	83		151	58		0.2	0.1
港、澳、台商投资企业	225		1835	14		9	2
外商投资企业	3639	61	16302	4777		−132	152
按控股情况分组							
国有控股	19		189	156		3	
私人控股	4600	235	28356	8075	91	2253	12
港澳台商控股	225		1835	14		9	2
外商控股	2837		11262	3913		−118	135
其他	1497	111	10791	3793	0	975	18
按经营形式分组							
独立门店	4025	235	22473	7750	81	3185	13
连锁总店	4635	61	25802	5692		−116	153
连锁门店	40		109	18		12	
其他	478	50	4048	2490	10	41	1

9-12 续表 5

单位：万元

指标名称	# 利息支出	资产减值损失	公允价值变动收益	投资收益	营业利润	营业外收入	补贴收入
总计	**2433**	**20**	**10**	**939**	**−1085**	**191**	**3**
按行业小类分组							
正餐服务	2414	10	10	939	−8432	109	2
快餐服务	15	10			7438	80	
其他餐饮业	4	0.2	0.1	0.2	−91	1	1
按登记注册类型分组							
内资企业	2433	10	10	939	−9655	134	3
国有企业	1				−134	12	
股份合作企业					141		
有限责任公司	361			592	−4467	66	
股份有限公司	3				−286	32	
私营企业	2068	10	10	347	−5024	24	3
其他企业	0.1				115		
港、澳、台商投资企业					431		
外商投资企业		10			8140	57	
按控股情况分组							
国有控股	1				−134	12	
私人控股	1499	10	10	939	−5795	71	3
港澳台商控股					431		
外商控股		10			8492	38	
其他	933				−4079	69	
按经营形式分组							
独立门店	2407	10	10	939	−7189	78	3
连锁总店	15	10			8508	112	
连锁门店					141		
其他	11				−2544	0.4	

9-12 续表 6

单位：万元

指标名称	利润总额	应交所得税	应付职工薪酬
总计	**-585**	**3184**	**29793**
按行业小类分组			
正餐服务	-7898	845	18517
快餐服务	7359	2337	11110
其他餐饮业	-46	2	167
按登记注册类型分组			
内资企业	-9145	987	20630
国有企业	-121	101	181
股份合作企业		30	80
有限责任公司	-4246	339	7522
股份有限公司	-296	35	591
私营企业	-4585	483	11984
其他企业	103		272
港、澳、台商投资企业	431	91	514
外商投资企业	8129	2106	8649
按控股情况分组			
国有控股	-121	101	181
私人控股	-4788	757	16828
港澳台商控股	431	91	514
外商控股	8427	2106	6250
其他	-4533	130	6021
按经营形式分组			
独立门店	-6559	816	16289
连锁总店	8419	2266	10501
连锁门店		30	80
其他	-2444	72	2923

9-13 全市亿元以上商品交易市场基本情况

(2013 年)

指标名称	市场数（个）	总摊位数（个）	年末出租摊位数（个）	营业面积（平方米）	成交额（万元）
总 计	**34**	**26097**	**23179**	**1983885**	**4830401**
按市场类别分组					
综合市场	5	3113	2358	139100	487390
农产品综合市场	5	3113	2358	139100	487390
专业市场	29	22984	20821	1844785	4343011
生产资料市场	8	3326	3326	371891	2885039
农用生产资料市场	3	784	784	58900	221852
建材市场	2	1286	1286	138500	48332
金属材料市场	2	756	756	144491	2517005
机械设备市场	1	500	500	30000	97850
农产品市场	3	3711	3588	134157	471015
肉禽蛋市场	1	3000	2957	66000	332096
水产品市场	1	486	406	2105	18919
蔬菜市场	1	225	225	66051	120000
食品、饮料及烟酒市场	3	2145	1579	42520	183039
食品饮料市场	1	1900	1334	30020	82285
茶叶市场	2	245	245	12500	100754
纺织、服装、鞋帽市场	7	9994	8832	393329	274054
服装市场	6	9144	7982	356548	248900
其他纺织服装鞋帽市场	1	850	850	36781	25154
电器、通讯器材、电子设备市场	1	732	732	20259	90000
计算机及辅助设备市场	1	732	732	20259	90000
家具、五金及装饰材料市场	4	2370	2058	306333	245564
家具市场	1	550	238	61333	25382
装饰材料市场	1	704	704	100000	22280
五金材料市场	1	700	700	45000	100000
其他装修市场	1	416	416	100000	97902
汽车、摩托车及零配件市场	3	706	706	576296	194300
汽车市场	3	706	706	576296	194300
按营业状态分组					
常年营业	33	25972	23054	1977885	4780912
季节性营业	1	125	125	6000	49489
按经营方式分组					
以批发为主	22	17026	14665	1050512	3990660
以零售为主	12	9071	8514	933373	839741
按经营环境分组					
露天式	6	2412	1859	773768	2815835
封闭式	23	21454	19371	1116211	1530754
其他	5	2231	1949	93906	483812

9-14 各县区限额以上批发和零售业商品购销存总额

(2013 年)　　　　单位：万元

指标名称	企业数（个）	年末从业人员数（人）	购进总额	销售总额			年末商品库存额
					批发	零售	
兴宁区	**92**	**11762**	**2384311**	**2612812**	**1197782**	**1415030**	**322638**
批发业	**29**	**2526**	**1483364**	**1422856**	**1157741**	**265115**	**214202**
按批发行业小类分组							
农、林、牧产品批发	1	87	25590	28375	18015	10359.9	
食品、饮料及烟草制品批发	1	35	11752	12019	12019		2985
纺织、服装及家庭用品批发	12	1704	1105582	1051033	817858	233174	184313
文化、体育用品及器材批发	1	18	4889	4826	4798	28	555
医药及医疗器材批发	2	155	18416	19692	18660	1032	2101
矿产品、建材及化工产品批发	7	227	236631	225693	224673	1020	22003
机械设备、五金产品及电子产品批发	4	278	76927	78068	58568	19500	1816
其他批发业	1	22	3578	3150	3150		428
按登记注册类型分组							
内资企业	26	1714	1272072	1207840	943222	264618	209577
国有企业	4	144	134621	136839	136839		2282
有限责任公司	9	436	937714	867529	627796	239733	188096
股份有限公司	2	165	56836	53620	53620		3247
私营企业	11	969	142902	149852	124967	24885	15952
港、澳、台商投资企业	1	73	1655	1719	1223	496	736
外商投资企业	2	739	209638	213297	213297		3889
按经营形式分组							
独立门店	16	1171	347024	352394	319100	33294	32419
连锁总店	1	221	69222	70169	50669	19500	1643
其他	12	1134	1067118	1000293	787973	212320	180140
零售业	63	9236	900947	1189956	40040	1149915	108437
按零售行业小类分组							
综合零售	7	3688	331308	539031	13318	525713	22198
食品、饮料及烟草制品专门零售	2	112	2390	2463	1553	911	990
纺织、服装及日用品专门零售	4	424	29880	30129	6806	23324	4201
文化、体育用品及器材专门零售	3	471	24983	23444		23444	7911
医药及医疗器材专门零售	3	288	9759	9883		9883	1822
汽车、摩托车、燃料及零配件专门零售	33	2261	384320	398643	2770	395873	61223
家用电器及电子产品专门零售	7	1918	114260	182394	15594	166800	9781
五金、家具及室内装饰材料专门零售	3	20	2006	1907		1907	182
货摊、无店铺及其他零售业	1	54	2041	2061		2061	129
按登记注册类型分组							
内资企业	61	8478	860312	1008449	40040	968408	103764
国有企业	1	32	3723	3989	1829	2160	141
集体企业	1	30	721	723		723	10
有限责任公司	31	4128	449147	462297	7747	454550	62640
股份有限公司	5	2839	255123	375628	13318	362310	14775
私营企业	23	1449	151599	165811	17147	148665	26198
港、澳、台商投资企业	1	431	7652	140513		140513	1715
外商投资企业	1	327	32983	40995		40995	2958
按经营形式分组							
独立门店	46	5660	694891	910375	34598	875777	84897
连锁总店	4	2305	104468	166643		166643	10809
连锁门店	4	761	56625	70857		70857	7452
其他	9	510	44963	42081	5443	36638	5280
按零售业态分组							
有店铺零售	61	9182	888911	1177900	40040	1137860	108308
大型超市	4	1420	85060	106192		106192	9433
百货店	3	2268	246248	432838	13318	419520	12765
专业店	28	3586	269601	342679	5686	336993	31277
专卖店	25	1866	285940	293599	21037	272562	54820
厂家直销中心	1	42	2061	2592		2592	12
无店铺零售	2	54	12036	12055		12055	129
网上商店	2	54	12036	12055		12055	129

9-14 续表 1　　单位：万元

指标名称	企业数（个）	年末从业人员数（人）	购进总额	销售总额			年末商品库存额
					批发	零售	
青秀区	**214**	**17689**	**13379941**	**9522896**	**8024642**	**1498254**	**737502**
批发业	**126**	**9208**	**12509036**	**8365672**	**7967303**	**398369**	**614449**
按批发行业小类分组							
农、林、牧产品批发	1	17	12860	12980	12980		786
食品、饮料及烟草制品批发	26	2080	657466	734314	727326	6988	37734
纺织、服装及家庭用品批发	14	2195	440909	418822	384815	34008	109668
文化、体育用品及器材批发	3	550	164555	160389	158905	1485	19825
医药及医疗器材批发	7	325	31066	33284	31207	2077	8330
矿产品、建材及化工产品批发	54	2969	10921830	6708857	6415371	293486	412086
机械设备、五金产品及电子产品批发	21	1072	280350	297025	236700	60326	26019
按登记注册类型分组							
内资企业	123	8758	12411396	8247108	7848740	398369	613627
国有企业	6	1316	2104251	2162093	2157072	5021	34846
有限责任公司	40	2900	2770893	3114494	3087522	26972.5	223267
股份有限公司	8	1917	5836589	1213392	923929	289463.6	244185
私营企业	68	2605	1694856	1752278	1675367	76911.2	111324
其他企业	1	20	4808	4851	4851		5
港、澳、台商投资企业	2	440	90913	111590	111590		39
外商投资企业	1	10	6726	6974	6974		782
按经营形式分组							
独立门店	62	3660	8817445	3865864	3802896	62968	419630
连锁总店	2	504	334048	346226	229170	117056	16638
连锁门店	1	725		376865	204457	172408	15881
其他	61	4319	3357542	3776717	3730780	45937	162299
零售业	88	8481	870905	1157224	57339	1099885	123054
按零售行业小类分组							
综合零售	13	2569	322225	521920		521920	37874
食品、饮料及烟草制品专门零售	2	63	29477	37212	1954	35258	748
纺织、服装及日用品专门零售	8	790	36971	43389	2658	40732	15694
文化、体育用品及器材专门零售	4	166	8113	10860	3714	7147	4892
医药及医疗器材专门零售	8	1609	48836	71128	695	70433	14227
汽车、摩托车、燃料及零配件专门零售	12	944	281433	296534	17962	278572	19140
家用电器及电子产品专门零售	36	1326	111001	133161	20604	112558	26892
五金、家具及室内装饰材料专门零售	2	108	3207	3207		3207	91
货摊、无店铺及其他零售业	3	906	29642	39812	9753	30059	3496
按登记注册类型分组							
内资企业	81	6299	759026	1011875	56922	954953	102490
国有企业	2	166	46852	52681	16911	35770	843
集体企业	1	24	6285	6316	687	5630	
有限责任公司	23	2912	468921	673398	6025	667373	49066
股份有限公司	1	346	10919	12669		12669	1021
私营企业	53	2763	210530	253200	33299	219901	49651
其他企业	1	88	15519	13610		13610	1908
港、澳、台商投资企业	2	452	17967	21891	417	21473	6589
外商投资企业	5	1730	93913	123459		123459	13974
按经营形式分组							
独立门店	57	4844	568634	803112	47905	755207	83501
连锁总店	3	1762	50364	66942		66942	15514
连锁门店	5	571	69932	83429		83429	6288
其他	23	1304	181976	203742	9434	194307	17750
按零售业态分组							
有店铺零售	87	8478	870533	1156778	57339	1099439	123050
超市	3	177	7943	7457		7457	3884
大型超市	4	1255	102492	125076		125076	15343
百货店	8	1346	222886	402460	1206	401254	22590
专业店	48	4126	327149	386506	49140	337366	53058
专卖店	19	1359	197649	216852	6993	209859	24889
厂家直销中心	5	215	12414	18428		18428	3285
无店铺零售	1	3	373	446		446	4
电话购物	1	3	373	446		446	4

9-14 续表2

单位：万元

指标名称	企业数（个）	年末从业人员数（人）	购进总额	销售总额			年末商品库存额
					批发	零售	
江南区	**146**	**15266**	**2654595**	**2930774**	**1111703**	**1819071**	**383859**
批发业	**64**	**4759**	**806476**	**1001070**	**960727**	**40343**	**139049**
按批发行业小类分组							
食品、饮料及烟草制品批发	3	65	52551	128387	97027	31360	2321
纺织、服装及家庭用品批发	11	1049	159633	171688	168886	2803	26989
医药及医疗器材批发	4	465	61726	68125	66686	1439	6493
矿产品、建材及化工产品批发	13	237	208230	220364	220364		21139
机械设备、五金产品及电子产品批发	33	2943	324336	412507	407765	4742	82108
按登记注册类型分组							
内资企业	62	4581	702627	888740	848397	40343	131771
有限责任公司	21	904	200809	305325	273015	32310.4	40780
股份有限公司	1	13	3768	3787	3787		2261
私营企业	40	3664	498050	579628	571595	8032.7	88730
港、澳、台商投资企业	1	120	3500	7480	7480		3432
外商投资企业	1	58	100349	104850	104850		3846
按经营形式分组							
独立门店	53	4137	679240	866349	827434	38915	121139
其他	11	622	127236	134721	133293	1428	17911
零售业	82	10507	1848119	1929704	150976	1778728	244809
按零售行业小类分组							
综合零售	7	2623	152429	157067		157067	17059
食品、饮料及烟草制品专门零售	1	20	463	342		342	122
纺织、服装及日用品专门零售	4	225	4928	5771	1332	4439	876
医药及医疗器材专门零售	12	2936	502374	538087	96802	441285	28689
汽车、摩托车、燃料及零配件专门零售	55	4557	1165932	1205337	42950	1162387	194980
家用电器及电子产品专门零售	2	111	18672	19307	9893	9414	2042
五金、家具及室内装饰材料专门零售	1	35	3321	3794		3794	1042
按登记注册类型分组							
内资企业	77	9798	1562266	1660475	144401	1516074	215464
国有企业	2	65	7228	7479	164	7315	4
有限责任公司	38	5431	1172260	1236733	131706	1105027	141643
股份有限公司	7	938	170124	190220	2463	187757	39984
私营企业	30	3364	212654	226043	10068	215975	33833
港、澳、台商投资企业	4	694	284700	267305	5359	261946	29292
个体工商户	1	15	1153	1924	1216	708	53
按经营形式分组							
独立门店	61	6037	1167278	1204657	23734	1180923	196842
连锁总店	6	2592	49151	55391	2382	53009	7530
连锁门店	2	391	15459	15372		15372	2058
其他	13	1487	616232	654284	124861	529423	38380
按零售业态分组							
有店铺零售	81	10477	1844818	1926625	150976	1775649	244353
超市	1	155	3011	3684		3684	853
大型超市	5	2354	134540	139181		139181	15424
百货店	2	163	18361	17685	116	17568	1494
专业店	25	3704	644903	684044	124873	559171	46893
专卖店	47	4092	1043952	1082012	25987	1056025	179656
厂家直销中心	1	9	50	20		20	32
无店铺零售	1	30	3301	3079		3079	456
电话购物	1	30	3301	3079		3079	456

9-14 续表 3

单位：万元

指标名称	企业数（个）	年末从业人员数（人）	购进总额	销售总额			年末商品库存额
					批发	零售	
西乡塘区	**175**	**16066**	**5226630**	**6941126**	**5407369**	**1533757**	**589227**
批发业	**110**	**8559**	**4213539**	**5856988**	**5311759**	**545229**	**476623**
按批发行业小类分组							
农、林、牧产品批发	1	21	1508	2262	2262		493
食品、饮料及烟草制品批发	8	1647	640258	793126	786185	6941	39697
纺织、服装及家庭用品批发	6	585	69744	74888	74818	70	12732
文化、体育用品及器材批发	3	133	65657	69119	68970	149	14949
医药及医疗器材批发	9	1800	309443	335109	309793	25316	18013
矿产品、建材及化工产品批发	67	3796	2977919	4420167	3919281	500886	380003
机械设备、五金产品及电子产品批发	16	577	149011	162319	150451	11868	10736
按登记注册类型分组							
内资企业	109	8526	4128207	5783405	5238175	545229	458847
国有企业	5	1572	598595	764563	723115	41448	33960
有限责任公司	29	2050	788574	865187	856016	9171.1	88252
股份有限公司	5	1602	120241	1220514	759219	461295.1	15239
私营企业	70	3302	2620798	2933139	2899825	33314.7	321396
外商投资企业	1	33	85332	73584	73584		17776
按经营形式分组							
独立门店	81	4138	2900115	3120859	3080311	40549	309557
连锁总店	3	1869	154338	1245338	744452	500886	27902
其他	26	2552	1159087	1490791	1486996	3795	139163
零售业	65	7507	1013091	1084138	95610	988528	112604
按零售行业小类分组							
综合零售	9	2784	192013	210669		210669	15411
食品、饮料及烟草制品专门零售	3	248	18126	18173	1715	16458	2573
纺织、服装及日用品专门零售	3	227	1431	17026		17026	1509
文化、体育用品及器材专门零售	1	7	4642	4623		4623	19
医药及医疗器材专门零售	2	284	18839	17625	11236	6389	2136
汽车、摩托车、燃料及零配件专门零售	45	3906	775887	813740	82273	731467	89638
家用电器及电子产品专门零售	1	24	1139	1204	386	817	255
货摊、无店铺及其他零售业	1	27	1015	1079		1079	63
按登记注册类型分组							
内资企业	63	7270	984896	1042007	90225	951782	110693
国有企业	1	22	3978	3859		3859	372
有限责任公司	20	2809	375467	433439	26809	406629	45245
股份有限公司	1	233	14919	18745		18745	2113
私营企业	41	4206	590533	585965	63416	522549	62962
港、澳、台商投资企业	2	237	28194	42131	5385	36746	1911
按经营形式分组							
独立门店	59	5260	837068	890199	95610	794589	98955
连锁总店	3	1815	160426	158810		158810	10822
连锁门店	2	345	14919	34338		34338	2368
其他	1	87	678	790		790	460
按零售业态分组							
有店铺零售	65	7507	1013091	1084138	95610	988528	112604
便利店	1	253	9669	9183		9183	2693
超市	5	676	24279	24198	1503	22695	4876
大型超市	4	1969	171284	174291		174291	11636
百货店	2	224		31665		31665	456
专业店	34	3305	633200	610409	72152	538257	69259
专卖店	18	1066	171787	231737	21955	209781	23467
厂家直销中心	1	14	2871	2655		2655	217

9-14 续表 4

单位：万元

指标名称	企业数（个）	年末从业人员数（人）	购进总额	销售总额			年末商品库存额
					批发	零售	
良庆区	**23**	**1115**	**1633995**	**1661305**	**1615640**	**45665**	**204201**
批发业	**18**	**630**	**1610396**	**1629107**	**1614157**	**14950**	**201342**
按批发行业小类分组							
食品、饮料及烟草制品批发	3	52	11785	12767	12661	106	675
医药及医疗器材批发	4	262	67920	68770	54430	14340	5056
矿产品、建材及化工产品批发	7	150	1508679	1522702	1522702		192419
机械设备、五金产品及电子产品批发	4	166	22012	24869	24364	505	3192
按登记注册类型分组							
内资企业	17	576	1593296	1613828	1602438	11390	199521
有限责任公司	10	329	1560034	1576808	1568172	8636.1	194641
私营企业	6	239	25609	29097	26343	2753.8	4878
其他企业	1	8	7654	7923	7923		2
外商投资企业	1	54	17101	15280	11719	3560	1821
按经营形式分组							
独立门店	9	366	161112	165462	153257	12205	10291
连锁总店	1	90	2664	3587	3587		869
其他	8	174	1446620	1460058	1457313	2745	190182
零售业	5	485	23599	32197	1483	30714	2859
按零售行业小类分组							
综合零售	3	327	18813	27365		27365	2423
汽车、摩托车、燃料及零配件专门零售	1	19	916	936		936	316
货摊、无店铺及其他零售业	1	139	3870	3897	1483	2414	121
按登记注册类型分组							
内资企业	4	369	17372	16123	1483	14640	1850
有限责任公司	1	45	682	687		687	113
私营企业	3	324	16690	15436	1483	13954	1737
外商投资企业	1	116	6227	16074		16074	1009
按经营形式分组							
独立门店	3	180	7824	17697		17697	1438
连锁总店	1	139	3870	3897	1483	2414	121
连锁门店	1	166	11905	10604		10604	1301
按零售业态分组							
有店铺零售	5	485	23599	32197	1483	30714	2859
超市	2	211	12586	11290		11290	1414
大型超市	1	116	6227	16074		16074	1009
专业店	1	19	916	936		936	316
专卖店	1	139	3870	3897	1483	2414	121

9-14 续表 5

单位：万元

指标名称	企业数（个）	年末从业人员数（人）	购进总额	销售总额			年末商品库存额
					批发	零售	
邕宁区	**9**	**256**	**28066**	**31191**	**24897**	**6295**	**10232**
批发业	**4**	**93**	**21768**	**24589**	**24589**		**9164**
按批发行业小类分组							
矿产品、建材及化工产品批发	4	93	21768	24589	24589		9164
按登记注册类型分组							
内资企业	4	93	21768	24589	24589		9164
有限责任公司	1	47	14092	15186	15186		8691
股份有限公司	1	24	1374	2996	2996		362
私营企业	2	22	6301	6408	6408		111
按经营形式分组							
独立门店	3	46	7675	9403	9403		473
其他	1	47	14092	15186	15186		8691
零售业	5	163	6298	6602	308	6295	1069
按零售行业小类分组							
综合零售	1	52	885	883		883	39
汽车、摩托车、燃料及零配件专门零售	2	33	2387	2730		2730	375
五金、家具及室内装饰材料专门零售	1	31	1688	1438		1438	649
货摊、无店铺及其他零售业	1	47	1339	1551	308	1243	6
按登记注册类型分组							
内资企业	4	111	5413	5719	308	5411	1030
国有企业	1	31	1688	1438		1438	649
私营企业	3	80	3726	4281	308	3973	381
个体工商户	1	52	885	883		883	39
按经营形式分组							
独立门店	5	163	6298	6602	308	6295	1069
按零售业态分组							
有店铺零售	5	163	6298	6602	308	6295	1069
超市	1	52	885	883		883	39
专业店	4	111	5413	5719	308	5411	1030

9-14 续表 6

单位：万元

指标名称	企业数（个）	年末从业人员数（人）	购进总额	销售总额	批发	零售	年末商品库存额
武鸣县	**17**	**1451**	**170856**	**188337**	**170265**	**18073**	**12979**
批发业	**3**	**1030**	**155499**	**169559**	**169559**		**9797**
按批发行业小类分组							
食品、饮料及烟草制品批发	2	931	119807	129883	129883		7711
矿产品、建材及化工产品批发	1	99	35692	39676	39676		2086
按登记注册类型分组							
内资企业	2	200	40326	44449	44449		9797
集体企业	1	99	35692	39676	39676		2086
有限责任公司	1	101	4634	4774	4774		7711
港、澳、台商投资企业	1	830	115173	125110	125110		
按经营形式分组							
独立门店	2	200	40326	44449	44449		9797
其他	1	830	115173	125110	125110		
零售业	14	421	15357	18778	706	18073	3182
按零售行业小类分组							
综合零售	3	160	4462	5066		5066	912
文化、体育用品及器材专门零售	1	63	2355	2318		2318	95
汽车、摩托车、燃料及零配件专门零售	4	43	5255	5441	390	5051	623
家用电器及电子产品专门零售	3	94	2180	4276		4276	1455
五金、家具及室内装饰材料专门零售	1	35	600	540		540	60
货摊、无店铺及其他零售业	2	26	505	1138	316	822	38
按登记注册类型分组							
内资企业	13	348	14757	18238	706	17533	3122
国有企业	1	63	2355	2318		2318	95
有限责任公司	6	140	9099	9957	706	9251	1101
股份有限公司	1	10	45	506		506	0
私营企业	5	135	3259	5458		5458	1926
个体工商户	1	73	600	540		540	60
按经营形式分组							
独立门店	12	395	14852	17641	390	17251	3145
其他	2	26	505	1138	316	822	38
按零售业态分组							
有店铺零售	14	421	15357	18778	706	18073	3182
超市	3	160	4462	5066		5066	912
专业店	8	205	7750	10387	706	9681	1752
专卖店	3	56	3145	3325		3325	519

9–14 续表 7

单位：万元

指标名称	企业数（个）	年末从业人员数（人）	购进总额	销售总额			年末商品库存额
					批发	零售	
隆安县	**7**	**188**	**64170**	**60145**	**56455**	**3690**	**6260**
批发业	**1**	**10**	**60215**	**56368**	**56368**		**5530**
按批发行业小类分组							
矿产品、建材及化工产品批发	1	10	60215	56368	56368		5530
按登记注册类型分组							
内资企业	1	10	60215	56368	56368		5530
私营企业	1	10	60215	56368	56368		5530
按经营形式分组							
独立门店	1	10	60215	56368	56368		5530
零售业	6	178	3955	3777	87	3690	730
按零售行业小类分组							
综合零售	1	82	863	743		743	120
文化、体育用品及器材专门零售	1	30	927	919		919	189
汽车、摩托车、燃料及零配件专门零售	1	10	562	573		573	282
家用电器及电子产品专门零售	2	34	1152	1062		1062	120
货摊、无店铺及其他零售业	1	22	451	480	87	393	19
按登记注册类型分组							
内资企业	4	86	2512	2503	87	2417	530
国有企业	1	30	927	919		919	189
私营企业	3	56	1585	1585	87	1498	341
个体工商户	2	92	1443	1273		1273	200
按经营形式分组							
独立门店	6	178	3955	3777	87	3690	730
按零售业态分组							
有店铺零售	6	178	3955	3777	87	3690	730
超市	1	82	863	743		743	120
专业店	4	86	2530	2460	87	2374	328
专卖店	1	10	562	573		573	282

9-14 续表 8 单位：万元

指标名称	企业数（个）	年末从业人员数（人）	购进总额	销售总额			年末商品库存额
					批发	零售	
马山县	**7**	**177**	**8839**	**9040**	**1206**	**7834**	**1658**
批发业	**1**	**16**	**2521**	**1939**	**1206**	**733**	**582**
按批发行业小类分组							
纺织、服装及家庭用品批发	1	16	2521	1939	1206	733	582
按登记注册类型分组							
内资企业	1	16	2521	1939	1206	733	582
有限责任公司	1	16	2521	1939	1206	733.1	582
按经营形式分组							
独立门店	1	16	2521	1939	1206	733	582
零售业	6	161	6318	7101		7101	1076
按零售行业小类分组							
综合零售	1	40	2228	2172		2172	57
食品、饮料及烟草制品专门零售	1	30		917		917	41
文化、体育用品及器材专门零售	1	29	1947	1930		1930	224
汽车、摩托车、燃料及零配件专门零售	2	49	1584	1613		1613	665
家用电器及电子产品专门零售	1	13	559	470		470	90
按登记注册类型分组							
内资企业	5	121	4090	4929		4929	1020
国有企业	1	29	1947	1930		1930	224
有限责任公司	2	53	948	1910		1910	445
私营企业	2	39	1195	1089		1089	351
个体工商户	1	40	2228	2172		2172	57
按经营形式分组							
独立门店	6	161	6318	7101		7101	1076
按零售业态分组							
有店铺零售	6	161	6318	7101		7101	1076
超市	2	70	2228	3089		3089	98
专业店	4	91	4090	4012		4012	979

9-14 续表 9

单位：万元

指标名称	企业数（个）	年末从业人员数（人）	购进总额	销售总额			年末商品库存额
					批发	零售	
上林县	**5**	**141**	**2835**	**3653**		**3653**	**509**
零售业	**5**	**141**	**2835**	**3653**		**3653**	**509**
按零售行业小类分组							
综合零售	2	88	1404	1394		1394	128
文化、体育用品及器材专门零售	1	20	1262	1284		1284	56
汽车、摩托车、燃料及零配件专门零售	1	15	169	103		103	66
家用电器及电子产品专门零售	1	18		871		871	259
按登记注册类型分组							
内资企业	5	141	2835	3653		3653	509
国有企业	1	20	1262	1284		1284	56
有限责任公司	1	49	540	530		530	111
私营企业	3	72	1033	1838		1838	343
按经营形式分组							
独立门店	5	141	2835	3653		3653	509
按零售业态分组							
有店铺零售	5	141	2835	3653		3653	509
超市	2	88	1404	1394		1394	128
专业店	2	38	1262	2156		2156	315
专卖店	1	15	169	103		103	66

9-14续表 10

单位：万元

指标名称	企业数（个）	年末从业人员数（人）	购进总额	销售总额			年末商品库存额
					批发	零售	
宾阳县	**26**	**844**	**64906**	**70923**	**34150**	**36773**	**15238**
批发业	**5**	**214**	**29095**	**34717**	**33412**	**1305**	**10631**
按批发行业小类分组							
农、林、牧产品批发	3	152	12944	16597	16597		10419
矿产品、建材及化工产品批发	2	62	16150	18120	16815	1305	213
按登记注册类型分组							
内资企业	5	214	29095	34717	33412	1305	10631
有限责任公司	5	214	29095	34717	33412	1305	10631
按经营形式分组							
独立门店	5	214	29095	34717	33412	1305	10631
零售业	21	630	35811	36206	738	35468	4607
按零售行业小类分组							
综合零售	4	168	4004	4115		4115	540
食品、饮料及烟草制品专门零售	2	29	1930	2181	738	1443	334
文化、体育用品及器材专门零售	1	34	2804	2523		2523	449
汽车、摩托车、燃料及零配件专门零售	5	93	10481	11012		11012	778
家用电器及电子产品专门零售	9	306	16593	16376		16376	2506
按登记注册类型分组							
内资企业	19	609	34305	35003	738	34265	4195
国有企业	2	86	4102	3843		3843	613
有限责任公司	1	34	1196	1218		1218	163
私营企业	16	489	29007	29943	738	29204	3418
个体工商户	2	21	1507	1203		1203	412
按经营形式分组							
独立门店	21	630	35811	36206	738	35468	4607
按零售业态分组							
有店铺零售	21	630	35811	36206	738	35468	4607
食杂店	1	6	731	520		520	211
超市	3	134	2808	2897		2897	377
大型超市	1	34	1196	1218		1218	163
百货店	1	23	1199	1661	738	923	124
专业店	14	362	25553	25512		25512	3296
专卖店	1	71	4325	4399		4399	436

9-14 续表 11　　单位：万元

指标名称	企业数（个）	年末从业人员数（人）	购进总额	销售总额			年末商品库存额
					批发	零售	
横县	**27**	**989**	**67771**	**69958**	**28056**	**41903**	**8391**
批发业	**3**	**64**	**25051**	**27567**	**27485**	**83**	**374**
按批发行业小类分组							
矿产品、建材及化工产品批发	3	64	25051	27567	27485	83	374
按登记注册类型分组							
内资企业	3	64	25051	27567	27485	83	374
有限责任公司	1	20	2480	2661	2661		50
私营企业	2	44	22571	24906	24824	82.5	324
按经营形式分组							
独立门店	1	12	22571	22571	22489	83	
其他	2	52	2480	4996	4996		374
零售业	24	925	42719	42391	571	41820	8017
按零售行业小类分组							
综合零售	3	377	14974	12943		12943	4156
食品、饮料及烟草制品专门零售	2	110	946	2016	338	1678	38
文化、体育用品及器材专门零售	1	54	4878	4692		4692	186
汽车、摩托车、燃料及零配件专门零售	10	173	13004	12949	233	12716	485
家用电器及电子产品专门零售	6	172	7986	8612		8612	2989
五金、家具及室内装饰材料专门零售	2	39	932	1179		1179	164
按登记注册类型分组							
内资企业	22	867	41232	40946	571	40376	7884
国有企业	1	54	4878	4692		4692	186
有限责任公司	4	398	13805	12698	338	12361	2408
股份有限公司	1	31	505	790		790	126
私营企业	16	384	22044	22767	233	22533	5164
个体工商户	2	58	1488	1445		1445	134
按经营形式分组							
独立门店	23	656	30450	32343	571	31772	5796
连锁门店	1	269	12270	10049		10049	2221
按零售业态分组							
有店铺零售	24	925	42719	42391	571	41820	8017
超市	4	405	16485	14346		14346	4740
专业店	7	205	7681	8966		8966	2179
专卖店	13	315	18554	19079	571	18508	1098

9-15 各县区限额以上批发和零售业商品销售类值

（2013 年）

单位：万元

指标名称	兴宁区	青秀区	江南区	西乡塘区	良庆区	邕宁区
合计	**2603688**	**9025302**	**2780496**	**6321488**	**1598238**	**14246**
粮油、食品、饮料、烟酒类	76299	1068663	150957	886936	25794	376
粮油、食品类	68248	920481	122381	252397	23118	170
#粮油类	38822	200976	9977	20699	10983	46
肉禽蛋类	2779	21139	6527	10719	1021	
水产品	671	16036	1777	1012	201	
蔬菜类	1734	4317	3023	4214	947	
干鲜果品类	4370	6416	2583	4022	1113	
饮料类	3143	113573	14765	10023	1927	136
烟酒类	4909	34609	13811	624516	748	70
服装、鞋帽、针纺织品类	250108	260768	34798	33743	5009	88
服装类	187849	208175	19075	20183	1759	34
鞋帽类	55242	40940	4174	7683	2526	19
针、纺织品类	7017	11653	11549	5877	724	35
化妆品类	34614	66059	8499	3708	931	
金银珠宝类	69499	45045	3287	6117		
日用品类	34237	87293	59596	39331	5315	282
#洗涤用品类	9393	22895	23921	16266	4215	109
儿童玩具类	1057	1982	523	239	120	22
五金、电料类	303	1668	2793	2160	61	133
体育、娱乐用品类	4809	20655	568	407		
书报杂志类	17711	130195	224	4705		
电子出版物及音像制品类	1188	5707	138	97		
家用电器和音响器材类	1276914	393009	37275	118194	2699	1333
中西药品类	31047	106550	544689	279919	57725	
#西药类	24160	78388	420843	143380	8487	
中草药及中成药类	4180	11275	111620	4400		
文化办公用品类	7821	220412	24823	45534	45	60
家具类	579	4845	969			
通讯器材类	124019	123171	438	87		
煤炭及制品类	56980	1252513	11306	358326	110680	
木材及制品类		4363	3831			4377
石油及制品类	87819	876625	128949	1370322	250025	1551
化工材料及制品类	3089	327705	25675	385222	23561	2996
#化肥类	3089	253620		261089		2996
金属材料类	56116	3434121	43964	1652651	1089480	
建筑及装潢材料类	18031	120289	3352	198811	625	
机电产品及设备类	11011	32699	337857	8443	21799	2730
#农机类				2913		
汽车类	422052	184783	1315889	885073	4050	
种子饲料类	9601			3924		
棉麻类		271				
其他类	9844	257893	40619	37778	439	321

9-15 续表 1

单位：万元

指标名称	武鸣县	隆安县	马山县	上林县	宾阳县	横　县
合计	**187829**	**59141**	**9259**	**2656**	**68448**	**65040**
粮油、食品、饮料、烟酒类	132715	466	1208	346	20449	7641
粮油、食品类	24383	364	646	138	19158	4463
# 粮油类	23312			135	18378	1397
肉禽蛋类	148				100	1257
水产品	2				18	117
蔬菜类	151				90	606
干鲜果品类	550			4	149	559
饮料类	108018	45	270	92	649	2794
烟酒类	314	58	292	116	642	385
服装、鞋帽、针纺织品类	1374	117	462	44	212	850
服装类	651	80	445	16	126	259
鞋帽类	489	37	1	10	47	137
针、纺织品类	234		15	18	40	454
化妆品类	296	41	110	25	165	
金银珠宝类					1	
日用品类	1213	173	1217	134	333	5699
# 洗涤用品类	1074		376	114	186	2008
儿童玩具类	69		336	4	35	31
五金、电料类	32		218	8	11	864
体育、娱乐用品类	2			2	4	31
书报杂志类	2694	643	1930	1284	2544	4692
电子出版物及音像制品类					0.2	
家用电器和音响器材类	4363		1939	793	13019	9726
文化办公用品类	58		470	9	28	14
家具类					3	409
石油及制品类		666			7370	3666
化工材料及制品类	39676	56368			10750	
# 化肥类	38072				10750	
建筑及装潢材料类						22489
机电产品及设备类	3397	667	1705		1958	1811
汽车类	2012				11602	7066
其他类				11	1	84

9-16 各县区限额以上批发零售贸易业商品销售数量

（2013 年）

指标名称	单位	合计	指标名称	单位	合计
兴宁区			**青秀区**		
大米（稻米）	千克	368088	大米（稻米）	千克	2024911
面粉（小麦面）	千克	1558	面粉（小麦面）	千克	145227
杂粮	千克	102983	杂粮	千克	84304
食用植物油	千克	332801	食用植物油	千克	953932
猪肉	千克	2908	猪肉	千克	7700861
牛肉	千克	33807	牛肉	千克	73813
禽肉	千克	3038	羊肉	千克	12589
鲜蛋	千克	94840	禽肉	千克	161016
彩色电视机	台	227890	鲜蛋	千克	195187
家用电冰箱	台	237812	彩色电视机	台	45763
房间空调器	台	217586	家用电冰箱	台	60267
电脑（微型计算机）	台	22404	房间空调器	台	1322397
汽车	辆	27242	电脑（微型计算机）	台	391497
#轿车	辆	25464	汽车	辆	5390
煤炭	吨	1031726	#轿车	辆	4798
汽油	吨	4810	煤炭	吨	19269988
柴油	吨	74996	汽油	吨	300356
钢材	吨	146628	柴油	吨	524288
水泥	吨	129033	钢材	吨	1556338
化学肥料	吨	7120	铝	吨	1469826
			水泥	吨	751216
			化学肥料	吨	1194150
			化学农药	吨	1539

注：本表数据按法人企业口径统计。

9-16 续表 1

指标名称	单位	合计
江南区		
大米（稻米）	千克	6168552
面粉（小麦面）	千克	2891032
杂粮	千克	837627
食用植物油	千克	1258024
猪肉	千克	1270581
牛肉	千克	62856
羊肉	千克	27443
禽肉	千克	732748
鲜蛋	千克	1263244
彩色电视机	台	17275
家用电冰箱	台	5202
房间空调器	台	55455
电脑（微型计算机）	台	46920
汽车	辆	77901
#轿车	辆	55835
煤炭	吨	229411
汽油	吨	16219
柴油	吨	186
钢材	吨	262882
铝	吨	2298

指标名称	单位	合计
西乡塘区		
大米（稻米）	千克	7033807
面粉（小麦面）	千克	76575
杂粮	千克	527812
食用植物油	千克	3707138
猪肉	千克	1206872
牛肉	千克	71323
羊肉	千克	3984
禽肉	千克	169563
鲜蛋	千克	328822
彩色电视机	台	204353
家用电冰箱	台	8840
房间空调器	台	5841
电脑（微型计算机）	台	295
汽车	辆	745367
#轿车	辆	39578
煤炭	吨	6372455
汽油	吨	442708
柴油	吨	857071
钢材	吨	4974450
铝	吨	100113
水泥	吨	3141
化学肥料	吨	930346
化学农药	吨	16450

注：本表数据按法人企业口径统计。

9-1 续表 2

指标名称	单位	合计
良庆区		
大米（稻米）	千克	6805015
面粉（小麦面）	千克	10089
杂粮	千克	73683
食用植物油	千克	927801
猪肉	千克	185460
牛肉	千克	6453
羊肉	千克	75
禽肉	千克	35949
鲜蛋	千克	116039
汽车	辆	67
煤炭	吨	1567944
钢材	吨	352100
化学农药	吨	783
邕宁区		
彩色电视机	台	756
家用电冰箱	台	407
房间空调器	台	432
化学肥料	吨	13183
武鸣县		
大米（稻米）	千克	20826946
面粉（小麦面）	千克	345
杂粮	千克	35300
食用植物油	千克	59116
猪肉	千克	11764
牛肉	千克	455
鲜蛋	千克	8807
彩色电视机	台	5264
家用电冰箱	台	6386
房间空调器	台	5080
汽车	辆	546
化学肥料	吨	109522
化学农药	吨	2436
马山县		
彩色电视机	台	3054
家用电冰箱	台	4448
电脑（微型计算机）	台	955

注：本表数据按法人企业口径统计。

9–16 续表 3

指标名称	单位	合计
上林县		
大米（稻米）	千克	483
杂粮	千克	81
食用植物油	千克	1381
宾阳县		
大米（稻米）	千克	18275794
面粉（小麦面）	千克	17259
杂粮	千克	37572
食用植物油	千克	746318
猪肉	千克	27038
牛肉	千克	3994
羊肉	千克	1480
禽肉	千克	5498
鲜蛋	千克	15691
彩色电视机	台	12716
家用电冰箱	台	15495
房间空调器	台	9348
汽车	辆	1403
#轿车	辆	613
化学肥料	吨	63910
横县		
大米（稻米）	千克	97229
面粉（小麦面）	千克	1040
杂粮	千克	6392
食用植物油	千克	28471
猪肉	千克	302271
牛肉	千克	6403
禽肉	千克	15003
鲜蛋	千克	39620
彩色电视机	台	7893
家用电冰箱	台	7944
房间空调器	台	5822
电脑（微型计算机）	台	8
汽车	辆	1014
#轿车	辆	430
汽油	吨	2263
柴油	吨	2113
水泥	吨	808678

注：本表数据按法人企业口径统计。

9-17 各县区限额以上批发和零售业法人企业财务状况

(2013 年)

指标名称	兴宁区	青秀区	江南区	西乡塘区	良庆区	邕宁区
法人企业数（个）	86	204	143	172	23	8
年初存货	326789	686687	285173	583304	232117	9903
流动资产合计	1056202	3296705	1143671	2853724	584759	19280
#应收帐款	129691	469146	267194	277346	94241	2847
存货	327632	626699	307579	574330	209074	11328
固定资产合计	191958	178635	60850	91841	4895	1621
固定资产原价	234404	267234	100436	145450	8011	2058
累计折旧	42896	88790	38579	53880	3117	437
#本年折旧	8294	16457	13066	13943	489	47
在建工程	10135	234069	9703	26191	7	2641
资产总计	1374448	5463497	1312610	3182063	652397	46922
流动负债合计	964082	3513111	1013114	2431811	556286	18767
#应付帐款	229773	633085	289438	268383	35199	7311
非流动负债合计	55404	197717	35534	58810	71	8833
负债合计	1044066	3711693	1038798	2494596	555973	27601
所有者权益合计	330382	1751804	273812	687467	96424	19321
#实收资本	161848	1656960	155715	333517	70932	6034
#国家资本	21365	993531	14315	5161	1000	55
集体资本	4629	12951		248	74	250
法人资本	66371	545777	84839	151874	64374	5350
个人资本	66683	99678	43937	173604	5485	379
港澳台资本	2800	1051	12625	2629		
外商资本		3973				
营业收入	2202767	7931281	2669310	6160131	1462153	30308
#主营业务收入	2181141	7882010	2642696	6103200	1459407	30305
营业成本	1988333	7590341	2444043	5698873	1403528	25804
#主营业务成本	1986953	7567061	2437738	5663637	1403359	25802
营业税金及附加	7569	11125	6174	41949	1516	71
#主营业务税金及附加	7238	10314	5665	41356	1509	71
其他业务利润	11493	19864	37072	34294	1513	63
销售费用	84645	213766	112587	146171	19533	1406
管理费用	67934	95098	55830	87922	6295	886
#税金	2084	8934	3911	4269	324	15
财务费用	5725	68237	16515	59542	23469	946
#利息收入	1722	21806	2770	12708	469	7
利息支出	5216	67332	13870	30526	22487	732
资产减值损失	578	6324	588	788	1054	
公允价值变动收益		-281	-538			204
投资收益	-1084	44628	1146	10077	-328	
营业利润	46145	-11491	39925	139525	7026	1400
营业外收入	2301	20092	4684	13106	191	31
#补贴收入	21	3504	972	2494	6	
利润总额	31555	6594	41438	147855	8000	1404
应交所得税	4857	17864	9925	31132	3030	107
应付职工薪酬	39673	90987	66366	79913	4516	842
本年应交增值税	40400	57594	58520	215039	9958	512

9-17 续表 1

指标名称	武鸣县	隆安县	马山县	上林县	宾阳县	横 县
法人企业数（个）	15	5	6	5	24	25
年初存货	11049	1336	1765	261	12680	8899
流动资产合计	19872	11555	3382	2521	30780	41578
#应收帐款	1370	119	583	181	1846	16127
存货	13252	6211	1691	675	15006	10236
固定资产合计	5961	433	280	1078	3012	2995
固定资产原价	9078	761	554	1231	5228	4181
累计折旧	3120	328	275	173	2242	1187
#本年折旧	348	64	25	12	204	224
在建工程	4429			20	485	14
资产总计	30837	12152	3796	3634	36346	47582
流动负债合计	19120	11207	1900	2374	29272	36686
#应付帐款	5593	1108	704	556	5157	19212
非流动负债合计	3679	177	650	65	1272	53
负债合计	22800	11384	2550	2439	30757	36771
所有者权益合计	8037	768	1246	1195	6088	10811
#实收资本	4714	384	792	654	5221	5292
#国家资本	1771	54	9	78	1120	468
集体资本	1502				460	
法人资本	724	167	305	386	2666	3227
个人资本	717	163	478	190	976	1597
营业收入	62954	58794	6330	3638	66179	62612
#主营业务收入	62783	58790	6330	3638	65002	61550
营业成本	58604	56661	5557	3010	60988	53945
#主营业务成本	56586	56658	5557	3010	60988	53937
营业税金及附加	449	127	5	51	138	202
#主营业务税金及附加	446	127	5	51	129	190
其他业务利润	225		1	35	316	99
销售费用	1650	263	506	205	2013	3872
管理费用	1341	332	429	270	1995	2134
#税金	154	20	4	8	89	30
财务费用	566	1326	39	81	644	364
#利息收入	31	3	1	0	225	2
利息支出	544	1290	2	82	617	95
资产减值损失	55				5	1
公允价值变动收益	2					
投资收益	2	1				12
营业利润	189	80	1	21	553	2096
营业外收入	1165	28	0.1	0.4	899	26
#补贴收入	1100	28			791	1
利润总额	1376	115	1	79	1259	2084
应交所得税	15	26	8		39	155
应付职工薪酬	1414	228	338	288	1990	2359
本年应交增值税	226	302	256	38	379	918

9-18 各县区限额以上住宿和餐饮业经营情况

(2013年)

指标名称	兴宁区	青秀区	江南区	西乡塘区	良庆区	邕宁区
企业数(个)	37	160	28	33	7	3
年末从业人员数(人)	5509	22401	2728	2271	269	108
客房间数(间)	5503	12766	2122	2655	235	
床位数(个)	8803	20985	3267	4356	367	
餐位数(位)	16731	62592	13158	15338	3400	994
年末餐饮营业面积(平方米)	63332	291333	119921	44223	12690	2400
营业额(万元)	76020	299874	24042	31001	2502	1018
#客房收入(万元)	22756	79939	8461	10141	489	
餐费收入(万元)	39749	201822	15051	18480	1759	933
商品销售收入(万元)	1153	5890	180	375	251	85
其他收入(万元)	12362	12222	351	2005	2	

9-18 续表 1

指标名称	武鸣县	隆安县	马山县	上林县	宾阳县	横 县
企业数（个）	11	3	3	3	16	17
年末从业人员数（个）	393	148	165	185	687	634
客房间数（间）	188	150	103	375	534	512
床位数（个）	374	246	163	573	871	758
餐位数（位）	5170	1730	1200	1550	5018	6460
年末餐饮营业面积（平方米）	20734	4537	5300	6000	20523	20351
营业额（万元）	3805	1371	1349	1123	5667	6662
客房收入（万元）	306	219	215	521	1226	1661
餐费收入（万元）	3287	1037	965	601	4136	4992
商品销售收入（万元）	212		120		147	
其他收入（万元）		115	49		159	9

9-19 各县区限额以上住宿和餐饮业法人企业财务状况

(2013 年)　　单位：万元

指标名称	兴宁区	青秀区	江南区	西乡塘区	良庆区	邕宁区
法人企业数（个）	31	124	15	24	2	
年初存货	3285	13639	965	27459	51	
流动资产合计	42440	145548	6102	27649	91	
#应收帐款	2113	10511	317	1652	75	
存货	2004	11485	756	14538		
固定资产合计	57944	115358	32963	7734	832	
固定资产原价	126682	215769	48550	16131	1049	
累计折旧	68628	100642	15673	8397	217	
#本年折旧	4845	14223	6561	1174	67	
在建工程	2258	8427	30	5870		
资产合计	142335	390046	39802	44289	1592	
流动负债合计	95243	216912	8273	30876	537	
#应付帐款	7536	42913	2482	6602		
非流动负债合计	17175	59881	25669	5498	300	
负债合计	112473	277259	33902	36374	837	
所有者权益合计	29862	112788	5900	7915	755	
#实收资本	38895	146303	13254	8742	755	
#国家资本	10900	4511	2400	191		
集体资本	1000	1067	0.2	1328		
法人资本	15689	41508	10054	5507		
个人资本	7043	30692	800	1716	755	
港澳台资本	2389	64640	0.2			
外商资本	1875	3885	0.3			
营业收入	73961	266036	16490	19114	441	
#主营业务收入	71075	261439	16234	18974	441	
营业成本	24152	116408	6296	7059	260	
#主营业务成本	23819	113276	6255	7029	250	
营业税金及附加	3840	14905	808	2333	23	
#主营业务税金及附加	3725	14899	777	2288	22	
其他业务利润	3569	3401	100	545		
销售费用	29514	91849	6322	9404	15	
管理费用	18132	50990	6003	3763	47	
#税金	1112	1062	320	98	15	
财务费用	2260	9859	1054	341	6	
#利息收入	510	380	26	24		
利息支出	2061	7249	1012	278	5	
资产减值损失	59	11	0.2		10	
公允价值变动收益		309	0.1		10	
投资收益	234	698	−8		10	
营业利润	−2929	−13944	−4008	−3651	100	
营业外收入	444	3776	18	30472		
#补贴收入	176	349	1	1		
利润总额	−2728	−10519	−4005	9019	76	
应交所得税	407	3130	28	959.5		
应付职工薪酬	18376	53219	4157	4293	152	

注：邕宁区、武鸣县、隆安县、马山县无独立核算限额以上住宿和餐饮企业，故本表无数据。

单位：万元

指标名称	武鸣县	隆安县	马山县	上林县	宾阳县	横 县
法人企业数（个）	1		1	1	3	4
年初存货	2		2	765	657	62
流动资产合计	193		16	2064	1859	11017
#应收帐款	118		4	627	833	821
存货	2		2	743	949	98
固定资产合计	327		1	123	111	8021
固定资产原价	840		2	457	758	9283
累计折旧	513		1	334	647	1272
#本年折旧	31		…	44	46	219
在建工程				44		1
资产合计	520		17	2418	2000	19039
流动负债合计	355		2	5792	3282	342
#应付帐款	12		2	258	1555	142
非流动负债合计	170				83	2062
负债合计	525		2	5792	3365	2960
所有者权益合计	−6		14	−3375	−1365	16079
#实收资本	433		3	500	358	9031
#国家资本				495	78	56
集体资本						40
法人资本	433				266	
个人资本			3	5	14	8935
营业收入	213		155	960	1208	2703
#主营业务收入	213		155	951	1169	2703
营业成本	107		121	289	618	1819
#主营业务成本	107		121	277	610	1819
营业税金及附加	12		14	43	49	134
#主营业务税金及附加	12		14	43	47	134
其他业务利润				−3	6	
销售费用	69		6	420	364	389
管理费用	64		6	380	316	557
#税金						17
财务费用	1			345	2	18
利息支出	1					9
资产减值损失				91		
营业利润	−40		8	−608	−132	−214
营业外收入	12					30
利润总额	−27		8	−608	−132	−200
应交所得税	101		2			13
应付职工薪酬	101		47	108	348	590

注：邕宁区、隆安县无独立核算限额以上住宿和餐饮企业，故本表无数据。

9-20 外国和港澳台地区在华直接投资

(2013 年)

指标名称	新签协议		客商实际投资额（全口径，万美元）			客商实际投资额（商务部口径，万美元）			期末实有企业（个）	#建成投产开业	#本期新增企业
	合同个数（个）	客商投资额（万美元）	合计	现金	其他	合计	现金	其他			
合计	**49**	**23053**	**58021**	**58021**		**15606**	**15606**		**886**	**550**	**49**
按投资方式分											
中外合资经营企业	14	6939	14775	14775		3776	3776		295	196	14
中外合作经营企业	1	1935							57	34	1
外资企业	34	14179	39523	39523		9550	9550		530	316	34
股份制企业			3723	3723		2280	2280		4	4	
按国民经济行业分											
农、林、牧、渔业	3	4395	812	812		206	206		48	31	3
采掘业									9	6	
制造业	7	7106	20158	20158		5914	5914		258	200	7
电力、煤气及水的生产和供应业	1	2453	962	962					9	3	1
建筑业	1	242							10	5	1
交通运输、仓储及邮政业	1	1075	4630	4630		4630	4630		15	14	1
信息传输、计算机服务软件	4	-220	600	600		600	600		31	17	4
批发零售贸易业	13	6097	1903	1903		2095	2095		114	52	13
住宿和餐饮业	5	-1544	200	200					60	29	5
金融业									1	1	
房地产业	2	2646	28749	28749		2154	2154		214	129	2
租赁和商务服务业	8	-220	2	2		2	2		69	32	8
科学研究、技术服务和地质勘察业	3	229							19	8	3
水利、环境和公共设施管理业									1	1	
居民服务和其他服务业									14	9	1
文化、体育和娱乐业			5	5		5	5		14	13	
卫生、社会保障和社会福利业	1	794									

9-20 续表

指标名称	新签协议		客商实际投资额（全口径，万美元）			客商实际投资额（商务部口径，万美元）			期末实有企业（个）	# 建成投产开业	# 本期新增企业
	合同个数（个）	客商投资额（万美元）	合计	现金	其他	合计	现金	其他			
按投资国别、地区分											
亚洲	38	20819	51555	51555		12252	12252		659	414	37
香港	19	14820	33322	33322		6103	6103		422	259	18
澳门	1	5	688	688					13	8	1
台湾	7	363	3116	3116					105	63	7
日本	3	−10	112	112		13	13		20	12	3
韩国		4							12	7	
新加坡	2	1083	67	67					36	31	2
泰国	1	123							9	9	1
马来西亚			5154	5154		4646	4646		12	9	
印度尼西亚		−2000							5	4	
文莱									3	2	
菲律宾									2		
柬埔寨									2	1	
缅甸									1		
越南									4	4	
中国	5	6431	9096	9096		1490	1490		13	5	5
欧洲	3	8	174	174					46	34	3
英国	1	2							8	5	1
法国	1	2							12	10	1
德国	1	4							5	4	1
瑞典									4	3	
荷兰									3	3	
瑞士									2	1	
丹麦			174	174					3	3	
奥地利									2		
意大利									3	3	
比利时									3	2	
俄罗斯									1		
拉丁美洲		700	5583	5583		3120	3120		65	43	
委内瑞拉									1	1	
伯利兹									1		
开曼群岛									3		
英属维尔京群岛		600	5583	5583		3120	3120		60	42	
拉美洲其他		100									
北美洲	7	1147	204	204		44	44		86	32	8
加拿大	5	248							31	16	5
美国	2	899	204	204		44	44		55	16	3
巴拿马											
大洋洲	1	12							27	24	1
澳大利亚									16	15	
新西兰									4	4	
马绍尔									2	2	
萨摩亚	1	12							5	3	1
其他地区		367	505	505		190	190		3	3	
毛里求斯			89	89					1	1	
塞舌尔		367	416	416		190	190		2	2	
加纳											

9-21 国际旅游收入

（2013 年） 单位：万美元

指标名称	合计	指标名称	合计
合计	**13736.68**	长途交通费	5494.67
商品性收入	3434.17	市内交通费	274.73
商品销售收入	2472.60	邮政电讯费	274.73
饮食销售收入	961.57	景区游览	549.47
劳务性收入	7143.07	文化娱乐费	1098.93
宿费	1648.40	其他	961.58

9-22 接待过夜国际旅游人数

（2013 年） 单位：人次

指标名称	人数	人天数	指标名称	人数	人天数
合计	**351068**	**679996**	日本	2641	
港澳同胞	46894	91389	韩国	20813	
台湾同胞	71067	136995	美国	3305	
外国人	233107	451612	加拿大	2604	
# 东盟	137454		英国	3094	
印度尼西亚	12638		法国	2813	
马来西亚	14804		德国	2562	
菲律宾	5898		意大利	2140	
新加坡	16132		澳大利亚	2227	
泰国	30495		新西兰	2004	
越南	44493				
缅甸	3794				

9-23 星级宾馆酒店接待能力

指标名称	单位	2013 年	2012 年
星级宾馆酒店数	个	60	68
五星级	个	3	4
四星级	个	11	11
三星级	个	30	29
二星级	个	16	24
客房总数	间	15762	10893
床位总数	张	29984	19160

9-24 旅行社基本情况

指标名称	单位	2013 年	2012 年
企业数	家	119	83
年末职工人数	人	1865	1768
接待旅游人数	万人次	53.03	59.32
# 国际旅游人数	万人次	7.22	12.12
国内旅游者	万人次	45.81	47.2

9-25 居民消费价格总指数

（2013 年、以上年为 100）　　单位：%

指标名称	指数	指标名称	指数
居民消费价格总指数	**102.1**	帽子	103.9
食品	**103.9**	衣着加工服务费	100.9
粮食	101.4	**家庭设备用品及维修服务**	**101.3**
淀粉及制品	100.0	耐用消费品	100.3
干豆类及豆制品	105.1	家具	101.0
油脂	103.1	家庭设备	99.8
肉禽及其制品	103.2	室内装饰品	99.8
蛋	106.6	床上用品	105.6
水产品类	107.4	家庭日用杂品	99.9
菜	105.9	家庭服务及加工维修服务	104.8
鲜菜	106.9	**医疗保健和个人用品**	**99.7**
干菜及其制品	99.4	医疗保健	100.0
调味品	102.6	医疗器具及用品	101.3
糖	100.4	中药材及中成药	98.3
食糖	98.2	西药	101.4
糖果	100.0	保健器具及用品	99.7
茶及饮料	100.6	医疗保健服务	100.0
茶叶	100.0	个人用品及服务	99.0
饮料	100.8	**交通和通信**	**98.7**
干鲜瓜果	110.3	交通	99.4
鲜瓜果	111.9	交通工具	95.8
干（坚）果	101.1	车用燃料及零配件	99.1
糕点饼干面包	100.9	车辆使用及维修	100.0
液体乳及乳制品	105.5	市区公共交通费	100.0
在外用膳食品	101.2	城市间交通费	103.5
主食	104.2	通信	97.7
炒菜	98.4	通信工具	88.2
地方小吃	106.8	通信服务	100.0
其它食品	102.9	**娱乐教育文化用品及服务**	**100.5**
烟酒	98.9	文娱用耐用消费品及服务	91.1
烟草	100.0	教育	104.7
酒	98.1	教材及参考书	99.8
衣着	**104.7**	文化娱乐类	99.9
服装	105.3	文化娱乐用品	100.3
男式服装	103.3	书报杂志	100.0
女式服装	106.0	文娱费	99.6
儿童服装	109.8	旅游	101.0
衣着材料	100.0	**居住**	**102.3**
鞋袜帽	103.4	建房及装修材料	100.8
鞋	103.7	自有住房	102.5
袜子	101.1	水、电、燃料	103.0

9-26 个体工商业基本情况

(2013 年)

指标名称	户数（户）	#城镇	从业人员（人）	#城镇	注册资金（万元）	#城镇
全市	**248359**	**198686**	**592842**	**320135**	**1365680**	**1024253**
农、林、牧、渔业	2608	2086	7877	4254	38291	28718
采矿业	129	103	550	297	2771	2078
制造业	9253	7402	32352	17470	61097	45822
电力、燃气及水的生产和供应业	32	26	91	49	1042	781
建筑业	431	345	1041	562	1486	1114
交通运输、仓储和邮政业	21900	17520	32370	17480	240362	180271
信息传输、计算机服务和软件业	622	498	1318	712	4872	3654
批发零售业	154294	123435	318826	172166	765346	574009
住宿和餐饮业	29071	23257	102770	55496	100528	75396
金融业	4	3	12	6	25	18
房地产业	29	23	77	42	242	181
租赁和商务服务业	3177	2542	8408	4540	20748	15561
科学研究、技术服务和地质勘查业	611	489	1613	871	3041	2280
水利、环境和公共设施管理业	18	14	52	28	202	151
居民服务和其他服务业	23179	18543	76159	41126	84387	63290
教育	23	18	122	66	1016	762
卫生、社会保障和社会福利业	1594	1275	3902	2107	8318	6238
文化、体育和娱乐业	999	799	2819	1522	25016	18762
其他行业	385	308	2483	1341	6890	5167

注：本表数据根据工商局统计报表整理。

9-27 私营企业基本情况

(2013 年)

指标名称	合 计			
	户数 (户)	投资者人数 (人)	雇工人数 (人)	注册资本金 (万元)
全市	**92317**	**219747**	**671358**	**11488304**
农、林、牧、渔业	6532	8961	25353	980659
采矿业	413	667	1945	83576
制造业	5542	12044	44049	971261
电力、燃气及水的生产和供应业	215	779	848	66209
建筑业	3728	7921	21690	964096
交通运输、仓储和邮政业	1635	3942	7808	257357
信息传输、计算机服务和软件业	2608	4811	13114	472861
批发零售业	46070	123443	400762	2022313
住宿和餐饮业	1913	3229	8821	157484
金融业	288	867	2092	423736
房地产业	3045	6913	19886	1182464
租赁和商务服务业	8327	21370	58872	2184853
科学研究、技术服务和地质勘查业	5906	13529	34842	1124431
水利、环境和公共设施管理业	286	737	1894	81453
居民服务和其他服务业	3553	6479	19087	330805
教育	176	327	759	15347
卫生、社会保障和社会福利业	81	158	414	6272
文化、体育和娱乐业	956	2035	5900	99007
其他行业	1043	1535	3222	64120

9-27 续表

指标名称	城镇			
	户数（户）	投资者人数（人）	雇工人数（人）	注册资本金（万元）
全市	**52620**	**103280**	**255072**	**3206715**
农、林、牧、渔业	3723	4212	9633	274584
采矿业	235	313	739	23401
制造业	3159	5661	16736	271953
电力、燃气及水的生产和供应业	123	366	322	18538
建筑业	2125	3723	8241	269946
交通运输、仓储和邮政业	932	1853	2967	72059
信息传输、计算机服务和软件业	1487	2261	4983	132401
批发零售业	26260	58018	152263	566247
住宿和餐饮业	1090	1518	3350	44095
金融业	164	407	795	108646
房地产业	1736	3249	7555	331089
租赁和商务服务业	4746	10044	22368	611758
科学研究、技术服务和地质勘查业	3366	6359	13237	314840
水利、环境和公共设施管理业	163	346	720	22806
居民服务和其他服务业	2025	3045	7252	92625
教育	100	154	288	4297
卫生、社会保障和社会福利业	46	74	157	1756
文化、体育和娱乐业	545	956	2242	27721
其他行业	595	721	1224	17953

十 财政金融保险

CHAPTER 10 GOVERNMENT FINANCE, BANKING AND INSURANCE

10-1 全市主要年份财政、金融

单位：万元

年份	财政收入	#公共财政预算收入	地方财政支出	金融机构存款余额	#城乡居民存款余额	金融机构贷款余额
1950	394	394	190	1364	21	34
1965	4479	4479	2116	39443	1426	18356
1978	20102	20102	7074	110660	5735	59521
1980	23682	23682	7410	110309	10358	71873
1985	35447	35447	17967	212380	43646	167691
1986	38873	38873	26745	226697	61348	222735
1987	44078	44078	28971	262623	82535	270298
1988	51071	51071	40532	260827	100160	297861
1989	57352	57352	39426	328250	138715	287226
1990	63930	63930	47677	464879	197821	346755
1991	70051	70051	48397	552636	258819	383694
1992	73459	73459	48401	685440	341946	444498
1993	106465	106465	66850	1077025	515981	657827
1994	150232	73492	85826	1537665	802162	880566
1995	171074	91236	94609	2063550	1123596	1107552
1996	190465	103583	105844	2724968	1439365	1355499
1997	215806	116778	119471	3014072	1618159	1731336
1998	245249	131583	139884	4461444	2001576	3460657
1999	270113	149700	172851	5268177	2190918	4262816
2000	364639	216484	290667	6834187	2938619	4779409
2001	452926	291860	348556	7424543	3329511	5250807
2002	525342	312805	452615	8547872	3916029	7701981
2003	610594	362435	524981	9434021	4514961	9597681
2004	746328	432526	621191	10909576	5157925	12087669
2005	1002186	451954	735508	12636347	5982307	13816546
2006	1203609	566191	930781	15853616	6814522	16525434
2007	1508393	701510	1180007	18715101	7147919	19223502
2008	1911682	928812	1660830	23204808	8886542	23166252
2009	2313664	1204628	2035519	32313624	11161975	32781209
2010	3008775	1560958	2612785	40214534	13758853	41423040
2011	3635192	1862928	3018491	47281399	15810297	48450689
2012	4219938	2297183	3765096	56271788	18638024	55012783
2013	4736625	2562467	4172858	64835258	21566911	61158787

注：2000年以后为行政区划调整后的数据，其余年份为原南宁口径。

10-2 全市财政收入

（2013 年） 单位：万元

指标名称	收入	指标名称	收入
财政收入	**4736625**	城镇土地使用税	27958
中央"四税"收入	1660336	土地增值税	222350
#上划所得税收入	496554	车船税	30855
上划自治区分享四税	513822	耕地占用税	99965
公共财政预算收入	2562467	契税	217763
增值税	149954	烟叶税	43
营业税	478578	专项收入	73391
企业所得税	243998	行政事业性收费收入	121110
个人所得税	65466	罚没收入	23871
资源税	6020	国有资本经营收入	170230
城市维护建设税	153338	国有资源（资产）有偿使用收入	303301
房产税	79892	其他收入	52888
印花税	41496		

10-3 全市财政支出

（2013 年） 单位：万元

指标名称	支出	指标名称	支出
本年支出合计	**4172858**	交通运输	161915
一般公共服务	497673	资源勘探电力信息等事务	322222
国防	8207	商业服务业等事务	31280
公共安全	257596	金融监管等事务支出	1744
教育	700063	国土资源气象等事务	28430
科学技术	61890	住房保障支出	128543
文化体育与传媒	57867	粮油物资储备管理事务	4457
社会保障和就业	430585	储备事务支出	
医疗卫生	356940	国债还本付息支出	5761
节能环保	76097	其他支出	143863
城乡社区事务	518060	援助其他地区支出	300
农林水事务	379365		

10-4 市区财政收入

（2013 年）　　单位：万元

指标名称	收入	指标名称	收入
财政收入	**4168125**	城镇土地使用税	20544
中央“四税”收入	1527871	土地增值税	187348
# 上划所得税收入	463441	车船税	28294
上划自治区分享四税	459723	耕地占用税	50508
公共财政预算收入	2180531	契税	194009
增值税	129821	烟叶税	42
营业税	423751	专项收入	64395
企业所得税	227487	行政事业性收费收入	81867
个人所得税	61434	罚没收入	11378
资源税	1496	国有资本经营收入	110917
城市维护建设税	144544	国有资源（资产）有偿使用收入	276474
房产税	70188	其他收入	47163
印花税	38871		

10-5 市区财政支出

（2013 年）　　单位：万元

指标名称	支出	指标名称	支出
本年支出合计	**2782873**	交通运输	114075
一般公共服务	310144	资源勘探电力信息等事务	304996
国防	6511	商业服务业等事务	22457
公共安全	209398	金融监管等事务支出	1441
教育	397694	国土资源气象等事务	20366
科学技术	47359	住房保障支出	83418
文化体育与传媒	45297	粮油物资储备管理等事务	1999
社会保障和就业	241644	储备事务支出	
医疗卫生	180882	国债还本付息支出	4668
节能环保	38577	其他支出	120407
城乡社区事务	445136	援助其他地区支出	300
农林水事务	186104		

10-6 各县区财政收入

（2013 年）　　　　单位：万元

指标名称	武鸣县	隆安县	马山县	上林县	宾阳县	横 县
财政收入	**161425**	**46371**	**32649**	**36640**	**140572**	**150843**
中央"四税"收入	43782	12429	6796	6771	30630	32057
other上划所得税收入	9428	2538	1540	1336	8612	9659
上划自治区分享四税	15067	4739	3394	3920	13969	13010
公共财政预算收入	102576	29203	22459	25949	95973	105776
增值税	6635	2082	1072	1129	4501	4714
营业税	14413	4605	3717	4478	14792	12822
企业所得税	4672	1270	769	668	4306	4826
个人所得税	1212	414	241	285	883	997
资源税	1409	552	113	183	989	1278
城市维护建设税	1994	663	650	670	2309	2508
房产税	2142	322	613	242	1238	5147
印花税	1058	221	113	111	449	673
城镇土地使用税	3097	491	293	196	759	2578
土地增值税	8779	915	697	1055	16027	7529
车船税	771	153	164	187	640	646
耕地占用税	8391	2918	1204	2648	8655	15641
契税	10937	941	707	1392	5625	4152
烟叶税		1				
专项收入	2334	889	477	543	2200	2553
行政事业性收费收入	17891	1048	2443	3008	6114	8739
罚没收入	7397	548	631	1037	1326	1554
国有资本经营收入	7	8402		2207	22015	26682
国有资源（资产）有偿使用收入	8682	1391	8520	5446	1057	1731
其他收入	755	1377	35	464	2088	1006

注：武鸣县数据包含南宁－东盟经济开发区。

10–6 续表

指标名称	兴宁区	青秀区	江南区	西乡塘区	良庆区	邕宁区
财政收入	**283367**	**939650**	**183883**	**333209**	**102205**	**58778**
中央“四税”收入	99103	337624	56792	103499	30063	17846
#上划所得税收入	47470	191099	18510	34185	7704	5242
上划自治区分享四税	52118	178292	31611	51834	20838	7961
上划地市税收	67823	221186	37411	85251	23461	10205
公共财政预算收入	64323	202548	58069	92625	27843	22766
增值税	4656	13175	3893	5794	2191	1007
营业税	21804	74055	14374	21335	10325	3221
企业所得税	11851	46226	4564	8467	1925	1311
个人所得税	3302	11010	1141	4599	611	718
资源税	92	4	30	1155	1	166
城市维护建设税	7716	18792	3685	20741	2380	1468
房产税	3570	11219	1148	3628	345	242
印花税	3504	16132	2308	5033	1344	375
城镇土地使用税						
土地增值税						
车船税						
耕地占用税						
契税						
烟叶税						
专项收入	3309	7981	1585	9015	1094	643
行政事业性收费收入	633	1725	3758	2733	1545	975
罚没收入	213	502	2110	1843	479	203
国有资本经营收入				7000		
国有资源（资产）有偿使用收入	3667	621	19456	866	5603	12354
其他收入	6	1106	17	416		83

10-7 各县区财政支出

（2013 年） 单位：万元

指标名称	武鸣县	隆安县	马山县	上林县	宾阳县	横 县
本年支出合计	**270376**	**147991**	**178880**	**179065**	**289512**	**324161**
一般公共服务	28502	21115	21161	17311	44398	55042
国防	328	191	185	420	6	566
公共安全	10323	5525	5213	7201	10921	9015
教育	56395	30924	42662	32992	63378	76018
科学技术	4255	940	1259	953	2923	4201
文化体育与传媒	2743	1735	2102	1549	2425	2016
社会保障和就业	27708	20089	19707	30855	48089	42493
医疗卫生	30301	16898	22445	20560	39913	45941
节能环保	4389	3377	6356	9939	9213	4246
城乡社区事务	38878	3125	10005	4022	10630	6264
农林水事务	31467	23997	21174	26263	35565	54795
交通运输	5032	5704	7329	14663	9158	5954
资源勘探电力信息等事务	10645	867	994	625	2656	1439
商业服务业等事务	2394	1527	1289	1853	582	1178
金融监管等事务支出	9		22			272
国土资源气象等事务	1740	1062	1521	924	1514	1303
住房保障支出	8405	4758	7566	7736	6658	10002
粮油物资储备管理事务	947	508	96	176	482	249
国债还本付息支出	222	102	248	102	210	209
其他支出	5693	5547	7546	921	791	2958

注：武鸣县数据包含南宁－东盟经济开发区。

10–7 续表

指标名称	兴宁区	青秀区	江南区	西乡塘区	良庆区	邕宁区
本年支出合计	**101433**	**216946**	**111356**	**180004**	**98219**	**111171**
一般公共服务	17351	34873	11926	15718	15501	15541
国防	274		208		269	237
公共安全	11252	26860	9658	15215	8019	5318
教育	20946	45735	23259	47505	20938	27106
科学技术	1230	2614	1178	2038	1260	1323
文化体育与传媒	895	2209	931	751	873	958
社会保障和就业	14065	17424	9757	31781	10406	19931
医疗卫生	9621	16713	14468	20612	11787	16956
节能环保	624	800	789	1028	3421	731
城乡社区事务	12293	40817	7270	18999	6534	5635
农林水事务	7554	15540	5652	11204	10248	10635
交通运输	70	523	87	5351	578	1224
资源勘探电力信息等事务	317	5735	786	1023	860	371
商业服务业等事务	804	1691	308	1186	130	1086
金融监管等事务支出						
国土资源气象等事务	22	137		96	101	50
住房保障支出	3067	3718	3116	5400	6848	3752
粮油物资储备管理事务	34	96	56	79	325	46
国债还本付息支出	43	777	80	71	71	43
其他支出	971	684	21827	1947		228

10-8 全社会金融机构存款余额

（2013 年）　　单位：万元

指标名称	存 款	指标名称	存 款
各项存款合计	**64835258**	# 储蓄存款	21566911
单位存款	38791738	保证金储蓄	101135
活期存款	16822115	结构性储蓄	1543530
定期存款	11759365	财政存款	1349350
通知存款	1107525	临时存款	48755
保证金存款	3173590	委托存款	96607
个人存款	23211576	其它存款	1337232

10-9 全社会金融机构贷款余额

（2013 年）　　单位：万元

指标名称	贷 款	指标名称	贷 款
各项贷款合计	**61158787**	# 个人贷款	11184368
境内贷款	**61132336**	单位贷款	28206678
短期贷款	13592933	融资租赁	204184
# 个人贷款及透支	2033676	票据融资	459765
单位贷款及透支	10841532	各项垫款	39121
中长期贷款	46836333	**境外贷款**	**26451**

10-10 市区金融机构存款余额

（2013 年）　　单位：万元

指标名称	存款	指标名称	存款
各项存款合计	**58313237**	#储蓄存款	16786781
单位存款	37205928	保证金储蓄	99699
活期存款	15406162	结构性储蓄	1514439
定期存款	11665357	财政存款	1234054
通知存款	1106014	临时存款	47525
保证金存款	3140101	委托存款	96607
个人存款	18400919	其它存款	1328205

10-11 市区金融机构贷款余额

（2013 年）　　单位：万元

指标名称	贷款	指标名称	贷款
各项贷款合计	**57584575**	#个人贷款	9702588
境内贷款	**57558146**	单位贷款	27357180
短期贷款	12396413	融资租赁	204184
#个人贷款及透支	1538990	票据融资	452722
单位贷款及透支	10140498	各项垫款	39121
中长期贷款	44465707	**境外贷款**	**26429**

10-12 各县金融机构存款余额

（2013 年）　　单位：万元

指标名称	武鸣县	隆安县	马山县	上林县	宾阳县	横 县
各项存款合计	**1441407**	**640505**	**576517**	**685100**	**1395293**	**1783198**
单位存款	376210	168416	163140	171453	299996	406595
活期存款	309870	156187	159023	162206	281519	347149
定期存款	23781	9867	3801	7557	13590	35412
通知存款	901					610
保证金存款	11659	381	307	904	4473	15766
个人存款	1052632	468363	384381	471497	1077780	1356005
#储蓄存款	1041717	468013	384381	464999	1074750	1346271
财政存款	11728	3719	28993	42034	17504	11319
临时存款	834			113	6	277
其他存款	3	7	3	3	8	9003

10-13 各县金融机构贷款余额

（2013 年）　　　　　　　　　　　　　　　　　　　　单位：万元

指标名称	武鸣县	隆安县	马山县	上林县	宾阳县	横 县
各项贷款合计	**975602**	**331559**	**216642**	**265189**	**688933**	**1096236**
境内贷款	**975602**	**331559**	**216642**	**265189**	**688961**	**1096236**
短期贷款	276043	149543	60114	80582	178867	451371
#个人贷款及透支	78039	43183	29274	46580	88865	208745
单位贷款及透支	198004	106360	30841	34002	90002	241826
中长期贷款	699469	182017	156528	184607	503141	644865
#个人贷款	341263	84186	134528	135640	400840	385323
单位贷款	356318	97362	21322	48241	91357	234898
票据融资	90				6954	

10-14 保险业务情况

（2013 年）　　　　单位：万元

指标名称	全 市	市 区
保费收入合计	**1008531**	**904393**
各项赔款及给付合计	**326705**	**298970**
财产保险业务		
保费收入	**552119**	**510407**
#财产险	52214	49220
机动车辆险	403013	372623
责任险	13515	12412
工程险	20292	20288
货运险	10507	10249
其他险种	23196	21188
各项赔款及给付	**259339**	**243228**
赔款及给付件数（件）	**714197**	**648861**
人身保险业务		
保费收入	**456412**	**393986**
#寿险	384847	328017
意外险	25037	22928
健康险	46528	43041
各项赔款及给付	**67366**	**55742**
#寿险	50247	40159
意外险	3327	2933
健康险	13792	12650
赔款及给付人数（人次）	**147496**	**95242**
件数（件）	**249750**	**201859**

10-15 各县保险业务情况

（2013 年）　　　　单位：万元

指标名称	武鸣县	隆安县	马山县	上林县	宾阳县	横 县
保费收入合计	**28320**	**9117**	**5502**	**8570**	**25004**	**27624**
各项赔款及给付合计	**7261**	**2783**	**1925**	**2104**	**6703**	**6959**
财产保险业务						
保费收入	**11218**	**3319**	**2497**	**3314**	**10805**	**10559**
#财产险	753	300	227	204	585	925
机动车辆险	9015	1898	1555	1949	8545	7428
责任险	146	66	55	151	425	258
工程险						4
货运险	37	4	1	10	10	195
其他险种	386	125	178	229	254	837
各项赔款及给付	**4107**	**1248**	**1410**	**1358**	**4375**	**3612**
赔款及给付件数（件）	**17941**	**5009**	**8991**	**6491**	**14651**	**12253**
人身保险业务						
保费收入	**17103**	**5798**	**3005**	**5256**	**14199**	**17065**
#寿险	15809	5279	2570	4827	13003	15342
意外险	458	143	190	177	325	816
健康险	837	376	245	252	871	906
各项赔款及给付	**3155**	**1534**	**515**	**746**	**2328**	**3347**
#寿险	2626	1391	309	642	2056	3064
意外险	116	37	46	24	89	81
健康险	413	106	160	80	182	201
赔款及给付人数（人次）	**16972**	**4459**	**3119**	**3801**	**13489**	**10414**
件数（件）	**12604**	**4460**	**3119**	**3801**	**13490**	**10417**

十一 广西及省会城市主要统计指标

CHAPTER 11 MAIN INDICATORS OF GUANGXI AND PROVINCIAL CAPITAL CITIES

11-1 广西主要年份国民经济主要统计指标

指标名称	单位	2009 年	2010 年	2011 年	2012 年	2013 年
地区生产总值	亿元	7700.36	9502.39	11714.35	13031.04	14378.00
第一产业	亿元	1458.71	1670.37	2047.3	2172.37	2343.57
第二产业	亿元	3377.72	4510.83	5736.78	6333.09	6863.04
# 工业	亿元	2863.84	3860.46	4914.37	5364.92	5749.65
第三产业	亿元	2863.93	3321.19	3930.27	4525.58	5171.39
地区生产总值指数	%	113.9	114.2	112.3	111.3	110.2
第一产业	%	105.3	104.6	104.8	105.6	104.3
第二产业	%	117.6	120.5	117.1	114.4	111.9
# 工业	%	115.7	120.4	117.3	114.0	111.4
第三产业	%	113.8	111.1	109.4	109.5	110.2
社会消费品零售总额	亿元	2790.7	3271.81	3860.73	4474.59	5083.08
全社会固定资产投资	亿元	5706.7	7859.07	10143.45	12635.18	11907.67
指数	%	150.80	137.7	129.1	124.40	121.40
地方财政收入	亿元	620.83	772.3	947.59	1165.98	1316.84
指数	%	119.80	124.4	122.7	123.00	112.90
居民人均可支配收入	元	15451	17064	18854	21243	23305
指数	%	109.20	110.4	110.5	112.70	109.70
农民人均纯收入	元	3980	4543	5231	6008	6791
指数	%	107.90	114.1	15.1	114.80	113.00
居民消费价格指数（城市）	%	97.90	103	105.7	103.20	102.20

注：地区生产总值、农林牧渔业总产值、工业总产值绝对值按当年价计算，指数按可比价计算（以上年为 100）。

11-2 各省会城市行政区划和土地面积

(2013年)

城市名称	行政区划		土地面积（平方公里）	
	辖区数（个）	辖县数（个）	全市	市区
南　宁	**6**	**6**	**22099**	**6447**
昆　明	6	8	21013	2750
成　都	9	10	12121	2172
贵　阳	6	10	8034	2403
西　安	9	4	10097	3582
兰　州	5	3	13086	1632
乌鲁木齐	7	1	13788	9576
呼和浩特	4	5	17186	2065
银　川	3	1	9025	2311
西　宁	4	3	7649	510
拉　萨	1	7	29518	525
广　州	10	2	7434	3843
福　州	5	8	11968	1786
杭　州	8	5	16596	3068
南　京	11	2	6587	4733
海　口	4		2305	2305
沈　阳	9	4	12860	3471
哈尔滨	8	10	53068	7086
长　春	4	6	20571	4789
石家庄	6	17	15848	456
太　原	6	4	6988	1460
合　肥	4	5	11445	1127
南　昌	4	4	7402	617
济　南	6	4	8177	3257
郑　州	6	6	7446	1010
武　汉	13		8494	8494
长　沙	6	3	11816	1910

11-3 各省会城市建成区面积和人口密度

(2013 年)

城市名称	建成区土地面积（平方公里）	全市人口密度（人/平方公里）
南　宁	**283**	**328**
昆　明	388	260
成　都	529	980
贵　阳	162	563
西　安	505	851
兰　州	197	278
乌鲁木齐	391	191
呼和浩特	174	136
银　川	149	231
西　宁	75	296
拉　萨	63	20
广　州	1024	1739
福　州	248	556
杭　州	480	426
南　京	713	1243
海　口	145	942
沈　阳	430	565
哈尔滨	367	188
长　春	452	368
石家庄	211	663
太　原	354	612
合　肥	393	622
南　昌	265	700
济　南	372	750
郑　州	383	1335
武　汉	534	1180
长　沙	320	611

11-4 各省会城市年末总人口

单位：万人

城市名称	2009年	位次	2010年	位次	2011年	位次	2012年	位次	2013年	位次	2013年比2012年增长（%）
南宁	**697.90**	**10**	**707.37**	**10**	**711.49**	**10**	**713.50**	**10**	**724.43**	**10**	**1.53**
昆明	533.99	16	536.31	17	544.04	17	543.48	17	546.79	17	0.61
成都	1139.60	1	1149.07	1	1163.28	1	1173.35	1	1187.99	1	1.25
贵阳	367.08	19	373.16	19	376.12	19	374.53	19	379.09	19	1.22
西安	781.67	6	782.72	6	791.83	6	795.98	6	806.93	6	1.38
兰州	323.59	21	323.54	21	323.30	21	321.52	21	321.43	21	-0.03
乌鲁木齐	241.19	22	243.03	22	249.35	22	257.80	22	262.93	22	1.99
呼和浩特	227.37	23	229.60	23	232.26	23	230.32	23	233.96	23	1.58
银川	155.00	26	159.00	26	162.22	26	204.63	24	208.27	24	1.78
西宁	193.94	24	196.01	25	197.42	25	198.46	25	199.96	25	0.76
拉萨	51.53	27	55.94	27	57.61	27	57.92	27	60.12	27	3.80
广州	794.62	5	806.14	5	814.58	5	822.30	4	832.31	4	1.22
福州	638.33	13	645.90	14	649.41	14	655.27	14	665.49	14	1.56
杭州	683.38	11	689.12	12	695.71	12	700.52	12	706.61	13	0.87
南京	629.77	14	632.42	15	636.36	15	638.48	15	643.09	15	0.72
海口	158.24	25	204.62	24	209.73	24	161.59	26	163.23	26	1.01
沈阳	716.50	9	719.60	9	722.69	9	724.79	9	727.11	9	0.32
哈尔滨	991.60	2	992.00	2	993.30	3	993.50	3	995.20	2	0.17
长春	756.50	7	758.90	7	761.80	7	756.90	8	752.67	7	-0.56
石家庄	977.41	3	989.20	3	997.29	2	1005.33	2	951.80	3	-5.32
太原	365.12	20	365.50	20	365.02	20	365.84	20	367.95	20	0.58
合肥	491.43	18	702.00	11	706.13	11	710.53	11	711.50	12	0.14
南昌	497.33	17	502.25	18	504.95	18	507.87	18	510.08	18	0.44
济南	603.27	15	604.08	16	606.64	16	609.21	16	613.23	16	0.66
郑州	731.50	8	744.62	8	758.91	8	766.60	7	731.47	8	-4.58
武汉	835.55	4	836.70	4	827.24	4	821.71	5	822.05	5	0.04
长沙	651.59	12	650.12	13	656.62	13	660.62	13	722.14	11	9.31

11-5 各省会城市地区生产总值

单位：亿元

城市名称	2009 年	位次	2010 年	位次	2011 年	位次	2012 年	位次	2013 年	位次	2013 年比 2012 年增长（%）
南　宁	**1524.71**	**20**	**1800.43**	**19**	**2211.44**	**18**	**2503.18**	**18**	**2803.54**	**18**	**10.3**
昆　明	1808.65	17	2120.82	17	2509.58	17	3011.14	16	3415.31	16	12.8
成　都	4502.60	4	5551.33	3	6854.58	3	8183.94	2	9108.89	2	10.2
贵　阳	971.94	22	1121.82	22	1383.07	22	1700.30	22	2085.42	22	16.0
西　安	2719.10	13	3241.49	13	3864.21	13	4369.37	13	4884.13	12	11.8
兰　州	925.98	23	1100.39	23	1360.03	23	1564.41	23	1776.83	23	13.4
乌鲁木齐	1094.52	21	1338.52	21	1700.00	21	2060.00	21	2400.00	21	15.0
呼和浩特	1643.99	18	1865.71	18	2177.26	19	2458.74	19	2710.39	19	10.0
银　川	578.15	24	763.26	24	974.79	24	1140.83	24	1273.49	24	10.0
西　宁	501.07	25	628.28	25	770.70	25	851.00	25	978.53	25	14.1
拉　萨	154.27	27	178.91	27	222.09	27	260.04	27	312.00	27	20.0
广　州	9112.76	1	10748.28	1	12303.12	1	13551.21	1	15420.14	1	11.6
福　州	2524.28	14	3068.21	14	3734.78	14	4210.93	14	4678.50	14	11.5
杭　州	5098.66	2	5945.82	2	7011.80	2	7803.98	4	8343.52	4	8.0
南　京	4230.26	6	5012.64	6	6145.52	5	7201.57	5	8011.78	5	11.0
海　口	489.55	26	590.55	26	712.76	26	820.58	26	904.64	26	9.9
沈　阳	4268.50	5	5017.00	5	5914.90	6	6602.59	6	7158.57	6	8.8
哈尔滨	3258.10	10	3665.90	10	4243.40	10	4550.20	10	5017.00	10	9.0
长　春	2848.60	12	3329.00	12	4003.00	12	4456.60	12	5003.20	11	8.3
石家庄	3114.90	11	3401.02	11	4082.60	11	4500.20	11	4863.60	13	9.5
太　原	1545.24	19	1778.05	20	2080.12	20	2311.43	20	2412.87	20	8.1
合　肥	2102.12	15	2702.50	15	3636.60	15	4164.32	15	4672.91	15	11.5
南　昌	1837.50	16	2207.11	16	2688.87	16	3000.52	17	3336.03	17	10.7
济　南	3351.36	8	3910.80	9	4406.29	9	4812.68	9	5230.20	9	9.6
郑　州	3308.30	9	4000.00	8	4912.70	8	5549.79	8	6201.85	8	10.0
武　汉	4620.18	3	5515.76	4	6756.20	4	8003.82	3	9051.27	3	10.0
长　沙	3744.76	7	4547.06	7	5619.33	7	6399.91	7	7153.13	7	12.0

11-6 各省会城市第一产业增加值

单位：亿元

城市名称	2009年	位次	2010年	位次	2011年	位次	2012年	位次	2013年	位次	2013年比2012年增长（%）
南 宁	**212.38**	**6**	**244.41**	**6**	**305.55**	**5**	**322.96**	**5**	**349.93**	**5**	**4.8**
昆 明	114.09	14	120.30	18	133.83	17	159.16	16	175.27	16	6.8
成 都	267.80	3	285.09	3	327.34	3	348.07	4	353.17	4	3.6
贵 阳	50.07	20	57.10	20	62.55	20	72.28	20	81.52	20	6.3
西 安	110.38	15	140.06	14	173.14	14	195.59	14	217.76	14	11.3
兰 州	30.00	24	33.79	23	40.00	23	45.14	23	49.70	23	6.7
乌鲁木齐	16.00	26	19.94	26	21.57	26	25.00	26	27.00	26	6.2
呼和浩特	78.09	19	91.33	19	109.44	19	120.52	19	134.72	19	5.3
银 川	32.33	22	41.37	21	46.66	22	51.06	22	55.71	22	3.8
西 宁	19.46	25	24.46	25	27.41	25	31.17	25	36.10	25	5.1
拉 萨	8.56	27	9.14	27	9.99	27	10.78	27	11.72	27	4.1
广 州	172.55	11	189.56	11	203.06	12	213.76	13	228.87	13	2.7
福 州	241.78	4	282.51	4	325.09	4	367.73	3	402.26	3	4.6
杭 州	190.25	8	207.98	9	236.07	10	255.93	10	265.42	11	1.5
南 京	129.18	13	142.28	13	163.61	15	185.06	15	204.64	15	3.4
海 口	34.09	21	38.19	22	48.16	21	57.74	21	58.54	21	6.3
沈 阳	197.00	7	232.40	7	279.10	7	315.20	7	335.52	6	4.7
哈尔滨	417.40	1	412.70	1	447.20	1	506.80	1	587.10	1	8.6
长 春	236.00	5	248.60	5	290.10	6	317.50	6	332.00	8	3.5
石家庄	305.30	2	370.00	2	414.90	2	452.18	2	488.70	2	3.0
太 原	31.10	23	31.37	24	33.88	24	36.02	24	38.73	24	3.2
合 肥	108.69	17	132.60	15	208.20	11	229.05	12	247.21	12	3.2
南 昌	109.65	16	120.56	17	134.80	16	147.19	17	157.24	17	3.1
济 南	187.10	9	215.17	8	237.86	9	252.92	11	284.70	10	3.9
郑 州	103.00	18	124.60	16	131.70	18	142.40	18	146.96	18	3.2
武 汉	149.06	12	170.04	12	198.70	13	301.21	8	335.40	7	4.5
长 沙	179.40	10	202.01	10	243.38	8	272.31	9	291.16	9	3.0

11–7 各省会城市第二产业增加值

单位：亿元

城市名称	2009年	位次	2010年	位次	2011年	位次	2012年	位次	2013年	位次	2013年比2012年增长（%）
南　宁	**527.46**	**20**	**652.92**	**20**	**829.61**	**19**	**960.75**	**19**	**1110.89**	**18**	**14.6**
昆　明	824.59	17	960.86	17	1161.18	17	1378.48	17	1537.11	17	13.2
成　都	2001.80	5	2480.90	5	3143.82	5	3790.62	3	4181.49	3	12.2
贵　阳	402.24	23	456.95	23	586.84	23	717.32	23	848.64	22	18.6
西　安	1148.77	14	1409.53	13	1697.16	14	1893.79	14	2117.66	13	11.8
兰　州	433.62	22	529.18	22	656.55	22	744.70	22	820.42	23	13.5
乌鲁木齐	452.00	21	600.41	21	781.66	21	878.00	20	930.00	20	14.8
呼和浩特	593.25	19	678.95	19	789.99	20	802.31	21	866.74	21	14.5
银　川	285.79	24	379.25	24	528.85	24	624.91	24	678.80	24	11.8
西　宁	249.31	25	320.76	25	411.28	25	439.52	25	514.50	25	18.0
拉　萨	46.08	27	55.76	27	75.21	27	90.70	27	107.56	27	17.5
广　州	3394.65	1	4002.27	1	4532.52	1	4720.65	1	5227.38	1	9.2
福　州	1197.84	13	1366.43	15	1737.50	13	1905.50	13	2133.60	12	13.2
杭　州	2434.89	2	2844.47	2	3322.15	2	3626.88	4	3661.98	6	7.4
南　京	1930.67	6	2327.86	7	2760.99	8	3170.78	7	3450.58	8	11.1
海　口	119.78	26	140.32	26	177.91	26	201.67	26	217.03	26	8.9
沈　阳	2214.70	3	2542.40	3	3027.60	6	3383.15	6	3709.25	5	10.1
哈尔滨	1226.90	12	1384.60	14	1647.20	15	1638.90	16	1743.90	16	9.0
长　春	1501.40	10	1724.00	9	2092.70	9	2291.50	10	2658.70	9	9.4
石家庄	1558.50	9	1653.76	10	2031.90	10	2240.66	11	2359.50	11	9.8
太　原	675.54	18	798.49	18	949.19	18	1035.57	18	1052.08	19	10.6
合　肥	1104.98	15	1457.60	12	2002.20	11	2303.90	9	2583.75	10	12.9
南　昌	1018.69	16	1252.04	16	1579.29	16	1690.85	15	1850.49	15	11.9
济　南	1453.60	11	1637.45	11	1828.97	12	1938.14	12	2053.20	14	10.1
郑　州	1797.00	8	2269.90	8	2898.40	7	3132.92	8	3470.52	7	10.4
武　汉	2142.14	4	2532.82	4	3254.02	3	3869.56	2	4396.17	2	10.3
长　沙	1893.59	7	2437.03	6	3151.68	4	3592.52	5	3946.97	4	12.5

11-8 各省会城市第三产业增加值

单位：亿元

城市名称	2009年	位次	2010年	位次	2011年	位次	2012年	位次	2013年	位次	2013年比2012年增长（%）
南　宁	**784.88**	**19**	**903.11**	**19**	**1076.28**	**19**	**1219.48**	**19**	**1342.73**	**19**	**8.1**
昆　明	869.97	17	1039.21	17	1214.57	17	1473.50	17	1702.93	17	13.1
成　都	2233.00	4	2785.34	4	3383.42	3	4000.25	2	4574.23	2	8.8
贵　阳	450.30	23	607.76	22	733.68	22	910.70	22	1155.26	22	14.6
西　安	1459.95	10	1691.90	10	1993.91	10	2279.99	10	2548.71	11	11.8
兰　州	462.36	22	537.42	23	663.48	23	774.57	23	906.74	23	13.6
乌鲁木齐	627.00	21	718.17	21	896.77	21	1157.00	21	1443.00	18	15.3
呼和浩特	963.49	15	1095.43	16	1277.83	16	1535.92	16	1708.93	16	7.9
银　川	260.02	25	342.63	25	399.28	25	464.86	25	529.97	25	8.3
西　宁	200.65	26	283.05	26	322.01	26	380.40	26	427.93	26	9.7
拉　萨	99.63	27	114.01	27	136.89	27	158.56	27	185.59	27	10.0
广　州	5545.56	1	6557.45	1	7567.54	1	8616.80	1	9963.89	1	13.3
福　州	1084.66	14	1419.26	12	1672.19	12	1937.70	12	2142.63	12	10.8
杭　州	2473.52	2	2893.39	2	3453.58	2	3921.17	3	4416.12	3	9.0
南　京	2170.42	5	2542.50	5	3220.91	5	3845.73	4	4356.56	4	11.3
海　口	335.69	24	412.04	24	486.68	24	561.17	24	629.07	24	10.5
沈　阳	1947.60	6	2242.20	6	2608.20	6	2904.23	6	3113.80	6	7.6
哈尔滨	1613.80	9	1868.60	9	2149.00	9	2404.50	9	2986.00	7	9.0
长　春	1181.80	13	1356.40	14	1620.20	14	1847.60	13	2012.50	14	7.8
石家庄	1251.10	12	1377.26	13	1635.80	13	1807.36	14	2015.40	13	10.4
太　原	838.60	18	948.19	18	1097.05	18	1239.84	18	1322.06	21	6.1
合　肥	888.45	16	1112.30	15	1426.20	15	1631.37	15	1841.95	15	10.6
南　昌	709.16	20	834.50	20	974.78	20	1162.48	20	1328.30	20	9.8
济　南	1710.70	7	2058.18	7	2339.46	7	2621.62	7	2892.30	9	9.7
郑　州	1400.00	11	1605.50	11	1882.60	11	2274.46	11	2584.37	10	9.6
武　汉	2269.42	3	2812.90	3	3303.48	4	3833.05	5	4319.70	5	10.0
长　沙	1671.78	8	1908.02	8	2224.27	8	2535.08	8	2915.01	8	12.1

11-9 各省会城市人均地区生产总值

单位：元

城市名称	2009年	位次	2010年	位次	2011年	位次	2012年	位次	2013年	位次
南　宁	**21954**	**26**	**25624**	**27**	**31172**	**27**	**35133**	**27**	**38994**	**27**
昆　明	28894	20	33549	22	38831	22	46256	20	52094	19
成　都	35215	15	41253	17	48755	15	57624	14	63977	14
贵　阳	24585	23	26057	26	31712	26	38447	25	46479	23
西　安	32351	18	38341	18	45495	18	51205	18	56988	17
兰　州	27904	21	34009	20	37570	23	43175	23	48777	22
乌鲁木齐	22865	24	43039	15	55195	10	59576	10	69364	9
呼和浩特	61108	3	66929	3	75266	5	83906	5	90941	5
银　川	34453	16	42771	16	48374	17	56032	15	61684	15
西　宁	22865	24	28428	25	34743	24	38034	26	43346	25
拉　萨	20264	27	31948	23	39118	21	46941	19	50710	20
广　州	88834	1	87458	1	97588	2	105909	1	119288	1
福　州	36851	14	44242	12	52144	13	58202	13	64045	13
杭　州	63471	2	68817	2	101266	1	88985	3	94566	4
南　京	55290	5	64037	6	76263	4	88525	4	98011	3
海　口	26366	22	29687	24	34404	25	38719	24	41955	26
沈　阳	54654	6	63667	7	72637	6	80480	6	86850	7
哈尔滨	32886	17	36961	19	42700	19	45810	21	50498	21
长　春	38690	13	43963	13	52649	12	58691	12	66286	11
石家庄	32048	19	33934	21	39918	20	43552	22	46321	24
太　原	44319	9	46144	11	49292	14	54440	17	56547	18
合　肥	41543	11	54796	9	48563	16	55186	16	61555	16
南　昌	39669	12	43769	14	53023	11	58715	11	64350	12
济　南	50376	8	64783	5	64311	8	69574	8	74993	8
郑　州	44241	10	49542	10	56086	9	62049	9	68070	10
武　汉	51136	7	58961	8	68226	7	79482	7	89000	6
长　沙	56620	4	66443	4	79530	3	89903	2	99055	2

11-10 各省会城市农林牧渔业总产值

单位：亿元

城市名称	2009 年	位次	2010 年	位次	2011 年	位次	2012 年	位次	2013 年	位次	2013 年比 2012 年增长（%）
南　宁	**349.48**	**7**	**403.24**	**7**	**507.17**	**7**	**534.52**	**7**	**577.27**	**7**	**4.70**
昆　明	190.96	14	200.73	18	225.07	18	268.84	16	298.66	14	7.20
成　都	441.14	3	470.19	5	547.00	4	577.84	5	584.60	6	3.50
贵　阳	78.46	20	88.09	20	96.55	20	111.49	20	125.88	18	6.50
西　安	178.03	18	227.10	15	272.67	15	308.60	14	342.89	13	11.10
兰　州	50.43	23	55.84	24	63.99	23	68.45	23			
乌鲁木齐	31.85	26	37.50	26	41.88	26	49.57	26	59.03	22	6.50
呼和浩特	137.78	19	162.39	19	195.08	19	213.40	19	235.06	17	10.15
银　川	60.35	21	74.73	21	87.64	21	95.18	21	103.95	19	4.00
西　宁	34.88	25	45.10	25	50.49	25	57.53	25			
拉　萨	13.56	27	14.99	27	16.32	27	17.71	27	19.25	23	4.50
广　州	295.66	9	322.13	10	349.44	12	366.79	13			
福　州	410.88	5	480.01	3	553.09	3	625.12	3	682.75	3	4.70
杭　州	289.77	11	316.34	11	357.63	11	384.57	12	399.76	11	4.00
南　京	223.66	13	244.75	13	282.18	14	303.49	15	351.31	12	10.30
海　口	54.86	22	61.10	22	76.99	22	91.14	22	95.26	20	4.52
沈　阳	395.50	6	444.89	6	534.77	5	603.32	4	643.28	4	6.60
哈尔滨	724.10	1	785.00	1	880.90	1	991.20	1	1089.50	1	7.80
长　春	431.20	4	474.68	4	523.79	6	562.50	6	602.70	5	4.90
石家庄	547.76	2	651.55	2	727.30	2	787.50	2	851.78	2	0.00
太　原	50.31	24	56.06	23	63.16	24	67.50	24	72.24	21	3.30
合　肥	185.79	16	227.64	14	364.90	10	401.18	11	432.19	10	3.20
南　昌	187.20	15	204.66	17	229.70	17	249.35	18	260.79	16	
济　南	329.00	8	378.43	8	422.99	8	451.86	9	508.84	9	3.90
郑　州	184.12	17	221.43	16	235.50	16	254.60	17	263.35	15	3.30
武　汉	251.79	12	281.09	12	329.49	13	476.04	8	530.27	8	4.50
长　沙	294.61	10	323.64	9	387.72	9	419.78	10			

11-11 各省会城市规模以上工业总产值

单位：亿元

城市名称	2009年	位次	2010年	位次	2011年	位次	2012年	位次	2013年	位次	2013年比2012年增长（%）
南　宁	**976.97**	**22**	**1285.41**	**21**	**1744.20**	**21**	**2109.33**	**19**	**2557.13**	**16**	**21.23**
昆　明	1827.08	17	2235.51	17	2589.10	17	3011.34	15	3179.62	14	7.00
成　都	4864.34	6	5809.73	8	7568.27	6	7853.68	8	9171.20	8	16.80
贵　阳	896.75	23	1058.35	22	1466.28	22	1802.85	21	2011.13	18	18.20
西　安	2413.49	14	3125.36	14	3534.22	14	4023.19	13	4479.62	12	11.30
兰　州	1331.51	19	1591.47	20	1891.30	20	2055.42	20			
乌鲁木齐	1272.38	20	1672.72	19	2009.23	19	2150.78	18	2372.53	17	10.31
呼和浩特	1146.94	21					1304.87	23			18.10
银　川	674.67	24	933.94	23	1220.81	23	1640.82	22	1909.20	19	15.60
西　宁	546.35	25	751.38	24	948.84	24			1205.21	20	16.80
拉　萨	31.04	27	37.82	26	48.55	26			0.00	22	0.00
广　州	12502.08	1	13831.25	1	15712.72	1	16066.43	1	17310.24	1	12.90
福　州	3618.29	11	4258.56	12	5191.80	12	5954.89	12	6786.33	11	14.40
杭　州	9367.79	2	11258.49	2	12230.29	2	12844.26	2	13592.30	3	4.60
南　京	6756.15	4	8609.50	4	10352.02	4	11405.12	4	12647.14	4	10.30
海　口	311.44	26	417.97	25	487.79	25	515.86	24	504.97	21	-4.60
沈　阳	7611.40	3	9612.53	3	10878.78	3	12702.30	3	13678.26	2	7.70
哈尔滨	2001.20	16	2407.60	16	2591.20	16	2851.60	16	3363.00	13	17.93
长　春	4461.70	7	5750.80	9	7005.00	9	8394.40	7	9228.00	7	9.90
石家庄	4432.96	8	5939.40	7	7248.60	8	7643.15	9			
太　原	1555.41	18	1994.65	18	2408.30	18	2541.12	17	2656.73	15	4.60
合　肥	2749.16	13	3799.02	13	5617.41	11	6600.14	11	7618.07	10	0.00
南　昌	2075.11	15	2773.30	15	3277.71	15	3856.50	14			
济　南	4025.40	10	4968.61	10	5130.11	13					
郑　州	4395.30	9	6223.87	6	8459.60	5	10632.42	5	12153.52	5	13.20
武　汉	5032.18	5	6424.59	5	7390.66	7	9018.88	6	10394.07	6	18.00
长　沙	3311.39	12	4488.51	11	5976.08	10	7058.32	10	8289.13	9	18.40

11-12 各省会城市固定资产投资

单位：亿元

城市名称	2009 年	位次	2010 年	位次	2011 年	位次	2012 年	位次	2013 年	位次	2013 年比 2012 年增长（%）
南宁	**977.24**	**18**	**1389.30**	**17**	**1892.90**	**13**	**2517.61**	**14**	**2432.69**	**19**	**23.66**
昆明	1555.10	14	2121.12	15	2275.53	11			2931.50	15	25.00
成都	4025.90	1	4255.40	1	5004.33	1	5890.10	1	6501.10	1	10.40
贵阳	722.57	21	961.33	19	1537.36	15	2402.48	15	2903.95	17	20.90
西安	2367.58	5	3101.06	5	2211.16	12	2825.64	13	4982.25	6	21.30
兰州	475.66	22	591.98	23	856.35	18	1015.87	19	1623.70	21	31.00
乌鲁木齐	304.20	24	349.45	25	427.62	21	1003.00	20	1262.41	23	25.90
呼和浩特	800.81	19	880.37	20	1027.07	17	1301.43	18	1504.83	22	15.60
银川	474.67	23	625.89	22	702.67	19	853.19	21	1061.92	24	24.50
西宁	280.58	25	365.30	24	463.86	20	700.48	22	925.44	25	32.10
拉萨	136.10	27	176.46	27	208.78	23	259.80	24	376.00	27	32.00
广州	2576.38	4	3138.91	4	3285.65	5	3612.22	10	4454.55	9	18.50
福州	1544.60	15	2231.69	13	2649.63	9	3234.78	12	3834.22	13	18.50
杭州	2195.17	9	2651.88	10			3722.75	8	4263.87	12	14.50
南京	2153.27	10	2623.96	11	3757.25	4	4558.49	4	5093.78	5	18.10
海口	269.20	26	344.50	26	394.82	22	510.38	23	649.33	26	27.20
沈阳	3434.20	2	4021.34	2	4412.17	2	5350.09	2	6042.30	2	12.90
哈尔滨	1892.10	12	2651.90	9			3950.00	5	5214.00	4	32.00
长春	1691.70	13	2192.80	14	1576.90	14			3408.40	14	32.00
石家庄	2228.70	8	2696.81	8	2877.36	8	3673.33	9	4369.20	11	20.00
太原	730.59	20	852.29	21			1320.63	17	1670.74	20	26.50
合肥	2357.78	6	2950.16	6	2479.97	10	3867.35	6	4537.50	8	22.90
南昌	1464.90	16	1816.78	16			2251.91	16	2909.76	16	21.60
济南	1181.40	17	1297.90	18	1305.90	16			2638.30	18	20.70
郑州	2002.24	11	2432.50	12	2900.00	7	3561.20	11	4400.20	10	23.60
武汉	2921.76	3	3651.45	3	4232.38	3	4962.76	3	5974.53	3	19.10
长沙	2314.15	7	2909.83	7	3197.37	6	3742.32	7	4593.39	7	20.10

注：2005 年为全社会固定资产投资，2006 年以后为城镇固定资产投资。

11-13 各省会城市社会消费品零售总额

单位：亿元

城市名称	2009 年	位次	2010 年	位次	2011 年	位次	2012 年	位次	2013 年	位次	2013 年比 2012 年增长（%）
南　宁	**757.01**	**16**	**905.93**	**16**	**1073.15**	**17**	**1255.59**	**17**	**1450.84**	**17**	**14.01**
昆　明	864.61	15	1060.19	15	1271.73	15	1493.80	15	1702.30	15	14.00
成　都	1949.95	4	2417.60	3	2861.28	3	3317.70	3	3752.90	3	13.10
贵　阳	412.72	23	484.78	23	584.33	23	683.19	23	785.66	23	15.00
西　安	1381.12	11	1611.04	12	1935.18	12	2236.06	12	2548.02	12	14.00
兰　州	469.77	22	545.11	22	639.70	22	749.12	22	843.80	22	14.70
乌鲁木齐	473.00	21	563.67	21	695.03	21	834.35	21	970.05	21	16.30
呼和浩特	641.21	19	756.62	20	890.05	20	1022.20	20	1142.36	20	11.80
银　川	185.48	26	225.14	26	274.47	25	316.02	26	348.06	26	12.20
西　宁	201.60	25	231.76	25	271.29	26	317.46	25	365.07	25	15.00
拉　萨	75.90	27	86.32	27	102.59	27	124.56	27	150.00	27	20.00
广　州	3647.76	1	4476.38	1	5243.02	1	5977.27	1	6882.85	1	15.20
福　州	1335.79	12	1624.28	11	1947.81	11	2319.82	10	2681.72	10	15.60
杭　州	1804.93	5	2146.08	5	2548.36	5	2933.63	5	3531.17	4	13.00
南　京	1961.58	3	2267.77	4	2670.30	4	3103.82	4	3504.17	5	13.80
海　口	277.20	24	326.94	24	387.18	24	436.30	24	490.05	24	12.30
沈　阳	1778.60	6	2065.90	6	2426.87	6	2802.20	6	3186.09	6	13.70
哈尔滨	1507.90	9	1770.20	8	2070.40	8	2394.60	8	2728.30	9	13.90
长　春	1089.40	14	1286.70	14	1512.20	14	1739.64	14	1970.04	14	13.20
石家庄	1190.60	13	1409.90	13	1663.00	13	1915.76	13	2154.50	13	13.80
太　原	721.70	17	825.85	18	973.29	18	1129.51	18	1281.46	18	13.50
合　肥	703.42	18	839.02	17	1111.12	16	1293.62	16	1480.84	16	14.80
南　昌	634.43	20	764.94	19	928.34	19	1116.54	19	1270.01	19	13.70
济　南	1617.90	7	1725.46	9	2023.10	9	2323.60	9	2745.35	8	13.40
郑　州	1434.76	10	1678.00	10	1987.10	10	2289.90	11	2585.40	11	13.00
武　汉	2164.09	2	2523.20	2	2959.04	2	3467.37	2	3878.60	2	13.00
长　沙	1524.92	8	1812.08	7	2125.91	7	2454.71	7	2801.97	7	14.10

11-14 各省会城市海关进出口贸易总额

单位：万美元

城市名称	2009年	位次	2010年	位次	2011年	位次	2012年	位次	2013年	位次	2013年比2012年增长（%）
南宁	**278764**	**21**	**221273**	**22**	**251000**	**22**	**414700**	**22**	**442117**	**22**	**6.6**
昆明	563000	13	1010900	10	1202200	12	1441000	10	1742200	11	20.8
成都	1786000	4	2467800	4	3790600	4	4753900	4	5060000	4	6.4
贵阳	181100	22	227500	21	376900	21	505100	20	631800	20	25.1
西安	725500	8	1038200	9	1257900	10	1301400	11	1798200	10	38.2
兰州	48800	25	106000	24	188000	24	339400	23	406300	23	19.6
乌鲁木齐	368300	18	598500	16	903000	15	1040000	14	779800	18	-25.0
呼和浩特	70700	23	150600	23	202500	23	170100	25	159900	26	-5.9
银川	66600	24	99800	25	121000	26	136400	26	241100	25	80.9
西宁	44400	26	66700	27	81600	27	93417	27	124100	27	32.9
拉萨	2909	27	82600	26	130741	25	333000	24	320500	24	-3.7
广州	7673700	1	10377600	1	11617200	1	11716700	1	11888800	1	1.5
福州	1786000	4	2460000	5	3472500	5	3106000	6	3142900	6	11.9
杭州	4042000	2	5235500	2	6397200	2	6168300	2	6507100	2	5.5
南京	3374500	3	4351800	3	5734400	3	5528300	3	5580500	3	0.9
海口	381100	16	394500	20	393600	20	421600	21	510100	21	21.0
沈阳	657000	9	786000	13	1062000	13	1274800	13	1432900	12	12.4
哈尔滨	369000	17	437000	19	512000	19	533000	19	654000	19	40.3
长春	855000	7	1322000	7	1734400	7	1968000	8	2039900	8	3.7
石家庄	550800	14	1097400	8	1417000	9	1294800	12	1400000	13	8.1
太原	591200	11	791200	12	853400	16	847400	17	916300	17	8.2
合肥	642800	10	995800	11	1230900	11	1764200	9	1819000	9	3.1
南昌	347300	20	530400	17	788400	17	828700	18	972200	15	19.3
济南	565700	12	741100	14	1040200	14	914700	15	956600	16	4.7
郑州	360000	19	516000	18	1599600	8	3583000	5	4274900	5	19.3
武汉	1147300	6	1805500	6	2279000	6	2035400	7	2175200	7	6.9
长沙	411800	15	608900	15	748900	18	869300	16	989300	14	13.8

11-15 各省会城市海关出口贸易总额

单位：万美元

城市名称	2009年	位次	2010年	位次	2011年	位次	2012年	位次	2013年	位次	2013年比2012年增长（%）
南　宁	**238350**	**15**	**159300**	**20**	**166200**	**21**	**251700**	**22**	**235270**	**23**	**-6.50**
昆　明	296900	12	532700	9	660300	11	568600	15	1041000	9	83.10
成　都	1049800	5	1387400	5	2295600	5	3036100	4	3188000	4	5.00
贵　阳	126300	20	144100	21	278000	18	421400	18	557900	16	32.40
西　安	333000	10	531700	10	580400	13	729900	11	847600	10	16.10
兰　州	30600	25	87000	23	123000	23	269200	21	359300	19	33.50
乌鲁木齐	296900	12	443700	11	669600	10	806000	9	639900	14	-20.60
呼和浩特	34700	24	75900	25	102400	25	83300	26	73500	27	-11.70
银　川	47000	23	67500	26	81400	26	107500	25	207800	24	99.10
西　宁	21500	26	39600	27	59400	27	66214	27	77874	26	17.60
拉　萨	2505	27	76500	24	113225	24	326100	19	316400	21	-3.00
广　州	3740500	1	4837900	1	5647300	1	5891500	1	6280600	1	6.60
福　州	1201200	4	1631400	4	2413100	4	2113100	5	1933700	6	6.80
杭　州	2718000	2	3533700	2	4152100	2	4126200	2	4476600	2	8.50
南　京	1845900	3	2367500	3	3086500	3	3191600	3	3227300	3	1.10
海　口	100000	22	130700	22	152100	22	179800	24	189000	25	5.12
沈　阳	352000	9	408000	12	482500	15	596500	13	699600	13	17.30
哈尔滨	147000	19	198000	19	226000	20	186000	23	290000	22	55.91
长　春	109000	21	200300	18	227000	19	290400	20	329300	20	13.40
石家庄	430900	8	579400	7	708000	9	733800	10	712000	12	-3.00
太　原	194400	18	313800	17	350600	17	424200	17	529500	18	24.80
合　肥	444800	7	562600	8	782000	8	1362800	7	1189900	8	-12.70
南　昌	213000	17	367400	14	565700	14	646600	12	731100	11	13.10
济　南	304700	11	405500	13	604800	12	572000	14	548100	17	-4.10
郑　州	220000	16	346000	16	963800	7	2026000	6	2506600	5	23.70
武　汉	582500	6	875400	6	1173300	6	1074800	8	1194300	7	11.10
长　沙	244600	14	355100	15	408400	16	517400	16	616600	15	19.20

11-16 各省会城市外商直接投资

单位：万美元

城市名称	2009 年	2010 年	2011 年	2012 年	2013 年	位 次
南　宁	**27845**	**33029**	**37300**	**50300**	**58021**	**21**
昆　明	73000	100900	127400	158800	179800	14
成　都	279700	641000	655000	859000	876000	1
贵　阳	11200	13500	27900	47400	63000	20
西　安	132000	160200	200500	247800	313000	10
兰　州	4300		10600			
乌鲁木齐	12500	13000	16000	19000	22300	23
呼和浩特	77600	83800	88600	61700	88300	19
银　川	3000	4500	18700	14600	12900	24
西　宁	3000		4300			
拉　萨						
广　州	387500	397900	427000	474300	480400	5
福　州	103200	118500	127700	133900	143100	15
杭　州	401400	435600	472200	496100	527600	3
南　京	239200	281600	356600	413000	403300	7
海　口	64800	71600	40700	45300	51200	22
沈　阳	541000	505000	550200	580400	581100	2
哈尔滨	60000	70000	79400	190000	226000	11
长　春	243000	266600	308000	368200	444000	6
石家庄	56000	63600	81000	88000	98000	17
太　原	26200	28300	67900	78200	94400	18
合　肥	130000	143000	181300	165600	189000	13
南　昌	158300	201800	228700	264000	211700	12
济　南	98100	104000	110000	122000	132100	16
郑　州	162400	190000	310000	343000	332200	9
武　汉	293500	329300	376000	444400	525000	4
长　沙	203300	223800	260100	297700	340000	8

11-17 各省会城市国际旅游者人数

单位：万人次

城市名称	2009 年	2010 年	2011 年	2012 年	2013 年	位次	2013 年比 2012 年增长（%）
南　宁	**12.27**	**16.75**	**23.61**	**30.07**	**35.11**	**16**	**16.75**
昆　明	77.83	86.06	100.40	113.74	123.13	5	8.26
成　都	64.60	80.21	131.50	158.18	176.43	3	11.54
贵　阳	9.11	6.10	9.78	11.62	13.42	22	15.49
西　安	67.29	84.18	100.23	115.35	121.11	6	4.99
兰　州	3.20	3.10	3.80	3.90	3.48	25	-10.77
乌鲁木齐	21.15	26.42	39.60	36.56	35.20	15	-3.72
呼和浩特	8.55	9.40	10.23	11.01	11.75	23	6.72
银　川	1.05	1.45	1.44	1.39	1.83	26	31.65
西　宁	2.57	3.03	3.41				
拉　萨	10.32	14.39	11.59	13.16	8.24	24	-37.4
广　州	689.41	814.80	778.69	792.21	768.20	1	-3.03
福　州	60.60	69.86	76.17	85.13	90.50	8	6.31
杭　州	230.40	275.71	306.31	331.12	316.01	2	-4.56
南　京	113.45	130.88	150.66	162.71	51.86	10	-68.13
海　口	10.32	13.29	14.68	17.97	15.66	21	-12.85
沈　阳	49.60	55.00	63.50	75.00	81.00	9	8.00
哈尔滨	24.00	26.40	27.70	24.10	21.10	18	-12.45
长　春	21.71	24.98	30.20	35.66	37.83	14	6.09
石家庄	10.63	10.00	10.70	15.79	16.70	20	5.76
太　原	22.54	28.32	34.88	42.25	46.60	11	10.30
合　肥	20.03	24.28	35.50	37.50	38.93	13	3.81
南　昌	10.40	12.05	14.36	18.45	20.18	19	9.38
济　南	18.70	23.10	29.00	31.60	30.70	17	-2.85
郑　州	32.10	34.90	38.40	42.20	43.80	12	3.79
武　汉	66.90	92.79	115.91	150.89	161.37	4	6.95
长　沙	57.82	70.21	83.50	105.19	116.97	7	11.20

11-18 各省会城市国际旅游收入

单位：万美元

城市名称	2009 年	2010 年	2011 年	2012 年	2013 年	2013 年比 2012 年增长（%）
南　宁	**3939**	**5600**	**8200**	**10706**	**13737**	**28.31**
昆　明	21759	24252	29800	33900	40300	18.88
成　都	23651	28890	45640	62785	73124	16.47
贵　阳	4042	2487	3727	4474	5530	23.60
西　安	39000	53000	64100	74862	80200	7.13
兰　州	1056	963	968	1016		
乌鲁木齐	7259	9109	17032	20566	22142	7.67
呼和浩特	5490	6882	8604	9280	10948	17.97
银　川	341	507	488	405	875	115.84
西　宁	886	1290	1500	2409		
拉　萨	3235	4507	4227	2458	3456	40.6
广　州	362396	468857	485300	514458	516900	0.47
福　州	77400	84300	102800	110800	128800	16.25
杭　州	138000	169000	195700	220200	216000	−1.91
南　京	83700	98062	120000	136200	40100	−7.3
海　口	3089	3800	3845	4474	4210	−5.89
沈　阳	36999	40023	46403	60000	66474	10.79
哈尔滨	14540	14272	16918	11333	9821	−13.34
长　春	11625	13748	16975	22379	24306	8.61
石家庄	4000	4384	4943	6164	7490	21.51
太　原	13384	16377	17980	24413	27567	12.92
合　肥	10758	15000	21800	23000	25000	8.70
南　昌	3167	3069	4650	5432	6390	17.64
济　南	9317	11354	14228	16034	15127	−5.66
郑　州	12279	13384	14760	15800	17000	7.59
武　汉	32902	47578	60600	85209	91400	7.27
长　沙	45322	52878	62493	66453	77900	17.23

11-19 各省会城市财政收入

单位：亿元

城市名称	2009年	位次	2010年	位次	2011年	位次	2012年	位次	2013年	位次	2013年比2012年增长（%）
南　宁	**231.37**	**20**	**300.88**	**21**	**363.52**	**20**	**421.99**	**18**	**473.66**	**16**	**12.24**
昆　明	543.68	9	559.56	12	700.90	12	791.40	11			
成　都	1279.62	3	2022.30	2	2269.64	2	2331.26	2	2809.8	2	19.20
贵　阳	252.05	18	304.64	19	401.36	18	488.02	16	563.76	13	15.52
西　安	630.76	7	860.11	7	1177.72	7					
兰　州	254.80	17	304.13	20	350.63	21	406.00	19	394.82	18	-2.77
乌鲁木齐	145.59	22	197.57	23	264.20	23	317.74	20	400.71	17	26.10
呼和浩特	201.24	21	241.50	22	285.22	22	316.32	21	360.05	19	13.80
银　川	92.57	24	137.99	25	180.14	25	187.31	23	223.29	21	19.20
西　宁	68.62	25	99.22	26	124.28	26	135.93	24			
拉　萨	10.05	26	15.02	27	29.60	27					
广　州	3330.68	1	3348.00	1	3978.00	1	4300.00	1	4430	1	3.00
福　州	481.04	11	822.05	8	1037.44	8	947.14	8			
杭　州	1019.43	4	1245.43	6	1488.92	5	1627.89	5	1734.98	4	6.60
南　京	1286.82	2	1934.83	3	1958.00	3	2044.23	4	1591.59	6	0.00
海　口	123.12	23	163.71	24	188.82	24	210.43	22	240.82	20	14.44
沈　阳	619.30	8	740.00	9	962.67	9					
哈尔滨	333.30	15	410.40	15	607.30	15	581.40	13	632.4	12	8.80
长　春	450.70	12	563.40	11	803.20	11	927.70	9	1077.59	8	16.20
石家庄	310.25	15	387.91	16	488.97	16	573.39	14	648.3	11	13.10
太　原	279.65	16	321.89	18	393.04	19	454.49	17	495.57	15	9.00
合　肥	341.91	14	476.20	14	623.77	14	694.36	12	768.27	10	10.70
南　昌	249.88	19	322.34	17	411.19	17	500.16	15	553.02	14	11.60
济　南	967.70	6	1285.10	5	1387.40	6	1610.30	6	1747.6	3	8.50
郑　州	521.70	10	643.00	10	820.10	10	974.60	7	1116	7	14.50
武　汉	1005.03	5	1416.14	4	1795.99	4	2093.68	3	1730.65	5	13.10
长　沙	406.03	13	506.32	13	688.95	13	796.58	10	883.89	9	19.50

11-20 各省会城市公共财政预算收入

单位：亿元

城市名称	2009年	位次	2010年	位次	2011年	位次	2012年	位次	2013年	位次	2013年比2012年增长（%）
南　宁	**120.46**	**17**	**156.10**	**17**	**186.29**	**20**	**229.72**	**20**	**256.25**	**20**	**11.5**
昆　明	201.61	10	253.83	11	317.69	13	378.40	13	450.75	12	19.1
成　都	387.50	4	526.94	3	680.71	3	780.90	4	898.50	4	16.6
贵　阳	105.36	22	136.30	21	187.09	18	241.19	18	277.21	19	20.2
西　安	181.40	13	241.86	13	318.55	12	396.96	9	501.98	9	26.5
兰　州	57.04	23	72.76	23	86.49	24	103.73	24	124.50	24	20.0
乌鲁木齐	113.54	20	147.99	18	206.20	17	252.00	17	301.90	17	19.8
呼和浩特	106.72	21	126.76	22	151.43	22	178.64	22	182.02	22	1.9
银　川	44.02	24	64.13	24	96.62	23	113.13	23	134.60	23	19.0
西　宁	28.15	26	34.52	26	45.25	26	54.77	26	67.11	26	22.5
拉　萨	10.05	27	15.02	27	23.43	27	34.36	27	50.00	27	46.0
广　州	702.58	1	872.65	1	979.47	1	1102.40	1	1141.79	1	10.8
福　州	195.26	11	247.82	12	320.04	11	382.02	11	453.97	11	18.8
杭　州	520.79	2	671.34	2	785.15	2	859.99	2	945.20	3	9.9
南　京	434.51	3	518.80	4	635.00	5	733.02	5	831.31	5	13.4
海　口	38.44	25	50.37	25	60.93	25	73.17	25	86.73	25	15.1
沈　阳	320.20	5	465.40	5	620.12	6	715.04	6	801.00	6	12.0
哈尔滨	193.40	12	238.10	14	300.30	14	354.70	14	402.30	14	13.4
长　春	142.70	15	180.80	15	288.60	15	340.80	15	381.80	15	12.0
石家庄	125.96	16	163.63	16	221.23	16	272.28	16	315.20	16	15.8
太　原	117.54	18	138.48	20	174.72	21	215.67	21	247.33	21	14.7
合　肥	180.90	14	259.43	10	338.51	9	389.50	10	413.97	13	6.3
南　昌	115.88	19	146.46	19	187.03	19	240.02	19	291.91	18	21.6
济　南	210.20	9	266.10	9	325.40	10	380.80	12	482.10	10	13.9
郑　州	301.92	7	386.80	7	502.30	7	606.70	7	723.60	7	19.3
武　汉	316.07	6	390.19	6	673.26	4	828.58	3	978.52	2	18.1
长　沙	246.29	8	314.28	8	425.78	8	490.65	8	536.63	8	23.8

11-21 各省会城市地方财政支出

单位：亿元

城市名称	2009年	位次	2010年	位次	2011年	位次	2012年	位次	2013年	位次	2013年比2012年增长（%）
南宁	**203.46**	**17**	**261.28**	**19**	**302.31**	**19**	**376.51**	**18**	**417.29**	**17**	**10.83**
昆明	270.45	13	346.13	14	441.57	15	525.54	14	585.75	13	11.5
成都	1045.74	2	1759.58	1	1794.38	1	1770.40	2	1162.60	2	20.4
贵阳	169.84	20	204.49	21	277.38	21	349.33	21	393.60	19	14.4
西安	420.08	9	620.03	7	747.35	7	597.49	11	729.81	8	22.1
兰州	119.83	23	146.93	24	175.48	25	202.43	25	242.30	23	19.6
乌鲁木齐	133.88	22	208.23	20	299.71	20	363.89	19	353.20	20	19.5
呼和浩特	165.17	21	177.17	22	255.39	22	276.29	22	292.90	22	11.0
银川	111.42	24	172.83	23	237.79	23	267.23	23	220.53	24	−17.5
西宁	99.50	25	140.43	25	190.87	24	220.98	24	207.57	25	12.0
拉萨	37.73	27	51.33	27	75.63	27	106.90	27	136.00	26	27.2
广州	1059.50	1	1487.16	2	1793.35	2	1796.91	1	1384.72	1	8.9
福州	203.24	18	262.42	18	363.30	17	410.73	17	534.35	14	30.1
杭州	490.40	5	616.58	8	747.50	6	786.28	5	855.74	5	8.8
南京	814.69	3	1375.33	3	1313.98	3	769.65	6	851.01	6	10.6
海口	66.61	26	78.99	26	99.74	26	113.81	26	132.00	27	15.9
沈阳	469.60	7	516.60	9	639.30	9	766.09	7	881.80	4	15.1
哈尔滨	348.40	10	698.60	5	905.20	5	643.60	9	709.80	9	11.7
长春	306.00	12	382.90	13	518.70	12	555.50	13	633.00	11	13.9
石家庄	236.37	15	290.50	16	403.54	16	464.09	16	514.90	16	11.0
太原	223.80	16	279.86	17	342.14	18	356.58	20	319.11	21	15.0
合肥	245.86	14	317.72	15	474.89	13	572.10	12	630.89	12	10.2
南昌	181.70	19	392.32	12	470.13	14	482.36	15	4[illegible]7.77	18	20.9
济南	436.60	8	659.70	6	668.10	8	920.30	4	522.30	15	13.2
郑州	353.02	6	426.80	10	565.29	10	700.60	8	815.70	7	16.4
武汉	711.91	4	989.95	4	1230.70	4	1444.83	3	1[illegible]03.59	3	24.6
长沙	314.08	11	403.33	11	520.89	11	624.62	10	595.84	10	11.4

11-22 各省会城市金融机构存款余额

单位：亿元

城市名称	2009 年	位次	2010 年	位次	2011 年	位次	2012 年	位次	2013 年	位次
南　宁	**3231.36**	**19**	**3892.26**	**19**	**4728.14**	**19**	**5627.18**	**19**	**6483.52**	**19**
昆　明	5849.43	11	6794.04	11	7604.64	11	8839.46	11	10085.36	11
成　都	12415.93	3	15277.20	3	17287.00	3	20354.00	2	23662.00	2
贵　阳	2454.43	22	3035.31	21	3625.10	22	4394.37	22	5742.09	20
西　安	7522.08	6	8933.23	6	10526.32	6	12125.53	6	13763.19	6
兰　州	2621.20	21	3035.31	21	3833.55	21	4589.26	21	5499.20	22
乌鲁木齐	2958.62	20	3596.43	20	4098.81	20	4819.10	20	5590.19	21
呼和浩特	2125.71	23	2678.92	23	3224.03	23	3805.76	23	4437.99	23
银　川	1278.97	26	1597.96	26	1820.25	25	2108.28	26	2340.93	26
西　宁	1300.63	25	1623.21	25	1623.21	26	2364.86	25	2822.47	25
拉　萨	684.33	27	896.13	27	1107.30	27	1304.19	27	1556.38	27
广　州	20401.72	1	23384.50	1	26460.80	1	29006.99	1	32850.57	1
福　州	4740.58	15	5909.42	15	6910.13	13	7707.28	13	8720.26	13
杭　州	14059.16	2	16838.18	2	18396.57	2	19599.85	3	22174.71	3
南　京	10886.92	4	12949.50	4	14241.99	4	16131.41	4	18050.82	4
海　口	1690.54	24	2205.60	24	2354.12	24	2582.97	24	2893.80	24
沈　阳	6809.80	7	8092.00	7	9040.70	7	10275.35	8	11437.20	8
哈尔滨	5031.10	14	5956.40	14	6612.50	15	7360.30	15	8488.20	15
长　春	4308.80	16	4985.90	16	5619.10	17	6578.30	17	7808.31	17
石家庄	5199.40	13	6115.50	13	6755.80	14	7640.70	14	8607.80	14
太　原	5892.15	10	6965.19	10	7641.03	10	8902.46	10	9819.68	12
合　肥	3735.31	17	4541.78	17	5822.06	16	6913.84	16	8232.58	16
南　昌	3289.88	18	4167.67	18	5120.13	18	5723.14	18	6624.57	18
济　南	6363.30	9	7510.40	9	8275.80	9	9798.50	9	10808.10	9
郑　州	6540.30	8	7990.90	8	9026.80	8	10448.30	7	12450.50	7
武　汉	8615.35	5	10756.52	5	11519.58	5	12929.26	5	14915.69	5
长　沙	5277.98	12	6375.59	12	7364.27	12	8731.49	12	10148.76	10

11-23 各省会城市金融机构贷款余额

单位：亿元

城市名称	2009年	位次	2010年	位次	2011年	位次	2012年	位次	2013年	位次
南　宁	**3278.12**	**17**	**3909.02**	**17**	**4845.07**	**17**	**5501.28**	**17**	**6115.88**	**17**
昆　明	5450.79	7	6498.57	6	7501.63	7	8165.49	8	9148.63	9
成　都	9869.40	3	12139.40	3	14163.00	3	15630.00	3	17618.00	3
贵　阳	2070.34	20	2588.73	20	3030.07	21	3479.47	22	4177.93	22
西　安	4482.63	11	6482.28	7	7700.19	6	8635.22	6	10023.63	6
兰　州	2007.19	21	2359.28	22	2917.88	22	3672.85	21	4407.70	20
乌鲁木齐	1659.92	23	2074.74	23	2579.40	23	3245.33	23	3922.02	23
呼和浩特	1970.48	22	2522.52	21	3269.63	20	3707.22	20	4273.09	21
银　川	1289.13	25	1641.06	25	1990.32	25	2282.97	25	2660.62	25
西　宁	1174.38	26	1542.08	26	1542.08	26	2257.50	26	2727.69	24
拉　萨	163.94	27	214.05	27	316.05	27	454.35	27	615.58	27
广　州	12598.16	2	14987.73	1	17732.88	1	18023.02	1	20172.97	1
福　州	4054.36	13	4953.91	13	6190.73	11	6711.77	12	7738.74	12
杭　州	12687.86	1	14502.91	2	16573.74	2	17215.93	2	19350.70	2
南　京	9064.13	4	10384.80	4	11723.52	4	12314.41	4	13791.06	5
海　口	1357.45	24	1697.67	24	2461.19	24	2425.78	24	2547.80	26
沈　阳	5170.90	8	5970.20	10	7040.00	9	7852.71	9	8867.10	10
哈尔滨	3433.30	16	4127.00	16	5070.10	16	5558.00	15	6275.90	16
长　春	3819.30	14	4557.40	14	5251.00	15	5727.20	15	6453.35	15
石家庄	2896.67	19	3272.10	19	3698.10	19	3995.10	19	4512.00	19
太　原	4156.46	12	5054.75	12	5657.37	13	6376.21	13	7111.87	13
合　肥	3492.53	15	4214.08	15	5512.63	14	6136.03	14	7054.99	14
南　昌	2932.12	18	3461.52	18	4156.46	18	4728.01	18	5464.22	18
济　南	5700.90	6	6319.10	8	6893.70	10	7406.20	10	7812.50	11
郑　州	4922.20	10	5717.50	11	6157.10	12	6794.10	11	9342.30	8
武　汉	7167.09	5	8653.04	5	10157.53	5	10627.60	5	14701.18	4
长　沙	5079.35	9	6187.40	9	7483.83	8	8267.15	7	9633.02	7

11-24 各省会城市居民消费价格总指数

单位：%

城市名称	2009年	位次	2010年	位次	2011年	位次	2012年	位次	2013年	位次
南 宁	**98.2**	**25**	**102.5**	**25**	**105.7**	**1**	**102.9**	**10**	**102.1**	**26**
昆 明	100.8	3	104.2	2	104.9	23	103.1	5	103.9	1
成 都	100.3	5	103.0	14	105.4	13	103.0	7	103.1	9
贵 阳	97.7	26	102.9	19	105.5	7	102.6	18	103.2	8
西 安	99.7	16	103.5	10	105.6	5	102.8	12	102.7	17
兰 州	99.6	19	103.8	6	105.4	13	102.4	21	103.5	4
乌鲁木齐	100.4	4	102.7	22	104.5	27	103.4	1	103.5	4
呼和浩特	100.1	9	102.6	24	105.5	7	103.1	5	103.8	2
银 川	99.7	16	103.8	6	105.5	7	102.6	18	103.5	4
西 宁	102.2	1	104.5	1	105.7	1	102.7	15	103.8	2
拉 萨	101.7	2	103.2	11	105.0	21	103.2	3	103.4	7
广 州	97.5	27	102.2	26	105.5	7	103.0	7	102.6	20
福 州	99.2	22	103.2	11	104.9	23	102.2	25	102.6	20
杭 州	98.6	24	103.9	5	104.8	26	102.5	20	102.5	22
南 京	100.1	9	104.2	2	105.4	13	102.7	15	102.7	17
海 口	99.9	11	104.2	2	105.4	13	103.3	2	102.9	12
沈 阳	99.9	11	102.9	19	105.4	13	103.0	7	102.5	22
哈尔滨	100.2	8	103.7	8	105.6	5	103.2	3	102.1	26
长 春	99.8	14	103.6	9	105.5	7	102.3	23	103.0	11
石家庄	100.3	5	103.0	14	105.7	1	102.8	12	102.9	12
太 原	99.9	11	103.0	14	105.4	13	102.1	27	103.1	9
合 肥	99.1	23	102.7	22	105.7	1	102.2	25	102.7	17
南 昌	99.7	16	103.2	11	105.0	21	102.9	10	102.3	25
济 南	100.3	5	102.1	27	105.4	13	102.4	21	102.8	14
郑 州	99.8	14	103.0	14	104.9	23	102.7	15	102.8	14
武 汉	99.4	20	103.0	14	105.2	20	102.8	12	102.4	24
长 沙	99.4	20	102.9	19	105.5	7	102.3	23	102.8	14

11-25 各省会城市城镇居民人均可支配收入

单位：元

城市名称	2009年	位次	2010年	位次	2011年	位次	2012年	位次	2013年	位次	2013年比2012年增长（%）
南　宁	**16813**	**14**	**18032**	**17**	**20005**	**20**	**22561**	**19**	**24817**	**19**	**10.0**
昆　明	15674	20	18876	14	21966	14	25706	12	28354	12	12.3
成　都	18650	9	20835	9	23932	9	27194	9	29968	9	10.2
贵　阳	15041	24	16597	23	19420	23	21796	23	23376	23	10.0
西　安	18963	8	22244	8	25981	8	29982	7	33100	7	10.4
兰　州	12761	27	14062	27	15953	26	18442.76	25	20767	26	12.6
乌鲁木齐	13075	25	14402	25	16141	25	18385	26	21304	25	12.2
呼和浩特	22397	5	25174	5	28877	5	32646	4	35629	5	12.1
银　川	15715	19	17073	21	19481	22	21901	22	23776	22	10.0
西　宁	12951	26	14085	26	15842	27	17634	27	19444	27	10.3
拉　萨	15114	23	16567	24	17654	24	19545	24	21421	24	9.6
广　州	27610	1	30658	1	34438	1	38053.52	1	42049	1	10.5
福　州	20748	6	22723	7	26050	7	29399	8	32265	8	9.8
杭　州	26864	2	30035	2	34065	2	37511	2	39310	3	10.1
南　京	25504	3	28312	3	32200	3	36322	3	39881	2	9.8
海　口	15237	22	16720	22	19730	21	22331	21	24461	20	9.5
沈　阳	18560	10	20541	11	23326	11	26430.83	11	29074	11	10.0
哈尔滨	15887	18	17557	19	20031	19	22498.6	20	25197	17	12.0
长　春	16277	17	17922	18	20487	17	22969.7	17	25034	15	13.3
石家庄	16607	15	18290	15	20534	16	23038.46	16	25000	18	9.5
太　原	15607	21	17258	20	20149	18	22587	18	24000	21	11.0
合　肥	17158	13	19051	13	22459	13	25434	13	28083	13	10.4
南　昌	16472	16	18276	16	20741	15	23602	15	26151	15	10.8
济　南	22722	4	25321	4	28892	4	32569.8	5	35648	4	9.5
郑　州	17417	12	19376	12	22477	12	25301	14	26615	14	9.8
武　汉	18385	11	20806	10	23738	10	27061	10	29821	10	10.2
长　沙	20004	7	22814	6	26451	6	30287.88	6	33662	6	10.5

11-26 各省会城市农民人均纯收入

单位：元

城市名称	2009年	位次	2010年	位次	2011年	位次	2012年	位次	2013年	位次	2013年比2012年增长（%）
南宁	**4358**	**26**	**5005**	**25**	**5848**	**26**	**6777**	**26**	**7685**	**26**	**13.4**
昆明	5080	23	5810	23	6985	23	8040	23	9273	21	15.3
成都	7129	12	8205	10	9895	10	11501	8	12985	8	12.9
贵阳	5316	22	5976	22	7381	20	8488	20	9592	20	13.0
西安	6275	17	7750	13	9788	12	11442	11	12930	9	13.0
兰州	4001	27	4587	27	5252	27	6224	27	7114	27	14.3
乌鲁木齐	6666	15	7471	15	8436	16	10356	14	11496	13	14.6
呼和浩特	7802	8	7802	12	10038	9	11361	12	12736	11	12.1
银川	5389	21	6161	20	7070	22	8068	22	9036	23	12.0
西宁	4699	25	5521	24	6634	24	7802	24	9004	24	15.4
拉萨	4919	24	5003	26	6019	25	7082	25	8537	25	18.0
广州	11067	2	12676	2	14818	2	16788.48	2	18887	3	12.5
福州	7669	10	8543	8	10107	8	11492	9	12910	10	12.3
杭州	11822	1	13186	1	15245	1	17017	1	18923	2	11.2
南京	9858	3	11128	4	13108	4	14786	4	16531	4	11.8
海口	6762	14	6155	21	7191	21	8134	21	9155	22	12.6
沈阳	9129	5	10022	5	11575	5	13045.1	5	14467	5	10.9
哈尔滨	6776	13	8020	11	9608	13	11443	10	10800	16	14.1
长春	5662	20	6665	18	7400	19	9064.01	18	10240	18	13.0
石家庄	5977	19	6577	19	7822	18	8993	19	10010	19	11.1
太原	7680	9	7611	14	8888	14	10079	15	11288	14	12.0
合肥	6065	18	7118	17	7862	17	9081	17	10352	17	14.0
南昌	6296	16	7193	16	8484	15	9730	16	10806	15	11.1
济南	7805	7	8903	7	10412	7	11786.2	7	13248	7	12.4
郑州	8121	6	9225	6	11050	6	12530	6	14009	6	11.8
武汉	7161	11	8295	9	9814	11	11190	13	12713	12	13.6
长沙	9432	4	11206	3	13400	3	15763	3	19713	1	12.6

11-27 各省会城市普通高等学校在校学生人数

单位：人

城市名称	2009 年	位次	2010 年	位次	2011 年	位次	2012 年	位次	2013 年	位次	2013 年比 2012 年增长（%）
南 宁	**257600**	**19**	**264400**	**20**	**295800**	**19**	**318000**	**19**	**332965**	**18**	**4.71**
昆 明	269900	17	305300	18	341300	18	361000	17	565400	7	56.62
成 都	589000	6	617000	7	647200	6	685600	6	702000	6	2.39
贵 阳	245700	20	256800	21	261300	21	295300	21	325400	19	10.19
西 安	632200	4	657400	4	685200	4	724000	5	872100	3	20.46
兰 州	218200	21	356000	14	374000	16	377000	15	393000	15	4.24
乌鲁木齐	130300	23	134900	23	131200	23	136000	23	146100	22	7.43
呼和浩特	203900	22	215300	22	222300	22	227200	22	229300	21	0.92
银 川	62400	25	66700	25	74100	25	78700	25	88500	24	12.45
西 宁	43800	26	45000	26	58700	26	61858	26	63918	25	3.33
拉 萨	12350	27	17987	27	18601	27	27898	27	28382	26	1.73
广 州	796000	2	843900	2	896100	2	939200	2	983100	1	4.67
福 州	265700	18	281700	19	292700	20	305400	20	318300	20	4.22
杭 州	358400	12	395800	11	446700	11	415700	12	425900	13	2.45
南 京	693400	3	706100	3	808500	3	806900	4	807500	4	0.07
海 口	94200	24	103900	24	128600	24	133300	24	120700	23	−9.45
沈 阳	342000	15	348600	15	374200	15	369300	16	380000	16	2.90
哈尔滨	469000	9	531000	8	559000	7	681730	7	492000	11	−27.83
长 春	359000	11	365000	13	377000	14	387700	14	401800	14	3.64
石家庄	343900	14	341800	16	388200	13	395500	13			
太 原	323300	16	329700	17	341900	17	358200	18	378700	17	5.72
合 肥	352100	13	372600	12	409500	12	425100	11	443400	12	4.30
南 昌	484900	8	490200	10	488900	9	509200	9	505800	9	−0.67
济 南	468100	10	642500	6	479500	10	475400	10	505000	10	6.23
郑 州	608000	5	649000	5	665000	5	818200	3	748000	5	−8.58
武 汉	846300	1	881400	1	920400	1	947000	1	966400	2	2.05
长 沙	503000	7	508300	9	516800	8	523200	8	530600	8	1.41

11-28 各省会城市年末电话用户数

单位：万户

城市名称	2009年	2010年	2011年	2012年	2013年	2013年比2012年增长（%）
南宁	**516.34**	**604.39**	**791.79**	**824.72**	**852.62**	**3.38**
昆明	713.33	770.80	903.60	975.91	1062.97	8.92
成都	1886.40	2105.70	2411.10	2511.30	2686.79	6.99
贵阳	465.23	594.93	643.39	742.82	855.14	15.12
西安	1409.16	1684.85	1884.51	2114.56	2465.18	16.58
兰州	368.41	441.24	495.49	513.32	555.63	8.24
乌鲁木齐	390.94	398.71	492.07	598.00	614.28	2.72
呼和浩特	330.26	346.30	401.50	450.01	481.61	7.02
银川	209.81	186.96	292.34	361.04	394.87	9.37
西宁	215.12	263.11	283.20	328.29	342.09	4.20
拉萨	58.72	68.89	102.23	120.23	114.54	–4.73
广州	2732.31	2930.72	3154.37	3617.05		
福州	866.16	948.63	1015.28	1079.31	1115.40	3.34
杭州	1402.31	1602.12	1587.82	1704.22	1790.78	5.08
南京	1101.16	1121.48	1296.10	1442.02	1491.07	3.40
海口	269.42	405.26	395.70	442.57	447.41	1.09
沈阳	1083.70	1177.90	1184.60	1276.70	1284.59	0.62
哈尔滨	1043.90	1296.80	1069.50	1251.10	1381.80	10.45
长春	1390.90	1364.60	1221.00	1300.40	1309.30	0.68
石家庄	756.60	884.60	934.29	1075.90		
太原	572.72	644.20	803.35	865.59	852.41	–1.52
合肥	467.67	565.60	774.48	806.16	879.93	9.15
南昌	618.00	636.38	702.66	772.84	756.00	–2.18
济南	819.10	1049.60	1117.90	1171.30	1423.60	21.54
郑州	1002.80	1136.55	1178.60	1268.70	1491.90	17.59
武汉	1376.00	1461.00	1587.00	1888.00	1956.00	3.60
长沙	865.22	970.95	1026.52	1196.14	1281.20	7.11

注：年末电话用户含移动电话用户。

指标解释

EXPLANATORY NOTES ON STATISTICAL INDI–CATORS

主要指标解释

地区生产总值 是按市场价格计算的地区生产总值的简称。它是一个国家(地区)所有常住单位在一定时期内生产活动的最终成果。地区生产总值有三种表现形态，即价值形态、收入形态和产品形态。从价值形态看，它是所有常住单位在一定时期内所生产的全部货物和服务价值超过同期投入的全部非固定资产货物和服务价值的差额，即所有常住单位的增加值之和；从收入形态看，它是所有常住单位在一定时期内所创造并分配给常住单位和非常住单位的初次分配收入之和；从产品形态看，它是最终使用的货物和服务减去进口货物和服务。在实际核算中，地区生产总值的三种表现形态表现为三种计算方法，即生产法、收入法和支出法。三种方法分别从不同的方面反映地区生产总值及其构成。

可比价格 指在不同时期的价值指标对比时，扣除了价格变动的因素，以确切反映物量的变化。按可比价格计算有两种方法：一种是直接用产品产量乘某一年的不变价格计算；另一种是用价格指数换算。

不变价格 指用同类产品的年平均价格作为固定价格，来计算各年产品价值。按不变价格计算的产品价值消除了价格变动因素，不同时期对比可以反映生产的发展速度。新中国成立后，随着工农业产品价格水平的变化，国家统计局先后五次制定了全国统一的工业产品不变价格和农业产品不变价格，从1949年到1957年使用1952年工(农)业产品不变价格，从1957年到1971年使用1957年不变价格，1971年到1981年使用1970年不变价格，从1981年到1990年使用1980年不变价格，从1990年开始使用1990年不变价格。

平均每年增长速度 在我国计算平均增长速度有两种方法，一种是习惯上经常使用的“水平法”，又称几何平均法，是以间隔期最后一年的水平同基期水平对比来计算平均每年增长(或下降)速度。另一种是“累计法”，又称代数平均法或方程法，是以间隔期内各年水平的总和同基期水平对比来计算平均每年增长(或下降)速度。

在一般正常情况下，两种方法计算的平均每年增长速度比较接近，但在经济发展不平衡，出现大起大落时，两种方法计算的结果差别较大。

国有经济单位 指生产资料归国家所有的各种企业、事业单位，以及各级国家机关、人民团体等单位。

集体经济单位 指生产资料归公民集体所有的各种企业、事业单位。包括农村各种经济组织经营的农、林、牧、副、渔业，乡、村经营的企业、事业单位；城市、县、镇以及街道举办的集体经济性质的企业、事业单位。

私营经济单位 指生产资料归公民私人所有的单位。包括私营独资企业、私营合伙企业和私营有限责任公司。

联营经济单位 指不同所有制性质的企业之间或者企业、事业单位之间共同投资组成新的经济实体。包括紧密型联营企业，半紧密型联营企业和松散型联营企业。

股份制经济单位 指全部注册资本由全体股东共同出资，并以股份形式投资举办企业。主要包括股份有限公司和有限责任公司。

外商投资经济单位 指外国投资者根据中华人民共和国有关涉外经济的法律、法规，以合资、合作或独资的形式在中国大陆境内开办企业。包括中外合资经营企业、中外合作经营企业和外资企业。

港澳台投资经济单位 指港、澳、台地区投资者参照中华人民共和国有关涉外经济的法律、法规，以合资、合作或独资的形式在大陆举办企业。包括合资经营企业、合作经营企业和独资企业。

三次产业 根据社会生产活动历史发展的顺序对产业结构的划分，产品直接取自自然界的部门称为第一产业，对初级产品进行再加工的部门称为第二产业。为生产和消费提供各种服务的部门称为第三产业。它是世界上通用的产业结构分类，但各国的划分不尽一致。我国的三次产业划分是：

第一产业：农业(包括种植业、林业、牧业、副业和渔业)。

第二产业：工业(包括采矿业，制造业，电力、燃气及水的生产和供应业)和建筑业。

第三产业：除第一、第二产业以外的其他各业。第三产业包括：交通运输、仓储和邮政业，信息传输、计算机服务和软件业，批发和零售业，住宿和餐饮业，金融业，房地产业，租赁和商务服务业，科学研究、技术服务和地质勘察业，水利、环境和公共设施管理业，居民服务和其他服务业，教育，卫生，社会保障和社会福利业，文化、体育和娱乐业，公共管理和社会组织、国际组织。

劳动者报酬 劳动者报酬是指劳动者因从事生产活动所获得的全部报酬。它包括劳动者获得的各种形式工资、奖金和津贴，既包括货币形式的，也包括实物形式的，它还包括劳动者所享受的公费医疗和医药卫生费、上下班交通补贴和单位支付的社会保险费等。单位支付的社会保险费，就是单位直接支付给负责社会保险的政府单位（一般指劳动部门）的社会保险金或为本单位职工离退休、发生死亡、伤残、医疗保险等而支付的保险费。对于个体经济来说，其所有者所获得的劳动报酬和经营利润不易区分，这两部分统一作为劳动者报酬处理。

生产税净额 指生产税减生产补贴后的差额。生产税指政府对生产单位生产、销售和从事经营活动以及因从事生产活动使用某些生产要素，如固定资产、土地、劳动力所征收的各种税、附加费和规费。具体包括销售税金及附加、增值税、管理费中开支的各种税、应交纳的养路费、排污费和水电费附加、烟酒专卖上缴政府的专项收入等。生产补贴与生产税相反，是政府对生产单位的单方面收入转移，因此视为负生产税处理，包括政策亏损补贴、粮食系统价格补贴、外贸企业出口退税收入等。

固定资产折旧 指一定时期内为弥补固定资产损耗按照核定的固定资产折旧率提取的固定资产折旧，或按国民经济核算统一规定的折旧率虚拟计算的固定资产折旧。它反映了固定资产在当期生产中的转移价值。各种类型企业和企业化管理的事业单位的固定资产折旧指实际计提并计入成本费用中的折旧费；不计提折旧的单位，如政府机关、非企业化管理的事业和居民住房的固定资产折旧则是按照统一规定的折旧率和固定资产原值计算的虚拟折旧。原则上，固定资产折旧应按固定资产的重置价值来计算，但是我国目前尚不具备对全社会固定资产进行重估价的基础，所以暂时只能采用上述方法来计算。

营业盈余 指常住单位创造的增加值扣除劳动者报酬、生产税净额和固定资产折旧后的余额。它相当于企业的营业利润加上生产补贴，但要扣除从利润中开支的工资和福利以及从税后利润中提取的公益金等。

人口数 指一定时点、一定地区范围内的有生命的个人的总和。

年度统计的年末人口数是指每年 12 月 31 日 24 时的人口数。年度统计的全国人口总数内未包括台湾省和港澳同胞以及海外华侨人数。

人口自然增长率 指在一定时期内（通常为一年）人口自然增加数（出生人数减死亡人数）与该时期内平均人数（或期中人数）之比，一般用千分率表示。计算公式：

$$人口自然增长率=\frac{本年出生人数-本年死亡人数}{年平均人数}1000‰$$

人口自然增长率＝人口出生率－人口死亡率

经济活动人口 指在 16 岁以上，有劳动能力，参加或要求参加社会经济活动的人口。包括：从业人员和失业人员。

从业人员 指从事一定社会劳动并取得劳动报酬或经营收入的人员。包括：

(1) 全部职工

(2) 再就业的离退休人员

(3) 私营业主

(4) 个体户主

(5) 私营和个体从业人员

(6) 乡镇企业从业人员

(7) 农村从业人员

(8) 其他从业人员（包括民办教师、宗教职业者、现役军人等）

这一指标反映了一定时期内全部劳动力资源的实际利用情况，是研究我国基本国情国力的重要指标。

各单位的从业人员是指在各级国家机关、政党机关、社会团体及企业、事业单位中工作，并取得劳动报酬的全部人员。包括职工、再就业的离退休人员、民办教师以及在各单位中工作的外方人员和港、澳、台方人员。

城镇私营和个体从业人员 城镇私营从业人员指在工商管理部门注册登记，其经营地址设在县城关镇（含城关镇）以上的私营企业从业人员。包括：私营企业投资者和雇工。城镇个体从业人员指在工商管理部门注册登记，并持有城镇户口或城镇长期居住，经批准从事个体工商经营的从业人员。包括：个体经营者和在个体工商户劳动的家庭帮工和雇工。

城镇登记失业人员及失业率 指有非农业户口，在一定的劳动年龄内，有劳动能力，无业而要求就业，并在当地就业服务机构进行求职登记的人员。城镇登记失业率指城镇登记失业人数同城镇从业人数与城镇登记失业人数之和的比。计算公式为

$$城镇登记失业率=\frac{城镇登记失业人数}{城镇从业人数+城镇登记失业人数}\times 100\%$$

职工 指在国有经济、城镇集体经济、联营经济、股份制经济、外商和港、澳、台投资经济、其他经济单位及其附属机构工作，并由其支付工资的各类人员。

合同制职工 指各单位根据国务院国发(1986)77号文件和国务院第99号的规定，通过签订有固定期限劳动合同、无固定期限劳动合同和以完成一项工作为期限劳动合同所使用的职工。包括实行全员劳动合同制单位的全部职工。

国有经济单位职工 指在国有经济单位及其附属机构工作，并由其支付工资的各类人员，国有经济单位职工不包括：返聘的离退休人员、民办教师、在国有经济单位工作的外方人员和港、澳、台人员。

城镇集体经济单位职工 指在城镇集体经济单位及其管理部门工作，并由其支付工资的各类人员。

其他经济单位职工 指在联营经济、股份制经济、外商投资经济、港、澳、台投资经济单位工作，并由其支付工资的各类人员。

职工工资总额 指各单位在一定时期内直接支付给本单位全部职工的劳动报酬总额。

工资总额的计算原则应以直接支付给职工的全部劳动报酬为根据。各单位支付给职工的劳动报酬以及其他根据有关规定支付的工资，不论是计入成本的还是不计入成本的，不论是按国家规定列入计征奖金税项目的，还是未列入计征奖金税的，不论是以货币形式支付的还是以实物形式支付的，均包括在工资总额内。

职工平均工资 指企业、事业、机关单位的职工在一定时期内平均每人所得的货币工资额。它表明一定时期职工工资收入的高低程度，是反映职工工资水平的主要指标。计算公式为：

$$职工平均工资=\frac{报告期实际支付的全部职工工资总额}{报告期全部职工平均人数}$$

职工平均实际工资 指扣除物价变动因素后的职工平均工资。计算公式为：

$$职工平均实际工资=\frac{报告期职工平均工资}{报告期城镇居民消费价格指数}$$

农林牧渔业总产值 是以货币表现的农、林、牧、渔业全部产品的总量，它反映一定时期内农业生产总规模和总成果。

农、林、牧、渔业的统计范围包括国有经济的各种专业农(农、林、牧、渔)场以及国家各级机关团体学校、部队；集体所有制的乡、镇、村各级办农场；工矿企业经营的农、林、牧、渔业，农村各种经济组织和农户经营的农林牧渔业的农民家庭兼营的商品性工业等。

(1) 农业 包括种植业和其他农业。

种植业 包括谷物、豆类、薯类、棉、油料、糖料、麻类、烟叶、蔬菜、药材、瓜类和其他农作物的种植，以及茶园、桑园、果园的生产经营。

其他农业 包括采集野生植物的果实、纤维、树胶、树脂、油料以及柴草、野生药材、菌类等及农民家庭兼营的商品性工业。

(2) 林业 包括林木的栽培(不包括茶园、桑园和果园的栽培、管理和收获等活动)、林产品的采集和村及村以下合作经济组织和农户的竹木采伐。

(3) 牧业 包括除渔业养殖以外的一切动物饲养和放牧以及野生动物的捕猎和饲养。

(4) 渔业 包括水生动物和海藻类植物的养殖和捕捞。

农业总产值的计算方法通常是按农林牧渔业产品及其副产品的产量分别乘以各自单位产品价格求得，少数生产周期较长，当年没有产品或产品产量不易统计的，则采用间接方法匡算其产值，然后将四业产品产值相加即为农业总产值。

1957年以前的农业总产值中包括了厩肥和农民自给性手工业(如农民自制衣服、鞋、袜，自己从事粮食初步加工等)。1958年及以后的农业总产值，林业中增加了村及村以下竹木采伐产值；牧业中取消费厩肥产值；副业中取消了农民自给性手工业产值，增加了村及村以下办的工业产值；渔业中增加了海洋捕捞水产品产值。1980年及以后的农业总产值，在副业中增加了农民家庭兼营工业商品部分的产值。从1984年起村及村以下办工业产值划归工业。从1993年起，取消副业。将野生动物的捕猎划入牧业，野生植物采集和农民家庭兼营商品性工业划归农业。

粮食产量 指全社会的产量。包括国有经济经营的、集体统一经营的和农民家庭经营的粮食产量，还包括工矿企业办的农场和其他生产单位的产量。粮食除包括稻谷、小麦、玉米、高粱、谷子及其他杂粮外，还包括薯类和豆类。其产量计算方法，豆类按去豆荚后的干豆计算；薯类(包括甘薯和马铃薯，不包括芋头和木薯)1963年以前按每4公斤鲜薯折1公斤粮食计算，从1964年开始及以后改为按5公斤鲜薯折1公斤粮食计算。城市郊区作为蔬菜的薯类(如：马铃薯等)按鲜品计算，并且不做为粮食统计。其他粮食一律按脱粒后的原粮计算。

水产品产量 指人工养殖的水产品和天然生长的水产品的捕捞量。包括海水的鱼类、虾蟹类、贝类和藻类以及内陆水域的鱼类、虾蟹类和贝类，不包括淡水生植物。

猪、牛、羊肉产量 指当年出栏并已屠宰后除去头蹄下水后带骨肉(即胴体重)的重量。

灌溉面积 指具有一定的水源，地块比较平整，灌溉工程或设备已经配套，在一般年景下当年能够进行正常灌溉的耕地面积。

农用化肥施用量 指本年内实际用于农业生产的化肥数量。包括氮肥、磷肥、钾肥和复合肥。化肥施用量要求按折纯量计算数量。折纯法化肥施用量是把氮肥、磷肥和钾肥分别按含氮、含五氧化二磷、含氧化钾的百分之一百成份折算后的数量。复合肥按其所含主要成分折算。

工业 指从事自然资源的开采，对采掘品和农产品进行加工和再加工的物质生产部门。具体包括：⑴对自然资源的开采，如采矿、晒盐、森林采伐等(但不包括禽兽捕猎和水产捕捞)；⑵对农副产品的加工、再加工，如粮油加工、食品加工、轧花、缫丝、纺织、制革等；⑶对采掘品的加工、再加工，如炼铁、炼钢、化工生产、石油加工、机器制造、木材加工等，以及电力、自来水、煤气的生产和供应等；⑷对工业品的修理、翻新，如机器设备的修理、交通运输工具(包括小卧车)的修理等。

工业统计调查单位 工业统计调查单位分为两类：独立核算法人工业企业和工业活动单位。

(1)独立核算法人工业企业 是指从事工业生产经营活动的单位。独立核算法人工业企业应同时具备以下条件：①依法成立，有自己的名称、组织机构和场所，能够承担民事责任；②独立拥有和使用资产，承担负债，有权与其他单位签订合同；③独立核算盈亏，并能够编制资产负债表。

(2)工业活动单位 是指在一个场所从事一种或主要从事一种工业生产活动的经济单位。它包括独立核算工业企业按主营业务活动(即工业生产活动)划分的主营业务活动单位和非工业企业所属的工业生产活动单位(即原非独立核算工业生产单位)。工业活动单位，一般应同时具备以下三个条件：①具有一个场所，从事一种或主要从事一种工业活动；②单独组织工业生产、经营或业务活动；③单独核算收入和支出。

国有经济工业(即过去的全民所有制工业或国营工业) 指生产资料归国家所有的一种经济类型。包括中央和地方各级国家机关、部队、科研机构、学校、人民团体和国有经济企事业单位等举办的国有经济工业。1957年以前的公私合营和私营工业，后均改造为国营工业，1992年改为国有工业，这部分工业的资料不单独分列时，均包括在国有工业内。

集体经济工业 指生产资料归公民集体所有的一种经济类型，是社会主义公有制经济的组成部分。包括城乡所有使用集体投资举办的企业，以及部分个人通过集资自愿放弃所有权并依法经工商行政管理机关认定为集体所有制的企业。

其他经济类型工业 指除国有经济、集体经济、私营经济、个体经济、联营经济以外的其他经济类型工业企业(单位)。包括股份制经济(股份有限公司，有限责任公司)；外商投资经济(中外合资经营、中外合作经营、外资企业)；港、澳、台投资经济(与大陆合资经营、与大陆合作经营、港、澳、台资企业)及其他经济类型的工业。

轻工业 指主要提供生活消费品和制作手工工具的工业。按其所使用的原料不同，可分为两大类：(1)以农产品为原料的轻工业，是指直接或间接以农产品为基本原料的工业。主要包括食品制造、饮料制造、烟草加工、纺织、缝纫、皮革和毛皮制作、造纸以及印刷等工业；(2)以非农产品为原料的轻工业，是指以工业品为原料的轻工业。主要包括文教体育用品、化学药品制造、合成纤维制造、日用化学制品、日用玻璃制品、日用金属制品、手工工具制造、医疗器械制造、文化和办公用机械制造等工业。

重工业 是指为国民经济各部门提供物质技术基础的主要生产资料的工业。按其生产性质和产品用途，可以分为下列三类：(1)采掘(伐)工业，是指对自然资源的开采，包括石油开采、煤炭开采、金属矿开采、非金属矿开采和木材采伐等工业；(2)原材料工业，指向国民经济各部门提供基本材料、动力和燃料的工业。包括金属冶炼及加工、炼焦及焦炭化学、化工原料、水泥、人造板以及电力、石油和煤炭加工等工业；(3) 加工工业，是指对工业原材料进行再加工制造的工业。包括装备国民经济各部门的机械设备制造工业、金属结构、水泥制品等工业，以及为农业提供的生产资料如化肥、农药等工业。

根据上述划分原则，修理业中以重工业产品为修理作业对象的划为重工业，反之划为轻工业。

工业总产值 是以货币表现的工业企业在一定时期内生产的已出售或可供出售工业产品总量，它反映一定时间内工业生产的总规模和总水平。它包括：在本企业内不再进行加工，经检验、包装入库(规定不需包装的产品除外)的成品价值，工业性作业价值，自制半成品、在产品期末初差额价值。工业总产值采用“工厂法”计算，即以工业企业作为一个整体，按企业工业生产活动的最终成果来计算，企业内部不允许重复计算，不能把企业内部各个车间(分厂)生产的成果相加。但在企业之间、行业之间、地区之间存在着重复计算。

轻重工业总产值的划分也是按“工厂法”计算的，即一个工业企业在正常情况下生产的主要产品的性质属于轻工业，则该企业的全部总产值作为轻工业总产值；一个工业企业生产的主要产品的性质属于重工业，则该企业的全部总产值作为重工业总产值。

工业增加值 是指工业行业在报告期内以货币表现的工业生产活动的最终成果。

固定资产原价 固定资产原值指企业在建造、购置、安装、改建、扩建、技术改造某项固定资产时所支出的全部货币总额。它一般包括买价、包装费、运杂费和安装费等。

固定资产净值 是指固定资产原价减去历年已提折旧额后的净额。

利税总额 指企业利润总额、产品销售税金及附加和应交增值税之和。

产品销售收入 指企业销售产品的销售收入和提供劳务等主要经营业务取得的业务总额。

产品销售税金及附加 指企业销售产品和提供工业性劳务等主要经营业务应负担的城市维护建设税、消费税、资源税和教育费附加。

产值利税率 指报告期已实现的利润、税金总额(包括利润总额、产品销售税金及附加和应交增值税)占同期全部工业总产值的百分比，计算公式为：

$$产值利税率(\%)=\frac{利税总额}{工业总产值}\times 100\%$$

全员劳动生产率 指根据产品的价值量指标计算的平均每一个职工在单位时间内的产品生产量。是考核企业经济活动的重要指标，是企业生产技术水平、经营管理水平、职工技术熟练程度和劳动积极性的综合表现。目前我国的全员劳动生产率是将工业企业的工业增加值除以同一时期全部职工的平均人数来计算的。计算公式：

$$全员劳动生产率=\frac{工业增加值}{全部职工平均人数}$$

为了使各年度的全员劳动生产率数字可以比较，1990年以前各年的全员劳动生产率均按指数换算成1990年不变价格。

总负债 指企业承担并需要偿还的全部债务。包括流动负债和长期负债、递延税项等，即为企业资产负债表的负债合计项。

(1) 流动负债 指企业在一年内或者超过一年的一个营业周期内需要偿还的债务合计，其中包括短期借款、应付及预收款项、应付工资、应交税金和应交利润等。

(2) 长期负债 指企业在一年以上或者超过一年的一个生产周期以上需要偿还的债务合计，其中包括长期借款、应付债务、长期应付款项等。

所有者权益 指企业投资人对企业净资产的所有权。企业净资产等于企业全部资产减去全部负债后的余额，其中包括投资者对企业的最初投入，以及资本公积金、盈余公积金和未分配利润，对股份制企业即为股东权益。

货(客)运量 指在一定时期内，各种运输工具实际运送的货物(旅客)数量。是反映运输业为国民经济和人民生活服务的数量指标，也是制定和检查运输生产计划，研究运输发展规模和速度的重要指标。货运按吨计算，客运按人计算。货物不论运输距离长短，货物类别，均按实际重量统计；旅客不论行程远近或票价多少，均按一人一次作为客运量统计。半价票、小孩票也按一人统计。

货物(旅客)周转量 指在一定时期内，由各种运输工具运送的货物(旅客)数量与其相应运输距离的乘积之总和；是反映运输业生产总成果的重要指标，也是编制和检查运输生产计划，计算运输效率、劳动生产率以及核算运输单位成本的主要基础资料。通常以吨公里和人公里为计算单位。计算货物周转量通常按发出站与到达站之间的最短距离，也就是计费距离计算。

邮电业务总量 指以货币表现的邮电部门用于传递信息和提供其他邮电服务的总数量。它综合反映了一定时期邮电工作的总成果，是研究邮电业务量构成和发展趋势的重要指标。根据邮电管理体制不同，分为中央国营业务总量和地方国营业务总量。它用各种邮电分类业务量（如函件件数、电报份数、长话张数、市内电话和农村电话的年均户数、订销报刊累计份数等，分别乘以相应的平均单价（不变价），加总后再加上出租电路和设备的收入、代用户维护电话交换机和线路等设备的收入、其他业务收入求得。

市内电话 指接入县城（包括个别城镇）及县以上城市的市内电话网上，并按市内电话进行经营管理的电话。按计费办法分为包月制和计次制两种。

(1) 住宅电话 指话机装在居民住宅里的电话。它包括私人付费、公费和免费三个部分。

(2) 私人付费电话 指住宅居民自费安装并自己缴纳通话费的电话。

无线寻呼电话用户 指携带小型寻呼机，接收市话用户通过无线寻呼中心，在规定范围内向其发出声音、数字或文字显示信息的用户。目前在邮电部门办理登记手续的无线寻呼电话用户，每一部寻呼机按一户计算。

移动电话用户 指在邮电部门登记，通过移动电话交换机进入移动电话网、占有移动电话号码的电话用户。用户数量以实际办理登记手续进入邮电部门移动电话网的户数进行计算，一部或一台移动电话统计为一户。

全社会固定资产投资 固定资产投资是社会固定资产再生产的主要手段。通过建造和购置固定资产的活动，国民经济不断采用先进技术装备，建立新兴部门，进一步调整经济结构和生产力的地区分布，增强经济实力，为改善人民物质文化生活创造物质条件。这对我国的社会主义现代化建设具有重要意义。

固定资产投资额 是以货币表现的建造和购置固定资产活动的工作量，它是反映固定资产投资规模、速度、比例关系和使用方向的综合性指标。全社会固定资产投资包括国有经济单位投资、城乡集体经济单位投资、其他各种经济类型的单位投资和城乡居民个人投资。按照我国现行计划管理体制，全社会固定资产投资总额分为基本建设、更新改造、房地产开发投资和其他固定资产投资四个部分；城乡集体经济单位投资包括城镇集体所有制单位投资和农村集体所有制单位投资；其他各种经济类型单位投资包括联营经济、股份制经济、中外合资经营、中外合作经营、外资、与大陆合资经营、与大陆合作经营、港澳台独资及其他经济的单位投资。城乡居民个人投资包括城市、县城、镇、工矿区所辖范围内的个人建房和农村个人建房及购买生产性固定资产的投资。

基本建设投资 基本建设是企业、事业、行政单位以扩大生产能力或工程效益为主要目的的新建、扩建工程及有关工作。包括 (1) 列入中央和各级地方本年基本建设计划的建设项目，以及虽未列入本年基本建设计划，但使用以前年度基建计划内结转投资（包括利用基建设备材料）在本年继续施工的建设项目；(2) 本年基本建设计划内投资与更新改造计划内投资结合安排的新建项目和新增生产能力（或工程效益）达到大中型项目标准的扩建项目，以及为改变生产力布局而进行的全厂性迁建项目；(3) 国有单位既未入基建计划，也未列入更新改造计划的总投资在 5 万元以上的新建、扩建、恢复项目和为改变生产力布局而进行的全厂性迁建项目，以及行政、事业单位增建业务用房和行政单位增建生活福利设施的项目。

更新改造投资 更新改造是指企业、事业单位对原有设施进行固定资产更新和技术改造，以及相应配套的工程和有关工作（不包括大修理和维护工程）。包括：(1) 列入中央和各级地方本年更新改造计划的项目和虽未列入本年更新改造计划，但使用上年更新改造计划内结转的投资在本年继续施工的项目；(2) 本年更新改造计划内投资与基本建设计划内投资结合安排的对企、事业单位原有设施进行技术改造或更新的项目，和增建主要生产车间、分厂等其新增生产能力（或工程效益）未达到大中型项目标准的项目，以及由于城市环境保护和安全生产的需要而进行的迁建工作；(3) 国有企、事业单位既未列入基建计划也未列入更新改造计划，总投资在 5 万元以上的属于改建或更新改造性质的项目，以及由于城市环境保护和安全生产的需要而进行的迁建工程。

房地产开发投资 包括各种经济类型的房地产开发公司、商品房建设公司及其他房地产开发单位统一开发的包括统代建、拆迁还建的住宅、厂房、仓库、饭店、宾馆、度假村、写字楼、办公楼等房屋建筑物和配套的服务设施、土地开发工程，如道路、给水、排水、供电、供热、通讯、平整场地等基础设施工程的投资。包括非房地产企业实际从事房地产开发或经营活动，不包括单纯的土地交易活动。

新增生产能力 指通过固定资产投资活动而增加的设计能力或工程效益，它是用实物形态表示的固定资产投资的成果。新增生产能力的计算，是以能独立发挥生产能力或效益的单项工程（或项目）为对象。当单项工程（或项目）建成，经有关部门鉴定合格，正式移交投入生产，即可计算新增生产能力。

新增生产能力或工程效益有以下几种表现形式：

(1) 以建设项目或单位工程建成后的年产能力表示。如煤炭开采、石油开采等。

(2) 以建设项目或单项工程建成后处理原料的能力表示。如选矿工程的年处理矿石能力，洗煤厂年洗原煤能力等。

(3) 以新增的主要设备数量或容量表示。如棉纺锭枚数，发电机组容量等。

(4) 以建筑物容积、容量、面积或长度表示。如水库容量、铁路公路里程等。

新增生产能力的数量一般按设计能力计算。设计能力是指设计文件中规定的在正常情况下能够达到的生产能力，而不论投产后的实际产量如何。以设备数量、建筑物容积、面积、长度等表示的新增生产能力（或效益），则按建成的实际数量计算。

施工和竣工房屋建筑面积 房屋建筑面积是从房屋外墙线算起的各层平面面积的总和，包括房屋结构（如柱、墙）占用的面积和地下室面积。多层建筑按各自然层面积总和计算，包括房屋内的楼隔层，突出墙面的眺望间、门斗、有柱雨罩的面积。不包括突出墙面结构的构件、艺术装饰等所占的面积，如台阶等。凹阳台、挑阳台按其水平投影面积一半计算建筑面积。

住宅建筑面积 指施工和竣工房屋建筑面积中供居住用的施工和竣工房屋建筑面积。

竣工面积 指在报告期内房屋建筑按照设计要求已全部完工，达到住人和使用条件，经验收鉴定合格，正式移交使用单位的建筑面积。

房屋建筑面积竣工率 指一定时期内房屋竣工面积占同期房屋施工面积的比率。它是从房屋建筑施工速度的角度反映投资效果和建筑业经济效益的指标。

新增固定资产 指通过投资活动所形成的新的固定资产价值。包括已经建成投入生产或交付使用的工程价值和达到固定资产标准的设备、工程、器具的价值及有关应摊入的费用。它是以价值形式表示的固定资产投资成果的综合性指标，可以综合反映不同时期、不同部门、不同地区的固定资产投资成果。

建设项目投产率 指一定时期内全部建成投入生产项目个数占同期正式施工项目个数的比率。它是从项目建设速度的角度反映投资效果的指标。

固定资产交付使用率 指一定时期新增固定资产与同期完成投资额的比率。它是反映各个时期固定资产动用速度，衡量建设过程中投资效果的一个综合性指标。

年底自来水生产能力 指年底城建部门管理的自来水厂和自备水源的社会单位取水、净化、送水、出厂输水干管等环节的实际生产能力。

年底供水管道长度 指从送水泵到用户水表之间所有管道的长度。

全年供水总量 指公用自来水厂和自备水源的社会单位全年的供水总量，包括有效供水量及损失水量。

生活用水量 指居民日常生活与公共福利设施的用水量。包括居民、饮食店、旅馆、医院、理发店、浴池、洗衣店、游泳池、商店、学校、机关、部队等单位的用水量。

城市人口用水普及率 指城市用水的非农业人口数（不包括临时人口和流动人口）与城市非农业人口总数之比。计算公式：

用水普及率 =（城市用水的非农业人口数 ÷ 城市非农业人口数）× 100%

全年供气总量 指全年售给各类用户的全部煤气量。包括工业用量、家庭用量和其他用量。

城市用气普及率 指使用煤气（包括人工煤气、液化石油气、天然气）的城市非农业人口数（不包括临时人口和流动人口）与城市非农业人口总数之比。计算公式：

$$\text{城市煤气普及率} = \frac{\text{城市用气的非农业人口数}}{\text{城市非农业人口总数}}$$

年底实有铺装道路长度 指除土路外，路面经过铺装宽度在 3. 5 米以上的道路，包括高级、次高级道路和普通道路。

城市下水道总长度 指所有排水总管、干管、支管及暗渠、检查井、连接井进出水口等长度之和。

城市污水日处理能力 指污水处理厂每昼夜处理污

水量的设计能力。

年末实有公共汽(电)车 指年底可参加营运的全部车辆数，包括年底营运车辆数和库存查封未参加营运的车辆，不包括非营运车辆，如架线车、油罐车、工程车、货车及其他专用车辆和借人的客运车辆。

城市园林绿地面积 指城市公共绿地、专用绿地、生产绿地、防护绿地、郊区风景名胜区的全部面积。

公共绿地 指供游览休息的各种公园、动物园、植物园、陵园以及花园、游园和供游览休息用的林荫道绿地、广场绿地。不包括一般栽植的行道树及林荫道的面积。

能源生产总量 指一定时期内全国(地区)一次能源生产量的总和，是观察全国(地区)能源生产水平、规模、构成和发展速度的总量指标。一次能源生产量包括原煤、原油、天然气、水电及其他动力能(如风能、地热能等)发电量，不包括低热值燃料生产量、生物质能、太阳能等的利用和由一次能源加工转换而成的二次能源产量。

能源消费总量 指一定时期内全国(地区)物质生产部门、非物质生产部门和生活消费的各种能源的总和，是观察能源消费水平、构成和增长速度的总量指标，能源消费总量包括原煤和原油及其制品、天然气、电力。不包括低热值燃料、生物质能和太阳能等的利用。能源消费总量分为三部分，即终端能源消费量、能源加工转换损失量和损失量。

(1) 终端能源消费量 指一定时期内全国(地区)物质生产部门、非物质生产部门和生活消费的各种能源在扣除了用于加工转换二次能源消费量和损失量以后的数量。

(2) 能源加工转换损失量 指一定时期内全国(地区)投入加工转换的各种能源数量之和与产出各种能源产品之和的差额。它是观察能源在加工转换过程中损失量变化的指标。

(3) 能源损失量 指一定时期内能源在输送、分配、储存过程中发生的损失和由客观原因造成的各种损失量。不包括各种气体能源放空、放散量。

社会消费品零售额 指各种经济类型的批发零售贸易业、餐饮业、制造业和其他行业对城乡居民和社会集团的消费品零售额。这个指标反映通过各种商品流通渠道向居民和社会集团供应的生活消费品来满足他们生活需要，是研究人民生活，社会消费品购买力、货币流通等问题的重要指标。社会消费品零售额包括：(1) 售给城乡居民作为生活用的商品和修建房屋用的建筑材料；(2) 售给机关、团体、学校、部队、企业、事业单位的职工食堂和旅店(招待所)附设专门供本店旅客食用，不对外营业的食堂的各种食品、燃料；企业、单位和国营农场直接售给本单位职工和职工食堂的自己生产的产品；(3) 售给部队干部、战士生活用的粮食、副食品、衣着品、日用品、燃料；(4) 售给来华的外国人、华侨、港澳台同胞的消费品；(5) 居民自费购买的中、西药品、中药材及医疗用品；(6) 报社、出版社直接售给居民和社会集团的报纸、图书、杂志、集邮公司出售的新、旧纪念邮票、特种邮票、首日封、集邮册、集邮工具等；(7) 旧货寄售商店自购、自销部分的商品；(8) 煤气公司、液化石油气站售给居民和社会集团的煤气灶具和罐装液化石油气；(9) 农民售给非农业居民和社会集团的商品。不包括售给国民经济各部门企业、事业单位(包括国有经济的农场)生产经营用的各种原料、燃料、设备、工具等和给批发零售贸易业、餐饮业作为转卖用的商品、旧货寄售商店受托寄售卖出的商品、服务业的营业收入、邮局出售邮票的收入、自来水、电力、煤气生产(供应)单位的产品供应收入，也不包括农民之间的商品销售。

批发零销贸易业商品购、销、存总额 指以各种经济类型的批发、零售贸易业(不包括个体)为总体的商品购、销、存。

商品购进总额 指从本企业(单位)以外的单位和个人购进(包括从国外直接进口)作为转卖或加工后转卖的商品。这个指标反映批发零售贸易业从国内、国外市场上购进商品的总量。商品购进总额包括：(1) 从工农业生产者购进的商品；(2) 从出版社、报社的出版发行部门购进的图书、杂志和报纸；(3) 从各种经济类型的批发零售贸易企业(单位)购进的商品；(4) 从其他单位购进的商品，如从机关、团体、企业、单位购进的剩余物资，从餐饮业、服务业购进的商品，从海关、市场管理部门购进的缉私和没收的商品，从居民收购的废旧商品等；(5) 从国(境)外直接进口的商品。不包括企业(单位)为自身经营用，和未通过买卖行为而收入的商品以及销售退回、商品升溢等。

商品销售总额 指对本企业(单位)以外的单位和个人出售(包括对国(境)外直接出口)的商品。这个指标反映批发零售贸易业在国内市场上销售商品以及出口商品的总量。商品销售总额包括：(1) 售给城乡居民和社会集团消费用的商品；(2) 售给工业、农业、建筑业、运输邮电业、批发零售贸易业、餐饮业、服务业等作为生产、经营使用的商品；(3) 售给批发零售贸易业作为转卖或加工后转卖的商品；(4) 对国(境)外直接出口的商品。不包括：出售本企业(单位)自用的废旧包装用品，未通过买卖行为付出的商品，经本单位介绍，由买卖双方直接结算，本单位只收取手续费的业务，购货退出的商品以及商品损耗和损失等。

城乡集市贸易成交额 指在农村集市和城市集市上买卖双方(包括农民、非农业居民、机关、团体、工商企业、个体商贩)成交的全部商品金额，是反映集市贸易规模的综合性指标。

批零贸易业法人机构 指独立核算批发零售贸易业、餐饮业法人企业。独立核算法人批发零售贸易企业、餐饮企业应同时具备以下条件：

(1) 依法成立，有自己的名称、组织机构和场所，能够承担民事责任；

(2) 独立拥有和使用(或授权使用)资产，承担负债，有权与其他单位签订合同；

(3) 会计上独立核算，并能编制资产负债表。

批零贸易业网点 指本批发零售贸易企业(单位)设立的从事批发、零售贸易业务的自然单位[包括本企业(单位)自身]，凡具有独立固定的营业场所，配备一定的业务人员，不论单位大小，不论是否单独核算，均按自然网点计算，即有一个点就算一个网点。不包括同一营业场所内各柜组以及派出的流动推销小组，流动售货车等。

城市居民消费价格指数 是反映城市居民所购买的生活消费品和服务项目价格变动趋势及其程度的相对数。编制城市居民消费价格指数，可以观察和分析消费品的零售价格和服务项目价格变动对职工货币工资的影响，作为研究职工生活和确定工资政策的依据。

利用外资 指我国各级政府、部门、企业和其他经济组织通过对外借款、吸收外商直接投资以及用其他方式筹措的境外现汇、设备、技术等。

对外借款 是我国利用外资的主要部分。包括我国通过外国政府贷款，国际金融组织贷款，外国银行商业贷款，出口信贷以及对外发行债券，股票等方式，从境外筹措的资金。

外商直接投资 是指外国企业和经济组织或个人(包括华侨、港澳台胞以及我国在境外注册的企业)按我国有关政策、法规，用现汇、实物、技术等在我国境内开办外商独资企业、与我国境内的企业或经济组织共同举办中外合资经营企业、合作经营企业或合作开发资源的投资(包括外商投资收益的再投资)以及经政府有关部门批准的项目投资总额内，企业从境外借入的资金。

旅游人数 指来我国参观、访问、旅行、探亲、访友、休养、考察、参加会议和从事经济、科技、文化、教育、体育、宗教等活动的外国人、华侨、港澳和台湾同胞的人数。不包括外国在我国的常住机构，如使领馆、通讯社、企业办事处的工作人员；来我国常驻的外国专家、留学生以及在岸逗留不过夜人员。

国际旅游(外汇)收入 指入境旅游的外国人、华侨、港澳台同胞在中国大陆旅游过程中发生的一切旅游支出，对于国家来说就是国际旅游(外汇)收入。

进出口总额 海关进出口总额指实际进出我国国境的货物总金额。包括对外贸易实际进出口货物，来料加工装配进出口货物，国家间、联合国及国际组织无偿援助物资和赠送品，华侨、港澳台同胞和外籍华人捐赠品，租赁期满归承租人所有的租赁货物，进料加工进出口货物，边境地方贸易及边境地区小额贸易进出口货物(边民互市贸易除外)，中外合资经营企业、中外合作经营企业、外商独资经营企业进出口货物和公用物品，到、离岸价格在规定限额以上的进出口货样和广告品(无商业价值、无使用价值和免费提供出口的除外)，从保税仓库提取在中国境内销售的进口货物，以及其他进出口货物。进出口总额用以观察一个国家在对外贸易方面的总规模。我国规定出口货物按离岸价格统计，进口货物按到岸价格统计。

财政收入 国家财政参与社会产品分配所取得的收入，是实现国家职能的财力保证。财政收入所包括的内容几经变化，目前主要包括：

(1) 各项税收　包括增值税、营业税、消费税、土地增值税、城市维护建设税、资源税、城市土地使用税、印花税、固定资产投资方向调节税、个人所得税、企业所得税、关税、农牧业税和耕地占用税等。

(2) 专项收入　包括征收排污费、征收城市水资源费收入，教育费附加收入等。

(3) 其他收入　包括基本建设贷款归还收入、国家能源交通重点建设基金收入、国家预算调节基金等。

(4) 国有企业计划亏损补贴　这项为负收入，冲减财政收入。

中央财政收入和地方财政收入 按财政体制划分的中央本级收入和地方本级收入。1994 年分税制财政体制以后，属于中央财政的收入包括关税、海关代征消费税和增值税，消费税，中央企业所得税，地方银行和外资银行及非银行金融企业所得税，铁道、银行总行、保险总公司等集中缴纳的营业税、所得税、利润和城市维护建设税，增值税的75%部分，海洋石油资源税和证券(印花)税50%部分。属于地方财政的收入包括营业税，地方企业所得税，个人所得税，城镇土地使用税，固定资产投资方向调节税，城镇维护建设税，房产税，车船使用税，印花税，屠宰税，农牧业税，农业特产税，耕地占用税，契税，增值税25%部分，证券交易税(印花税)的50%部分和除海洋石油资源税以外的其他资源税。

中央财政支出和地方财政支出 根据政府在经济和社会活动中的不同职责，划分中央和地方政府的责权，按照政府的责权划分确定的支出。中央财政支出包括国防支出，武装警察部队支出，中央级行政管理费和各项事业费，重点建设支出以及中央政府调整国民经济结构、协调地区发展，实施宏观调控的支出。地方财政支出主要包括地方行政管理和各项事业费，地方统筹的基本建设、技术改造支出，支援农村生产支出，城市维护和建设经费，价格补贴支出等。

预算外资金收支 预算外资金是有关单位凭借国家权力或由国家授权而取得的没有纳入国家预算管理的财政性资金。其收入包括地方财政部门的各项附加收入，集中事业收入，专项收入等，事业行政单位的专用基金，经营性服务纯收入，行政事业性收费，专项资金，中小学勤工俭学收入，税收分成等。其支出包括固定资产投资支出，城市维护支出，福利奖励支出，行政事业支出等。

信贷资金 国家银行用于发放贷款的资金叫信贷资金。中国人民银行信贷资金的来源有各项存款、对国际金融机构负债、流通中货币、银行自有资金及当年结益等。信贷资金的运用有各项贷款、黄金占款、外汇占款、财政借款及在国际金融机构中的资产等。

存款 企业、机关、团体或居民根据可以收回的原则，把货币资金存入银行或其他信用机构保管并取得一定利息的一种信用活动形式。根据存款对象的不同可划分为企业存款、财政存款、机关团体存款、基本建设存款、城镇储蓄存款、农村存款等科目。它是银行信贷资金的主要来源。

城乡居民储蓄存款余额 包括城镇居民储蓄存款和农民个人储蓄存款两部分。不包括居民的手存现金和工矿企业、部队、机关团体等集团存款。储蓄存款余额，是指城乡居民存入银行及农村信用社储蓄的时点数(存入数扣除取出数的余额)，如月末、季末或年末数额。

贷款 银行或其他信用机构根据必须归还的原则，按一定利率， 为企业、个人等提供资金的一种信用活动形式。我国银行贷款分为流动资金贷款、固定资产贷款、城乡个体工商户贷款以及农业贷款等科目。

承保额 又叫保险金额。它是保险人对被保险人负担损失补偿或约定给付的金额。它是保险合同上的最高责任额，也是计算保费的依据。

保费 又叫保险费。是保险人根据保险合同的有关规定，为被保险人取得因约定危险事故发生所造成的经济损失补偿(或给付)权利，付给保险人的代价。包括财产险和人身险储金收入。

赔款 保险事故发生后，经查证确属保险责任范围以内的保险标的损失，保险人根据保险合同的规定履行赔偿义务，给予被保险人的款项叫做赔款。赔款可分为已决赔款和未决赔款两种。

普通高等学校 指按照国家规定的设置标准和审批程序批准举办， 通过国家统一招生考试，招收高中毕业生为主要培养对象，实施高等教育的全日制大学、独立设置的学院和高等专科学校、短期职业大学。

成人高等学校 指按照国家有关规定审批， 招收通过全国成人高教统一招生考试的具有高中毕业或同等学历的在职从业人员利用脱产、半脱产、业余或函授等多种形式对其实施高等学历教育，培养高等教育专科或本科毕业水平的专门人才，修业年限、课程设置和总学时数均按高等学历教育要求付诸实施的学校。包括广播电视大学、职工高等学校、民高等学校、管理干部学院、教育学院、独立设置的函授学院等。

小学学龄儿童入学率 指调查范围内已入小学学习的学龄儿童占校内外学龄儿童总数(包括弱智儿童在内，但不包括聋哑儿童)的比重。计算公式：

$$\text{学龄儿童入学率}=\frac{\text{已入学的小学学龄儿童数}}{\text{校内外小学学龄儿童总数}}\times 100\%$$

科学家和工程师 指具有大学本科及以上学历的和不具备上述学历但有高、中级职称的人员。

其他科技人员 指大专、中专毕业和具有初级职称的从事科技活动人员。

专业技术人员 指已取得科学技术职称，或大学、中专的理、工、农、医科系毕业生，以及国民经济各部门从工作实践中提拔，从事理、工、农、医等自然科学技术的研究、教学、生产的专业人员和在机关、企业、事业中从事科学技术业务管理工作的专业人员。

文化事业机构 指从事专业文化工作和为专业文化工作服务的独立建制的单独核算的单位。不包括这些单位另外举办独立核算的其他机构和各部门的业余文化组织。

艺术表演团体 指从事戏曲、音乐、舞蹈、杂技等专业艺术表演，有独立帐户，实行单独核算的团体。不包括半工半艺、半农半艺和民间职业剧团。

电影放映单位 指具有放映机器设备、固定或不固定的放映场所与专职或兼职的放映技术人员，经有关部门登记批准，经常为一定的观众对象放映电影的机构。包括经批准对外开放进行营业，并与电影发行放映管理机构分帐的专用放映单位和军委系统租片单位。

艺术表演观众人数（人次） 指售票、包场演出或民族地区免费演出的艺术表演观众人次数。不包括彩排审查和内部观摩演出的观看人次数。

等级运动员人数 指经考核正式批准授予等级运动员称号的人数。运动员等级分别为国际级运动健将、运动健将、一级运动员、二级运动员、三级运动员、少年级运动员。

等级裁判员人数 指经考核正式批准授予等级裁判员称号的人数。裁判员等级分为国际裁判、国家级裁判、一级裁判、二级裁判、三级裁判。

体育场 指有400米跑道（中心含足球场），有固定道牙，跑道6条以上，并有固定看台的室外田径场地。以看台容纳观众人数分：甲级25000人以上，乙级15000–25000人，丙级5000–15000人，丁级5000人以下。

体育馆 指有固定看台，可供篮球、排球、羽毛球、乒乓球、体操等项目训练比赛活动用的室内运动场地。以看台容纳观众人数分：甲级6000人以上，乙级4000 – 6000人，丙级2000–4000人，丁级2000人以下。

医院 指名称为医院，设有固定床位能收容病人住院并能为病人提供医疗、护理服务的医疗机构。包括县及县以上医院、农村乡卫生院、其他医院三部分。按所属性质分为卫生部门、工业及其他部门，集体经济单位三类。其中县及县以上医院按业务性质分为综合医院和专科医院。

卫生技术人员 指卫生事业机构支付工资的全部固定职工和合同制职工中现任职务为卫生技术工作的专业人员。包括中医师、西医师、中西医结合高级医师、护师、中药师、西药师、检验师、其他技师、中医士、西医士、护士、助产士、中药剂士、西药剂士、检验士、其他技士、其他中医、护理员、中药剂员、西药剂员、检验员，其他初级卫生技术人员。

医生 指经卫生部门审查合格，从事医疗工作的专业人员。分为中医医生和西医医生。包括卫生技术人员中的中医师、西医师、中西结合高级医师、中医士、西医士和其他中医。

社会福利事业单位 指集中收养社会孤老、残、幼的机构。包括由民政部门管理的社会福利院、儿童福利院、精神病人福利院和城镇集体办的福利院，以及农村集体举办的敬老院。

社会福利事业单位收养人数 包括民政部门管理的和城镇及农村集体举办的社会福利事业单位中收养的老人、少年儿童、缺乏生活自理能力的残疾人员和精神病人。

农村五保户 指农村中既无劳动能力，又无经济来源的老、弱、孤、残的农民生活由集体共养，实行保吃、保穿、保住、保医、保葬（孤儿保教），简称："五保"。享受五保待遇的家庭叫五保户。

城镇居民家庭全部收入 指被调查城镇居民家庭全部的实际现金收入，包括经常或固定得到的收入和一次性收入。不包括周转性收入，如提取银行存款、向亲友借入款、收回借出款以及其他各种暂收款。

城镇居民家庭可支配收入 指被调查城镇居民家庭在支付个人所得税之后，所余下的实际收入。

城镇居民家庭消费性支出 指被调查的城镇居民家庭用于日常生活的全部支出，包括购买商品支出和文化生活、服务等非商品性支出。不包括罚没、丢失款和缴纳的各种税款（如个人所得税、牌照税、房产税等），也不包括个体劳动者生产经营过程中发生的各项费用。

城镇居民家庭购买商品支出 指被调查的城镇居民家庭购买商品的全部支出，包括从商店、工厂、饮食业、工作单位食堂、集市以及直接从农民购买各种商品的开支。共分九类：食品、衣着品、日用品、文化娱乐用品、书报杂志、药及医疗用品、房屋及建筑材料、燃料、其他商品。不论自用的或赠送亲友的都包括在内。

农村居民家庭纯收入 指农村常住居民家庭总收入中，扣除从事生产和非生产经营费用支出、缴纳税款和上交承包集体任务金额以后剩余的，可直接用于进行生产性、非生产性建设投资、生活消费和积蓄的那一部分收入。它是反映农民家庭实际收入水平的综合性的主要指标。农民家庭纯收入，既包括从事生产性和非生产性的经营收入，又包括取自在外人口寄回带回和国家财政救济、各种补贴等非经营性收入；既包括货币收入，又包括自产自用的实物收入。但不包括向银行、信用社和向亲友借款等属于借贷性的收入。